Guttentagsche Sammlung
Nr. 1 169. Deutscher Reichsgesetze. Nr. 169.
Textausgaben mit Anmerkungen und Sachregister.

Bank- und Börsenrecht.

Eine Sammlung
v von Gesetzen und Geschäftsbedingungen.

Herausgegeben und eingeleitet
von
Dr. Arthur Nußbaum
Professor an der Universität Berlin.

Berlin und Leipzig 1927.
Walter de Gruyter & Co.
vormals G. J. Göschen'sche Verlagshandlung — J. Guttentag, Verlagsbuchhandlung — Georg Reimer — Karl J. Trübner — Veit & Comp.

Vorwort

Der kaufmännischen und juristischen Bankpraxis fehlt es ebenso wie dem handelsrechtlichen und betriebswirtschaftlichen Unterricht bisher an einer Sammlung der verstreuten bank- und börsenrechtlichen Vorschriften. Der Anregung des Verlages folgend, lege ich daher hiermit eine solche Sammlung vor. Sie berücksichtigt, wie selbstverständlich, nicht nur die Gesetze und Verordnungen, sondern auch die dem freien Verkehr entstammenden Rechtsbildungen. Nicht mitaufgenommen sind die einschlagenden Bestimmungen des Bürgerlichen Gesetzbuchs und des Handelsgesetzbuchs, da angenommen werden darf, daß sie jedem Interessenten zugänglich sind. In der systematischen Einleitung ist jedoch auf die in Betracht kommenden Vorschriften jener beiden grundlegenden Gesetze hingewiesen. Ich hoffe, daß die Einleitung in Verbindung mit den Gesetzestexten als Einführung in das weite und unübersichtliche Gebiet des Bank- und Börsenrechts mit Nutzen verwendet werden kann.

Zu besonderem Dank bin ich dem Vorstande der Berliner Börse verpflichtet, der für die Zwecke der vorliegenden Arbeit eine dem gegenwärtigen Stande entsprechende Zusammenstellung der neuerdings durch zahlreiche Zusätze veränderten „Bedingungen für die Geschäfte an der Berliner Fondsbörse“ hat herstellen lassen.

Die neuen Ausführungsbestimmungen zu den Vorschriften des Kapitalverkehrssteuergesetzes über die Börsenumsatzsteuer sowie die Berliner Börsenordnung vom 1. Juli 1927 konnten bereits berücksichtigt werden.

Korrektur und Sachregister sind von dem Herrn Fakultätsassistenten Referendar Arndt besorgt worden.

Berlin, im September 1927.

Nußbaum.

Inhaltsverzeichnis.

III. Scheckverkehr.

IV. Öffentliche Anleihen.

Abschnitt II: Bodenkredit.

Abschnitt III: Notenbanken.

Zweiter Hauptteil: Börsenrecht.

Anhang.

Systematische Einleitung.

Erster Hauptteil.

Bankrecht.

Abschnitt I.

Allgemeine Bestimmungen.

Im Bankrecht fehlt nicht nur ein zusammenfassendes (kodifikatorisches) Gesetz, sondern sogar ein zentrales Gesetz, wie wir es auf dem Gebiet des Börsenrechts (unten S. 16) im Börsengesetz finden. Vielmehr ist die Rechtsbildung im Bankrecht zersplittert und auf weite Strecken dem freien Verkehr überlassen. Drei große Gruppen von Regeln lassen sich innerhalb des Bankrechts unterscheiden, nämlich erstens die speziellen Normen für Hypothekenbanken (und andere Bodenkreditinstitute), zweitens diejenigen für Notenbanken und drittens die dann noch übrigbleibenden allgemeinen Bestimmungen, die vornehmlich für die sogenannten „Kreditbanken" von Bedeutung sind, aber freilich auch die Hypotheken- und Notenbanken angehen. Hieraus ergibt sich die Dreiteilung, die dem ersten Hauptteil unserer Sammlung zugrunde gelegt ist. Dabei werden die allgemeinen Bestimmungen vorangestellt; Bodenkredit und Notenbanken bilden den zweiten und dritten Abschnitt. Bei dieser Gruppierung konnten nicht ausschließlich logisch-systematische Gesichtspunkte maßgebend sein, sondern es war entsprechend dem praktischen Zweck der Sammlung den wirtschaftlichen und rechtlichen Zusammenhängen Rechnung zu tragen.

I. Das allgemeine Bankrecht gliedert sich in vier Teile. Im ersten werden organisatorische Bestimmungen wiedergegeben und allgemeine Geschäftsbedingungen einer Großbank beigefügt. Sachlich ist dazu folgendes zu sagen: Die Entstehung, die rechtliche Verfassung und die Geschäftsführung der Bankunternehmungen sind im allgemeinen durchaus dem Belieben der beteiligten Privatpersonen überlassen, doch besteht zurzeit praktisch insofern eine empfindliche Einschränkung, als der Betrieb von Depot- und Depositengeschäften neugegründeten Firmen im allgemeinen untersagt ist (Nr. 7). Es erscheint nicht ausgeschlossen, daß die schon mehrfach vorgenommene Verlängerung dieser Bestimmung (zuletzt bis zum 31. Dezember 1927, vgl. § 12 des Ges.) nochmals wiederholt werden wird. Hinsichtlich der Geschäftsführung ist darauf hinzuweisen, daß solchen inländischen Kreditbanken, deren Aktien zum Börsenhandel zugelassen sind, die Verpflichtung auferlegt ist, sogenannte Zweimonatsbilanzen nach einem bestimmten Schema zu veröffentlichen (Nr. 32d). Außerdem ist für Bankgeschäfte, die sich der Rechtsform der G. m. b. H. bedienen, die Veröffentlichung von Jahresbilanzen durch das G. m. b. H.-Gesetz § 41 Abs. 4 vorgeschrieben, während sonst die Gesellschaften mit bebeschränkter Haftung hiervon befreit sind. Umfassendere organisatorische Bestimmungen gesetzlicher Art gibt es nur für staatliche Bankinstitute. Die Golddiskontbank (Nr. 1), deren Anteile sich in der Hand der Reichsbank befinden, und die daher tatsächlich eine Unterabteilung der Reichsbank darstellt, ist zwar nach dem Wortlaut der für sie geltenden Bestimmungen eine Notenbank mit der Befugnis zur Ausgabe von Pfundnoten. In Wirklichkeit hat sie jedoch von dieser Befugnis weder Gebrauch gemacht, noch ist damit zu rechnen, daß sie es künftig tun wird. Sie beschränkt sich auf das Kreditgeschäft vornehmlich zur Förderung des deutschen Exports. Auf reichsgesetzlicher Grundlage beruht auch die Rentenbankkreditanstalt, die aus Mitteln der deutschen Rentenbank (Nr. 29) für die Zwecke der deutschen Landwirtschaft Kredite beschafft und gewährt (Nr. 2). Im übrigen sind von Reichs wegen organisatorische Bestimmungen nur für gewisse Bodenkredit- und Notenbanken aufgestellt (Nr. 23, 27, 28). Unter den landesrechtlich geregelten Bankinstituten ist die Verfassung der Preußischen Staatsbank (Seehandlung) hervorzuheben, die in der Sammlung zugleich als Musterstatut einer Staatsbank verwendet wird (Nr. 3). Staatsbanken bestehen auch in außerpreußischen deutschen Ländern, z. B. in Bayern und Sachsen. Eine Sonderstellung nimmt die Preußische Zentralgenossenschaftskasse (Nr. 4) ein, die der Förderung des genossenschaftlichen Kredits dient.

Die Bedeutung der Geschäftsbedingungen liegt darin, daß sie typischen Charakter haben und, von geringfügigen Abweichungen abgesehen, eine allgemeingültige Regelung der Rechtsbeziehungen zwischen größeren Banken und ihren Kunden zur Folge haben. Die Großbank-Geschäftsbedingungen (Nr. 5) sind teils allgemeiner Art, teils beziehen sie sich auf besondere Geschäftsgattungen. Von den ersteren sei etwa hingewiesen auf Ziff. 9 (Pfand- und Zurückbehaltungsrechte der Bank), Ziff. 14 (keine Haftung der Bank für Auskünfte), Ziff. 16 (Haftung des Kunden für unverschuldeten Irrtum im telephonischen und telegraphischen Verkehr), Ziff. 19 (Wirksamwerden von Erklärungen der Bank), Ziff. 18 (Gerichtsstand). Spezieller Art sind die Bestimmungen über den Kontokorrentverkehr (Ziff. 1), über Effektengeschäfte (Ziff. 3—5), über Aufbewahrung und Verwaltung von Wertpapieren (Ziff. 8), über Währungskonten (Ziff 6). Von besonderer Wichtigkeit sind die Bestimmungen in Ziff. 8.

II. Von den einzelnen Gebieten des Bankgewerbes hat das Depotgeschäft verhältnismäßig die ausführlichste gesetzliche Regelung gefunden. An sich umfaßt das Depotgeschäft nicht nur die Verwahrung von Wertpapieren (Effekten), sondern auch diejenige von anderen Gegenständen, von letzteren namentlich in der Form des „verschlossenen Depots" mit einem der Bank unbekannten Inhalt. Aber praktisch steht für die rechtliche Betrachtung das Effektendepot im Vordergrunde. Es tritt in drei Hauptformen auf, nämlich einmal als das reguläre (einfache) Depot, bei welchem der Hinterleger (Kunde) Eigentümer bleibt, und das entweder ein offenes oder ein verschlossenes sein kann. Die zweite Form ist die des Sammeldepots, bei welchem die beim Verwahrer vorhandenen Wertpapiere der gleichen Gattung im Miteigentum der Hinterleger stehen, und für welches das Giroeffektendepot (Nr. 8) das Hauptbeispiel, freilich ein eigenartig gestaltetes ist. Die dritte Form ist die der „Gutschrift auf Stückekonto", bei welcher dem Hinterleger lediglich ein Forderungsrecht auf Lieferung vertretbarer Sachen, nämlich der (regelmäßig) dem Nennbetrag nach bezeichneten Wertpapiere zusteht. Die Gutschrift auf Stückekonto kann aus einem unregelmäßigen Verwahrungsvertrage (§ 700 BGB.) hervorgehen, bei welchem der Kunde die Papiere einliefert, aber das Eigentum an ihnen dem Bankier überläßt. Häufiger ist sie die Folge einer dem Bankier erteilten Kommission zum Ankauf von Effekten, bei welcher die Übereignung der letzteren nicht bewirkt ist, sei es, daß der Kunde die Übereignung nicht gefordert hat oder aus anderen Gründen. Im Rechtssinne kann freilich die „Gutschrift als Stückekonto" nicht als Verwahrung gelten. Aber es liegt wirtschaftlich ein verwahrungsähnliches Verhältnis vor, und zwar auch im Falle der Einkaufskommission, weil der Bankier da, wo er den Kunden auf Stückekonto erkennt, sich die gekauften Effekten als „Deckung" zu beschaffen und bilanzmäßig dem Vermögen des Kunden zuzurechnen pflegt.

Mit der bankmäßigen Verwahrung ist regelmäßig ein Verwaltungsvertrag verbunden, auf Grund dessen die Banken Zinsen und Dividenden einziehen, Bezugsrechte ausüben, Verlosungen kontrollieren usw. Das geschieht auch bei der Gutschrift auf Stückekonto. Indessen bedingen sich die Banken regelmäßig bei jeder Depotform die Befreiung von der Haftung für den Fall fahrlässiger Säumnis aus (Nr. 5 unter Ziff. 8 Abs. 5 und 6).

Auf dieser Grundlage baut das sogenannte Depotgesetz (Nr. 6) seine Bestimmungen auf. Diese verfolgen in der Hauptsache einen doppelten Zweck. Sie wollen dahin wirken, daß dem Kunden, der Wertpapiere einliefert, sein Eigentum verbleibt, anderseits demjenigen, der eine Kommission zum Ankauf von Wertpapieren erteilt, das Eigentum verschafft wird. Dem ersteren Zweck dienen hauptsächlich der § 1, der den kaufmännischen Verwahrer der Wertpapiere, und zwar den Vollkaufmann (§ 10), zu einer gesonderten, das Eigentum des Hinterlegers erkennbar machenden Verwahrung verpflichtet und die Führung eines Depotbuches vorschreibt, und der § 2 (Formvorschrift für die Ermächtigung zur Verfügung über hinterlegte und verpfändete Wertpapiere; wichtig u. a. für die Umwandlung des Depots in einen Anteil am Sammeldepot). Wollen diese Vorschriften der unzulässigen tatsächlichen Einwirkung auf verwahrtes Gut entgegenwirken, so sucht § 8 nachteilige Rechtsfolgen zu verhüten, die das Eigentum der Kunden gefährden könnten, wenn der kaufmännische Verwahrer der Papiere die Papiere einem Dritten ausantwortet.

Die durch die Novelle von 1923 erheblich veränderte zweite Gruppe der Vorschriften des Depotgesetzes besteht aus den §§ 3—7a. § 3 legt dem Einkaufskommissionär im Wertpapierhandel die Pflicht zur Übersendung des Nummern- (oder Stücke-)verzeichnisses auf; die gleiche Vorschrift trifft § 5 für den Fall des Umtauschs und den der Ausübung eines Bezugsrechts. Spätestens mit der Absendung — nicht dem Eingang — des Stückeverzeichnisses geht das Eigentum auf den Kunden über (§ 7). Dies ist eine eigenartige, dem BGB. fremde Form der Eigentumsübertragung. Die Pflicht des Einkaufskommissionärs zur Übersendung des Stückeverzeichnisses ist jedoch stark verklausuliert, namentlich dadurch, daß sie, abweichend von dem Recht vor 1923, an ein besonderes Verlangen des Kommittenten geknüpft ist; vgl. ferner § 3 Abs. 2 und 3. In vielen Fällen hat daher der Kunde nur ein Forderungsrecht auf Lieferung der Wertpapiere. Das widerspricht der natürlichen Billigkeit da, wo der Kunde die Wertpapiere voll bezahlt hat. Für diesen Fall gewährt daher § 7a dem Kommittenten ein Vorzugsrecht im Konkurse des Kommissionärs.

Die §§ 9 bis 12 bringen die strafrechtlichen Sanktionen der vorangehenden zivilrechtlichen Bestimmungen.

Das Gesetz über Depot- und Depositengeschäfte Nr. 7 enthält die schon erwähnte befristete Sperre für die Begründung neuer Depot- und Depositenbetriebe. Der Ausdruck Depositen ist hierbei, in Übereinstimmung mit dem Sprachgebrauch des Lebens, auf den Fall des irregulären Gelddepots zu beziehen (§ 2). Das Gesetz gilt auch für das Schrankfachgeschäft (§ 1 I). Im übrigen ist die letztgenannte Geschäftsform nicht gesetzlich geordnet. Die Banken haben aber dafür besondere Vertragsformulare ausgearbeitet (Nr. 10).

III. Dem bankmäßigen Zahlungsverkehr gehören an die Schecks, die ihre Regelung in dem Scheckgesetz (Nr. 11) gefunden haben.

Die Besteuerung der Schecks („Scheckstempel") ist seit dem Gesetz vom 26. Juni 1916 (RGBl. 639) Art. 1[1]) aufgehoben.

[1]) Jetzt nach dem Wechselsteuergesetz, vgl. unten S. 133 Anm.

gehoben. Ein Gebiet für sich bildet der Postscheckverkehr (Postscheckgesetz Nr. 15). Er hat mit dem bankmäßigen Scheckwesen rechtlich nur wenig Berührungspunkte. Wird in dem vom Postscheckkunden ausgestellten Postscheck der Empfänger genannt (und dies ist der regelmäßige Fall), so wird die Postanstalt vom Postscheckamt beauftragt, den Betrag an den Empfänger zu zahlen (Postscheckordnung § 9 VI[1]); der Postscheck ist also nur ein schriftlicher Auftrag des Kontoinhabers zu dem Zweck, das angegebene Verfahren des Postscheckamtes herbeizuführen. Nur wenn der Name des Empfängers in dem Formular fehlt, so hat der Postscheck die Wirkung eines Schecks im üblichen Sinne (§ 9 IV der Postscheckordnung).

IV. Öffentliche Anleihen gelangen in das Publikum fast ausschließlich auf dem Wege über die Banken, durch die sich auch der weitere Umsatz der Anleihestücke zu vollziehen pflegt. Die öffentlichen Anleihen treten entweder in der Form von Schuldverschreibungen auf den Inhaber (BGB. §§ 793 ff.) oder in derjenigen von kaufmännischen, auf Order lautenden Verpflichtungsscheinen (HGB. §§ 363 ff.) auf. Werden die letzteren in blanco indossiert (HGB. § 365 I in Verbindung mit Art. 12 der Wechselordnung), so können sie im praktischen Erfolge ebenso wie Inhaberschuldverschreibungen umlaufen, ohne der für diese vorgeschriebenen staatlichen Genehmigung (§ 795 BGB.) zu bedürfen. Häufig werden die Rechte der Anleihegläubiger hypothekarisch gesichert. Die Rechts-

[1]) Die Postscheckordnung ist in der Sammlung nicht mitabgedruckt, da sie sehr häufigen Änderungen unterliegt.

grundlagen dafür bieten die §§ 1187—1189 BGB. Diese gestatten, abweichend von den sonstigen Regeln des BGB., bei dieser Hypothekenform die Namhaftmachung der einzelnen Gläubiger im Grundbuch zu unterlassen. Statt dessen darf ein „Gläubigervertreter" bestellt und grundbuchlich eingetragen werden. Diese Vorschriften sind sowohl für Inhaber- wie für Orderanleihen verwertbar. Das gleiche gilt von dem Gesetz über die gemeinsamen Rechte der Besitzer von Schuldverschreibungen (Nr. 20). Dieses schafft die Möglichkeit der Einberufung von Anleihegläubiger-Versammlungen, die mit Mehrheitsbeschlüssen Maßnahmen zur Wahrung ihrer gemeinsamen Interessen treffen, insbesondere einen gemeinschaftlichen Vertreter bestellen und zur Abwendung einer Zahlungseinstellung oder des Konkurses den Zinsfuß ermäßigen, Stundungen bewilligen und in anderer Weise gemeinsame Gläubigerrechte aufgeben oder beschränken können; nur auf die den Nennwert entsprechenden Kapitalansprüche kann auf diesem Wege nicht verzichtet werden (§§ 11, 12).

Für Gemeinden und Gemeindeverbände ist die Aufnahme von Auslandsanleihen und anderen Auslandskrediten jetzt eingeschränkt durch das Gesetz Nr. 19.

Von geringerer Bedeutung ist das Gesetz (Nr. 17), welches die Ausgabe von Inhaberpapieren mit Prämien an besondere reichsgesetzliche Ermächtigung knüpft.

V. Eine umfassende Gesetzgebung hatte sich in Kriegs- und Nachkriegszeit für den Handel in ausländischen

Zahlungsmitteln entwickelt. Diese sogenannte „Devisengesetzgebung" ist nach der Stabilisierung der deutschen Währung allmählich abgebaut worden. Der letzte Rest wurde durch die Verordnung vom 22. Februar 1927 (RGBl. 1927 I S. 68) beseitigt. Seitdem ist der Handel in ausländischen Zahlungsmitteln wieder frei. Er beruht fast gänzlich auf Handelsbräuchen. Diese sind nicht kodifiziert, abgesehen von den §§ 40, 41 der Bedingungen für die Geschäfte an der Berliner Fondsbörse (Nr. 36), die trotz der irreführenden Überschrift „Ausländische Wechsel" sich auch auf ausländische Schecks sowie auf „Auszahlungen" beziehen, d. h. auf Bereitstellungen von Geld fremder Währung bei einer Auslandsbank (vgl. die Absätze V bis VII des § 41 unter „kurze Sicht").

Auf Geschäfte in ausländischen Zahlungsmitteln beziehen sich § 96 des Börsengesetzes und die gleichfalls börsenrechtliche Verordnung Nr. 32f unten S. 381.

Abschnitt II.
Bodenkredit.

Der Bodenkredit, d. h. die Gewährung von Kredit, und zwar von langfristigem Kredit, gegen hypothekarische Belastung des Grund und Bodens ist an sich keineswegs eine Eigentümlichkeit des Bankverkehrs. Wohl aber wird das gewerbsmäßige oder, allgemeiner gesprochen, das planmäßige Bodenkreditgeschäft vorzugsweise von den Hypothekenbanken sowie von bankähnlichen Bodenkreditinstituten anderer Art gepflegt. Die allgemeinen Grundlagen des deutschen Bodenkreditgeschäfts bilden die Vorschriften des BGB.

(§ 1113 ff.) über die Hypotheken und Grundschulden. Da diese nur auf Reichsmark lautende Hypotheken zulassen (§ 1115 BGB. in Verbindung mit § 28 Satz 2 der Grundbuchordnung[1]), so ist durch besondere Vorschriften die Eintragung von Hypotheken in fremder Währung (Nr. 21) sowie von „wertbeständigen" Hypotheken, d. h. von solchen zugelassen, bei denen sich der zu leistende Geldbetrag jeweils nach einem Sachwert bestimmt (Nr. 22). Zu der letzteren Verordnung sind fünf Durchführungsverordnungen (Nr. 22b bis 22f) ergangen. Besonders wichtig ist, daß Hypotheken in Goldmark auf der Grundlage des Londoner Feingoldpreises eingetragen werden können (Nr. 22f).

Die Rechtsverhältnisse der Hypotheken**banken** sind geordnet durch das Hypothekenbankgesetz (Nr. 23). Das Hauptgeschäft der Hypothekenbanken besteht darin, daß sie einerseits Grundstücke an erster Rangstelle beleihen und andererseits „Pfandbriefe" ausgeben, d. h. Inhaberschuldverschreibungen, die ihre rechtliche und wirtschaftliche Sicherung in jenen Hypotheken finden und daher deren Betrag nicht überschreiten dürfen. Durch die Veräußerung der Pfandbriefe verschafft sich die Hypothekenbank die Mittel, die sie den Grundstückseigentümern in der Form des hypothekarischen Kredits zuführt. Hypothekenbanken dürfen nur mit Genehmigung des Reichsrats in der Form der Aktiengesellschaft oder der Kommanditgesellschaft auf Aktien errichtet werden, und sie unterliegen einer weitgehenden Beaufsichtigung durch die Landesregierung (§§ 1

[1]) „Einzutragende Geldbeträge sind in Reichsmark anzugeben."

bis 4). Sie dürfen nur bestimmte Geschäfte von verhältnismäßig geringem Risiko betreiben (§§ 5, 41, 42); u. a. dürfen sie den Gemeinden Anleihen gewähren. Einzelne Banken, die sogenannten „gemischten“ Hypothekenbanken, sind von diesen Beschränkungen befreit (§§ 46, 47). Die Pfandbriefe der Hypothekenbanken werden vom Gesetz „Hypothekenpfandbriefe“ genannt zum Unterschied von den Pfandbriefen schlechthin, die von „Landschaften“ und anderen öffentlich-rechtlichen Instituten (vgl. Nußbaum, Deutsches Hypothekenwesen 2. Aufl. S. 220 ff.) ausgegeben werden. Der Gesamtbetrag der Hypothekenpfandbriefe ist nicht nur durch das Vorhandensein der Deckungshypotheken, sondern auch nach anderen Merkmalen ziffermäßig begrenzt (§§ 6, 7, 48 und VO. vom 25. Juni 1925 Nr. 23b). Auch der Inhalt der Hypothekenpfandschulden ist gewissen Beschränkungen unterworfen (§§ 8, 9). Namentlich aber sind für die Deckungshypotheken eingehende Vorschriften erlassen, durch welche die Sicherheit dieser Anlagen gewährleistet, daneben aber auch eine unbillige Behandlung der Hypothekenschuldner verhütet werden soll (§§ 10 bis 18, 40). Der letztere Gesichtspunkt steht namentlich bei der Regelung der „Amortisationshypotheken“ (§§ 19—21) im Vordergrund. Wegen der Bilanzierung der Hypothekenbanken vgl. §§ 24—28. Die Deckungshypotheken sind in ein Register einzutragen (§§ 22, 23). Ferner wird bei jeder Bank ein staatlicher Treuhänder bestellt, der darauf zu achten hat, daß die vorschriftsmäßige Deckung für die Hypothekenpfandbriefe jederzeit vorhanden ist (§§ 30—34, 36, 51). Im Konkurse der Bank haben die Pfandbriefgläubiger vor den anderen Konkursgläubigern ein Vorrecht an den Deckungshypotheken (§ 35).

Neben den Hypothekenbanken gibt es, wie erwähnt, Bodenkreditinstitute anderer Art, insbesondere auch öffentlich-rechtliche. Ihnen fehlt im allgemeinen die gesetzliche Regelung. Das gilt namentlich von den auf dem Gegenseitigkeitsprinzip beruhenden, auf ständischer Grundlage errichteten preußischen Landschaften, die größtenteils aus der vorverfassungsmäßigen Zeit stammen und ausschließlich dem landwirtschaftlichen Realkredit dienen. Nach ihrem Vorbilde sind neuestens in Preußen für die Zwecke des städtischen Realkredits sogenannte „Stadtschaften" begründet worden, für welche wenigstens eine gesetzliche Definition (Nr. 26) vorliegt.

Die Umwandlung von Kreditanstalten, die in der Inflationszeit wertbeständige Schuldverschreibungen auf der Grundlage von Reallasten (§§ 1105 ff. BGB.) ausgegeben hatten — es handelt sich hier um die sogenannten „Roggenrentenbriefe" — ist erleichtert durch die Verordnung Nr. 24.

Zu umfangreichen gesetzlichen Maßnahmen auf dem Gebiet des Bodenkredits hat die Aufwertung geführt. Die Grundlage bilden hier die Bestimmungen des Aufwertungsgesetzes vom 16. Juli 1925 (RGBl. I S. 117) über Hypotheken und Pfandbriefe §§ 4 ff., 47 ff. nebst Durchführungsverordnung vom 29. November 1925 Art. 1 ff., §§ 57 ff. Im Anschluß daran gestattet die Verordnung vom 28. Juli 1926 (Nr. 25a) den Hypothekenbanken die Ausgabe von Liquidations-

und von Mobilisierungspfandbriefen. Die ersteren werden den Markpfandbriefgläubigern ausgehändigt und dienen als Abschlagsleistungen auf die Aufwertungsbeträge, die den Pfandbriefgläubigern zustehen. Die Einführung der Mobilisierungspfandbriefe eröffnet den Hypothekenbanken einen neuen Geschäftskreis in der Weise, daß die Banken fremde aufgewertete Hypotheken erwerben und auf dieser Grundlage neue Pfandbriefe ausgeben. Die gleiche Befugnis ist auf Grund der Verordnung vom 13. Januar 1927 (Nr. 25b) auch öffentlich-rechtlichen Kredit- und Ablösungsanstalten zugestanden worden.

Abschnitt III.

Notenbanken.

Das deutsche Geldwesen ruht, gesetztechnisch betrachtet, auf drei Pfeilern, dem Bankgesetz, der Rentenbankverordnung und dem Münzgesetz. Das Bankgesetz (Nr. 27) führt seinen Namen, der eine allgemeine Regelung des gesamten Bankwesens vermuten läßt, zu unrecht, es ist lediglich ein Gesetz über die Reichsbank. Das geltende Bankgesetz hat nicht einmal, wie das Bankgesetz vom 14. März 1875, den Charakter eines allgemeinen Notenbankgesetzes, da die Verhältnisse der sogenannten Privatnotenbanken jetzt nach dem Vorbild der Reichsbank in einem besonderen Gesetz, dem Privatnotenbankgesetz (Nr. 28) geordnet sind. Den Kern des Bankgesetzes bilden die Bestimmungen über die Ausgabe und Deckung der Reichsbanknoten (§§ 27—36). Die neben den Reichsbanknoten als Papiergeld umlaufenden „Rentenbankscheine" finden ihre Grundlage in der Rentenbankverordnung (Nr. 29a) und den zu ihrer Durchführung erlassenen Bestimmungen (Nr. 29b u. c). Die Rentenbankscheine sind von der Rentenbank als „Geldzeichen" ausgegeben und beruhen auf einer gewissermaßen zweistöckigen Deckung, nämlich zunächst auf den Rentenbankbriefen (§§ 13 und 14 der Rentenbankverordnung), und mittelbar auf den der Rentenbank kraft Gesetzes zustehenden „Grundschulden", welche die Unterlage der Rentenbankbriefe bilden (§ 12 der Verordnung). Die allmähliche Einziehung der Rentenbankscheine ist auf Grund des Dawes-Planes eingeleitet durch das Gesetz über die Liquidierung des Umlaufs an Rentenbankscheinen (Nr. 30a) und die dazu erlassenen Durchführungsbestimmungen (Nr. 30b). Durch dieses Gesetz sind die Rentenbankverordnung und die zugehörigen Durchführungsbestimmungen mehrfach und erheblich verändert worden, und zwar leider in recht unklarer Weise, so daß die Ermittelung des geltenden Rechts auf Schwierigkeiten stößt. Im ganzen ist die Rentenbank jetzt auf die Abwicklung der ursprünglichen Rentenmarkkredite beschränkt (§ 16 Abs. 2 des Gesetzes Nr. 30a). Ihre ursprüngliche Aufgabe der landwirtschaftlichen Kreditgewährung ist auf die Rentenbankkreditanstalt (§ 9 des gleichen Gesetzes, vgl. auch oben Nr. 2) übergegangen.

Im übrigen muß wegen der Einzelheiten des Notenbank- und Geldwesens auf die eingehendere Darstellung bei Koch-Schacht, Münz- und Bankgesetzgebung (Nr. 26 der Guttentagschen Sammlung deutscher Reichsgesetze) verwiesen werden.

Zweiter Hauptteil.

Börsenrecht.

Bei einer systematischen Betrachtung der börsenrechtlichen Bestimmungen empfiehlt es sich, diejenigen Vorschriften, die für das große Gebiet der Börsengeschäfte gelten, von den anderen abzutrennen, welche sich auf die Organisation des Börsenverkehrs beziehen oder doch mit dieser Organisation zusammenhängen. Im Anschluß an die Stoffanordnung des Börsengesetzes (Nr. 31) nehmen wir die letztere Gruppe vorweg.

a) Die Börsen sind Wertpapier- (Fonds) oder Warenbörsen; zum Teil dienen sie sowohl dem Wertpapier- wie dem Warenhandel in besonderen Abteilungen. Allerdings ist der Ausdruck „Börse" nicht den staatlich anerkannten, dem Börsengesetz entsprechenden Einrichtungen vorbehalten. Im folgenden ist nur von den letzteren die Rede. Eine Börse der genannten Art darf nur mit Genehmigung der Landesregierung errichtet werden, BörsG. § 1 I. Die Regierung übt teils selbst, teils durch nachgeordnete Amtsstellen (Handelskammern) eine weitgehende Aufsicht über die Börsen aus (§§ 1, 2, 3 und 8 und preußische Verordn. Nr. 33a). Zu diesem Zwecke bestellt die Regierung bei jeder Börse einen Staatskommissar als Kontrollorgan (§ 2). Mit Genehmigung der Regierung ist für jede Börse eine Börsenordnung zu erlassen, die gewissermaßen die Verfassungsurkunde der Börse darstellt (§ 4). Die Börsenordnung hat auch die Bedingungen für die Zulassung zum Börsenbesuch zu regeln, doch stellt hier das Gesetz gewisse Mindestforderungen auf (§ 7). Geschichtlich bemerkenswert ist die Novelle vom 28. November 1921 zum § 7, durch welche die Ausschließung der Frauen vom Börsenbesuch, als eines der letzten Überbleibsel der gesetzlichen Zurücksetzung der Frauen, beseitigt wurde. Zu den staatlichen Einrichtungen bei den Börsen gehören auch die Ehrengerichte (§§ 9—16, 24—27). Ihre Tätigkeit beschränkt sich auf Verfehlungen in der beruflichen Sphäre der Börsenbesucher (§ 10). Als zweite für das ganze Reich einheitliche Instanz steht über den Ehrengerichten die Berufungskammer (§§ 17—26). Angefügt wird diesen Vorschriften eine Einschränkung der Zuständigkeit der Börsenschiedsgerichte, denen sich im voraus nur die „termingeschäftsfähigen" Personen (§ 53, siehe unten S. 22) unterwerfen können. Die wichtige Feststellung des Börsenpreises (Kurses) geschieht nach dem Gesetz durch den Börsenvorstand unter Mitwirkung der Kursmakler, die von der Landesregierung ernannt und vereidigt werden und sich in einer amtlichen Stellung befinden (§§ 29—34, sowie die preußische Verordnung Nr. 33b. Als Börsenpreis ist derjenige Preis festzusetzen, welcher der wirklichen Geschäftslage des Verkehrs an der Börse entspricht (§ 29 III). Mißbräuchlichen Kursbeeinflussungen suchen die Strafvorschriften der §§ 88, 89, 92 entgegenzutreten. Gewisse allgemeine Grundsätze über die Feststellung des Börsenpreises von Wertpapieren haben der Bundesrat und weiterhin der Reichswirtschaftsminister auf Grund des § 35 erlassen (Nr. 32a und b). Unzulässig ist die amtliche Feststellung des Preises für Wertpapiere, die zur öffentlichen Zeichnung aufgelegt sind, deren Zuteilung aber noch nicht beendet ist (§ 42), sowie für Wertpapiere, die zum Börsenhandel nicht zugelassen sind (§ 43). Vgl. auch die Strafvorschrift des § 90.

Die Zulassung eines Wertpapiers zum Börsenhandel wird nun für jede Börse besonders durch die „Zulassungsstelle" gewährt, die im Rahmen des § 36 die formelle und materielle Prüfung der Emission vorzunehmen hat. Sie hat namentlich Emissionen zurückzuweisen, durch welche erhebliche allgemeine Interessen geschädigt werden oder welche offenbar zu einer Übervorteilung des Publikums führen. Vor der tatsächlichen Einführung der zugelassenen Wertpapiere an der Börse ist ein Prospekt zu veröffentlichen, der die für die Beurteilung der Wertpapiere wesentlichen Angaben enthält (§§ 38 bis 41). Der Inhalt des Prospekts und das einzuschlagende Verfahren sind auf Grund des § 41 durch den Bundesrat (Reichsrat) eingehend geordnet (Nr. 32c). Sind Angaben eines solchen Prospekts unrichtig oder unvollständig, so haften die Urheber des Prospekts unter gewissen Voraussetzungen jedem Erwerber des Papiers für den Schaden, der diesem aus der Unrichtigkeit oder Unvollständigkeit erwächst. Diese sogenannte „Prospekthaftung" (§§ 45—47) ist wohl zu unterscheiden von der Haftung, welche eine unrichtige oder unvollständige Ankündigung von Aktien im Verhältnis zu der dadurch geschädigten Aktiengesellschaft selbst hervorruft („Emissionshaftung, §§ 203 bis 206 HGB.).

Besonderer Art sind die Vorschriften über die Zulassung von Waren oder Wertpapieren zum Börsenterminhandel. Hier steht die Entscheidung dem Börsenvorstand zu. Die Zulassung ist an besonders strenge Vorschriften gebunden (§§ 50, 51).

Die Verhältnisse der einzelnen Börsen sind auf Grund der im vorstehenden erörterten gesetzlichen Vorschriften durch die örtlichen Bestimmungen geregelt. In der vorliegenden Sammlung ist der Text der Börsenordnung für Berlin wiedergegeben (Nr. 35). Hier dürfen dauernd und mit der Befugnis zur Teilnahme am Börsenhandel nur solche Personen zugelassen werden, die dazu vom Börsenvorstand eine besondere in seinem Ermessen stehende Zulassung erwirkt haben, während z. B. in Hamburg der Besuch der „Allgemeinen Abteilung" der Börse jedermann offen steht, soweit nicht gesetzliche Hinderungsgründe vorliegen. Daneben sind in Hamburg für eine Reihe bestimmter Handelszweige besondere Börsenabteilungen gebildet, die die Zulassungsfrage autonom ordnen.

b) Was die Börsengeschäfte betrifft, so finden sie ihre Regelung in Handelsbräuchen, die zu einem erheblichen Teile kodifiziert sind. Dabei ist zwischen den Wertpapier- und den Warenbörsen zu unterscheiden. Im Wertpapierverkehr ist die Kodifikation sehr ausgebildet. Von maßgebender Bedeutung für Deutschland sind hier die „Bedingungen für die Geschäfte an der Berliner Fondsbörse" (Nr. 36), die ihrem wesentlichen Inhalt nach auch für die anderen Wertpapierbörsen Geltung haben. Dergleichen gibt es im börsenmäßigen Warenhandel nicht. Doch ist hier auf einem Sondergebiete eine reichsrechtliche Regelung vorhanden, nämlich hinsichtlich der Zeitgeschäfte in Getreide und Erzeugnissen der Getreidemüllerei (§ 67 BörsG. in Verbindung mit Nr. 32g). Außerhalb des Kreises der börsenmäßigen Zeitgeschäfte gelten im Warenhandel die allgemeinen Handelsbräuche. Von besonderer Bedeutung sind die von dem „Verein Berliner Getreide- und Produktenhändler“ zusammengestellten Berliner Handelsgebräuche für Getreide, Hülsenfrüchte, Ölsaaten usw. (Nr. 38). Sie beherrschen tatsächlich auch den Börsenhandel und geben eine Vorstellung von den Grundformen des börsenmäßigen Produktenhandels.

Als die rechtlich wichtigste Sondergruppe der Börsengeschäfte sind die sogenannten Börsentermingeschäfte hervorzuheben. Es handelt sich hier um Verträge mit festbestimmter Lieferungszeit, die in feststehenden Mengen und Qualitäten abgeschlossen werden und deren Erfüllung durch ein börsenübliches Abwicklungsverfahren vereinfacht wird. Hierhin gehören die Ultimo- und Mediogeschäfte der Effektenbörsen — in den Börsenbedingungen „Zeitgeschäfte“ genannt —, deren Abwicklung durch Liquidation (Skontration) gemäß den dafür maßgebenden Bestimmungen des Liquidationsvereins an der Berliner Fondsbörse durch die „Liquidationskasse AG.“ bewirkt wird (Nr. 37a bis d). Den Gegensatz zu den Börsentermingeschäften bilden im Wertpapierverkehr die Kassageschäfte (Nr. 36 §§ 13 ff.), im börsenmäßigen Produktenverkehr hauptsächlich die Lokogeschäfte (Nr. 38 §§ 15 ff.).

An sich gelten die Börsenbedingungen nur für die unter den Börsenbesuchern an der Börse abgeschlossenen Geschäfte, die sogenannten „Innengeschäfte“ der Börse. Für die Geschäfte zwischen Bankier und Kunden, die den Ankauf und Verkauf börsenmäßig gehandelter Effekten zum Gegenstand haben („Börsenaußengeschäfte“) sind die Börsenbedingungen nicht unmittelbar maßgebend, wohl aber mittelbar kraft allgemein üblicher Vereinbarungen und nach Handelsbrauch. Diese mittelbare Anwendung kann freilich nicht eine buchstäbliche sein, sondern sie muß der Besonderheit der Beziehungen zwischen Bankier und Kunden Rechnung tragen. Neuestens sind in die Bedingungen für die Geschäfte an der Berliner Wertpapierbörse einige Vorschriften für die Außengeschäfte aufgenommen worden (S. 24a). Geschäfte zwischen Bankier und Kunden, die sich auf nicht börsenmäßig gehandelte (unnotierte) Wertpapiere beziehen, beurteilen sich in der Regel nach den vom Zentralverband des deutschen Bank- und Bankiergewerbes aufgestellten Regeln über den Handel in nicht notierten Wertpapieren (Nr. 40). Subsidiär gelten hier die Bedingungen der Essen-Düsseldorfer Börse (Nr. 39), die außerdem den gesamten deutschen Kuxenhandel beherrschen.

Die Gesetzgebung hat sich mit den Börsengeschäften hauptsächlich insofern befaßt, als sie die Gültigkeit der Geschäfte durch restriktive Vorschriften einzuengen bestrebt ist. Sie versucht dieses Ziel von zwei Seiten her zu erreichen, einmal dadurch, daß das BGB. die Börsengeschäfte unter gewissen Voraussetzungen als unklagbare Spiel-(Differenz-)Geschäfte behandelt (§§ 762, 764 BGB.) und weiter dadurch, daß das Börsengesetz §§ 52 ff. die Verbindlichkeit der „Börsentermingeschäfte" besonderen Gültigkeitserfordernissen unterwirft. Solche Geschäfte sind nämlich nur dann verbindlich, wenn beide Kontrahenten „termingeschäftsfähig" sind. Als terminsgeschäftsfähig behandelt das Gesetz drei Personengruppen, die man kurz als die der Vollkaufleute, Börsenbesucher und Auslandsbewohner bezeichnen kann (§ 53). Fehlt auch nur einem Teile die Termingeschäftsfähigkeit, so ist das Geschäft unverbindlich, doch kann das bereits Geleistete nicht zurückgefordert werden (§ 55), und durch eine im Einverständnis beider Teile bewirkte Leistung wird die Ungültigkeit mit rückwirkender Kraft geheilt (§ 57). Ferner kann eine nicht termingeschäftsfähige Person einer termingeschäftsfähigen, als welche hier praktisch der Bankier in Frage kommt, in der aus § 54 ersichtlichen Weise — insbesondere unter Beachtung der dort vorgeschriebenen Form — in wirksamer Weise Sicherheit zur Deckung von Verlusten aus Börsentermingeschäften leisten. Hierdurch wird eine beschränkte Verbindlichkeit des Börsentermingeschäfts hervorgerufen. In denjenigen Fällen, in denen auf Grund der §§ 53, 54, 57 ein Börsentermingeschäft ganz oder zum Teil verbindlich ist, kann auch ein Einwand aus den §§ 762, 764 BGB. nicht erhoben werden, es sei denn, daß das Wertpapier, das den Gegenstand des Geschäfts bildet, nicht zum Börsenterminhandel zugelassen ist. (§ 58.) In Anteilen an Bergwerks- und Fabrikunternehmungen ist der Börsenterminhandel nur mit Genehmigung des Reichsrats gestattet, §§ 63, 64. Diese ist in zahlreichen Fällen erteilt worden (vgl.

die Liste Nr. 32f). Börsen**termin**geschäfte in Getreide und Erzeugnissen der Getreidemüllerei sind schlechthin verboten (§§ 65, 66). Die Zuwiderhandlung ist sogar unter „Ordnungsstrafe" gestellt (§§ 71—87, 91). Doch sind **Zeit**geschäfte in den genannten Waren auf Grund eines reichsrätlich genehmigten Schlußscheins zulässig (§ 67 und VO. vom 29. Mai 1908 Nr. 32g), vorbehaltlich übrigens des Differenzeinwandes (§ 68).

Die Vorschriften über die Börsentermingeschäfte gelten auch für den Handel in Wechseln und ausländischen Zahlungsmitteln (§ 96). Eine den Differenzeinwand ausschließende Sonderbestimmung für die Termingeschäfte in Wechseln und ausländischen Zahlungsmitteln, die eine „Zulassung" zum Terminhandel nicht erhalten haben, enthält die Verordnung vom 7. März 1925 (Nr. 32f). Sie ist hauptsächlich zum Schutze der sogenannten „Usancegeschäfte" bestimmt, bei denen Zahlungsmittel einer fremden Währung gegen Zahlungsmittel einer anderen fremden Währung gehandelt werden.

Einen weiteren börsenrechtlich wichtigen Vorschriftenkomplex bilden die Bestimmungen über den Selbsteintritt des Kommissionärs (§§ 400 ff. HGB.). Formell handelt es sich hier um allgemeine Regeln des Kommissionsrechts. Tatsächlich haben jedoch die §§ 400 ff. HGB. ausschließlich im Börsenhandel, und zwar im Börsenaußenhandel praktische Bedeutung. Der selbsteintretende Kommissionär führt die Kommission dadurch aus, daß er das einzukaufende Gut als Käufer liefert, der selbsteintretende Verkaufskommissionär dadurch, daß er das Gut selbst als Käufer übernimmt. Seine Rechtsstellung ist eine halb kommissionsrechtliche, halb kaufrechtliche. Die wichtigste Folge ist, daß die Rechenschaftspflicht des Kommissionärs sich im Falle des Selbsteintritts auf den Nachweis beschränkt, daß bei dem berechneten Preis der zur Zeit der Kommissionsausführung bestehende Markt- oder Börsenpreis eingehalten ist (§ 400 II 1).

Bezüglich der Börsenumsatzsteuer vgl. das Kapitalverkehrsteuergesetz §§ 35—62 und 68—83 (Nr. 34a sowie die Aus- und Durchführungsbestimmungen Nr. 34b). Die Steuer beschränkt sich trotz ihres Namens nicht auf Geschäfte in börsengängigen Effekten (vgl. § 35 des Gesetzes), und sie ist bei „Händlergeschäften" halb so hoch wie bei Kundengeschäften (§§ 49, 52 des Gesetzes).

Erster Hauptteil.

Bankrecht.

Abschnitt I.

Allgemeine Bestimmungen.

I. Organisation und Geschäftsbedingungen.

1. Reichsgesetz über die Deutsche Golddiskontbank vom 19. März 1924[1]).

§ 1. Unter dem Namen „Deutsche Golddiskontbank" wird unter Führung der Reichsbank mit privatem Kapital eine von der Reichsregierung unabhängige Bank errichtet, die die Befugnis hat, auf Pfund Sterling lautende Noten bis zum Gesamtbetrage von 5 Millionen Pfund Sterling auszugeben. Die Noten sind nicht gesetzliches Zahlungsmittel.

Die Deutsche Golddiskontbank hat ihren Sitz in Berlin. Sie hat die Eigenschaft einer juristischen Person des Privatrechts und unterliegt den für Aktiengesellschaften geltenden gesetzlichen Vorschriften, soweit nicht in diesem Gesetz oder in der Satzung der Bank etwas anderes bestimmt ist. Die Satzung wird von den Gründern festgestellt; sie wird öffentlich bekanntgemacht.

---

[1]) RGBl. 1924 II S. 71. Die §§ 12 Abs. 1 und 13 sind durch Aufhebung der in ihnen angeführten Bestimmungen gegenstandslos geworden. Ferner sind nach § 53 des Bankgesetzes (Nr. 27 dieser Sammlung) die Bestimmungen, die mit dem Bankgesetz in Widerspruch stehen, außer Kraft getreten.

Während der Dauer des Notenausgaberechts der Deutschen Golddiskontbank darf an Banken, die ein Notenausgaberecht zur Zeit des Inkrafttretens dieses Gesetzes nicht besitzen, ein solches Recht nicht erteilt werden. Diese Vorschrift entfällt, sobald die Golddiskontbank in Liquidation tritt.

§ 2. Die Bank ist verpflichtet, für den Betrag ihrer im Umlauf befindlichen Banknoten jederzeit mindestens 50 vom Hundert in Gold oder kurzfristigen Devisen, den Rest in diskontierten auf ausländische Währung effektiv lautenden Wechseln und Schecks als Deckung zu halten.

Gold im Sinne dieser Vorschrift sind Barrengold, zum jeweils letztbekannten Londoner Goldpreis berechnet, sowie in- und ausländische Goldmünzen.

Devisen im Sinne dieser Vorschrift sind Banknoten und solche Wechsel, Schecks und täglich fällige Forderungen, die im Ausland in ausländischer Währung zahlbar sind.

Für die Umrechnung der nicht auf Pfund Sterling lautenden Goldmünzen und Devisen ist der jeweils letztbekannte Londoner mittlere Schlußkurs maßgebend.

Die Wechsel dürfen eine Verfallzeit von höchstens drei Monaten haben, und es müssen aus ihnen in der Regel drei, mindestens aber zwei als zahlungsfähig bekannte Verpflichtete haften. Die Schecks müssen die Unterschriften von mindestens zwei als zahlungsfähig bekannten Verpflichteten tragen.

§ 3. Die Deutsche Golddiskontbank ist verpflichtet, ihre Noten bei Vorlegung an ihrer Kasse in Berlin zum vollen Nennwert einzulösen. Die Einlösung erfolgt nach Wahl der Bank durch Abgabe von Schecks auf London oder durch Überlassung von Auszahlung London oder durch Abgabe von Noten der Bank von England.

§ 4. Die Deutsche Golddiskontbank hat jeweils die Zinssätze, zu denen sie diskontiert, öffentlich bekanntzumachen.

§ 5. Das Notenausgaberecht der Bank erlischt mit dem Notenausgaberechte der Reichsbank, spätestens jedoch mit dem 31. Dezember 1934. Es kann durch Gesetz verlängert werden.

Die Reichsbank hat das Recht, die Deutsche Golddiskontbank jederzeit zu liquidieren. Die Liquidation bedarf der Zustimmung der Generalversammlung der Deutschen Golddiskontbank.

§ 6. Die unmittelbare und mittelbare Gewährung von Krediten irgendwelcher Art an die Finanzverwaltungen des Reichs, der Länder oder Gemeinden (Gemeindeverbände) sowie die Bürgschaftsübernahme für diese Stellen ist der Bank untersagt.

§ 7. Die Aktionäre haben Anspruch auf eine jährliche Dividende von 8 vom Hundert. Wird diese Dividende in einem Jahre nicht erreicht, so ist der daran fehlende Betrag aus dem Reingewinne der folgenden Jahre vorweg zu entnehmen.

Von dem darnach verbleibenden Reingewinne sind 50 vom Hundert als Entgelt für die Verleihung des Notenausgaberechts an das Reich abzuführen. Eine Notensteuerpflicht besteht nicht.

§ 8. Die Vorschriften des Handelsgesetzbuchs über die Eintragung in das Handelsregister und die rechtlichen Folgen derselben finden auf die Deutsche Golddiskontbank keine Anwendung.

Ebenso finden die Vorschriften in den §§ 40 Abs. 1, 180, 182, 186 bis 209, 218 bis 220, 227, 240, 243, 244, 252 Abs. 3, 259, 265 Abs. 2, 266 bis 270, 277 bis 279, 280, 281, 284 bis 287, 289, 291, 292 Abs. 1 Nr. 2, 293, 295 Abs. 2, 3, 296, 302, 303, 309 bis 311, 313, 314 Abs. 1 Nr. 3, 4, 5, 315 Abs. 1 Nr. 2, 319 des Handelsgesetzbuchs sowie der Verordnung über Goldbilanzen vom 28. Dezember 1923 (Reichsgesetzbl. I S. 1253) auf die Deutsche Golddiskontbank keine Anwendung.

§ 9. Die Vorschriften des Börsengesetzes über den Prospektzwang finden auf die Aktien der Deutschen Golddiskontbank keine Anwendung.

§ 10. Die Geschäftsführung und Liquidation der Deutschen Golddiskontbank erfolgt ausschließlich durch die Reichsbank.

Sämtliche an der Verwaltung und Geschäftsführung der Bank sowie an der Aufsicht beteiligten Personen sind verpflichtet, über alle Geschäfte Schweigen zu beobachten. Entgegenstehende Bestimmungen anderer Gesetze finden auf die Deutsche Golddiskontbank keine Anwendung. Die Vorschriften der Strafprozeßordnung und der Reichsabgabenordnung bleiben unberührt.

§ 11. Die Deutsche Golddiskontbank ist befreit von allen Reichs-, Landes- und Gemeindesteuern mit Ausnahme der Wechselsteuer und, soweit sich nicht aus Abs. 2 ein anderes ergibt, der Börsenumsatzsteuer. Ihre Geschäfte und Urkunden sind frei von Stempeln und Gebühren.

Bei der Abgabe von auf ausländische Währung lautenden Zahlungsmitteln an die Deutsche Golddiskontbank gelten für die Veräußerer die gleichen steuerlichen Vergünstigungen wie bei der Abgabe an die Reichsbank. Die Einlösung der Noten (§ 3) unterliegt nicht der Börsenumsatzsteuer.

Die von der Deutschen Golddiskontbank zu zahlenden Dividenden sind der Kapitalertragsteuer nicht unterworfen.

§ 12. *[Abs. 1: s. Vorbemerkung.]*

Die Bank ist berechtigt, Depot- und Depositengeschäfte (§§ 11 und 12 des Gesetzes gegen die Kapitalflucht in der Fassung der Bekanntmachung vom 26. Januar 1923, Reichsgesetzbl. I S. 91) zu betreiben.

§ 13 *[s. Vorbemerkung].*

§ 14. Dieses Gesetz tritt mit dem auf die Verkündung folgenden Tage[1]) in Kraft.

---

2. Reichsgesetz über die Errichtung der Deutschen Rentenbank-Kreditanstalt vom 18. Juli 1925[2]).

§ 1. Zur Beschaffung und Gewährung von Krediten für Zwecke der deutschen Landwirtschaft wird unter dem Namen

Deutsche Rentenbank-Kreditanstalt (Landwirtschaftliche Zentralbank)

---

[1]) d. i. dem 26. März 1924.

[2]) RGBl. 1925 I S. 145. Berichtigung der §§ 11 und 13: RGBl. 1925 I S. 156. Änderungen der §§ 11, 12, 13, 15: Reichsgesetz vom 28. November 1925, RGBl. 1925 I S. 394.

eine Anstalt mit dem Sitze in Berlin errichtet. Die Anstalt ist eine juristische Person des öffentlichen Rechtes.

§ 2. Aufgabe der Deutschen Rentenbank-Kreditanstalt ist die Beschaffung und Gewährung von Krediten für Zwecke der deutschen Landwirtschaft in allen ihren Zweigen unter Einschluß der Förderung der Bodenkultur und landwirtschaftlichen Siedlung. Die Kreditgewährung darf nur an die im § 3 Abs. 1 Ziffer 1 und § 4 bezeichneten Kreditinstitute und Stellen erfolgen.

Die Kredite sollen zum Zwecke der Förderung der landwirtschaftlichen Produktion gewährt werden. Bei der Kreditgewährung sind die Verhältnisse und Bedürfnisse der einzelnen Länder und Landesteile sowie die verschiedenen Größenklassen der landwirtschaftlichen Betriebe angemessen zu berücksichtigen.

§ 3. Die Deutsche Rentenbank-Kreditanstalt ist befugt, nach näherer Bestimmung der Satzung folgende Geschäfte zu betreiben:

1. Zinsbare Darlehen zu gewähren
   a) an die im § 4 Abs. 1 bezeichneten Kreditinstitute zum Zwecke der Versorgung der deutschen Landwirtschaft mit Realkredit,
   b) an die im § 4 Abs. 2 bezeichneten Kreditinstitute zum Zwecke der Versorgung der deutschen Landwirtschaft mit Personalkredit,
   c) an die Länder und an die von der Reichsregierung oder von den Landesregierungen bezeichneten Organisationen, für Zwecke der

Förderung der Bodenkultur und landwirtschaftlichen Siedlung.

Die Geschäftstätigkeit zu Nr. 1b ist auf die Zeit bis zum 31. Dezember 1930 beschränkt. Die Reichsregierung kann diese Frist mit Zustimmung des Reichsrats und eines vom Reichstag zu bestimmenden Ausschusses des Reichstags verlängern; die jeweils zugelassene Verlängerung darf die Dauer von zwei Jahren nicht übersteigen.

2. Schuldverschreibungen auf den Inhaber nach näherer Vorschrift des § 12 auszugeben,

3. Darlehen für die in Ziffer 1 bezeichneten Zwecke auf die Dauer von mindestens einem Jahre aufzunehmen,

4. Devisen im Einvernehmen mit der Reichsbank zu kaufen und zu verkaufen, soweit dies zur Erfüllung ihrer Aufgaben erforderlich ist,

5. verfügbare Kassenbestände durch kurzfristige Anlage bei sicheren Bankfirmen nutzbar zu machen.

Bei der Gewährung von Darlehen an die Personal-Kreditanstalten sind die Zinsbedingungen so zu gestalten, daß die letzten Kreditnehmer grundsätzlich den gleichen Zinssatz zu zahlen haben; zu diesem Zwecke ist denjenigen Kreditnehmern der Deutschen Rentenbank-Kreditanstalt, die die Kredite nicht unmittelbar, sondern durch eine oder mehrere Zwischenstellen weiterleiten, gegenüber anderen ein angemessener Zinsnachlaß zu gewähren.

§ 4. Die Gewährung von Darlehen zwecks Versorgung der Landwirtschaft mit Realkredit kann erfolgen:

1. an die öffentlich-rechtlichen oder unter Staatsaufsicht stehenden privatrechtlichen Realkreditinstitute, welche das landwirtschaftliche Realkreditgeschäft pflegen und die im § 12 Abs. 2 bezeichneten Sicherheiten stellen;
2. an die Spitzenorganisationen von öffentlich-rechtlichen, das landwirtschaftliche Realkreditgeschäft pflegenden Sparkassen, welche die im § 12 Abs. 2 bezeichneten Sicherheiten stellen.

Bei Gewährung von Darlehen zwecks Versorgung der Landwirtschaft mit Personalkredit sind unter der Voraussetzung der Stellung der erforderlichen Kreditunterlagen zu berücksichtigen:

1. folgende Kreditinstitute:
   a) Preußische Zentralgenossenschaftskasse,
   b) Preußische Centrallandschaftsbank,
   c) Deutsche Landesbankenzentrale A.-G.,
   d) die Staatsbanken der Länder,
   e) die Privatnotenbanken der Länder Bayern, Sachsen, Württemberg und Baden,
   f) Deutsche Girozentrale,
   g) ein Kreditinstitut der landwirtschaftlichen Arbeitnehmer, das vorwiegend den landwirtschaftlichen Kreditverkehr pflegt, und die Zentrale der Getreidekreditbanken A.-G.,
   h) folgende Anstalten:
      Bank für Landwirtschaft A.-G., Berlin,
      Landmannbank A.-G., Berlin,
      die Aktienbanken des Reichsverbandes der

deutschen landwirtschaftlichen Genossenschaften,

Deutsche Bauernbank A.-G., Berlin,

ein Zentralbankinstitut der im Reichsverbande landwirtschaftlicher Kleinbetriebe, im Deutschen Bauernbund und im Bayerischen Bauernbunde zusammengeschlossenen landwirtschaftlichen Klein- und Mittelbetriebe,

mit der Maßgabe, daß die Gesamtquote dieser Gruppen nicht mehr als 10 vom Hundert der Gesamtpersonalkredite betragen darf; die fünf Gruppen sind dabei in möglichst gleicher Höhe zu berücksichtigen,

2. solche vorwiegend den landwirtschaftlichen Kreditverkehr pflegende Anstalten zentralen Charakters, die von dem Verwaltungsrate mit Zweidrittelmehrheit der Gesamtstimmen bestimmt werden.

Die Personalkredite werden gegen die in der Satzung bestimmten Sicherheiten gewährt.

§ 5. Die Deutsche Rentenbank-Kreditanstalt steht nach näherer Bestimmung der Durchführungsvorschriften unter Aufsicht der Reichsregierung. Die Aufsichtsbehörde ist insbesondere befugt, alle Anordnungen zu treffen, die erforderlich sind, um den Geschäftsbetrieb der Deutschen Rentenbank-Kreditanstalt mit den Gesetzen, der Satzung und den sonst in verbindlicher Weise getroffenen Bestimmungen im Einklang zu erhalten. Im übrigen ist die Deutsche Rentenbank-Kreditanstalt in der Verwaltung und Geschäftsführung selbständig, desgleichen in der Anstellung des Personals.

Die Reichsregierung hat den Reichsrat über den Geschäftsbetrieb der Deutschen Rentenbank-Kreditanstalt auf dem laufenden zu halten.

§ 6. Das Kapital der Deutschen Rentenbank-Kreditanstalt wird aus den ihr bei der Errichtung gemäß § 9 des Gesetzes über die Liquidierung des Umlaufs an Rentenbankscheinen überwiesenen Mitteln der Deutschen Rentenbank gebildet.

Es erhöht sich um die Beträge, die der Deutschen Rentenbank-Kreditanstalt gemäß § 9 des vorgenannten Gesetzes seitens der Reichsbank und der Deutschen Rentenbank jährlich überwiesen werden.

§ 7. Die Deutsche Rentenbank-Kreditanstalt hat einen Vorstand, einen Verwaltungsrat und eine Anstaltsversammlung.

Der Vorstand wird vom Verwaltungsrate bestellt. Ihm liegt die Geschäftsführung und Vermögensverwaltung der Deutschen Rentenbank-Kreditanstalt ob, soweit sie nicht durch Gesetz oder Satzung anderen Organen zugewiesen ist.

Der Vorstand vertritt die Deutsche Rentenbank-Kreditanstalt gerichtlich und außergerichtlich. Erklärungen sind für die Deutsche Rentenbank-Kreditanstalt verbindlich, wenn sie entweder von zwei Vorstandsmitgliedern oder von einem Vorstandsmitglied gemeinschaftlich mit einem Prokuristen abgegeben werden. Zur Verpflichtung der Deutschen Rentenbank-Kreditanstalt genügt auch die Erklärung von zwei Prokuristen. Stellvertretende Vorstandsmitglieder stehen hinsichtlich der Vertretungsmacht ordentlichen Vorstandsmitgliedern gleich. Eine Beschränkung der Vertretungsbefugnis ist Dritten gegenüber unwirksam.

Für die Deutsche Rentenbank-Kreditanstalt verbindliche Urkunden sind in der Weise zu zeichnen, daß die Zeichnenden zu dem Namen der Anstalt ihre Namensunterschrift hinzufügen.

Ist eine Willenserklärung der Anstalt gegenüber abzugeben, so genügt die Abgabe gegenüber einem Mitglied des Vorstandes.

§ 8. Die Anstaltsversammlung besteht aus 110 Mitgliedern; von diesen werden berufen durch

1. den Deutschen Landwirtschaftsrat 20 Mitglieder,
2. den Reichs-Landbund 20 Mitglieder,
3. die Vereinigung der Deutschen Bauernvereine 20 Mitglieder,
4. den Reichsverband der Deutschen landwirtschaftlichen Genossenschaften 20 Mitglieder,
5. den Generalverband der Deutschen Raiffeisengenossenschaften 20 Mitglieder,
6. die Arbeitsgemeinschaft der Organisationen landwirtschaftlicher Klein- und Mittelbetriebe 10 Mitglieder.

Fällt eine der unter 2 bis 6 bezeichneten Organisationen ohne Rechtsnachfolger fort, so bestimmt der Verwaltungsrat mit Zweidrittel-Mehrheit der Gesamtstimmen, wer an die Stelle der weggefallenen Organisation einzutreten hat. Entsprechendes gilt, wenn der Bestand einer dieser Organisationen durch Spaltung, Massenaustritt oder ähnliche Vorgänge eine außerordentliche Verringerung erfährt. Falls ein Beschluß des Verwaltungsrats mit Zweidrittel-Mehrheit der Gesamtstimmen nicht zustande kommt, so wird die Bestimmung von der Reichsregierung getroffen.

Die Mitglieder der Anstaltsversammlung werden jeweils für fünf Geschäftsjahre berufen.

§ 9. Der Verwaltungsrat besteht aus:

1. dem Vorsitzenden,
2. elf von der Anstaltsversammlung der Deutschen Rentenbank-Kreditanstalt gewählten Personen, deren Wahl aus den Personen vorzunehmen ist, die von den in der Anstaltsversammlung vertretenen Gruppen vorgeschlagen werden, und zwar gemäß dem Zahlenverhältnisse, nach dem die Gruppen in der Anstaltsversammlung vertretungsberechtigt sind,
3. elf von dem Reichsrat bestellten, auf dem Gebiete des landwirtschaftlichen Kreditwesens besonders bewanderten Personen, von denen mindestens drei Landwirte und einer Vertreter der landwirtschaftlichen Arbeitnehmer sein müssen,
4. einem von der Reichsregierung berufenen Vertreter der landwirtschaftlichen Arbeitnehmer,
5. einer weiteren von der Reichsregierung berufenen Person.

Außerdem kann der Verwaltungsrat mit Zweidrittel-Mehrheit zwei Sachverständige auf dem Gebiete des Kreditwesens hinzuwählen.

Die zu Ziffer 3 und 4 bezeichneten Vertreter der landwirtschaftlichen Arbeitnehmer werden auf Vorschlag der Spitzenorganisationen der landwirtschaftlichen Arbeitnehmer berufen.

Die Amtsdauer der Mitglieder des Verwaltungsrats beträgt fünf Jahre.

Vorsitzender des Verwaltungsrats ist bis zur Beendigung der Liquidation der Deutschen Rentenbank der Präsident der Deutschen Rentenbank, alsdann wird der Vorsitzende vom Verwaltungsrate gewählt; die Wahl bedarf der Genehmigung der Reichsregierung.

Der Verwaltungsrat kann mit Zweidrittel-Mehrheit seiner Gesamtstimmen aus seinen Mitgliedern Ausschüsse bilden und diesen mit der gleichen Mehrheit bestimmte Befugnisse übertragen.

Dem Verwaltungsrat steht die laufende Überwachung der gesamten Geschäftsführung der Deutschen Rentenbank-Kreditanstalt zu; er hat dem Vorstand die erforderlichen allgemeinen und besonderen Anweisungen zu erteilen. Der Verwaltungsrat hat durch allgemeine und besondere Anweisungen zu bestimmen, welche Geschäfte vor dem Abschluß seiner Genehmigung bedürfen. Der Genehmigung bedürfen insbesondere die Anstellungsverträge der Vorstandsmitglieder. Der Verwaltungsrat hat die Befugnis, die Bestellung jedes Vorstandsmitglieds, stellvertretenden Vorstandsmitglieds und Prokuristen der Deutschen Rentenbank-Kreditanstalt jederzeit zu widerrufen.

Im übrigen wird die Organisation der Deutschen Rentenbank-Kreditanstalt einschließlich der Stellvertretung der Verwaltungsratsmitglieder durch die Satzung geregelt.

§ 10. Die Anstaltsversammlung hat innerhalb der ersten sechs Monate nach Ablauf eines jeden Geschäftsjahrs über die Bilanz sowie die Gewinn- und Verlustrechnung, die ihr innerhalb dieser Frist vom Vorstand und Verwaltungsrate mit einem den Vermögensstand und die Geschäftslage der Deutschen Rentenbank-Kreditanstalt darlegenden Berichte vorzulegen ist, sowie über die Entlastung des Vorstandes und des Verwaltungsrats Beschluß zu fassen.

Nach Feststellung durch die Anstaltsversammlung sind die Bilanz sowie die Gewinn- und Verlustrechnung nebst einem Auszug aus dem Geschäftsbericht im Deutschen Reichsanzeiger sowie in den für die Veröffentlichung der Deutschen Rentenbank-Kreditanstalt bestimmten Blättern bekanntzumachen.

§ 11. Der aus der festgestellten Bilanz nach Vornahme sämtlicher Abschreibungen und Rückstellungen sich ergebende Überschuß aller Aktiva über alle Passiva bildet den Reingewinn der Deutschen Rentenbank-Kreditanstalt.

Von dem jährlichen Reingewinn ist mindestens ein Viertel einer Hauptrücklage so lange zuzuführen, bis diese den zehnten Teil des Kapitals erreicht. Die Erhöhung der Hauptrücklage ist zulässig.

Werden gemäß § 3 Ziffer 2 und § 12 Schuldverschreibungen ausgegeben, so ist zur besonderen Sicherung der Inhaber von Schuldverschreibungen eine Sonderrücklage zu bilden. Dieser ist mindestens ein Drittel des Reingewinns zuzuführen. Soweit die Sonderrücklage 5 vom Hundert des Betrags der jeweils ausgegebenen Schuldverschreibungen erreicht hat, dürfen ihr weitere Beträge nicht mehr zugeführt werden. Soweit für eine bestimmte Gattung von Schuldverschreibungen eine gesonderte Deckungsmasse vorgesehen ist (§ 12 Abs. 2 Satz 5), kann mit Genehmigung der Reichsregierung eine getrennte Sonderrücklage für diese Gattung von Schuldverschreibungen gebildet werden. Die Anlegung der Sonderrücklage darf nur nach näherer Bestimmung der Satzung erfolgen.

Der Rest des Reingewinns wird, soweit nicht weitere Rücklagen beschlossen werden, der Hauptrücklage zugeführt oder zur Erhöhung des Kapitals der Deutschen Rentenbank-Kreditanstalt verwendet; er kann auch für landwirtschaftliche Zwecke im Sinne des § 2 verwendet oder bis zum Betrage der Grundschuldzinsen, die von der Reichsbank für das jeweils abgelaufene Geschäftsjahr gemäß § 9 Satz 1 des Gesetzes über die Liquidierung des Umlaufs an Rentenbankscheinen vom 30. August 1924 (Reichsgesetzbl. II S. 252) der Rentenbank-Kreditanstalt überwiesen sind, der Reichsbank zwecks Speisung des Rentenbankschein-Tilgungsfonds (§ 6 ff. a. a. O.) zur Verfügung gestellt werden.

Soweit der Reingewinn nicht zur Erhöhung des Kapitals, zu Rücklagen, für die Sonderrücklage oder zur Überweisung an den Rentenbankschein-Tilgungsfonds verwendet wird, bedarf die Bestimmung über die Verwendung des Reingewinns der Genehmigung der Reichsregierung und der Zustimmung des Reichsrats. Wird die Genehmigung oder die Zustimmung versagt, so entscheidet über die Verwendung des Reingewinns ein Ausschuß aus sechs Mitgliedern, von denen je zwei die Reichsregierung, der Reichsrat und die Anstaltsversammlung bestellt.

Sobald das Kapital zuzüglich der Rücklagen, aber ausschließlich der Sonderrücklage zur Sicherung der Inhaber von Schuldverschreibungen (Abs. 3) den Betrag von 500 Millionen Reichsmark erreicht hat, dürfen weitere Beträge aus dem Reingewinn — abgesehen von der Speisung der Sonderrücklage bis zur Höhe von 5 vom Hundert des Betrags der jeweils ausgegebenen Schuldverschreibungen (Abs. 3) — dem Kapital oder den Rücklagen nur auf Grund eines besonderen Gesetzes zugeführt werden.

Soweit der Reingewinn nicht zur Erhöhung des Kapitals, der Rücklagen und der Sonderrücklage dient, darf er nur für landwirtschaftliche Zwecke im Sinne des § 2 oder zur Überweisung an den Rentenbankschein-Tilgungsfonds der Reichsbank gemäß Abs. 4 verwendet werden.

§ 12. Die Deutsche Rentenbank-Kreditanstalt kann mit Genehmigung der Reichsregierung zur Beschaffung von Mitteln zur Kreditgewährung für die Landwirtschaft verzinsliche Schuldverschreibungen auf den Inhaber bis zum sechsfachen — mit Zustimmung des Reichsrats bis zum achtfachen — Betrag ihres Kapitals ausgeben. Der Erlös ist zur Gewährung von Krediten zur wirtschaftlicheren Gestaltung der landwirtschaftlichen Betriebe zu verwenden. Ist infolge der Rückzahlung von Hypotheken oder aus andern Gründen die in Satz 1 bis 3 vorgeschriebene Deckung nicht vollständig vorhanden und ist eine Ergänzung nicht sofort ausführbar, so hat die Deutsche Rentenbank-Kreditanstalt die fehlende Deckung einstweilen durch Geld zu ersetzen. Bei der Ausgabe von Schuldverschreibungen kann mit Genehmigung der Reichsregierung vorgesehen werden, daß für eine bestimmte

Gattung von Schuldverschreibungen eine gesonderte Deckungsmasse gebildet wird.

Die Schuldverschreibungen müssen in voller Höhe gedeckt sein durch Pfandbriefe staatlicher, landschaftlicher, kommunaler oder anderer unter staatlicher Aufsicht stehender Bodenkreditinstitute Deutschlands und deutscher Hypothekenbanken oder durch Hypotheken, die für die vorbezeichneten Kreditinstitute oder für öffentlich-rechtliche Sparkassen an inländischen land- und forstwirtschaftlichen Grundstücken bestellt und an die Deutsche Rentenbank-Kreditanstalt verpfändet oder abgetreten sind. Die Hypotheken müssen mindestens den Anforderungen des Hypothekenbankgesetzes entsprechen. Die Deckung kann auch bestehen in Schuldurkunden von inländischen Körperschaften des öffentlichen Rechtes, soweit sie Träger von Meliorationsunternehmungen sind oder soweit ihr Geschäftsbetrieb auf Gewährung von Meliorationskrediten gerichtet ist.

Die allgemeinen Vorschriften über die nach Abs. 1 auszustellenden Schuldverschreibungen auf den Inhaber werden von der Reichsregierung mit Zustimmung des Reichsrats erlassen.

§ 13. Innerhalb des zweiten Monats eines jeden Kalenderhalbjahrs hat die Deutsche Rentenbank-Kreditanstalt den Gesamtbetrag der ausgegebenen Schuldverschreibungen, welche am letzten Tage des vorangegangenen Halbjahrs im Umlauf waren, und den nach Abzug aller Rückzahlungen oder sonstigen Minderungen sich ergebenden Gesamtbetrag der nach dem Stande des letzten Tages des vorangegangenen Halbjahrs hereingenommenen Deckungen an Hypotheken und Pfandbriefen sowie den Betrag des zur Deckung der umlaufenden Schuldverschreibungen an Stelle von Pfandbriefen und Hypotheken vorhandenen Geldes im Deutschen Reichsanzeiger und in den für die Veröffentlichung der Anstalt bestimmten Blättern bekanntzumachen.

Sind als Deckung für die ausgegebenen Schuldverschreibungen Pfandbriefe oder solche Hypotheken angenommen, die nicht ihrem vollen Betrage nach zur Deckung geeignet sind, so ist in der Bekanntmachung anzugeben, mit welchem Betrage die Pfandbriefe oder Hypotheken als Deckung nicht in Ansatz kommen.

Soweit für einzelne Gattungen von Schuldverschreibungen gesonderte Deckungsmaßnahmen gebildet sind, sind die nach Abs. 1 und 2 vorgeschriebenen Veröffentlichungen hiernach getrennt vorzunehmen.

§ 14. Die erste Satzung der Deutschen Rentenbank-Kreditanstalt wird von dem Aufsichtsrate der Deutschen Rentenbank festgestellt. Sie bedarf der Genehmigung der Reichsregierung.

Ist binnen sechs Wochen nach Inkrafttreten dieses Gesetzes eine Satzung gemäß dem vorstehenden Absatz nicht zustande gekommen, so kann sie von der Reichsregierung erlassen werden.

Änderungen der Satzung beschließt die Anstaltsversammlung.

Sie bedürfen der Genehmigung der Reichsregierung.

Zu Satzungsänderungen ist die Zustimmung des Reichsrats erforderlich.

§ 15. Auf die Deutsche Rentenbank-Kreditanstalt finden die Vorschriften der Konkursordnung entsprechende Anwendung.

Im Falle des Konkurses gehen in Ansehung der Befriedigung aus denjenigen Rechten, die der Deutschen Rentenbank-Kreditanstalt auf Grund der Kreditgewährung aus dem Erlöse der Schuldverschreibungen zustehen, und in Ansehung der Befriedigung aus der gemäß § 12 Abs. 2 bestellten Deckung die Forderungen der Inhaber der Schuldverschreibungen einschließlich ihrer seit Eröffnung des Konkursverfahrens laufenden Zinsforderungen den Forderungen der andern Konkursgläubiger vor. Die Inhaber der Schuldverschreibungen haben untereinander den gleichen Rang. Soweit für eine bestimmte Gattung von Schuldverschreibungen eine gesonderte Deckungsmasse gebildet ist (§ 12 Abs. 2 Satz 5), gehen in Ansehung der Befriedigung aus dieser gesonderten Deckungsmasse die Forderungen der Inhaber der Schuldverschreibungen dieser Gattung den Forderungen der Inhaber der Schuldverschreibungen anderer Gattungen vor. Inbetreff des Anspruchs der Inhaber der Schuldverschreibungen auf Befriedigung aus dem sonstigen Vermögen der Deutschen Rentenbank-Kreditanstalt finden die für die Absonderungsberechtigten geltenden Vorschriften der §§ 64, 153, 155, 156 und des § 168 Nr. 3 der Konkursordnung entsprechende Anwendung.

§ 16. Von den Steuern, die das Reich, die Länder und die Gemeinden (Gemeindeverbände) vom Einkommen, vom Vermögen, vom Grundbesitze sowie vom

Gewerbebetrieb erheben, ist die Deutsche Rentenbank-Kreditanstalt insoweit befreit, wie es die Landschaften (die landschaftlichen Kreditanstalten) nach den jeweils geltenden Vorschriften sind.

Aus Anlaß der Gründung der Deutschen Rentenbank-Kreditanstalt dürfen vom Reiche, den Ländern und Gemeinden (Gemeindeverbänden) Abgaben und Kosten irgendwelcher Art nicht erhoben werden. Das gleiche gilt für die Überweisungen von der Reichsbank, der Deutschen Rentenbank (§ 6) und der Treuhandstelle für die Deutsche Rentenbank.

Die im § 12 bezeichneten Schuldverschreibungen der Deutschen Rentenbank-Kreditanstalt werden hinsichtlich der Wertpapiersteuer des Kapitalverkehrsteuergesetzes den Schuldverschreibungen inländischer Hypothekenbanken gleichgestellt.

Wird für die Schuldverschreibungen (Abs. 3) eine Wertpapiersteuer erhoben, so sind Pfandbriefe der im § 12 Abs. 2 bezeichneten Bodenkreditinstitute und Hypothekenbanken von der Wertpapiersteuer befreit, falls die Pfandbriefe lediglich zur Deckung der Schuldverschreibungen der Deutschen Rentenbank-Kreditanstalt gemäß § 12 Abs. 2 bestimmt sind und ihre Unveräußerlichkeit hinreichend gesichert ist. Der Reichsminister der Finanzen wird ermächtigt, nähere Bestimmungen über die Förmlichkeiten zu treffen; er kann weitere Voraussetzungen für die Befreiung festsetzen.

§ 17. Über das Vermögen, das der Deutschen Rentenbank-Kreditanstalt nach Beendigung ihrer Liquidation, die nur auf Grund eines Gesetzes erfolgen darf, verbleibt, beschließt die Anstaltsversammlung mit Genehmigung der Reichsregierung unter Zustimmung des Reichstags und des Reichsrats. Das Vermögen darf nur für landwirtschaftliche Zwecke im Sinne des § 2 verwendet werden.

§ 18. Die für die Deutsche Rentenbank begründeten Grundschulden (§ 4 des Gesetzes über die Liquidierung des Umlaufs an Rentenbankscheinen) erlöschen mit dem Zeitpunkt der Beendigung der Liquidation der Deutschen Rentenbank.

Im übrigen werden die im § 19 des Gesetzes über die Liquidierung des Umlaufs an Rentenbankscheinen vorgesehenen Bestimmungen durch besonderes Gesetz getroffen.

§ 19. Der Reichsregierung bleibt vorbehalten, die zur Durchführung dieses Gesetzes erforderlichen Verwaltungsvorschriften zu erlassen.

---

3. Beschluß des Preußischen Staatsministeriums über die Verfassung der Preußischen Staatsbank (Seehandlung) vom 11. März 1926[1]).

§ 1. Die Preußische Staatsbank (Seehandlung) besitzt die Eigenschaft einer juristischen Person des öffentlichen Rechtes. Für ihre Verbindlichkeiten hat der Preußische Staat die vollständige Garantie übernommen (Kabinettsorder vom 17. Januar 1820 — Gesetzsamml. S. 25 —).

---

[1]) Preuß. GS. 1926 S. 123.

Sie steht unter Aufsicht des Staates und gehört zum Geschäftsbereiche des Finanzministers.

Ihr Sitz ist Berlin.

§ 2. Die Staatsbank hat die Aufgabe, die Interessen des Preußischen Staates auf dem Kapital- und Geldmarkte wahrzunehmen. Sie hat für ihn alle Geschäfte durchzuführen, bei denen die Mitwirkung einer Bank zweckmäßig ist, und die Staatsverwaltung in allen einschlägigen Fragen zu unterstützen und zu beraten.

Zur Erfüllung dieser Aufgabe hat sie enge geschäftliche Beziehungen zur Wirtschaft, insbesondere zu den Banken, zu unterhalten. Sie soll bei ihren Geschäften den allgemeinen wirtschaftlichen Belangen Rechnung tragen und ihre Gelder, soweit sie nicht alsbald für öffentliche Zwecke gebraucht werden, der Wirtschaft zuführen. Unbeschadet des Erfordernisses, nach kaufmännischen Grundsätzen zu verfahren, darf die Erzielung von Gewinn nicht Hauptzweck des Geschäftsbetriebs sein.

§ 3. Die Staatsbank ist befugt, im Auftrage des Staates alle Geschäfte abzuschließen, die der Betrieb eines Bankgeschäfts mit sich bringt oder die durch die der Staatsbank übertragenen Aufgaben geboten sind.

Im übrigen ist sie befugt, folgende Geschäfte zu betreiben:

1. verzinsliche Gelder im Depositen-, Kontokorrent-, Giro und Scheckverkehr entgegenzunehmen;
2. Darlehen aufzunehmen;
3. Wechsel und Schecks, aus welchen drei als zahlungsfähig bekannte Verpflichtete haften, zu

diskontieren, zu kaufen und zu verkaufen. Von dem Erfordernisse der dritten Unterschrift kann in den Fällen abgesehen werden, in denen durch eine Nebensicherheit oder in sonstiger Weise die Sicherheit des Wechsels oder Schecks gewährleistet ist. Die von der Staatsbank diskontierten Wechsel sollen nur gute Handelswechsel sein;

4. Privatdiskonten zu kaufen und zu verkaufen;
5. Wechselgiroverbindlichkeiten einzugehen;
6. Schatzwechsel Preußens, des Deutschen Reichs und der deutschen Länder zu kaufen;
7. zinsbare Darlehen gegen bewegliche Pfänder zu gewähren (Lombardverkehr), und zwar
   a) gegen Gold und Silber, gemünzt und ungemünzt,
   b) gegen Devisen und gegen Wertpapiere, die an einer deutschen Börse amtlich notiert sind,
   c) gegen Schatzwechsel Preußens, des Reichs und der Länder,
   d) gegen Wechsel, die anerkannt solide Verpflichtete aufweisen;
8. Wertgegenstände in Verwahrung und in Verwaltung zu nehmen und die damit im Zusammenhange stehenden Geschäfte zu tätigen (Einlösung von Zinsscheinen und Dividendenscheinen usw.);
9. das Emissions- und das Konsortialgeschäft zu betreiben;
10. für fremde Rechnung Inkassogeschäfte zu besorgen, Zahlungen zu leisten sowie Kreditbriefe und Akkreditive auszustellen;

11. Edelmetalle, Wertpapiere und Devisen zu kaufen und zu verkaufen.

Ungedeckte Kredite dürfen nur an solche Unternehmungen gewährt werden, deren Verpflichtungen vom Preußischen Staate oder vom Deutschen Reiche garantiert sind, sowie an solche Unternehmungen, an denen der Preußische Staat oder das Deutsche Reich mit Kapital beteiligt sind, wenn der Preußische Staat oder das Deutsche Reich einen ausschlaggebenden Einfluß auf die Unternehmungen ausübt. Verfügbare Kassenbestände dürfen in Ermangelung anderer Anlagemöglichkeiten bei ersten Banken von unbezweifelter Sicherheit ohne besondere Sicherstellung vorübergehend untergebracht werden.

Zur Aufnahme vorstehend nicht aufgeführter Geschäftszweige oder zum Abschluß einzelner abweichender Geschäfte ist die Genehmigung des Finanzministers erforderlich.

Zur Pflege des Realkredits und des sonstigen langlaufenden Anlagekredits sowie zur Lombardierung von Warenbeständen ist die Staatsbank nicht berufen. Die Hereinnahme von Hypotheken, Bürgschaften und anderen Sicherheiten als Nebendeckung ist zugelassen.

Zum Erwerbe, zur Belastung und zur Veräußerung von Grundstücken ist die Genehmigung des Finanzministers erforderlich, sofern es sich nicht um Grundstücksgeschäfte handelt, die sich aus dem laufenden Betrieb ergeben.

§ 4. Die Staatsbank wird von ihrer Generaldirektion, die die Eigenschaft einer Behörde hat, verwaltet und gerichtlich und außergerichtlich vertreten. Die Generaldirekiton besteht aus dem Präsidenten als

Vorsitzenden, seinem Stellvertreter und der durch den Staatshaushaltsplan festgestellten Anzahl von Mitgliedern, die sämtlich vom Staatsministerium ernannt werden. Der Finanzminister kann den stellvertretenden Mitgliedern der Generaldirektion und den aushilfsweise bei der Generaldirektion beschäftigten Beamten das Recht verleihen, an den Sitzungen der Generaldirektion mit vollem Stimmrechte teilzunehmen. Diese Beamten stehen dann den ordentlichen Mitgliedern der Generaldirektion auch hinsichtlich der Vertretung nach außen (§ 5) gleich.

Der Präsident hat die erforderlichen Beschlußsitzungen anzuordnen. Die Generaldirektion faßt ihre Beschlüsse nach Stimmenmehrheit; bei Stimmengleichheit gibt die Stimme des Präsidenten den Ausschlag. Erscheint dem Präsidenten ein gefaßter Beschluß bedenklich, so kann er der Generaldirektion die Ausführung untersagen; er hat dann unverzüglich die Angelegenheit dem Finanzminister zur Entscheidung zu unterbreiten.

Von Beschlüssen und Anordnungen, die für die Geschäftsgebarung und die Entwicklung der Staatsbank von grundsätzlicher Bedeutung sind, ist dem Finanzminister Anzeige zu erstatten; in Fällen von besonderer Wichtigkeit ist seine Genehmigung einzuholen.

§ 5. Erklärungen der Generaldirektion sind für die Staatsbank verbindlich, wenn sie von zwei Mitgliedern abgegeben werden. Die Generaldirektion kann Vertretungsvollmacht erteilen.

Die Vorschriften des § 232 Abs. 1 Satz 2 und 3 des Handelsgesetzbuchs finden entsprechende Anwendung.

§ 6. Für die gesamte Geschäftsführung und Verwaltung ist der Präsident in erster Linie verantwortlich. Er vertritt die Staatsbank im Verkehre mit Behörden und ist zu ihrer Vertretung in allen Fällen ermächtigt, in denen nicht die Unterschrift von zwei Mitliedern der Generaldirektion erforderlich ist.

Die Verteilung der Geschäfte unter die einzelnen Mitglieder der Generaldirektion erfolgt durch die Generaldirektion. Der Präsident ist befugt, einzelne Angelegenheiten an sich zu ziehen oder einem beliebigen Mitgliede der Generaldirektion zur Erledigung zu überweisen.

Der Präsident leitet den formalen Geschäftsbetrieb der Staatsbank. Er ist ermächtigt, die im Haushalte vorgesehenen Beamtenstellen auf Vorschlag der Generaldirektion zu besetzen und die ihm unterstellten Beamten in den Ruhestand zu versetzen sowie die erforderlichen Hilfskräfte anzustellen und zu entlassen.

Der Präsident bestimmt über die Gewährung von Vergütungen und Unterstützungen aus den dafür im Haushalt ausgeworfenen Mitteln.

Im Behinderungsfalle wird der Präsident durch seinen ständigen Vertreter und, falls auch dieser behindert ist, durch das dienstälteste Mitglied der Generaldirektion vertreten; bei gleichem Dienstalter entscheidet das höhere Lebensalter.

§ 7. Die Beamten der Staatsbank sind unmittelbare Staatsbeamte.

Die unmittelbar vorgesetzte Dienstbehörde für die Mitglieder der Generaldirektion ist der Finanzminister, für die übrigen Beamten der Präsident.

§ 8. Zur beirätlichen Mitwirkung bei den Geschäften der Staatsbank ist ein Ausschuß gebildet.

Der Ausschuß besteht aus dem Präsidenten der Preußischen Staatsbank und den vom Staatsministerium zu ernennenden Mitgliedern.

Der Präsident der Preußischen Staatsbank führt den Vorsitz im Ausschuß und wird im Behinderungsfalle durch ein vom Finanzminister zu benennendes Mitglied vertreten.

§ 9. Dem Ausschuß ist Kenntnis von dem gesamten Stande der Geschäfte zu geben. Der Finanzminister und der Präsident der Preußischen Staatsbank sind befugt, ihn über alle den Geschäftsbereich der Bank berührenden Fragen gutachtlich zu hören. Der Ausschuß ist berechtigt, seinerseits Vorschläge über etwa gebotene Maßregeln zu machen.

Insbesondere ist der Ausschuß gutachtlich zu hören über

1. die Bilanz und die Gewinnberechnung,
2. die Grundsätze über die Kreditgewährung,
3. die Grundsätze für die Annahme von Einlagen,
4. allgemeine Geschäftsanweisungen und Dienstinstruktionen,
5. die Aufnahme neuer Geschäftszweige.

§ 10. Der Ausschuß ist wenigstens einmal in jedem Vierteljahr und ferner dann von dem Vorsitzenden zusammenzuberufen, wenn dieser die Einberufung für erforderlich hält oder 5 Mitglieder des Ausschusses einen dahingehenden Antrag stellen.

Die Berufung erfolgt durch schriftliche Einladung unter Mitteilung der Tagesordnung. Mit Genehmigung des Vorsitzenden können auch nachträglich Gegenstände auf die Tagesordnung gesetzt werden.

§ 11. Der Ausschuß beschließt nach Mehrheit der anwesenden Stimmen. Bei Stimmengleichheit gibt die Stimme des Vorsitzenden den Ausschlag.

§ 12. Die Mitglieder und stellvertretenden Mitglieder der Generaldirektion können an den Sitzungen des Ausschusses mit beratender Stimme teilnehmen.

§ 13. Der Vorsitzende bestellt für jede Sitzung einen Schriftführer, der nicht Mitglied des Ausschusses zu sein braucht. Das Protokoll ist von dem Vorsitzenden, zwei von dem Ausschusse zu ernennenden Mitgliedern und dem Schriftführer zu vollziehen.

Abschrift des Verhandlungsberichts ist dem Finanzminister vorzulegen.

§ 14. Die Tätigkeit der Mitglieder des Ausschusses ist eine ehrenamtliche. Jedoch können sie aus Mitteln der Preußischen Staatsbank nach näherer Bestimmung des Finanzministers Reisekosten und Aufwandsentschädigungen erhalten.

4. Preußisches Gesetz über die Zentralgenossenschaftskasse vom 16. November 1920[1]).

§ 1. Zur Förderung des Personalkredits (§ 2), insbesondere des genossenschaftlichen Personalkredits, wird unter dem Namen

„Preußische Zentralgenossenschaftskasse"

eine Anstalt mit dem Sitze in Berlin errichtet.

Die Anstalt besitzt die Eigenschaft einer juristischen Person, sie steht unter Aufsicht und Leitung des Staates.

§ 2. Die Anstalt ist befugt, folgende Geschäfte zu betreiben:

1. zinsbare Darlehne zu gewähren an:
   a) solche Vereinigungen und Verbandskassen eingetragener Erwerbs- und Wirtschaftsgenossenschaften (Reichsgesetz vom 1. Mai 1889 — Reichs-Gesetzbl. S. 55), welche unter ihrem Namen vor Gericht klagen und verklagt werden können,
   b) Einzelgenossenschaften, deren Kreditbedarf nach Art und Umfang von Vereinigungen und Verbandskassen eingetragener Erwerbs- und Wirtschaftsgenossenschaften nicht gedeckt wird oder von deren Eingliederung in solche

---

[1]) Preuß. GS. 1920 S. 518. Änderung des § 6 durch Gesetz vom 12. August 1922 (GS. 1922 S. 277) und der §§ 2 Ziff. 1e, 5, 8 Abs. 2, 9 Abs. 3, 12, 13 durch Gesetz vom 25. Juli 1923 (GS. 1923 S. 354).

aus wirtschaftlich berechtigten Gründen abgesehen ist,

c) die für die Förderung des Personalkredits bestimmten landschaftlichen (ritterschaftlichen) Darlehnskassen,

d) die von den Provinzen (Landeskommunalverbänden) errichteten gleichartigen Institute,

e) Unternehmungen, an denen Mittel des Rechts oder der Länder beteiligt sind.

2. von den unter 1 gedachten Vereinigungen usw. Gelder verzinslich anzunehmen.

Zur Erfüllung dieser Aufgaben (1 und 2) ist die Anstalt außerdem befugt:

3. sonstige Gelder im Depositen- und Scheckverkehr anzunehmen;
4. Spareinlagen anzunehmen;
5. Kassenbestände im Wechsel-, Lombard- und Effektengeschäfte nutzbar zu machen;
6. Wechsel zu verkaufen und zu akzeptieren;
7. Darlehne aufzunehmen;
8. für Rechnung der unter 1 bezeichneten Vereinigungen usw. und der zu denselben gehörigen Genossenschaften und derjenigen Personen, von denen sie Gelder im Depositen- und Scheckverkehr oder Spareinlagen oder Darlehne erhalten hat, Effekten zu kaufen und zu verkaufen sowie deren offene und geschlossene Depots zu verwalten.

Der Geschäftskreis der Anstalt kann durch Verordnung der Preußischen Staatsregierung über die in 1 genannten Vereinigungen hinaus durch Hereinbeziehung bestimmter Arten von öffentlichen Sparkassen erweitert werden.

§ 3. Der Staat gewährt der Anstalt für die Dauer ihres Bestehens als Grundkapital eine Einlage von 125 Millionen Mark.

§ 4 fällt aus.

§ 5. Den im § 2 unter Ziffer 1a bis e genannten Vereinigungen usw. sowie dem Reiche und den deutschen Ländern bleibt vorbehalten, sich gleichfalls an der Anstalt mit Stammeinlagen nach näherer Bestnmmung der Aufsichtsbehörde zu beteiligen.

Die Beteiligung kann auch durch Übernahme von Teilen der Einlage des Staates erfolgen.

§ 6. Von dem beim Jahresschlusse sich ergebenden Reingewinne der Anstalt wird, vorbehaltlich etwaiger besonderer Rückstellungen:

1. a) zunächst $^1/_5$ zur Bildung eines Reservefonds, $^4/_5$ zur Verzinsung der Einlagen (§§ 3 und 5) bis zu 3 vom Hundert verwendet,

b) ein etwaiger Überrest zur weiteren Verzinsung der von Vereinigungen usw. eingezahlten Vermögenseinlagen (§ 5) sowie des vom Staate nach den Gesetzen vom 13. Juli 1909 und vom 5. September 1918 bereitgestellten und nach diesem Gesetze bereitzustellenden Erhöhungskapitals bis zu 3½ vom Hundert bestimmt,

c) ein etwaiger weiterer Überrest zur weiteren Verzinsung der von Vereinigungen usw. eingezahlten Vermögenseinlagen (§ 5) sowie des vom Staate nach dem Gesetze vom 5. September 1918 bereitgestellten und nach diesem Gesetze bereitzustellenden Erhöhungskapitals ibs zu 4 vom Hundert bestimmt,

d) der dann noch verbleibende Überrest nach näherer Bestimmung der Aufsichtsbehörde und nach Anhörung des Ausschusses der Anstalt in der Weise verteilt, daß er ganz oder zum Teil entweder zur weiteren Verzinsung der Einlagen (§§ 3 und 5) verwandt oder dem Reservefonds zugeführt wird.

§ 7. Die Aufsichtsbehörde erläßt die Geschäftsanweisungen für das Direktorium (§ 8) sowie die Dienstinstruktionen für die Beamten der Anstalt und verfügt die erforderlichen Abänderungen.

§ 8. Die Anstalt wird durch ein Direktorium, das die Eigenschaft einer Behörde hat, verwaltet sowie nach außen vertreten.

Das Direktorium besteht aus dem Präsidenten und der erforderlichen Anzahl Mitglieder und faßt seine Beschlüsse mit Stimmenmehrheit.

Der Direktor und die Mitglieder des Direktoriums werden von der Preußischen Staatsregierung auf Lebenszeit ernannt, im Falle kommissarischer Beschäftigung durch die Aufsichtsbehörde berufen.

§ 9. Die Beamten der Anstalt haben die Rechte und Pflichten der unmittelbaren Staatsbeamten.

Ihre Besoldungen, Pensionen und sonstigen Dienstbezüge sowie die Pensionen und Unterstützungen für ihre Hinterbliebenen trägt die Anstalt, der auch die

Bestreitung der sächlichen Verwaltungsausgaben obliegt.

Der Etat der persönlichen und sächlichen Verwaltungsausgaben ist vom 1. April 1896 ab alljährlich dem Landtage zur Genehmigung vorzulegen.

Der Erlaß der zur Ausführung des Abs. 1, insbesondere der zur Übertragung der gesetzlichen Vorschriften über die Kautionen, das Pensionswesen und die Fürsorge für die Hinterbliebenen der unmittelbaren Staatsbeamten sowie der Disziplinargesetze für die nichtrichterlichen Beamten auf die Beamten der Preußischen Zentralgenossenschaftskasse erforderlichen Bestimmungen erfolgt durch Verordnung der Preußischen Staatsregierung.

§ 10. Der jährliche Geschäftsbericht der Anstalt ist dem Landtage zur Kenntnis zu bringen.

Die Form, in welcher die Rechnungslegung zu erfolgen hat, wird durch die Aufsichtsbehörde bestimmt. Die hierüber ergehenden Bestimmungen sind der Oberrechnungskammer mitzuteilen.

§ 11. Die Anstalt wird in allen Fällen, und zwar auch wo die Gesetze eine Spezialvollmacht erfordern, durch die Unterschrift des Direktoriums verpflichtet, sofern diese Unterschrift von zwei Mitgliedern des Direktoriums oder den als Stellvertreter der letzteren bezeichneten Beamten vollzogen ist.

§ 12. Die Inhaber der Stammeinlagen (§§ 3 und 5) üben die ihnen zustehende Beteiligung an der Verwaltung der Preußischen Zentralgenossenschaftskasse durch einen aus ihrer Mitte gewählten Ausschuß nach Maßgabe der nachfolgenden Bestimmungen aus.

Jedem Inhaber einer Stammeinlage steht für jede eingezahlten 25 Millionen Mark eine Stimme im Ausschusse zu. Er kann so viel Bevollmächtigte zum Ausschuß ernennen, wie er Stimmen hat. Es ist zulässig, mehrere Stimmen einem Vertreter zu übertragen, doch kann die Gesamtheit der zuständigen Stimmen nur einheitlich abgegeben werden.

Zwei oder mehrere Inhaber von Stammeinlagen, die insgesamt mindestens den Betrag von 25 Millionen Mark auf ihre Stammeinlage eingezahlt haben, einzeln aber auf Grund vorstehender Bestimmungen im Ausschusse nicht oder nicht mit ihrem ganzen Kapital vertreten sind, haben das Recht, sich für jede 25 Millionen Mark auf einen Vertreter zu einigen. Soweit eine solche Einigung nicht zustande kommt, bilden diese Inhaber von Stammeinlagen auf Grund einer von der Aufsichtsbehörde zu erlassenden Wahlordnung einen Wahlverband, der für jede 25 Millionen Mark in ihm vertretene Stammeinlage einen Vertreter für den Ausschuß wählt.

Für jedes Mitglied des Ausschusses kann ein Stellvertreter ernannt oder gewählt werden.

Der Präsident der Kasse führt in dem Ausschusse den Vorsitz der Stellvertreter des Vorsitzenden wird von dem Ausschuß aus seiner Mitte gewählt und bedarf der Bestätigung der Ausichtsbehörde.

Der Ausschuß versammelt sich wenigstens einmal jährlich, kann aber von seinem Vorsitzenden auch sonst nach Bedarf berufen werden. Der Ausschuß ist ferner dann zu berufen, wenn ein Viertel der Ausschußmitglieder es beantragt.

§ 13. Der Beschlußfassung des Ausschusses unterliegt:

1. die Bilanz- und Gewinnverteilung;
2. die Feststellung des Haushaltsplans;
3. der Abschluß von Verträgen zwecks Übernahme von Stammeinlagen (§ 5).

Der Ausschuß ist ferner gutachtlich zu hören über:

1. die Grundsätze für die Kreditgewährung, namentlich die Höhe des Zinsfußes, die Fristen und die Sicherheitsleistung;
2. die Grundsätze für die Annahme von Spareinlagen;
3. die Besetzung erledigter oder neu einzurichtender Stellen der Mitglieder des Direktoriums;
4. die Maßnahmen der Staatsregierung zur Abänderung der die Anstalt betreffenden Gesetze und Verordnungen.
3. Allgemeine Geschäftsanweisungen und Dienstinstruktionen sind dem Ausschusse alsbald nach ihrem Erlasse (§ 7) zur Kenntnisnahme mitzuteilen.

§ 14. Die näheren Bestimmungen über die Zusammensetzung und den Geschäftskreis des Ausschusses erfolgen durch Verordnung der Preußischen Staatsregierung.

§ 15. Aufsichtsbehörde im Sinne dieses Gesetzes ist der Finanzminister, welcher auch die zur Ausführung des Gesetzes erforderlichen Anordnungen zu treffen hat.

5. Allgemeine Geschäftsbedingungen einer Großbank.

1. Die Bank schließt die laufenden Rechnungen mit Ablauf des Kalenderjahres ab, behält sich aber auch vor, den Abschluß zwischenzeitlich vorzunehmen. Sie berechnet die vereinbarten bzw. die bankühlichen Zinsen und Provisionen und außerdem die im Interesse ihrer Kunden gemachten Auslagen, insbesondere Porto, Stempel, Kosten für Versicherung, Telephongespräche und Depeschen. Sämtliche Konten eines Kunden, einschließlich der Konten in fremder Währung, gleichviel ob sie bei einer oder verschiedenen Niederlassungen (Abteilungen) der Bank sich befinden, bilden ein einheitliches Kontokorrent im Sinne des Handelsgesetzbuches. Die Bank ist jedoch berechtigt, die Salden einzelner Konten selbständig geltend zu machen.

Die Bank kann bestehende Verbindungen nach freiem Ermessen jederzeit lösen, ihr Guthaben sofort einfordern und Sicherheit für die im Interesse des Kunden Dritten gegenüber eingegangenen Verbindlichkeiten verlangen. Sie ist berechtigt, die mit dem Kunden eingegangenen schwebenden Engagements durch sofortigen Abschluß des Deckungsgeschäftes glattzustellen.

Auch wenn das Geschäftsverhältnis für eine bestimmte Dauer eingegangen ist, kann es von der Bank sofort gelöst werden, wenn der Kunde seine Zahlungen einstellt oder Wechsel zu Protest gehen läßt oder wenn sich seine Vermögensverhältnisse erheblich verschlechtern.

2. Rechnungsabschlüsse und Depotauszüge gelten als richtig befunden und genehmigt, wenn die Erinnerung nicht binnen einer Ausschlußfrist von 4 Wochen erfolgt. Sonstige Abrechnungen und Anzeigen über ausgeführte Geschäfte

gelten als genehmigt, wenn nicht sofort widersprochen wird. Das Ausbleiben zu erwartender Anzeigen, insbesondere über die Ausführung von Börsenaufträgen, Zahlungen und Sendungen ist der Bank an dem Tage, an dem die Benachrichtigung hätte eintreffen müssen, unverzüglich — bei Börsenaufträgen telegraphisch — mitzuteilen, andernfalls die Bank von jeder Schadenhaftung befreit ist. Ausführungsanzeigen und Abrechnungen über Geschäfte, insbesondere über Wertpapier- und Devisengeschäfte, erfolgen vorbehaltlich der unverzüglichen Berichtigung irrtümlicher Angaben.

Telegraphische Ausführungsanzeigen verpflichten die Bank nur, wenn sie von ihr auch brieflich entsprechend bestätigt werden.

Werden diesen allgemeinen Geschäftsbedingungen widersprechende Aufträge erteilt, so gelten die Aufträge als abgelehnt, wenn die Bank nicht ausdrücklich die Annahme des Auftrages erklärt oder den Auftrag ausführt.

3. Aufträge zum Kauf oder Verkauf von Wertpapieren oder Zahlungsmitteln, für welche Börsenpreise amtlich oder von einem Ausschuß der Berliner Bedingungs-Gemeinschaft für den Wertpapierverkehr festgestellt werden, führt die Bank, wenn nichts anderes vereinbart, als Kommissionärin durch Selbsteintritt aus, ohne daß es der im § 405 des Handelsgesetzbuches vorgesehenen ausdrücklichen Erklärung bei der Ausführung des einzelnen Auftrages bedarf. Die Kunden verzichten demnach durch Anerkennung dieser Bedingungen ein für allemal auf Abgabe dieser Erklärung.

Für die Ausführung der von der Bank für Rechnung ihrer Kunden abzuschließenden Geschäfte sind die Be-

bedingungen derjenigen Börse maßgebend, an der die Geschäfte ausgeführt sind oder regelmäßig ausgeführt werden.

Wertpapiere oder Zahlungsmittel, welche amtlich nicht notiert werden, liefert oder bezieht die Bank stets nur als Eigenhändlerin.

Die Ausführung der Geschäfte in unnotierten Wertpapieren und Zahlungsmitteln erfolgt unter Zugrundelegung der vom Centralverband des Deutschen Bank- und Bankiergewerbes jeweilig festgestellten Usancen für den Handel in amtlich nicht notierten Werten.

Bei Geschäften in Aktien, deren endgültige Stücke noch nicht im Verkehr sind, übernimmt die Bank keine Haftung für die Ordnungsmäßigkeit der an Stelle der Aktien gelieferten Kassenquittungen oder für die spätere Lieferung der Aktien selbst.

Verkauft die Bank im Auftrage eines Kunden nicht voll eingezahlte Versicherungs-Aktien, so hat der Kunde, falls er von der Gesellschaft gemäß § 220 des Handelsgesetzbuches oder von seinem Vormanne auf die Nachzahlung in Anspruch genommen wird, bereits vom Abschlusse des Geschäfts an gegen die Bank lediglich Anspruch auf Abtretung der ihr aus dem Kaufvertrage gegen ihren Nachmann zustehenden Rechte.

Im übrigen gelten zwischen der Bank und dem Kunden die von den Bankenvereinigungen jeweils festgesetzten allgemeinen Bedingungen für den Wertpapierverkehr.

4. Wenn Bankiers Aufträge zum Ankauf von Wertpapieren für dritte Rechnung geben, ohne entweder der Bank zu versichern, daß ihnen das Verfügungsrecht zusteht, oder den vollen Kaufpreis dafür zu entrichten, so bleibt die Bank Eigentümerin der angeschafften Wertpapiere bis

zur vollen Zahlung des Kaufpreises. Die Bank darf Wertpapiere, welche sie für Kunden kommissionsweise erwirbt oder ihnen verkauft, mangels gegenteiliger Weisung in Sammeldepots bei einer Effektengirobank legen. Soweit die Bank verpflichtet ist, Stückeverzeichnisse zu übersenden, behält sie sich das Recht vor, an Stelle der Übersendung des Stückeverzeichnisses dem Kontoinhaber die Stücke selbst herauszugeben oder ihm den Herausgabeanspruch an eine zur Verwahrung der Stücke bestimmte dritte Stelle abzutreten. Bei einem Auftrage zum Kauf von Wertpapieren auf Termine gilt die der Bank daraus obliegende Leistung auch dann als bewirkt, wenn der Kunde für die Papiere auf Stückekonto erkannt worden ist und die Nachricht von dieser Gutschrift erhalten hat.

5. Die Bank ist berechtigt, die schwebenden Engagements ihrer Kunden in Termingeschäften nach ihrem besten Ermessen entweder zu prolongieren oder durch Bewirken der vereinbarten Leistung zu lösen, sofern ihr nicht bis zu dem vierten Börsentage vor dem Lieferungs- und Zahltage bestimmte Weisungen erteilt werden.

Die Bank ist berechtigt, auf schwebende Termingeschäfte in Wertpapieren und ausländischen Zahlungsmitteln (Auszahlungen, Wechseln, Schecks und Geldsorten) Sicherheitsleistung zu verlangen. Die Sicherheit ist bei telegraphischer Anforderung spätestens an dem der Absendung des Telegramms folgenden zweiten Werktage, bei schriftlicher Anforderung an dem der Absendung des Schreibens folgenden dritten Werktage zu leisten, sofern nicht eine andere angemessene Frist bestimmt wird. Wenn die Sicherheit nicht oder nicht rechtzeitig geleistet wird, ist die Bank berechtigt, das Geschäft auch vor dem Stichtage sofort ganz oder in Teilbeträgen glattzustellen. Aus Termingeschäften stammende Kontoposten werden bei jeder Saldofeststellung zuerst gegeneinander aufgerechnet; das danach aus Termingeschäften noch verbleibende Guthaben der Bank wird bei der weiteren Aufrechnung in erster Linie getilgt.

6. Die Inhaber von Währungskonten tragen anteilig die Gefahr der durch höhere Gewalt oder Eingriffe von hoher Hand verursachten Verluste und Rechtsnachteile, von denen die im Auslande geführten gleichartigen Währungkonten der Bank betroffen werden.

7. Die Bank haftet für die Ausführung von ihr angenommener Aufträge nur insoweit, als ihr dies mit den Mitteln ihrer jeweilig vorhandenen Einrichtungen zugemutet werden kann.

Soweit sich die Bank der Mitwirkung anderer Firmen oder Anstalten bedient, haftet sie nur für deren sorgfältige Auswahl.

8. Die Bank übernimmt die sichere Aufbewahrung von Wertpapieren. Die Wertpapiere werden für die einzelnen Kunden gesondert aufbewahrt, soweit nicht Sammeldepot-Verwahrung vereinbart ist; für die Erfüllung der Verwahrer-Pflichten der Sammeldepotstelle steht die Bank dem Kunden ein.

Depots der Bankierkundschaft werden mangels anderer Weisung in Sammeldepots verwahrt, soweit sich die Wertpapiere hierfür eignen.

Die Bank darf, wenn sie es für zweckdienlich hält und nichts anderes ausdrücklich verlangt wird, Wertpapiere unter ihrem Namen an auswärtigen Plätzen und bei Dritten aufbewahren und haftet dabei nur für die sorgfältige Auswahl des Verwahrers.

Sie besorgt die Verwaltung der Wertpapiere, insbesondere die Kontrolle der Auslosungen und die Einholung neuer Zins- und Gewinnanteilscheinbogen, soweit die fraglichen Bekanntmachungen im Reichsanzeiger veröffentlicht werden.

Die Konvertierung von Wertpapieren, die Einzahlung auf nicht voll gezahlte Papiere, ferner die Versicherung gegen Auslosungsverluste und die Ausübung von Bezugsrechten besorgt die Bank nur auf besonderen Auftrag hin. Ohne besonderen Auftrag besorgt sie nur die Einziehung verloster oder gekündigter auf Reichsmark neuer Währung, Goldmark oder Sachwerte lautender Wertpapiere, dagegen nicht die Einziehung auf Papiermark oder auf ausländische Währung lautender Wertpapiere.

An die Erteilung notwendiger Aufträge sucht die Bank die Eigentümer rechtzeitig zu erinnern, ohne eine Gewähr hierfür übernehmen zu können.

Die Bank besorgt ferner ohne besonderen Auftrag die Trennung und Einziehung oder Verwertung von zahlbar werdenden Zins- und Gewinnanteilscheinen jeder Art; soweit es sich um Beträge fremder Währungen handelt, erfolgt die Gutschrift mangels besonderer Weisung auf Reichsmark-Konto.

Die Bank ist, soweit ihr nicht andere Weisungen zugehen berechtigt, die bei ihr im Depot ruhenden Aktien nach ihrem Ermessen in den Generalversammlungen zu vertreten oder durch einen Dritten vertreten zu lassen.

9. Alle Wertpapiere und sonstigen Wertgegenstände (auch Sammeldepotanteile), welche im Laufe des Geschäftsverkehrs in den Besitz oder die Verfügungsmacht der Bank oder der von ihr mit der Verwahrung beauftragten aus-

ländischen Stellen (vgl. Nr. 8 Abs. 1) gelangen, insbesondere auch die ihr besonders verpfändeten Werte, haften der Bank, soweit nicht die Bestimmungen im § 8 des Bankdepot-Gesetzes etwas anderes ergeben, zur Sicherheit für alle Forderungen ihrer verschiedenen Niederlassungen an den Kunden, einschließlich aller bedingten oder befristeten Forderungen, als Pfand. Die Bank kann sich aus diesem Pfande durch Verkauf der Pfandstücke ohne gerichtliches Verfahren befriedigen und ohne weitere Androhung, Fristbestimmung und Benachrichtigung, worauf der Kunde ausdrücklich verzichtet, an jedem ihr geeignet erscheinenden Orte den Verkauf bewirken. Haben die Pfänder einen Börsen- oder Marktpreis, so erfolgt der Verkauf nach den Bestimmungen des § 1221 des Bürgerlichen Gesetzbuches.

Im Inland ruhende ausländische Wertpapiere, welche im Falle der Verpfändung mit dem Wertpapierstempel zu versehen sein würden, unterliegen dem Pfandrecht nicht. Die Bank ist jedoch berechtigt, die Verstempelung für Rechnung des Kunden jederzeit vorzunehmen und dadurch diese Wertpapiere ebenfalls ihrem Pfandrecht zu unterwerfen.

Die Bank ist auch berechtigt, sich wegen ihre Forderungen unter sinngemäßer Anwendung der vorstehenden Bestimmungen aus den Wertpapieren zu befriedigen, die dem Kunden auf Sammeldepot-Konto, Stücke-Konto oder in ähnlicher Form gutgeschrieben sind. Ebenso sind die vorstehenden Bestimmungen sinngemäß auf die der Bank zur Sicherheit übereigneten Gegenstände anzuwenden.

Erscheint die jeweilige Schuld zuzüglich der aus schwebenden Geschäften gegenüber dem Tageskurse sich ergebenden Differenzen durch das Pfand nicht ausreichend gedeckt, so ist die Bank berechtigt, eine angemessene Verstärkung des Pfandes zu verlangen.

Die Zins-, Renten- und Gewinnanteilscheine von den ihr als Pfand haftenden Papieren darf sie auch vor Fälligkeit ihres Guthabens unter Gutschrift einlösen. Ebenso darf die Bank verpfändete Forderungen jeder Art sowie verpfändete Grund- und Rentenschulden jederzeit, auch bevor die Voraussetzungen des § 1228 Abs. 2 des Bürgerlichen Gesetzbuches eingetreten sind, ohne Mitwirkung oder Zustimmung des Kunden kündigen und einziehen.

Sie ist berechtigt, ohne Rücksicht auf die in ihrem Besitz befindlichen Sicherheiten zunächst aus dem übrigen Vermögen des Schuldners Befriedigung zu suchen und die Sicherheiten zur Deckung des sich hierbei ergebenden Ausfalls zu benutzen.

Die Bank kann ferner ihr obliegende Leistungen an den Kunden wegen eigener Forderungen zurückhalten und unter entsprechender Anwendung der Bestimmungen des Absatz 1 verwerten oder zur Verrechnung bringen, auch wenn die eigenen Forderungen befristet oder bedingt sind oder nicht auf demselben Rechtsverhältnisse beruhen.

10. Bei Wechseln auf Nebenplätze und auf das Ausland und bei solchen Wechseln auf deutsche Bankplätze, die zur Zeit des Eintreffens bei der Bank weniger als 8 Tage laufen, sowie bei Schecks und sonstigen Anweisungen übernimmt die Bank keine Verbindlichkeit für rechtzeitige Vorlegung und Protesterhebung bzw. Einholung der Vorlegungsbescheinigung; hinsichtlich der Protesterhebung gilt das gleiche bei nicht ordnungsmäßig verstempelten Wechseln.

Die Hereinnahme vordatierter Schecks sowie nicht vorschriftsmäßig verstempelter Wechsel oder Schecks kann die

Bank ablehnen; sie ist jedoch auch berechtigt, die Verstempelung für Rechnung des Kunden vorzunehmen. Alle aus Zuwiderhandlungen gegen deutsche oder ausländische Stempelvorschriften entstehenden Auslagen, Strafen oder Schäden gehen zu Lasten des Kunden.

Schecks werden, soweit deren Verwertung nicht durch Verkauf erfolgt, nur zum Einzuge genommen. Die Gutschrift von Schecks, Wechseln und Anweisungen erfolgt nur vorbehaltlich des Einganges.

Werden nicht angenommene Wechsel an die Bank giriert, so gilt zugleich die der Ziehung zugrunde liegende Forderung gegen den Bezogenen als an die Bank abgetreten, ohne daß es im Einzelfalle einer besonderen Erklärung bedarf. Der Kunde ist verpflichtet, der Bank auf Verlangen eine Abtretungsurkunde zu erteilen.

Bei der Einziehung von Wechseln, Schecks, Quittungen und dergleichen darf sich die Bank der Mitwirkung anderer Firmen oder der Post auf Gefahr des Auftraggebers bedienen.

Wenn Wechsel, die an die Bank giriert sind, oder Schecks mangels Zahlung zurückkommen, ist die Bank berechtigt, die Rechte aus den Papieren gegen alle Verpflichteten selbständig geltend zu machen ohne Rücksicht auf etwa in laufender Rechnung erfolgte Buchungen.

Die Deckung der auf die Bank abgegebenen Tratten hat so rechtzeitig zu geschehen, daß die Bank spätestens einen Werktag vor Verfall im Besitze des Gegenwertes ist.

Abgerechnete Wechsel oder Schecks, die auf Grund ausländischen Rechts wegen gefälschter Unterschriften zurückbelastet werden, oder wegen eines unüberwindlichen Hindernisses oder eines Moratoriums nicht oder nicht rechtzeitig vorgelegt werden können, oder deren Vorlegung nach bestem Ermessen der Bank keinen Erfolg verspricht, darf die Bank jederzeit zurückbelasten, ohne daß es einer Vorlegung oder Protesterhebung bedarf.

Für den Scheckverkehr gelten im übrigen die aus den Scheckbüchern ersichtlichen besonderen Bedingungen.

11. Die Bank übernimmt keine Haftung für die Echtheit, Gültigkeit und Vollständigkeit der von ihr eingeholten Akzepte und der von ihr aufgenommenen oder ausgelieferten Urkunden, für die Ordnungsmäßigkeit und richtige Beschaffenheit der in den Urkunden bezeichneten Waren oder Forderungen sowie für die Legimitation der Überbringer solcher Urkunden. Sie haftet auch nicht für die richtige Auslegung von Fachausdrücken und für die zutreffende Übersetzung in die deutsche oder eine fremde Sprache. Dies gilt auch, wenn die Bank durch einen Dritten leisten läßt, ohne Rücksicht darauf, ob den Dritten ein Verschulden trifft oder nicht.

Im übrigen ist für die Aufnahme von Konnossementen, Ladescheinen, Lagerscheinen oder anderen Dokumenten das von den Bankenvereinigungen aufgestellte Regulativ für Akkreditivgeschäfte maßgebend.

12. Aufträge zur Auszahlung oder Überweisung von Geldbeträgen darf die Bank nach ihrem Ermessen in der ihr geeignet erscheinenden Art (durch bare Auszahlung, Übersendung, Giroüberweisung, Schecks usw.) ausführen.

Wird die Bank beauftragt, auf Grund eines Akkreditivs, Kreditbriefes oder sonstigen Ersuchens Auszahlungen zu leisten, ohne hiergegen Dokumente aufzunehmen, so darf sie die Zahlungen an denjenigen leisten, der sich durch einen Ausweis als empfangsberechtigt legitimiert.

Den Auftrag, einem Kunden einen Geldbetrag zur Verfügung zu stellen oder zur Verfügung zu halten, darf die Bank durch Gutschrift des Betrages auf dem Konto des Begünstigten ausführen, es sei denn, daß ein besonderer anderweitiger Verwendungszweck aus dem Auftrage ersichtlich ist.

Aufträge für wiederkehrende Zahlungen oder Leistungen übernimmt die Bank nur unter Ausschluß der Haftung.

Wertsendungen der Bank erfolgen nach ihrem Ermessen entweder unter entsprechender Wertangabe oder versichert. Wechsel und Schecks gehen, wenn der Kunde nichts anderes vorschreibt, unversichert in eingeschriebenem Briefe, Verrechnungsschecks können auch in einfachem Briefe versandt werden. Sämtliche Sendungen geschehen stets auf Kosten und Gefahr des Auftraggebers.

13. Wenn die Bank bei Hereinnahme von Wechseln, Schecks, Zinsscheinen, Noten oder sonstigen Werten sofort Gutschrift erteilt, versteht sich diese jedesmal vorbehaltlich des Eingangs der Werte.

14. Alle Berichte, Anregungen und Auskünfte, auch soweit die letzteren die Ausführung von Kauf- und Verkaufs-Aufträgen betreffen, gibt die Auskunft erteilende Stelle der Bank nach ihrem besten Wissen unter Ausschluß jeder Haftung.

15. Zeichnungsberechtigte, die im Handelsregister eingetragen sind, oder sonstige Bevollmächtigte kann die Bank bis zum Empfang eines schriftlichen Widerrufs als zur Vertretung befugt ansehen.

Stirbt ein Kunde, so ist die Bank berechtigt, von den Erben oder Testamentsvollstreckern zu ihrer Legitimation in allen Fällen die Vorlegung eines Erbscheines oder Testamentsvollstreckerzeugnisses zu verlangen. Anderseits ist sie aber auch befugt, Guthaben und Depot des Erblassers mit befreiender Wirkung demjenigen auszuhändigen, der in der gerichtlichen Ausfertigung oder beglaubigten Abschrift eines mit dem Protokoll der Eröffnungsverhandlung versehenen öffentlichen oder privatschriftlichen Testaments als Erbe oder Testamentsvollstrecker bezeichnet ist. Ausländische Ausweisurkunden wird die Bank sorgfältig prüfen, doch haftet sie weder für deren Echtheit, Vollständigkeit und Rechtsgültigkeit, noch für richtige Auslegung.

16. Ein Schaden, der beim telegraphischen oder telephonischen oder drahtlosen Verkehr zwischen der Bank und dem Kunden sowie mit Dritten oder nach auswärts in seinem Auftrage oder Interesse durch Übermittlungsfehler, Irrtümer und Mißverständnisse entsteht, trifft ausschließlich den Kunden. Hierzu gehört auch die Gefahr für Irrtümer und Versehen, die auf mehrfache Ausfertigung von Telegrammen oder die unrichtige Auslegung verstümmelter Telegramme zurückzuführen sind. Den Kunden trifft ferner der Schaden, welcher durch mißbräuchliche Anwendung eines vereinbarten Depeschenschlüssels entsteht.

Der Kunde nimmt auch den Schaden auf sich, den die Bank durch unverschuldete Unkenntnis der auf Mängeln in der Geschäftsfähigkeit beruhenden Unwirksamkeit von Willenserklärungen des Kunden oder der in seiner Vertretung oder auf seine Veranlassung handelnden Personen erleiden sollte.

17. Die Bank haftet nicht für Schäden, die durch Störung ihres Bankbetriebes infolge Aufruhrs, Verfügungen von hoher Hand, Streiks oder Aussperrung veranlaßt sind. Das gleiche gilt, wenn die Bank aus sonstigen Gründen

ihren Geschäftsbetrieb an bestimmten Tagen oder für bestimmte Zeit schließt oder einschränkt. Als Grund genügt ein entsprechender Beschluß der örtlichen Bankenvereinigung.

18. Die Kunden der Bank unterwerfen sich wegen aller Streitigkeiten, die aus der Geschäftsverbindung mit der Bank entstehen können, dem deutschen Recht und dem Gerichtsstande des Landgerichts I Berlin bzw. des Amtsgerichts Berlin-Mitte.

19. Mitteilungen der Bank gelten als dem Kunden zugegangen, wenn sie an seine letzte der Bank bekannt gewordene Adresse abgesandt sind. Auch Bekanntmachungen der Bank in Berliner Tageszeitungen gelten als dem Kunden zugegangene Mitteilungen.

Die Bank behält sich das Recht vor, diese Geschäftsbedingungen jederzeit abzuändern. Solche Änderungen gelten als genehmigt, wenn der Kunde die Geschäftsverbindung mit der Bank fortgesetzt, oder wenn er gegen die ihm zugegangene Mitteilung binnen einer Ausschlußfrist zwei Wochen keinen Widerspruch erhebt.

II. Depotgeschäft.

6. Reichsgesetz, betreffend die Pflichten der Kaufleute bei Aufbewahrung fremder Wertpapiere vom 5. Juli 1896 (Bankdepotgesetz)[1].

§ 1. Ein Kaufmann, welchem im Betriebe seines Handelsgewerbes Aktien, Kuxe, Interimsscheine, Erneuerungsscheine (Talons), auf den Inhaber lautende

---

[1]) RGBl. 1896 S. 183, 194. Änderung der §§ 1 u. 3 sowie Hinzufügung des § 7a durch die VO. vom 21. November 1925 (RGBl. 1925 I S. 1119).

oder durch Indossament übertragbare Schuldverschreibungen, oder vertretbare andere Wertpapiere mit Ausnahme von Banknoten und Papiergeld sowie von Schatzanweisungen der wertbeständigen Anleihen des Deutschen Reichs ohne Zinsscheine und von Rentenbankscheinen, unverschlossen zur Verwahrung oder als Pfand übergeben sind, ist verpflichtet:

1. diese Wertpapiere unter äußerlich erkennbarer Bezeichnung jedes Hinterlegers oder Verpfänders gesondert von seinen eigenen Beständen und von denen Dritter aufzubewahren,
2. ein Handelsbuch zu führen, in welches die Wertpapiere jedes Hinterlegers oder Verpfänders nach Gattung und Nennwert der Stücke einzutragen sind; der Eintragung steht die Bezugnahme auf Verzeichnisse gleich, welche neben dem Handelsbuche geführt werden.

Etwaige Rechte und Pflichten des Verwahrers oder Pfandgläubigers, im Interesse des Hinterlegers oder Verpfänders Verfügungen oder Verwaltungshandlungen vorzunehmen, werden durch die Bestimmung unter Ziff. 1 nicht berührt.

§ 2. Eine Erklärung des Hinterlegers oder Verpfänders, durch welche der Verwahrer oder Pfandgläubiger ermächtigt wird, an Stelle hinterlegter oder verpfändeter Wertpapiere der im § 1 bezeichneten Art gleichartige Wertpapiere zurückzugewähren oder über die Papiere zu seinem Nutzen zu verfügen, ist, falls der Hinterleger oder Verpfänder nicht gewerbsmäßig Bank- oder Geldwechslergeschäfte betreibt, nur gültig, soweit sie für das einzelne Geschäft ausdrücklich und schriftlich abgegeben wird.

Wird der Verwahrer oder Pfandgläubiger ermächtigt, an Stelle hinterlegter oder verpfändeter Wertpapiere der im § 1 bezeichneten Art gleichartige Wertpapiere zurückzugewähren, so finden die Bestimmungen des § 1 keine Anwendung.

§ 3. Der Kommissionär (§§ 383, 406 des Handelsgesetzbuchs), welcher einen Auftrag zum Einkauf von Wertpapieren der im § 1 bezeichneten Art ausführt, hat dem Kommittenten auf dessen Verlangen binnen einer Woche ein Verzeichnis der Stücke mit Angabe der Gattung, des Nennwerts, der Nummern oder sonstigen Bezeichnungsmerkmale zu übersenden. Die Frist beginnt, falls der Kommissionär bei der Anzeige über die Ausführung des Auftrags einen Dritten als Verkäufer namhaft gemacht hat, mit dem Erwerbe der Stücke, andernfalls mit dem Zeitpunkt, in welchem dem Kommissionär die Erklärung des Kommittenten, daß er die Übersendung eines Stückeverzeichnisses verlange, zugeht, frühestens jedoch mit dem Ablauf des Zeitraums, innerhalb dessen der Kommissionär nach der Erstattung der Ausführungsanzeige die Stücke bei ordnungsmäßigem Geschäftsgang ohne schuldhafte Verzögerung beziehen konnte.

Der Kommissionär kann sich das Recht ausbedingen, dem Kommittenten an Stelle der Übersendung des Stückeverzeichnisses die Stücke selbst herauszugeben oder ihm den Herausgabeanspruch an eine zur Verwahrung der Stücke bestimmte dritte Stelle abzutreten. Im übrigen kann das Recht des Kommittenten, die Übersendung des Stückeverzeichnisses zu verlangen, nicht durch Rechtsgeschäft ausgeschlossen oder beschränkt werden, es sei denn, daß der Kommittent gewerbsmäßig Bank- oder Geldwechslergeschäfte betreibt.

Soweit die Auslieferung der eingekauften Stücke an den Kommittenten erfolgt oder ein Auftrag des Kommittenten zur Wiederveräußerung ausgeführt ist, kann die Übersendung des Stückeverzeichnisses unterbleiben.

§ 4. Ist der Kommissionär mit Erfüllung der ihm nach den Bestimmungen des § 3 obliegenden Verpflichtungen im Verzuge und holt er das Versäumte auf eine danach an ihn ergangene Aufforderung des Kommittenten nicht binnen drei Tagen nach, so ist der Kommittent berechtigt, das Geschäft als nicht für seine Rechnung abgeschlossen zurückzuweisen und Schadensersatz wegen Nichterfüllung zu beanspruchen.

Die Aufforderung des Kommittenten verliert ihre Wirkung, wenn er dem Kommissionär nicht binnen drei Tagen nach dem Ablaufe der Nachholungsfrist erklärt, daß er von dem im Abs. 1 bezeichneten Rechte Gebrauch machen wolle.

§ 6. Der Kommissionär, welcher den im § 5 ihm aufzum Umtausche von Wertpapieren der im § 1 bezeichneten Art oder zur Geltendmachung eines Bezugsrechts auf solche Wertpapiere ausführt, hat binnen zwei Wochen nach dem Empfange der neuen Stücke dem Kommittenten ein Verzeichnis der Stücke mit den im § 3 Abs. 1 vorgeschriebenen Angaben zu übersenden, soweit er ihm die Stücke nicht innerhalb dieser Frist aushändigt.

§ 6. Der Kommissionär, welcher den im § 5 auferlegten Pflichten nicht genügt, verliert das Recht, für die Ausführung des Auftrages Provision zu fordern (§ 396 Abs. 1 HGB.).

§ 7. Mit der Absendung des Stückeverzeichnisses geht das Eigentum an den darin verzeichneten Wertpapieren auf den Kommittenten über, soweit der Kommissionär über die Papiere zu verfügen berechtigt ist. Die Bestimmungen des bürgerlichen Rechts, nach welchen der Übergang des Eigentums schon in einem früheren Zeitpunkte eintritt, bleiben unberührt.

Der Kommissionär hat bezüglich der in seinem Gewahrsam befindlichen, in das Eigentum des Kommittenten übergegangenen Wertpapiere die im § 1 bezeichneten Pflichten eines Verwahrers.

§ 7a. Hat bei einem Kommissionsgeschäft über den Einkauf von Wertpapieren der im § 1 bezeichneten Art zur Zeit der Eröffnung des Konkursverfahrens über das Vermögen des Kommissionärs der Kommittent die ihm dem Kommissionär gegenüber obliegenden Pflichten vollständig erfüllt, ohne daß die einzukaufenden Wertpapiere bis zu diesem Zeitpunkt durch Übersendung eines Stückeverzeichnisses oder auf andere Weise in das Eigentum des Kommittenten übergegangen sind, so geht in Ansehung der Befriedigung aus den in der Masse vorhandenen Wertpapieren gleicher Gattung und aus den Ansprüchen auf Lieferung solcher Wertpapiere die Forderung des Kommittenten den Forderungen aller anderen Konkursgläubiger vor. Mehrere Kommittenten haben untereinander gleichen Rang. Aus dem sonstigen Vermögen des Kommissionärs können die Kommittenten unter entsprechender Anwendung der für die Absonderungsberechtigten geltenden Vorschriften der §§ 64, 153, 155, 156 und des § 168 Nr. 3 der Konkursordnung Befriedigung verlangen.

Das Konkursgericht hat, wenn es nach Lage des Falles erforderlich erscheint, den Kommittenten zur Wahrung der ihnen nach Abs. 1 zustehenden Rechte einen Pfleger zu bestellen. Für die Pflegschaft tritt an die Stelle des Vormundschaftsgerichts das Konkursgericht. Die Vorschriften des § 62 Abs. 2 bis 5 des Gesetzes über die privaten Versicherungsunternehmungen vom 12. Mai 1901 (Reichsgesetzbl. S. 139) finden entsprechende Anwendung.

§ 8. Ein Kaufmann, welcher im Betriebe seines Handelsgewerbes fremde Wertpapiere der im § 1 bezeichneten Art einem Dritten zum Zweck der Aufbewahrung, der Veräußerung, des Umtausches oder des Bezugs von anderen Wertpapieren, Zins- oder Gewinnanteilscheinen ausantwortet, hat hierbei dem Dritten mitzuteilen, daß die Papiere fremde seien. Ebenso hat er in dem Falle, daß er einen ihm erteilten Auftrag zur Anschaffung solcher Wertpapiere an einen Dritten weitergibt, diesem hierbei mitzuteilen, daß die Anschaffung für fremde Rechnung geschehe.

Der Dritte, welcher eine solche Mitteilung empfangen hat, kann an den übergebenen oder an den neu beschafften Papieren ein Pfandrecht oder ein Zurückbehaltungsrecht nur wegen solcher Forderungen an seinen Auftraggeber geltend machen, welche mit Bezug auf diese Papiere entstanden sind.

§ 9. Wenn ein Kaufmann über Wertpapiere der

im § 1 bezeichneten Art, welche ihm zur Verwahrung oder als Pfand übergeben sind, oder welche er als Kommissionär für den Kommittenten in Besitz genommen hat, außer dem Falle des § 246 des Strafgesetzbuchs zum eigenen Nutzen oder zum Nutzen eines Dritten rechtswidrig verfügt, wird er mit Gefängnis bis zu einem Jahre und Geldstrafe oder mit einer dieser Strafen bestraft.

Der gleichen Strafe unterliegt, wer der Vorschrift des § 8 zum eigenen Nutzen oder zum Nutzen eines Dritten vorsätzlich zuwiderhandelt.

Ist der Täter ein Angehöriger (§ 52 Abs. 2 des Strafgesetzbuchs) des Verletzten, so tritt die Verfolgung nur auf Antrag ein. Die Zurücknahme des Antrags ist zulässig. Der § 247 Abs. 2 und 3 des Strafgesetzbuchs findet entsprechende Anwendung.

§ 10. Ein Kaufmann, welcher seine Zahlungen eingestellt hat oder über dessen Vermögen das Konkursverfahren eröffnet worden ist, wird mit Gefängnis bis zu zwei Jahren bestraft, wenn er den Vorschriften des § 1 Ziff. 1 oder 2 vorsätzlich zuwidergehandelt hat und dadurch der Berechtigte bezüglich des Anspruches auf Aussonderung der von jenem zu verwahrenden Wertpapiere benachteiligt wird, desgleichen wenn er als Kommissionär den Vorschriften der §§ 3 oder 5 vorsätzlich zuwidergehandelt hat und dadurch der Berechtigte bezüglich des Anspruches auf Aussonderung der von jenem eingekauften, eingetauschten oder bezogenen Wertpapiere benachteiligt wird.

§ 11. Ein Kaufmann, welcher seine Zahlungen eingestellt hat oder über dessen Vermögen das Konkursverfahren eröffnet worden ist, wird mit Zuchthaus bestraft, wenn er im Bewußtsein seiner Zahlungsunfähigkeit oder Überschuldung fremde Wertpapiere, welche er im Betriebe seines Handelsgewerbes als Verwahrer, Pfandgläubiger oder Kommissionär in Gewahrsam genommen, sich rechtswidrig zugeeignet hat.

Sind mildernde Umstände vorhanden, so tritt Gefängnisstrafe nicht unter drei Monaten ein.

§ 12. Die Strafvorschrift des § 9 findet gegen die Mitglieder des Vorstandes einer Aktiengesellschaft oder eingetragenen Genossenschaft, die Geschäftsführer einer Gesellschaft mit beschränkter Haftung, sowie gegen die Liquidatoren einer Handelsgesellschaft oder eingetragenen Genossenschaft Anwendung, wenn sie in Ansehung von Wertpapieren, die sich im Besitze der Gesellschaft oder Genossenschaft befinden oder von dieser einem Dritten ausgeantwortet sind, die mit Strafe bedrohte Handlung begangen haben.

Die vorbezeichneten Personen werden, wenn die Gesellschaft oder Genossenschaft ihre Zahlungen eingestellt hat, oder wenn über deren Vermögen das Konkursverfahren eröffnet worden ist, bestraft

1. gemäß § 10, wenn sie den Vorschriften des § 1 Ziffer 1 oder 2 oder den Vorschriften der §§ 3 oder 5 vorsätzlich zuwidergehandelt haben und dadurch der Berechtigte bezüglich des Anspruchs auf Aussonderung der von der Gesellschaft oder Genossenschaft zu verwahrenden oder von ihr

eingekauften, eingetauschten oder bezogenen Wertpapiere benachteiligt wird,

2. gemäß § 11, wenn sie im Bewußtsein der Zahlungsunfähigkeit oder Überschuldung der Gesellschaft oder Genossenschaft fremde Wertpapiere, welche von dieser als Verwahrer, Pfandgläubiger oder Kommissionär in Gewahrsam genommen sind, sich rechtswidrig zugeeignet haben. haben.

§ 13. Dieses Gesetz findet auf diejenigen Klassen von Kaufleuten keine Anwendung, für welche gemäß § 4 des Handelsgesetzbuches die Vorschriften über die Handelsbücher keine Geltung haben.

---

7. Reichsgesetz über Depot- und Depositengeschäfte vom 26. Juni 1925[1]).

§ 1. Depotgeschäfte im Sinne dieses Gesetzes sind die Verwahrung und Verwaltung von Wertpapieren, die nach Auffassung des Verkehrs als Effekten angesehen werden, für andere, die Überlassung von Schrankfächern an andere und die Verwahrung von verschlossenen Depots für andere.

Dem Depotgeschäfte wird gleichgestellt die Einräumung eines Anspruchs auf Lieferung von Wertpapieren, die der Gattung und Zahl nach bestimmt

---

[1]) RGBl. 1925 I S. 89. Verlängerung der Geltungsdauer bis zum 31. Dezember 1927 (RGBl. 1926 I S. 527).

sind (Gutschrift auf Stückekonto), wenn der Anspruch nicht binnen zwei Wochen nach Fälligkeit erfüllt wird.

Die Annahme von Wertpapieren gilt nicht als Depotgeschäft, wenn sie nur zum Zwecke der Abwicklung von Wertpapierverkaufs- oder -ankaufsaufträgen erfolgt und die Wertpapiere nicht länger als zehn Tage im Besitze des Auftragnehmers bleiben.

§ 2. Depositengeschäfte im Sinne dieses Gesetzes sind die Verwahrung und Verwaltung von Geldbeträgen für andere, insbesondere die Annahme von Geldbeträgen zur Verzinsung.

Die Annahme von Geldbeträgen gilt nicht als Depositengeschäft, wenn die Geldbeträge bei der Ausführung von Wertpapierankaufs- oder -verkaufsaufträgen oder zum Zwecke der Abwicklung von Wechselgeschäften oder sonstigen Bankgeschäften außer Depot- und Depositengeschäften angenommen und nicht länger als zehn Tage gutgeschrieben werden.

§ 3. Als Depot- und Depositengeschäft gilt nicht die vorübergehende Verwahrung von Wertpapieren oder Geldbeträgen der Gäste in Gastwirtschaften.

Der Reichswirtschaftsminister kann den Depot- und Depositengeschäften Geschäfte gleichstellen, die wirtschaftlich dieselben Zwecke verfolgen. Die Geschäfte sind im einzelnen zu bezeichnen.

§ 4. Depot- und Depositengeschäfte dürfen geschäftsmäßig nur von Depositenbanken betrieben werden.

Depositenbanken im Sinne dieses Gesetzes sind:

1. Bankunternehmungen, soweit sie beim Inkrafttreten dieses Gesetzes Depot- und Depositengeschäfte geschäftsmäßig zu betreiben berechtigt

waren und betrieben haben, sowie deren Zweigniederlassungen (§ 10 des Gesetzes gegen die Kapitalflucht in der Fassung der Bekanntmachung vom 26. Januar 1923 — Reichsgesetzbl. I S. 91 —, der Verordnung des Reichspräsidenten auf Grund des Artikel 48 der Reichsverfassung über die Aufrechterhaltung von Vorschriften des Kapitalfluchtgesetzes und des Weinsteuergesetzes vom 29 Dezember 1924 — Reichsgesetzbl. I S. 967 — und des Gesetzes über die Aufrechterhaltung von Vorschriften des Kapitalfluchtgesetzes vom 16. April 1925 — Reichsgesetzbl. I S. 43);

2. als Einzelfirma, offene Handelsgesellschaft oder Kommanditgesellschaft betriebene Bankunternehmungen, zu deren Inhabern oder persönlich haftenden Gesellschaftern ausschließlich Personen gehören, von denen jeder insgesamt mindestens fünf Jahre als Inhaber, Mitinhaber, Vorstandsmitglied oder kaufmännischer Angestellter tätig gewesen ist

   a) vor dem 16. Januar 1920, dem Tage des Inkrafttretens der zweiten Verordnung über Maßnahmen gegen die Kapitalflucht vom 14. Januar 1920 (Reichsgesetzbl. S. 50) in Bankunternehmungen, die während der Dauer der Tätigkeit der Person im Inland einen auf die Anschaffung und Darleihung von Geld gerichteten Gewerbebetrieb unterhalten haben, oder

   b) nach dem 15. Januar 1920 in Bankunternehmungen, die während der Dauer der Tätigkeit der Person nach den jeweils geltenden Vorschriften der Kapitalfluchtgesetzgebung oder den Vorschriften dieses Gesetzes Depot- und Depositengeschäfte geschäftsmäßig betreiben durften und betrieben haben.

Den in Nr. 2 bezeichneten Personen kann die oberste Landesbehörde im Einvernehmen mit dem Reichswirtschaftsminister Personen gleichstellen, die durch langjährige kaufmännische Tätigkeit die für die Leitung einer Depositenbank erforderlichen Kenntnisse und Fähigkeiten sich angeeignet haben und die erforderliche Zuverlässigkeit besitzen. Die Gleichstellung darf nur erfolgen, wenn der Betrieb des Unternehmens als Depositenbank volkswirtschaftlich gerechtfertigt erscheint, und wenn die Versagung eine unbillige Härte sein würde;

3. Aktiengesellschaften, Kommanditgesellschaften auf Aktien und Gesellschaften mit beschränkter Haftung oder deren Zweigniederlassungen, die von der obersten Landesbehörde nach Benehmen mit der Reichsbank und im Einvernehmen mit dem Reichswirtschaftsminister zum geschäftsmäßigen Betriebe von Depot- und Depositengeschäften zugelassen werden;

4. eingetragene Genossenschaften, die einem Revisionsverbande gemäß §§ 54 ff. des Gesetzes, betreffend die Erwerbs- und Wirtschaftsgenossenschaften in der Fassung vom 20. Mai 1898 (Reichsgesetzbl. S. 810), angeschlossen sind, wenn

der Geschäftsbetrieb über den Kreis ihrer Mitglieder nicht hinausgeht;

5. öffentliche Sparkassen, Unternehmungen von Gemeinden und Gemeindeverbänden, Unternehmungen öffentlich-rechtlicher Verbände oder von Kreditanstalten öffentlich-rechtlicher Verbände und öffentliche Kassen, welche die oberste Landesbehörde oder die von ihr bestimmte Stelle zum geschäftsmäßigen Betriebe von Depot- und Depositengeschäften zuläßt.

§ 5. Die Zulassung gemäß § 4 Abs. 2 Nr. 3 darf nur erfolgen, wenn

1. dem Unternehmen die zum ordnungsmäßigen Betriebe erforderlichen Mittel im Inland zur Verfügung stehen;
2. die Vorstandsmitglieder der Bankunternehmung die erforderliche Zuverlässigkeit besitzen und für den Betrieb fachlich genügend vorgebildet sind;
3. die Zulassung volkswirtschaftlich gerechtfertigt erscheint.

§ 6. Wer einen Geschäftsbetrieb beginnt, in dem Depot- und Depositengeschäfte geschäftsmäßig betrieben werden, hat der von der obersten Landesbehörde bestimmten Stelle gleichzeitig hiervon Anzeige zu machen, und dabei

a) in den Fällen des § 4 Abs. 2 Nr. 2, 4 nachzuweisen, daß die Voraussetzungen für die Berechtigung vorliegen;
b) in den Fällen des § 4 Abs. 2 Nr. 3, 5 die Zulassungsurkunde in Urschrift oder öffentlich beglaubigter Abschrift vorzulegen.

Ob in den Fällen des § 4 Abs. 2 Nr. 1, 2, 4 die Voraussetzungen für die Berechtigung vorliegen, wird nach näherer Anordnung der obersten Landesbehörde endgültig entschieden. Dies gilt nicht, soweit in den Fällen des § 4 Abs. 2 Nr. 1 auf Grund der jeweils in Geltung gewesenen Vorschriften der Kapitalfluchtgesetzgebung die zuständige Stelle das Vorliegen der Voraussetzungen für die Berechtigung festgestellt hat.

Depositenbanken haben Änderungen in der Person der Inhaber, persönlich haftenden Gesellschafter oder Vorstandsmitglieder sowie die Einstellung des geschäftsmäßigen Betriebs von Depot- und Depositengeschäften der von der obersten Landesbehörde bestimmten Stelle unverzüglich anzuzeigen.

§ 7. Die Berechtigung zum geschäftsmäßigen Betriebe von Depot- und Depositengeschäften erlischt

1. bei Bankunternehmungen der im § 4 Abs. 2 Nr. 3 bis 5 bezeichneten Art mit der Einstellung des geschäftsmäßigen Betriebs von Depot- und Depositengeschäften;
2. mit der rechtskräftigen Eröffnung des Konkursverfahrens unbeschadet der Befugnis des Konkursverwalters, die laufenden Geschäfte abzuwickeln, oder wenn der Antrag auf Eröffnung des Konkursverfahrens rechtskräftig abgewiesen ist, weil eine den Kosten des Verfahrens entsprechende Konkursmasse nicht vorhanden ist (§ 107 der Konkursordnung).

Die Berechtigung zum geschäftsmäßigen Betriebe von Depot- und Depositengeschäften kann auf Antrag der obersten Landesbehörde oder der von ihr bestimmten Stelle entzogen werden.

1. wenn Tatsachen vorliegen, aus denen sich ergibt, daß Inhaber, persönlich haftende Gesellschafter oder Vorstandsmitglieder nicht die erforderliche Zuverlässigkeit besitzen;
2. wenn das Unternehmen keine Gewähr für die ordnungsmäßige Führung des Depot- und Depositengeschäfts bietet; mit der ordnungsmäßigen Führung des Depot- und Depositengeschäfts ist insbesondere die Veranstaltung von Prämienverlosungen für Anleger und Sparer nicht vereinbar;
3. wenn die Zulassung auf Grund unrichtiger Angaben oder sonstiger täuschender Handlungen erwirkt war.

Über den Antrag auf Entziehung entscheidet das Reichswirtschaftsgericht, bei Bankanstalten der im § 4 Abs. 2 Nr. 5 bezeichneten Art nach näherer Anordnung der obersten Landesbehörde eine im Verwaltungsstreitverfahren (Verwaltungsrechtsverfahren) des Landes vorgesehene Instanz.

Die Entziehung ist von der entscheidenden Stelle im Reichsanzeiger öffentlich bekanntzumachen. Die oberste Landesbehörde oder die von ihr bestimmte Stelle trifft die für die Abwicklung der laufenden Geschäfte erforderlichen Anordnungen.

Die Kosten des Entziehungsverfahrens hat die Person oder das Unternehmen zu tragen, denen die Berechtigung zum geschäftsmäßigen Betriebe von Depot- und Depositengeschäften rechtskräftig entzogen ist.

Ist die Berechtigung zum geschäftsmäßigen Betriebe von Depot- und Depositengeschäften erloschen oder entzogen, so entscheidet die oberste Landesbehörde oder die von ihr bestimmte Stelle, ob und wann die Person oder das Unternehmen Depot- und Depositengeschäfte von neuem geschäftsmäßig betreiben darf; soweit die Berechtigung nach den Vorschriften des § 4 Abs. 2, Nr. 2 Abs. 2, Nr. 3, 5 erworben wird, bewendet es bei den Vorschriften der §§ 4, 5.

§ 8. Wer Depot- oder Depositengeschäfte geschäftsmäßig ohne Berechtigung betreibt, wird, wenn die Tat vorsätzlich begangen ist, mit Geldstrafe oder mit Gefängnis bis zu einem Jahre, bei Fahrlässigkeit mit Geldstrafe bestraft.

§ 381 der Reichsabgabenordnung vom 13. Dezember 1919 (Reichsgesetzbl. S. 193) gilt entsprechend.

§ 9. Wer eine im § 6 Abs. 1, 3 vorgeschriebene Anzeige unterläßt, kann von der von der obersten Landesbehörde bestimmten Stelle durch Ordnungsstrafen zur Erfüllung dieser Pflicht angehalten werden. Die Ordnungsstrafe kann wiederholt werden und darf im Einzelfalle nicht mehr als 300 Reichsmark betragen.

Die Festsetzung der Ordnungsstrafe ist endgültig.

Die Vollstreckung erfolgt nach den landesrechtlichen Vorschriften über die Beitreibung öffentlicher Abgaben.

§ 10. Auf den Betrieb von Depot- und Depositengeschäften im Sinne dieses Gesetzes finden die Vorschriften der Gewerbeordnung insoweit Anwendung, als nicht in diesem Gesetze besondere Bestimmungen getroffen sind.

§ 11. Der Reichswirtschaftsminister kann mit Zustimmung des Reichsrats zur Durchführung dieses Gesetzes Rechtsverordnungen und allgemeine Verwaltungsvorschriften erlassen. Soweit der Reichswirtschaftsminister solche Durchführungsvorschriften nicht erläßt, kann die oberste Landesbehörde sie erlassen.

§ 12. Das Gesetz tritt mit dem 1. Juli 1925 in Kraft.

Mit dem Inkrafttreten dieses Gesetzes tritt Artikel I der Verordnung des Reichspräsidenten auf Grund des Artikel 48 der Reichsverfassung über die Aufrechterhaltung von Vorschriften des Kapitalfluchtgesetzes und des Weinsteuergesetzes vom 29. Dezember 1924 (Reichsgesetzbl. I S. 967) in der Fassung des Gesetzes über die Aufrechterhaltung von Vorschriften des Kapitalfluchtgesetzes vom 16. April 1925 (Reichsgesetzbl. I S. 43) außer Kraft.

Dieses Gesetz tritt mit Ablauf des 31. Dezember 1927[1]) außer Kraft.

---

8. Geschäftsordnung und Ausführungsbestimmungen für das Giro-Effekten-Depot der Bank des Berliner Kassen-Vereins.

A. Geschäftsordnung.

Giro-Effekten-Depot.

Zur Erleichterung des Verkehrs in den an hiesiger Börse hauptsächlich gehandelten Effekten hat die Bank des Berliner

---

[1]) Siehe S. 2 und die Note S. 80.

Kassen-Vereins nach Maßgabe der folgenden Bestimmungen ein Giro-Effekten-Depot errichtet.

§ 1. **Effektengattungen.**

In dem Giro-Effekten-Depot werden von den Mitgliedern desselben die von der Aufnahme- und Einschätzungs-Kommission nach Maßgabe des § 23 Nr. 5 bestimmten Effekten zur Aufbewahrung angenommen und zur jederzeitigen Wiederverfügung bereitgehalten.

Über die Effekten-Gattungen, welche dem Depot übergeben werden können, werden besondere Verzeichnisse ausgegeben.

§ 2. **Einlieferung der Effekten.**

Die Effekten sind nach Gattungen geordnet in Paketen einzuliefern, deren Streifband den Einlieferer und den Inhalt anzugeben hat.

Den Effekten sind Nummernverzeichnisse beizufügen.

Die Einlieferung von Effekten **ohne** Beifügung von Nummernverzeichnissen ist unter nachstehenden Bedingungen zulässig:

1. Die Einlieferung der Effekten muß vormittags erfolgen.
2. Der Einlieferer muß erforderlichenfalls imstande sein, ohne Mitwirkung des Giro-Effekten-Depots die Nummern der eingelieferten Papiere nachträglich beizubringen; er ist verpflichtet, einer desfallsigen, innerhalb Monatsfrist nach der Einlieferung an ihn zu stellenden Aufforderung sofort nachzukommen.
3. Die Bank des Berliner Kassenvereins fertigt zu den eingelieferten Effekten Nummernverzeichnisse an. Diese Verzeichnisse hat der Einlieferer zum Zeichen

dafür, daß er der Bank als solcher haftet, mit seinem Firmenstempel zu versehen.

§ 3. Lieferbarkeit der Effekten.

Alle Effekten, welche in das Depot eingeliefert werden, müssen sich in solcher Beschaffenheit befinden, daß sie nach den Usancen der Berliner Fondsbörse lieferbar sind. Nicht lieferbare Stücke hat der Einlieferer nach diesen Usancen zurückzunehmen oder umzutauschen. Stücke, an denen der nächstfällige Zinsschein fehlt, werden (abgesehen von dem in § 6 Absatz 3 erwähnten Falle) nicht angenommen.

§ 4. Einziehung von Zins- und Dividendenscheinen.

Auf die Einziehung fälliger Zins- und Dividendenscheine, sowie auf die Ausübung von Bezugsrechten, auf die Vertretung in Generalversammlungen oder auf ähnliche Manipulationen läßt sich die Bank des Berliner Kassen-Vereins in der Regel nicht ein; es ist vielmehr Sache der Konto-Inhaber, für die Wahrung ihrer Interessen selbst Sorge zu tragen.

In vorkommenden Fällen der gedachten Art können indessen vorübergehend die Stücke ohne Zins- bzw. Dividendenscheinbogen, soweit dieselben nicht fest an den Stücken haften, gegen besondere Quittung erhoben werden.

§ 5. Neue Zins- und Dividendenscheinbogen.

Die Bank des Berliner Kassen-Vereins wird die Besorgung neuer Zins- und Dividendenscheinbogen zu den im Giro-Effekten-Depot befindlichen Papieren für den Fall übernehmen, daß dieselben laut Bekanntmachung der ausreichenden Stelle in Berlin erhoben werden können. Sofern hierfür von der Ausgabestelle Kosten berechnet werden, wird die Bank des Berliner Kassen-Vereins solche von den Mitgliedern pro rata ihres Besitzes einziehen, in den übrigen Fällen aber die Besorgung kostenfrei bewirken.

Neue Zins- und Dividendenschein-Bogen, welche in Berlin nicht erhoben werden können, werden in der Regel von der Bank des Berliner Kassen-Vereins nicht besorgt.

Sofern die Beschaffung der neuen Zins- resp. Dividendenscheinbogen nicht durch die Bank des Berliner Kassen-Vereins bewirkt wird, werden zu diesem Behufe die betreffenden Talons den Beteiligten gegen Quittung ausgehändigt, falls die letzteren nicht vorziehen, die Stücke mittels weißer Schecks aus dem Depot herauszunehmen. In dieser Quittung muß die Verpflichtung ausgesprochen sein, daß die neuen Bogen möglichst schleunigst zu beschaffen und gegen Rückgabe der Quittung dem Depot abzuliefern sind. In der Zwischenzeit sind Dispositionen über die betreffenden Stücke mittels roter oder grüner Schecks nicht zulässig; die Stücke ohne Talons können vielmehr nur gegen weißen Scheck erhoben werden.

§ 6. Fällige Zins- und Dividendenscheine.

Fällige Zins- und Dividendenscheine werden den Empfangsberechtigten tunlichst am Fälligkeits- resp. usancemäßigen Abtrennungstermine, spätestens jedoch am zweitfolgenden Börsentage, gegen Quittung ausgeliefert.

Nur in einzelnen besonders gearteten Ausnahmefällen behält sich die Bank des Berliner Kassen-Vereins das Recht vor, rechtzeitig anderweite Bekanntmachung zu erlassen.

Die Zinsscheine der bei dem Giro-Effekten-Depot zur Aufbewahrung angenommenen Deutschen Staats- und

Kommunalpapiere werden den empfangsberechtigten Mitgliedern bis auf weiteres stets am 15. des dem Fälligkeitstermine vorangehenden Monats gegen Quittung ausgehändigt. In der Zeit zwischen dem Aushändigungs- und dem Fälligkeitstermine der jeweilig in Frage kommenden Zinsscheine versteht sich alsdann der gesamte Verkehr in den genannten Anleihen bei dem Giro-Effekten-Depot stets exklusive dieser Zinsscheine.

Eine Verpflichtung zur längeren Aufbewahrung abgetrennter Zins- und Dividendenscheine als höchstens vierzehn Tage nach dem Fälligkeits- resp. dem usancemäßigen Abtrennungstermine findet seitens des Depots ebensowenig statt, wie die Realisierung derselben für Rechnung des Empfangsberechtigten. Das Giro-Effekten-Depot behält sich vor, die abgeschnittenen Zins- und Dividendenscheine nach Ablauf der vierzehn Tage dem betreffenden Mitgliede auf seine Gefahr und Kosten ins Haus zu liefern.

§ 7. Aufbewahrung der Effekten.

Die eingelieferten Effekten werden nicht speziell aufbewahrt, sondern den gleichnamigen Gesamtbeständen dieser Effekten hinzugefügt. Der Einlieferer begibt sich von vornherein des Rechtes, bestimmte Nummern oder Abschnitte zurückzuverlangen.

Die Bank des Berliner Kassen-Vereins ist als Verwalterin des Giro-Effekten-Depots nicht befugt, über die in das Depot eingelieferten Stücke anders zu verfügen, als auf Order derjenigen, zu deren Gunsten die betreffenden Effekten aufbewahrt werden; sie ist insbesondere nicht ermächtigt, sich zur Eigentümerin der übernommenen Stücke zu machen, sofern nicht zu ihren Gunsten verfügt ist. Sie kann an den übergebenen Papieren ein Pfandrecht oder ein Zurückbehaltungsrecht nur wegen solcher Forderungen gegen den Empfangsberechtigten geltend machen, welche mit Bezug auf die fraglichen Papiere entstanden sind.

§ 8. Rechte der Bank gegenüber Dritten.

Ungeachtet die Bank des Berliner Kassen-Vereins nicht Eigentümerin der hinterlegten Effekten wird, ist sie doch berechtigt, Dritten gegenüber alle Rechte eines Eigentümers geltend zu machen.

§ 9. Los-Papiere.

Los-Papiere oder andere mit variablen Prämien zu verlosende Effekten werden nicht in das Giro-Effekten-Depot genommen.

§ 10. Nummernaufgabe.

Sofern ein Kontoinhaber vorübergehend besondere Nummernaufgabe von Effekten wünscht, hat er sich dieserhalb mit der Depotverwaltung besonders zu benehmen. Die betreffenden Effekten scheiden alsdann aus dem Gesamtbestande aus und werden besonders aufbewahrt. Auch in diesem Falle haftet die Bank des Berliner Kassen-Vereins lediglich nach Maßgabe der gesetzlichen Verpflichtungen des Verwahrers. Wegen der Nummernaufgabe bei grünen Schecks vgl. § 16.

§ 11. Ziehung verlosbarer Effekten.

Die Eigentümer von verlosbaren Wertpapieren, welche die Herausnahme derselben mittels weißer Schecks nicht rechtzeitig vor der Ziehung bewirkt haben, sind verpflichtet, sich die Nummern derselben spätestens an dem der jedesmaligen Ziehung vorhergehenden Börsentage von dem Giro-Effekten-Depot aufgeben zu lassen.

Für den Fall, daß Giro-Effekten-Konto-Inhaber dies unterlassen sollten, laufen dieselben pro rata ihres Besitzes gemeinschaftlich die Gefahren und genießen gemeinschaftlich die Vorteile der Verlosung.

Die Bank des Berliner Kassen-Vereins wird daher, falls ein oder mehrere solcher Stücke ausgelost werden, dieselben verwerten, behufs Ergänzung des Bestandes dagegen neue Stücke ankaufen, und den daraus entstehenden Gewinn oder Verlust unter die Eigentümer dieser Effekten pro rata ihres Besitzes verteilen resp. von diesen einziehen. Die Eigentümer solcher am Ziehungstage im Depot vorhanden gewesenen Effekten verpflichten sich, die Berechnung der Bank des Berliner Kassen-Vereins als für sie verbindlich anzusehen, die etwa geforderte Zahlung sofort zu leisten und hieraus an die Bank des Berliner Kassenvereins keine Ansprüche irgendwelcher Art geltend zu machen.

Dessenungeachtet ist die Bank des Berliner Kassen-Vereins berechtigt, jedoch nicht verpflichtet, gelegentlich der Verlosungen denjenigen Besitzern von Effekten, welche die Einforderung der Nummernaufgabe bis zum Schlusse des Tages vor der Ziehung versäumt haben, die ihnen zukommenden Nummern aufzugeben. Die Aufgabe der Nummern erfolgt in diesem Falle spätestens bis 11 Uhr vormittags am Tage der Ziehung; es genügt, wenn bis zu diesem Zeitpunkte die betreffende Benachrichtigung zur Aushändigung an den Interessenten im Banklokale bereitgestellt ist. Hatte der Kontoinhaber vor dem Empfang der Nummernverzeichnisse ganz oder teilweise durch weiße oder rote Schecks verfügt, so ist er verpflichtet, die zu viel empfangenen

Nummernverzeichnisse unverzüglich der Bank unter Aufgabe der darüber ausgeschriebenen Schecks zurückzugeben.

Alle Verzeichnisse über aufgegebene Nummern sind nach Erscheinen der Verlosungslisten unter Aufgabe etwa gezogener Stücke an das Giro-Effekten-Depot sogleich zurückzugeben. Bis zu dieser Rückgabe sind Verfügungen durch weiße, rote oder grüne Schecks nur dann zulässig, wenn denselben vom Giro-Effekten-Depot ausgegebene Nummernverzeichnisse in Höhe des Scheckbetrages beigefügt sind. Letztere sind in diesem Falle von dem Aussteller des Schecks mit dem Firmenstempel zu versehen.

Umfaßt die Disposition nur einen Teil der in einem Verzeichnisse aufgeführten Stücke, so muß der Aussteller des Schecks auf der Rückseite die zu liefernden Nummern, sowie die Eingangsnummern der dazugehörigen Verzeichnisse angeben.

§ 12. **Empfangsbescheinigungen.**

Über alle in das Depot gelieferten Effekten erteilt die Bank des Berliner Kassen-Vereins vorbehaltlich der Prüfung auf Richtigkeit und Lieferbarkeit der Stücke sofort Empfangsbescheinigungen; zur Unterzeichnung sind zwei Unterschriften erforderlich, welche jedoch durch Stempel hergestellt sein können.

Der Einlieferer kann über die eingelieferten Stücke ganz oder teilweise sofort verfügen.

§ 13. **Verfügung durch Schecks.**

Eine Verfügung über die im Depot befindlichen Wertpapiere ist nur mittels ordnungsmäßig ausgestellter Schecks zulässig.

Es werden weiße, rote und grüne Scheckformulare ausgegeben.

Der Kontoinhaber erhält von der Bank des Berliner Kassen-Vereins gegen Quittung Giro-Effekten-Scheckbücher, welche sorgfältig aufbewahrt werden müssen. Alle Folgen und Nachteile, welche aus dem Verluste oder sonstigen Abhandenkommen ganzer Scheckbücher oder einzelner Scheckformulare entstehen möchten, trägt der Kontoinhaber, sofern er nicht die Bank rechtzeitig von dem Abhandenkommen schriftlich benachrichtigt hat, um die Honorierung zu verhindern. Verschriebene oder sonst verdorbene Scheckformulare sind dem Giro-Effekten-Depot alsbald zurückzugeben.

Jeder Scheck darf nur die Verfügung über **eine** Effektengattung, entsprechend den nach Terminen und Appoints getrennt geführten Konten, enthalten.

In den Scheckformularen sind die offen gelassenen Stellen deutlich und derart auszufüllen, daß eine Fälschung verhindert wird. Geschriebene Zusätze zwischen den vorgedruckten Zeilen sind unzulässig. Vermerke auf der Rückseite gelten, abgesehen von den am Schlusse des § 11, im § 15 und im § 16 Absatz 2 vorgesehenen Fällen, als nicht geschrieben.

Ein ordnungsmäßig ausgestellter Scheck kann vom Aussteller nur dann widerrufen werden, wenn er der Bank des Berliner Kassen-Vereins nicht innerhalb der dem Ausstellungstage folgenden fünf Börsentage vorgelegt ist.

§ 14. Weiße Schecks.

Die weißen Schecks sind zur Aushändigung von Wertpapieren in natura bestimmt. Diese erfolgt an jeden Präsentanten des Schecks. Die Bank des Berliner Kassen-

Vereins ist zwar berechtigt, aber nicht verpflichtet, die Legitimation des Überbringers zu prüfen.

Sollen auf einen weißen Scheck die Effekten nicht in natura abgehoben, sondern einem Kontoinhaber gutgeschrieben werden, so ist der Scheck auf der Vorderseite mit dem quer über dem Text deutlich geschriebenen oder gedruckten Vermerk „Nur zur Verrechnung" zu versehen.

§ 15. Rote Schecks.

Die durch rote Schecks angewiesenen Beträge werden den darin bezeichneten Kontoinhabern, und zwar nur diesen, auf deren Giro-Effekten-Konto in Gemäßheit des § 12 gutgeschrieben. Letztere können, sofern der Scheck in Ordnung geht, sofort über die fraglichen Effekten ihrerseits verfügen.

Es ist zulässig, einen roten Scheck für mehrere Empfänger auszuschreiben (Gesamt-Scheck). Die Vorderseite des Schecks erhält alsdann den Vermerk: „für umstehende Orders". Auf der Rückseite des Gesamtschecks sind die Empfänger zu spezifizieren.

§ 16. Grüne Schecks.

Grüne Schecks sind tunlichst in runden Beträgen auszustellen; sie dienen ausschließlich zur Verpfändung der in ihnen bezeichneten Effekten zwecks Sicherheit von Lombarddarlehen, welche innerhalb Jahresfrist oder in einem kürzeren Zeitraume zurückzuzahlen sind, und bei welchen der Wert des hinterlegten Pfandes dem gewährten Darlehen mindestens gleichkommt.

Nach Empfang des grünen Schecks bestimmt die Bank des Berliner Kassen-Vereins die einzelnen Stücke nach

Appoints und Nummern, welche dem Pfandrechte unterliegen sollen; sie sondert die betreffenden Effekten von dem Gesamtbestande ab und bewahrt sie für den Darlehnsgläubiger getrennt auf. Die zu diesen Stücken gehörigen Nummernverzeichnisse werden mit dem betreffenden grünen Scheck zusammen aufbewahrt; die Bank vermerkt auf der Rückseite eines jeden Schecks, welche Nummernverzeichnisse zu ihm gehören, so daß jederzeit mit Sicherheit festgestellt werden kann, welche Nummern durch den grünen Scheck verpfändet sind. Dem Scheckaussteller wie dem Darlehnsgläubiger ist es gestattet, sich von den zu einem grünen Scheck gehörigen Nummernverzeichnissen Abschriften anzufertigen, wozu ihm auf kurze Zeit nach dem Ermessen der Bank die von ihr aufbewahrten Nummernverzeichnisse ausgehändigt werden dürfen.

Durch die Aushändigung des grünen Schecks an die Bank des Berliner Kassen-Vereins und die von dieser vorgenommene Aussonderung erwirbt der Darlehnsgläubiger ein Pfandrecht an den im Scheck bezeichneten Effekten. Der Besitz an den Effekten geht von dem Aussteller des Schecks auf den Darlehnsgläubiger bzw. für denselben auf die Bank des Berliner Kassen-Vereins als Pfandbesitz über. Demgemäß werden die verpfändeten Effekten von dem Guthaben des Scheckausstellers abgebucht und auf einem besonderen Konto (Pfandkonto) geführt, auf welchem sie zur jederzeitigen und ausschließlichen Verfügung des Darlehnsgläubigers aufbewahrt werden. Der Scheckaussteller bleibt indessen Eigentümer der Effekten und trägt als solcher nicht nur die Vorteile und Nachteile einer etwaigen Verlosung (§ 11), sondern auch die Gefahr des Verlustes nach § 25 der Geschäftsordnung. Gleichfalls verbleibt ihm das

Recht zur Erhebung derjenigen Zins- bzw. Dividendenscheine, welche während der Zeit, innerhalb welcher die grünen Schecks von der Bank des Berliner Kassen-Vereins aufbewahrt werden, usancemäßig abzutrennen sind.

Dagegen ist der Aussteller des Schecks nicht berechtigt, über die betreffenden Effekten anderweit zu verfügen; er kann insbesondere verpfändete Aktien in Generalversammlungen nur mit besonderer Genehmigung des Darlehnsgläubigers vertreten.

Demjenigen, zu dessen Gunsten der Scheck ausgestellt ist, wird, falls letzterer in Ordnung geht, eine Bescheinigung über den Eingang des Schecks in Gemäßheit des § 12 erteilt. Gegen Rückgabe dieser Bescheinigung kann der Darlehnsgläubiger jederzeit die Herausgabe der gemäß Absatz 2 verpfändeten Effekten verlangen; er hat zu diesem Zwecke auf der Rückseite der Empfangsbescheinigung über den Empfang der Effekten zu quittieren. Die Bank des Berliner Kassen-Vereins ist verpflichtet, den Effekten ausnahmslos diejenigen Nummernverzeichnisse beizufügen, welche den grünen Schecks gemäß Absatz 2 zugeteilt waren. An den auf diese Weise ausgelieferten Effekten steht dem Darlehnsgläubiger auch nur der Pfandbesitz zu; er hat — nach Erledigung der Verpfändung — dem Scheckaussteller dieselben Stücke zurückzugewähren.

Gelangt die Empfangsbescheinigung über den grünen Scheck an die Bank des Berliner Kassen-Vereins ohne Vorbehalt zurück, so ist letztere ermächtigt, den grünen Scheck dem Aussteller als erledigt zurückzugeben.

§ 17. Überziehung des Guthabens.

Verfügt ein Giro-Effekten-Konto-Inhaber über mehr als sein Guthaben beträgt, so wird der betreffende Scheck selbstredend nicht honoriert, bzw. nicht zur Verwahrung angenommen. In diesem Falle, oder wenn ein Kontoinhaber gegen die eine oder die andere der in dieser Geschäftsordnung enthaltenen Bestimmungen verstößt, behält sich die Aufnahme- und Einschätzungskommission (§ 23[4]) vor, das betreffende Konto unter schriftlicher Anzeige sofort aufzulösen.

§ 18. Haftung der Bank für die Lieferbarkeit der Effekten.

Die Bank des Berliner Kassen-Vereins haftet für die Lieferbarkeit und Ordnungsmäßigkeit der von ihr verabfolgten Effekten nach Maßgabe der für den Effektenverkehr an der Berliner Fondsbörse geltenden Bestimmungen.

Die Bank fügt den Effekten, welche sie aushändigt, stets und ausnahmslos besondere Nummernverzeichnisse bei.

Sollten in Gemäßheit der Börsenusancen gegen die Lieferbarkeit oder Ordnungsmäßigkeit einzelner Stücke Einwendungen erhoben werden, so muß das betreffende Stück unter allen Umständen mit dem Original-Nummernverzeichnis des Pakets vorgelegt werden, in welchem es sich befunden hat.

Das Giro-Effekten-Depot liefert die Effekten, über welche durch weiße oder rote Schecks disponiert ist, stets in derjenigen Beschaffenheit, welche den am Ausstellungstage des betreffenden Schecks geltenden Usancen entspricht. Effekten, welche auf Grund von grünen Schecks zur Abhebung gelangen, werden mit denjenigen Zins- bzw. Dividendenscheinen geliefert, welche sich am Tage der Abhebung usancemäßig an den Stücken befinden müssen. (Ausnahmen, insbesondere wegen Deutscher Staats- und Kommunalpapiere vgl. § 6.)

§ 19. Abstimmung der Konten.

Jeder Inhaber eines Giro-Effekten-Kontos ist verpflichtet, in der Zeit vom 5. bis 20. Tage jeden Monats ein Verzeichnis seiner Effektenbestände, getrennt nach solchen, über welche er frei verfügen kann und nach solchen, über welche er grüne Schecks ausgestellt hat, bei dem Giro-Effekten-Depot behufs Abstimmung einzureichen. Formulare zu diesen Verzeichnissen werden seitens der Bank des Berliner Kassen-Vereins unentgeltlich verabfolgt.

Die festgestellten Saldi werden auf Wunsch in einem den Mitgliedern von der Bank zu liefernden besonderen Abstimmungsbuche durch die Bank des Berliner Kassen-Vereins bestätigt.

Abgesehen von dieser regelmäßigen monatlichen Abstimmung steht es sowohl der Bank des Berliner Kassen-Vereins als auch den Giro-Effekten-Konto-Inhabern frei, jederzeit eine Vergleichung der Bestände, sowie der zur Aufbewahrung gegebenen grünen Schecks zu veranlassen.

§ 20. Gebühren.

Jedes Mitglied hat nach erfolgter Aufnahme ein Eintrittsgeld von einhundert Mark und einen jährlichen Kostenbeitrag pränumerando zu zahlen. Der letztere wird je nach dem zu erwartenden Geschäftsumfange festgesetzt.

Auch die im Laufe des Jahres eintretenden Mitglieder haben den vollen Jahresbeitrag pränumerando zu entrichten.

Wünscht ein Mitglied sein Giro-Effekten-Konto aufzugeben, so hat es diese Absicht der Aufnahme- und Einschätzungskommission des Giro-Effekten-Depots am ersten Tage eines beliebigen Monats schriftlich anzuzeigen, wonächst das Konto mit Ablauf des betreffenden Monats seine

Endschaft erreicht. Der Konto-Inhaber bleibt aber für alle alsdann etwa noch schwebenden Engagements aus §§ 11 und 25 dieser Geschäftsordnung verantwortlich.

Eine Rückzahlung a conto des eingezahlten Jahresbeitrages findet nicht statt, auch wenn das Ausscheiden eines Mitgliedes im Laufe des Jahres erfolgt.

§ 21. Aufnahme von Mitgliedern.

Als Mitglieder des Giro-Effekten-Depots werden nur in das Berliner Handelsregister eingetragene Firmen aufgenommen.

Anträge wegen Aufnahme als Mitglied des Giro-Effekten-Depots sind schriftlich an die Aufnahme- und Einschätzungskommission desselben zu richten.

Über die Aufnahme von Mitgliedern entscheidet diese Kommission selbständig und hat bei etwaiger Ablehnung eines vorliegenden Antrages nicht nötig, Gründe dafür anzugeben.

§ 22. Aufnahme- und Einschätzungskommission.

Die Aufnahme- und Einschätzungskommission besteht aus fünfzehn Mitgliedern, wovon fünf dem Verwaltungsrat und fünf dem Ausschusse der Aktionäre der Bank des Berliner Kassen-Vereins, die übrigen fünf den Vertretern hiesiger Bankinstitute und Handlungshäuser angehören.

Vorsitzender dieser Kommission ist stets der jeweilige Vorsitzende des Verwaltungsrates der Bank des Berliner Kassen-Vereins, Stellvertreter der jeweilige Vorsitzende des Ausschusses der Aktionäre der Bank des Berliner Kassen-Vereins.

Um gültige Beschlüsse in der Kommission zu fassen, ist die Anwesenheit von mindestens acht Mitgliedern, wovon wenigstens fünf dem Verwaltungsrat resp. dem Ausschusse der Aktionäre der Bank des Berliner Kassen-Vereins angehören müssen, erforderlich, und entscheidet über die Annahme oder Ablehnung von vorliegenden Anträgen die Stimmenmehrheit.

Bei Stimmengleichheit ist die Stimme des Vorsitzenden maßgebend.

Die Wahl der Kommissionsmitglieder erfolgt alljährlich durch den Verwaltungsrat der Bank des Berliner Kassen-Vereins alsbald nach dessen Konstituierung.

§ 23. Funktionen der Kommission.

Die Funktionen der Kommission bestehen hauptsächlich:

1. in der Entscheidung über die Aufnahme neuer Mitglieder des Giro-Effekten-Depots, deren schriftliche Meldungen vorliegen;
2. in der Festsetzung der Jahresbeiträge sämtlicher Mitglieder;
3. in der Festsetzung der Jahresbeiträge derjenigen Mitglieder, welche sich im Laufe des Jahres schriftlich zur Aufnahme gemeldet haben;
4. in der Ausschließung von Mitgliedern, welche die Festsetzungen dieser Geschäftsordnung nicht pünktlich innegehalten, Schecks über größere Beträge als ihr Guthaben ausgestellt oder sonst Veranlassung zur Ausschließung gegeben haben; Gründe anzuführen, weshalb die Ausschließung von Mitgliedern erfolgt, ist die Kommission nicht verpflichtet;
5. in der Entscheidung darüber, welche Effektengattungen in dem Giro-Effekten-Depot angenommen werden sollen;

6. in der Feststellung des Verlustanteils (cf. § 25 al. 2);
7. in der Beschlußfassung über Abänderungen dieser Geschäftsordnung; hierzu ist eine Majorität von $^4/_5$ der anwesenden Stimmen sowie die Genehmigung des Verwaltungsrates der Bank des Berliner Kassen-Vereins erforderlich.

Die Kommission versammelt sich, so oft das erforderliche Material dazu vorliegt oder der Vorsitzende es für zweckmäßig erachtet, und erfolgt alsdann eine schriftliche Einladung an sämtliche Mitglieder durch den Vorsitzenden.

In den Fällen der Nr. 1, 3 und 5 kann schriftliche Abstimmung durch Zirkular erfolgen. Der Antrag ist angenommen, wenn $^4/_5$ aller Mitglieder sich dafür aussprechen.

§ 24. Ausschließung von Mitgliedern.

Unabhängig von der im § 23 sub 4 erwähnten Ausschließung von Mitgliedern ist die Bank des Berliner Kassen-Vereins berechtigt, nach vorangegangener Kündigung mit mindestens sechswöchentlicher Frist, eine Auflösung der sämtlichen Depotkonten herbeizuführen. — In diesem Falle wird den Kontoinhabern der bereits gezahlte Jahresbeitrag pro rata temporis zurückvergütet.

§ 25. Haftung der Bank.

Ungeachtet der Bestimmung im § 7 haftet die Bank des Berliner Kassen-Vereins für die ihr im Giroverkehr übergebenen Effekten nur nach Maßgabe der gesetzlichen Verpflichtungen des Verwahrers.

Die Mitglieder des Giro-Effekten-Depots haben die Verluste, für welche hiernach die Bank des Berliner Kassen-Vereins nicht aufzukommen hat, insbesondere die Beschädigung des Effektenbestandes durch Krieg, Aufruhr oder höhere Gewalt, pro rata des Anteiles, welchen sie am Tage des Verlustes an der betreffenden Effektengattung gehabt haben, gemeinschaftlich zu tragen. Ist der Tag des Verlustes nicht mit voller Sicherheit festzustellen, so gilt der Tag der Entdeckung als Tag des Verlustes. — Der hiernach jedes beteiligte Mitglied treffende Verlustanteil wird von der Aufnahme- und Einschätzungskommission nach dem obigen Maßstabe im einzelnen Falle festgestellt und jedes Mitglied unterwirft sich hierdurch dieser Feststellung ohne Einrede.

Die Bank des Berliner Kassen-Vereins hat die Befugnis, sofern die Interessen der Deponenten ihr dies zweckmäßig erscheinen lassen, ihre Depots nach ihrem Ermessen jederzeit ganz oder teilweise an einen anderen Ort bringen zu lassen, ohne daß dadurch die Haftverbindlichkeit der Bank, wie sie vorstehend festgestellt worden, in irgend einer Weise geändert wird.

„§ 25a.

Die Bank des Berliner Kassen-Vereins hat die Befugnis, zum Zwecke des Effektenferngiroverkehrs im eigenen Namen für Rechnung ihrer Effektengirokunden Sammeldepotkonten bei anderen Effektengirobanken zu unterhalten. An den Anteilen der Bank des Berliner Kassen-Vereins an Sammeldepots bei anderen Effektengirobanken sind die Effektengirokunden der Bank des Berliner Kassen-Vereins nach Gattung und Verhältnis in derselben Weise beteiligt, wie an den bei der Bank des Berliner Kassen-Vereins selbst unterhaltenen Sammeldepotbeständen.

Die Bank des Berliner Kassen-Vereins steht ihren Effektengirokunden für die Erfüllung der Verwahrerpflichten der Effektengirobanken ein, bei denen sie ein Sammeldepotkonto für Rechnung ihrer Effektengirokunden unterhält."

§ 26. Eröffnung von Konten.

Jeder, dem auf seinen schriftlichen Antrag bei der Aufnahme- und Einschätzungskommission ein Giro-Effekten-Konto eröffnet worden ist, erhält von der Bank des Berliner Kassen-Vereins ein Exemplar dieser Geschäftsordnung, wogegen derselbe eine Beitrittserklärung folgenden Inhalts:

> „Nachdem .... auf .... Antrag die Bank des Berliner Kassen-Vereins ein Giro-Effekten-Konto eröffnet hat, ist......... ein Exemplar der Geschäftsordnung für das Giro-Effekten-Depot der genannten Bank, siebente Ausgabe 1903, eingehändigt und trete.................. nach Maßgabe der Bestimmungen dieser Geschäftsordnung als Mitglied dem Giro-Effekten-Depot bei."

auszustellen hat.

Unterschriften.

Die der Bank des Berliner Kassen-Vereins für andere Geschäftszweige mitgeteilten Unterschriften von Geschäftsinhabern, Gesellschaftsvorständen, Prokuristen oder Handlungsbevollmächtigten gelten auch für das Giro-Effekten-Depot, sofern nicht für letzteres von dem Kontoinhaber besondere Bestimmungen getroffen werden. Alle ihr mitgeteilten Unterschriften und Vollmachten wird die Bank so lange als gültig ansehen, bis ihr schriftlich angezeigt ist, daß sie außer Kraft gesetzt sind.

B. Ausführungsbestimmungen.

I. Geschäftsstunden.

An gewöhnlichen Börsentagen 9—1 Uhr und 3—5 Uhr, Sonnabends 9—4 Uhr, an den Ultimotagen 7½—6 Uhr.

II. Einlieferung von Effekten.

Über eingelieferte Effekten wird auf Wunsch sofort eine von dem Kontoinhaber vorgeschriebene Interimsbescheinigung durch Abstempelung erteilt, welche jedoch nur die Bedeutung hat, daß die betreffenden Posten vorbehaltlich des demnächsten Richtigbefundes abgeliefert worden ist.

III. Verwendung von Effektenschecks.

A. Über die Frage,

in welcher Weise das Giro-Effekten-Depot bei eigentlichen Lombardgeschäften zum Zwecke der Pfandbestellung verwendet werden kann,

ist durch das Urteil des Reichsgerichts in Sachen Börsen-Handels-Verein wider Stempelfiskus vom 19. April 1888, von welchem Abdrücke auf Wunsch ausgegeben werden, endgültig festgestellt worden, daß die Hingabe eines **roten** Effektenschecks, welche zum Zwecke der Pfandbestellung erfolgt, sich als ein Anschaffungsgeschäft im Sinne des Reichsstempelgesetzes vom 29. Mai 1885 charakterisiert; mithin würde bei einer derartigen Pfandbestellung stets ein Stempel durch Ausstellung einer betreffenden Schlußnote zu verwenden sein.

Dagegen ist in einem Bescheide der hiesigen Königlichen Provinzial-Steuer-Direktion an die Herren Wiener, Levy u. Co. vom 1. November 1888 Nr. 28447 ein unter Hingabe eines **grünen** Effektenschecks geschlossenes Lombardgeschäft als eigentliches Lombardgeschäft und deshalb für nicht stempelpflichtig erachtet worden.

Hiernach wird den Mitgliedern bei dem Verkehr mit einem anderen Mitgliede des Giro-Effekten-Depots folgende Benutzung des letzteren empfohlen:

Rote Effektenschecks sind auszuschreiben, wenn das unterliegende Rechtsgeschäft, welches durch den Scheck erfüllt werden soll, bereits durch Schlußnote verstempelt war (Kauf, Report), während bei eigentlichen Lombardgeschäften stets **grüne** Schecks zu verwenden sind.

B. Nach Tarifstelle 58, Ziffer I Befreiungen b des preußischen Stempelsteuergesetzes vom 31. Juli 1895 sind von dem Schuldverschreibungsstempel von $^1/_{12}$ vom Hundert befreit:

„Beurkundungen von zinsbaren Darlehen, welche gegen spezielle Verpfändung oder Hinterlegung von edlen Metallen, Waren, Wechseln oder Wertpapieren gegeben werden (Lombarddarlehne) und innerhalb Jahresfrist oder in einem kürzeren Zeitraum zurückzuzahlen sind, vorausgesetzt, daß der Wert des hinterlegten Pfandes dem gewährten Darlehen mindestens gleichkommt."

Der Stempelfiskus verlangt gemäß § 3 Absatz 1 des Stempelgesetzes:

„Die Stempelpflichtigkeit einer Urkunde richtet sich nach ihrem Inhalt",

daß bei Ausstellung von Quittungen oder anderen Bescheinigungen des Schuldners über den Empfang einer Zahlung im Lombardverkehr die einzelnen Voraussetzungen, von welchen die Befreiung abhängt, sämtlich aus der Urkunde selbst hervorgehen.

Wir stellen deshalb anheim, in derartigen Schriftstücken, insbesondere also bei Rechnungen über tägliches oder Ultimogeld, neben dem üblichen Hinweis auf den grünen Scheck bzw. die dadurch verpfändeten Wertpapiere:

1. die Kurzfristigkeit,
2. die Verzinslichkeit

des Lombarddarlehns näher erkennbar zu machen.

IV. Lieferung von Effektenschecks und grünen Empfangsbescheinigungen.

1. Rote und grüne Effektenschecks sowie zur Rücklieferung gelangende Empfangsbescheinigungen über grüne Schecks, welche sich auf die Inkassolieferung beziehen, sind zu den üblichen Inkassoeinlieferungszeiten getrennt von den Rechnungen einzuliefern.

2. Den Schecks usw. ist ein Einlieferungsbelag beizufügen, in welchem zum mindesten die Stückzahl der eingelieferten roten und grünen Schecks sowie der zurückgehenden grünen Empfangsbescheinigungen anzugeben ist. Auf Verlangen wird ein eventuell mit einzureichendes Duplikat als Ausweis, daß die Lieferung erfolgt ist, mit dem Stempel der Bank versehen, oder es wird über die Anzahl der eingelieferten Schecks usw. in dem Interimsquittungsbuche (§ 22 der Geschäftsordnung für den Inkassoverkehr) eine Quittung in üblicher Form erteilt.

3. Die der Bank des Berliner Kassen-Vereins zum Inkasso zu übergebenden Rechnungen, auf welche sich die gesondert eingelieferten Schecks beziehen, sind seitens der Einlieferer mit einem Stempelabdrucke „Stücke durch Effektenscheck Nr. ...... überwiesen" zu versehen. Ist von den zu einer Rechnung gehörigen Effekten nur ein Teilbetrag überwiesen, so ist dieser Teilbetrag in dem vorgedachten Stempelabdruck anzugeben.

Falls die Rechnungen zu zurückgehenden Empfangsbescheinigungen über grüne Schecks gehören, so ist in dem

Stempel vor dem Worte „Effektenscheck" einzuschalten: „erledigten", so daß also der Text zu lauten hat: „Stücke durch erledigten Effektenscheck Nr. ...... überwiesen". Handelt es sich um mehrere Schecks zu einer Rechnung, so ist auch die Anzahl der Schecks in dem Stempel zu vermerken.

Die Rechnungen werden seitens der Bank ohne jeden Vermerk weitergeliefert.

4. Die getrennt eingelieferten Schecks werden von der Bank des Berliner Kassen-Vereins zurückbehalten und die betreffenden Beträge vorbehaltlich des Eingangs der denselben entsprechenden Rechnungen sofort belastet resp. gutgeschrieben. Die Empfangsberechtigten erhalten über die ihnen überwiesenen Beträge Empfangsbescheinigungen ausgehändigt, welche jedoch erst dann als definitive Gutschriften anzusehen sind, wenn die entsprechenden Rechnungen in Ordnung gegangen sind.

5. Bei den getrennt eingelieferten, ohne Vorbehalt zurückgehenden Empfangsbescheinigungen über grüne Schecks werden, ebenfalls unter Vorbehalt des Eingangs der zugehörigen Rechnungen, die Beträge der entsprechenden grünen Schecks den Ausstellern auf deren Konto wieder zur freien Verfügung gestellt. Die Aushändigung der erledigten grünen Schecks erfolgt daher nur unter dem Vorbehalte, daß die zu der grünen Empfangsbescheinigung gehörige Rechnung in Ordnung geht. Eine besondere Bescheinigung darüber, daß nunmehr wieder über die Stücke frei verfügt werden darf, wird seitens des Giro-Effekten-Depots nicht erteilt.

6. Weiße Schecks (für Nichtmitglieder), die bei der Inkassoeinlieferung an Stelle von Effekten geliefert werden,

sind offen an der betreffenden Rechnung mit einer Stecknadel zu befestigen.

V. Retourposten.

Für den Fall, daß im Inkassoverkehr der Bank des Berliner Kassen-Vereins Rechnungen, welche sich auf rote oder grüne Effektenschecks beziehen, nicht in Ordnung gehen und der Bank zurückgegeben werden, sind den Rechnungen die entsprechenden Empfangsbescheinigungen offen beizufügen. Sofern derartige Rechnungen nur einen Teilbetrag einer mehrere rote Schecks umfassenden Empfangsbescheinigung betreffen, wird seitens der Bank eine neue Gutschrift nach Abzug des zurückgelieferten Betrages ausgestellt.

Wegen der Retourposten am Ultimo vgl. VI, 4.

VI. Besondere Bestimmungen für den Ultimoverkehr.

Für den Ultimoverkehr gelten, abweichend von dem gewöhnlichen Verkehr, folgende besondere Bestimmungen:

1. An dem dem Ultimolieferungstage vorhergehenden Börsentage findet die Einlieferung von Effekten nur bis 1 Uhr mittags statt.
2. Die Einreichung der zur Ultimoinkassoeinlieferung gehörigen roten und grünen Effektenschecks und zurückgehenden grünen Empfangsbescheinigungen hat am Nachmittage des dem Ultimolieferungstage vorhergehenden Börsentages möglichst früh zu erfolgen.
3. Die zu den roten und grünen Schecks sowie zu den zurückgehenden grünen Empfangsbescheinigungen gehörigen Rechnungen und die Rechnungen mit weißen Schecks (an Nichtmitglieder) sind an dem dem Ultimolieferungstage vorhergehenden Börsentage spätestens bis 8 Uhr abends zu liefern. Die Einlieferung

dieser Posten am Morgen des Ultimolieferungstages selbst ist nur ausnahmsweise zulässig.

4. Im Ultimoverkehr werden die Beträge der an den Rechnungen angehefteten weißen Schecks (vgl. IV, 6) seitens der Bank sofort belastet, die Schecks selbst werden mit dem Firmenstempel der Bank sowie mit einer Nummer versehen und demnächst mit den Rechnungen weitergegeben.

   Gehen dieselben zurück, so ist es Sache des Ausstellers, dem Depot den kassierten Scheck behufs Stornierung vorlegen zu lassen.

5. Über Effekten, welche am Ultimo eingeliefert werden, ist eine Verfügung durch weiße Schecks während des Ultimo und der drei nächsten Börsentage nur insofern zulässig, als es dem Einlieferer freisteht, die von ihm eingelieferten Stücke in natura ohne Nummernverzeichnisse mittels weißen Schecks selbst wieder abzuheben. Eine derartige Verfügung muß stets die sämtlichen, zu gleicher Zeit eingelieferten Stücke einer Effektengattung umfassen.

VII. Einziehung von Zinsen und Dividenden.

Abweichend von der im § 4 der Geschäftsordnung für das Giro-Effekten-Depot aufgestellten Regel werden zurzeit von folgenden Effekten die Zinsen bzw. Dividenden für die beteiligten Kontoinhaber seitens der Bank des Berliner Kassen-Vereins eingezogen:

1. Italienische alte und neue Rente, } sofern ein Affidavit erforderlich ist
2. Italienische 3% gar. Eisenbahnanleihe, } sofern ein Affidavit erforderlich ist
3. Canada Pacific-Aktien,
4. Spanische 4% äußere Anleihe.

Die hierbei in Betracht kommenden Bestimmungen sind für jedes Effekt durch besondere Zirkulare geregelt.

VIII. **Abweichungen von dem gewöhnlichen Geschäftsgange.**

Abweichungen von dem gewöhnlichen Geschäftsgange, welche sich für einzelne Tage (z. B. Ultimotage) oder wegen sonstiger Verhältnisse aus besonderen Umständen (vgl. z. B. §§ 4, 5 und 6 der Geschäftsordnung) als notwendig oder zweckentsprechend erweisen sollten, werden den Interessenten in jedem einzelnen Falle rechtzeitig bekanntgemacht werden.

---

9. Bedingungen der Reichsbank für die Aufbewahrung und Verwaltung von Wertpapieren.

1. Die Reichsbank übernimmt für die sichere und getreue Aufbewahrung der ihr übergebenen Papiere die gesetzliche Gewähr, haftet aber nicht für Schäden, die durch Störung des Bankbetriebs infolge Aufruhrs, Verfügung von hoher Hand, Streiks oder Aussperrung veranlaßt werden. Außerdem übernimmt sie die Verpflichtung:

a) die zu den Papieren gehörigen Zins- und Gewinnanteilscheine, wenn sie in Berlin oder am Sitze einer Zweiganstalt der Reichsbank zu einem festen Kurse in Reichswährung eingelöst werden, an den Fälligkeitstagen einzuziehen, andernfalls an der Berliner Börse oder anderweit bestens verkaufen zu lassen;

b) die während der Dauer der Aufbewahrung in der allgemeinen Verlosungstabelle, nach Vereinbarung mit der Reichsbank, der Preußischen Staatsbank (Seehandlung) und dem Zentralverband des Deutschen Bank- und Bankiergewerbes zusammengestellt von Ulrich Levysohn in Berlin, erscheinenden Ziehungs- oder Verlosungslisten und die im Deutschen Reichsanzeiger und Preußischen Staatsanzeiger erscheinenden Bekanntmachungen über Kündigung oder Konvertierung von Papieren nachsehen zu lassen und rechtzeitig die Einziehung der danach zur Rückzahlung gelangenden Stücke oder die beantragte Konvertierung zu besorgen, diejenigen Stücke aber, die in Berlin oder am Sitze einer Zweiganstalt der Reichsbank zu einem festen Kurse in Reichswährung nicht eingelöst werden, an der Börse oder anderweit bestens verkaufen oder einziehen zu lassen;

c) die nach a und b eingehenden Barbeträge spätestens am dritten Werktage nach Fälligkeit in Berlin bei dem Kontor für Wertpapiere zur Verfügung zu stellen, die Beträge zu a auf einmaligen Antrag fortlaufend und die zu b auf jedesmaligen Antrag spätestens am siebenten Werktage nach Fälligkeit an die Zweiganstalten der Reichsbank, auf Giro- oder Postscheckkonto zu überweisen oder durch die Post abzusenden;

d) die neuen Zins- und Gewinnanteilscheine rechtzeitig besorgen zu lassen, wenn mit den Papieren deren Erneuerungsscheine niedergelegt sind, oder die Besorgung gegen Vorzeigung der Papiere selbst vorzunehmen ist;

e) vollgezahlte Zwischenscheine in endgültige Stücke umzutauschen;

f) das aus den niedergelegten Papieren etwa erwachsende Bezugsrecht auf neue Papiere geltend zu machen und die weiteren Einzahlungen auf nicht vollgezahlte Papiere für den Niederleger zu leisten, wenn er dies spätestens 8 Tage vor Ablauf der dafür festgesetzten Zeitpunkte schriftlich beantragt und den erforderlichen Geldbetrag rechtzeitig zur Verfügung stellt.

Kündigungen und Konvertierungen (b) werden den Niederlegern durch gewöhnliche Briefe mitgeteilt. Wenn es sich um ganze Gattungen oder Serien von Wertpapieren handelt, genügt auch die Veröffentlichung im Deutschen Reichsanzeiger und Preußischen Staatsanzeiger. Die Reichsbank ist ermächtigt, in Ermangelung besonderer Anträge oder Erklärungen der Niederleger deren Interesse nach bestem Ermessen wahrzunehmen, insbesondere angebotene Konvertierungen für deren Rechnung zu besorgen.

Der Verkauf an der Börse (a und b) erfolgt 8 Tage vor Fälligkeit der in Europa zahlbaren und 14 Tage vor Fälligkeit der an außereuropäischen Plätzen zahlbaren Zinsscheine oder Papiere.

Ziffer 2—4 betreffen die Berechnung der Gebühren.

5. Mitteilungen jeder Art gelten als zugegangen, wenn sie unter der letzten dem Kontor für Wertpapiere bekannt gewordenen Anschrift abgesandt worden sind. Es ist daher zur Vermeidung von Nachteilen erforderlich, dem Kontor jeden Wohnungswechsel sofort anzuzeigen.

6. Depotaufstellungen gelten als richtig befunden und anerkannt, wenn sie nicht binnen einer Ausschlußfrist von 4 Wochen, die sich bei Deponenten im Auslande um die längere Dauer des Postlaufs erhöht, beanstandet werden. Erinnerungen gegen Abrechnungen und Stückeverzeichnisse müssen, wenn sie nicht als anerkannt gelten sollen, binnen einer Ausschlußfrist von 5 Tagen erhoben werden. Der

Lauf beider Ausschlußfristen beginnt mit dem Empfangstage.

7. Verfügungs- und Empfangsberechtigte haben sich auf Verlangen der Reichsbank auf eine in ihr Ermessen gestellte Art auszuweisen.

8. Die Ansprüche aus dem Depotvertrage sind nicht übertragbar. Werden sie trotzdem abgetreten oder verpfändet, oder werden sie gerichtlich gepfändet, so ist die Bank berechtigt, die Depots auf Gefahr und Kosten des Niederlegers bei der öffentlichen Hinterlegungsstelle zu hinterlegen oder die ihr nach diesen Bedingungen obliegende Verwaltung der Depots, insbesondere die Einziehung und Auszahlung der Zinsen usw., ohne Hinterlegung der Papiere einzustellen.

9. Bei der ersten Niederlegung ist anzugeben, auf welchem Wege (Nr. 1c) die nach Nr. 1a eingehenden Barbeträge abgehoben werden sollen. Der gewählte Weg muß bei allen Depots desselben Kontos der gleiche sein. Abänderungen werden nur berücksichtigt, wenn sie mittels besonderen Schreibens spätestens 4 Wochen vor Zahlbarkeit derjenigen Kapitalerträge angezeigt werden, bei denen die neue Art der Abhebung in Kraft treten soll.

Nicht abgehobene Kapitalerträge und sonstige Barguthaben werden nicht verzinst.

Die Abhebung der Zins- und Gewinnanteilscheine in Natur ist nur bei den im Auslande ausgestellten Papieren zulässig, wenn dies bei deren Niederlegung ausdrücklich gewünscht wird. In diesem Falle sind die betreffenden Zins- und Gewinnanteilscheine jedesmal selbständig einzufordern. Die Reichsbank ist von der Verpflichtung nach Nr. 1a entbunden und hat für die Verjährung etwa nicht rechtzeitig in Natur abgehobener Zins- und Gewinnanteilscheine nicht einzustehen.

Telegraphische oder telephonische Verfügungen über Kapitalerträge und sonstige Barguthaben oder über Zins- und Gewinnanteilscheine in Natur können nicht ausgeführt werden.

10. Niedergelegte Wertpapiere können, ohne daß es der Rückgabe der Depotquittung bedarf, jederzeit zurückgefordert werden. Geschieht dies seitens der Erben oder Testamentsvollstrecker eines verstorbenen Niederlegers, so ist die Reichsbank berechtigt, die Vorlegung eines Erbscheins oder Testamentsvollstreckerzeugnisses zu verlangen.

Telegraphische oder telephonische Verfügungen über Depots können nicht ausgeführt werden, ausgenommen telegraphische Verkaufsaufträge. Bei solchen wird jedoch der Erlös erst nach Eingang der schriftlichen Bestätigung zur Verfügung gestellt.

11. Wertsendungen jeder Art werden mangels besonderer Anträge auf dem seitens des Kontors für zweckmäßig erachteten Wege abgesandt und, wenn dies zur Ersparung von Kosten angezeigt erscheint, gegen Gefahren der Beförderung bei einer Versicherungsgesellschaft versichert. Die Versendung geschieht in allen Fällen auf Gefahr und Kosten des Empfangsberechtigten.

Auch das Porto für gewöhnliche Briefe und für Drucksachen wird dem Konto belastet.

12. Der Inhaber der elterlichen Gewalt (Vater oder verwitwete Mutter), Beistand, Vormund oder Pfleger können in dieser Eigenschaft Papiere niederlegen.

Dabei haben zum Nachweise ihrer Vertretungsbefugnis Eltern unter Angabe der Rufnamen der Kinder deren

Geburtsscheine und, falls die Niederlegung nach § 1814 BGB. angeordnet ist, noch die diesbezügliche gerichtliche Verfügung einzureichen. Beistand, Vormund und Pfleger haben sich durch Vorlegung ihrer gerichtlichen Bestallung auszuweisen und, wenn die Niederlegung nicht mit Sperre nach § 1814 BGB. geschehen soll, den Nachweis zu erbringen, daß sie von dieser Vorschrift befreit sind. Alsdann zahlt die Reichsbank dem Niederleger zwar die Kapitalerträge ohne weiteres aus; will er aber die Papiere selbst oder die nach Nr. 1b eingehenden Beträge abheben, so muß er seine Vertretungsbefugnis erneut nachweisen.

Ist gemäß § 1814 BGB. bestimmt worden, daß die Herausgabe der Papiere einschließlich der Erneuerungsscheine nur mit Genehmigung des Vormundschaftsgerichts verlangt werden kann, so bedarf es, solange die Beendigung der elterlichen Gewalt, Beistandschaft, Vormundschaft oder Pflegschaft nicht nachgewiesen ist, zur Herausgabe solcher Depots der Beibringung der gerichtlichen Genehmigung, in welcher der Empfänger namentlich bezeichnet sein muß.

Zur Prüfung der Echtheit und Gültigkeit der gerichtlichen Bestallung oder Genehmigung ist die Reichsbank nicht verpflichtet.

13. Mehrere Personen können ein Depot errichten mit der Maßgabe, daß

A. jede allein,

B. alle gemeinschaftlich

verfügungsberechtigt sein sollen.

Alle erforderlichen Benachrichtigungen ergehen nur an einen Niederleger. Im Falle B ist dieser durch sämtliche Niederleger zu bezeichnen.

14. Der Niederleger kann erklären, daß

A. ein Dritter (Nutznießer) unmittelbar das Recht erwerben soll, lebenslänglich die Erträge der niederzulegenden Papiere zu beziehen,

B. die Herausgabe der niederzulegenden Papiere einschließlich der Erneuerungsscheine nur mit Zustimmung eines Dritten (des Sperrberechtigten) oder dessen Rechtsnachfolger verlangt werden kann.

In dem Falle A können der Niederleger oder seine Rechtsnachfolger über die Depots bei Lebzeiten des Nutznießers nur mit dessen schriftlicher Zustimmung verfügen. Sonst erlangen sie das Verfügungsrecht erst bei Vorlegung einer standesamtlichen Bescheinigung über den Tod des Nutznießers. Alsdann erstreckt sich das Verfügungsrecht nicht nur auf die laufenden Zins- und Gewinnanteilscheine, sondern auch auf etwa nicht abgehobene Beträge. Die Zustimmung des Nutznießers ist entbehrlich, wenn die Papiere mit dem Zinsrecht desselben Nutznießers sofort von neuem niedergelegt werden.

In dem Falle B können der Niederleger oder seine Rechtsnachfolger über die Depots nur mit schriftlicher Zustimmung des Sperrberechtigten oder seiner Rechtsnachfolger, dagegen über fällige Erträge ohne weiteres verfügen.

In beiden Fällen werden auch Konvertierungsprämien, Erlöse von Bezugsrechten, Überschüsse bei Ersatzankäufen für ausgeloste Papiere und Liquidationsraten wie die Depots selbst behandelt.

15. Der Niederleger kann erklären, daß nach seinem Tode ein namentlich bezeichneter Dritter berechtigt sein soll, die Vertragsleistungen zu fordern. In diesem Falle erwirbt der Dritte mit dem Tode des Niederlegers un-

mittelbar das Recht, die der Reichsbank obliegenden Vertragsleistungen zu fordern. Der Dritte muß jedoch Leistungen, die die Reichsbank vor der Vorlegung einer standesamtlichen Bescheinigung über den Tod des Niederlegers auf dessen Verfügung bewirkt hat, gegen sich gelten lassen. Ist der Dritte schon vor dem Niederleger gestorben, so steht der Anspruch aus dem Depotvertrage den Erben des Niederlegers zu.

16. Soll ein Dritter berechtigt sein, die Kapitalerträge abzuheben und darüber rechtsgültig zu quittieren, so ist dies in einer von dem Dritten mitvollzogenen, bei dem Kontor niederzulegenden Erklärung nach bestimmtem Muster auszusprechen. — Desgleichen bedarf es der Niederlegung einer besonderen Vollmacht nach bestimmtem Muster, sofern ein Dritter, sei es auch ein Prokurist oder Generalbevollmächtigter, befugt sein soll, für den Niederleger Erklärungen rechtsgültig abzugeben und über die Depots und Zinsen usw. zu verfügen und zu quittieren.

17. Die Reichsbank kann jederzeit ohne Angabe von Gründen die Rücknahme von Depots verlangen und, wenn diese binnen 14 Tagen nach Absendung einer schriftlichen Aufforderung nicht erfolgt, die Papiere auf Gefahr und Kosten des Niederlegers diesem zusenden oder bei der öffentlichen Hinterlegungsstelle hinterlegen oder auch lediglich die ihr nach diesen Bedingungen obliegende Verwaltung der Depots, insbesondere die Einziehung und Auszahlung der Kapitalerträge, ohne Hinterlegung der Papiere einstellen.

18. Die Reichsbank behält sich vor, die Niederlegungsbedingungen jederzeit zu ändern. Die Änderung ist im Deutschen Reichsanzeiger und Preußischen Staatsanzeiger

sowie in den anderen zu öffentlichen Bekanntmachungen des Reichsbankdirektoriums bestimmten Blättern bekanntzumachen; sie tritt am Tage nach der Bekanntmachung im Reichsanzeiger in Kraft.

---

10. Bedingungen einer Großbank für das Schrankfachgeschäft.

1. Die Bank wird auf die Sicherung sowie auf den Verschluß der Stahlkammer die äußerste Sorgfalt verwenden und haftet für jeden Schaden, der durch Vernachlässigung dieser Sorgfalt entsteht; in keinem Falle haftet die Bank jedoch für Schäden, welche durch Störung des Bankbetriebes infolge Aufruhrs, Verfügung von hoher Hand, Streiks oder Aussperrung veranlaßt sind.

2. Die Vermietung der Schrankfächer erfolgt, soweit nicht andere Abmachungen getroffen sind, auf ein Jahr. Der Mietsvertrag verlängert sich stillschweigend jeweils auf die ursprüngliche Vertragsdauer, wenn er nicht 14 Tage vor seinem Ablauf schriftlich gekündigt wird. Der Bank steht es jedoch frei, das Mietsverhältnis jederzeit ohne Angabe von Gründen aufzuheben; in diesem Falle ist die Vergütung für die Zeit, während welcher der Mieter die Einrichtung nicht benutzen darf, zurückzugewähren.

Die Kündigung gilt als dem Mieter oder seinem Rechtsnachfolger zugestellt, wenn sie „eingeschrieben" an die letzte der Bank bekanntgewordene Adresse zur Post gegeben ist und seitdem 8 Tage vergangen sind, auch wenn der Brief als unbestellbar zurückkommt.

Der Mietsvertrag ist nur für die Person gültig, mit der er geschlossen wurde; Untervermietung ist nicht gestattet.

3. Die Schrankfächer stehen unter dem eigenen Verschluß des Mieters und dem Mitverschluß der Bank und können nur von beiden gemeinsam geöffnet und geschlossen werden. Die Bank hat sich den Mitverschluß gesichert, um eine strengere Kontrolle über den Zutritt zu den Schrankfächern ausüben zu können.

4. Die Schrankfächer dienen lediglich zur Aufbewahrung von Wertsachen und Urkunden. Sie dürfen nicht zur Aufbewahrung von feuer- oder sonst gefährlichen Gegenständen benutzt werden. Der Mieter haftet für jeden aus der mißbräuchlichen Benutzung seines Schrankfaches entstehenden Schaden. Die Bank kann im Hinblick auf diese Bestimmung jederzeit die Einsichtnahme in den Inhalt des Schrankfaches verlangen.

5. Dem Mieter werden von der Bank die zu seinem Schrankschlosse bzw. zu seiner Stahlblechkassette gehörenden Schlüssel in zwei Exemplaren ausgehändigt. Für ihre sichere Aufbewahrung hat der Mieter Sorge zu tragen und im Verlustfalle auch nur eines Schlüssels — bei eigener Verantwortlichkeit für die Folgen der Unterlassung — der Bank sofort Anzeige zu machen. Die Änderung des Schlosses, die Anfertigung neuer Schlüssel und beim Verlust beider Schlüssel das gewaltsame Öffnen des Schrankfaches wird dann auf Kosten des Mieters veranlaßt; die notwendig werdenden Arbeiten dürfen nur von den durch die Bank bestellten Handwerkern vorgenommen werden.

Jeder Schaden, der durch mißbräuchliche Verwendung der Schlüssel entsteht, trifft den Mieter.

6. Die Stahlkammer ist werktäglich während der be-

kanntgegebenen Geschäftsstunden geöffnet. Der Eintritt ist nur den dazu bestimmten Beamten und in deren Begleitung den Mietern der Schrankfächer, bzw. den zu ihrer Vertretung bevollmächtigten Personen gestattet.

7. Jedem Mieter wird auf Verlangen von der Bank in einem verschlossenen Umschlage ein Schlüsselwort überreicht, ohne dessen Kenntnis er oder sein Bevollmächtigter zur Stahlkammer nicht zugelassen wird. Die Bank ist berechtigt, aber nicht verpflichtet, außer dem Besitz der Schlüssel und der Kenntnis des Schlüsselwortes noch weitere Legitimationen zu fordern.

8. Der Mieter kann einem Dritten das Recht zum Betreten der Stahlkammer, zur Öffnung des gemieteten Schrankfaches und die Verfügung über die in diesem befindlichen Wertgegenstände übertragen. Die Vollmacht dazu ist im Beisein eines Angestellten der Bank zu unterschreiben oder die Unterschrift behördlich zu beglaubigen.

Die Zulassung eines Bevollmächtigten bedarf der Zustimmung der Bank.

Der Besitz der Vollmacht gilt der Bank gegenüber als Rechtsausweis; die Bank ist zu weiterer Legitimationsprüfung berechtigt, aber nicht verpflichtet.

Nach dem Tode des Mieters wird der Zutritt zu der Stahlkammer und die Verfügung über das Schrankfach denjenigen gestattet, die sich als Erbe oder Testamentsvollstrecker durch Beibringung eines Erbscheins oder eines Testamentsvollstreckerzeugnisses ausweisen. Die Bank ist jedoch auch berechtigt, nach freiem Ermessen sich mit der Vorlegung der gerichtlichen Ausfertigung eines öffentlichen oder der beglaubigten Abschrift eines privatschriftlichen Testaments nebst Eröffnungsverhandlung zu begnügen.

9. Die Schlüssel zum Schrankfach und der dazu gehörige Kasten sind bei Ablauf des Mietsvertrages in unbeschädigtem Zustande zurückzuliefern; etwa Fehlendes ist von dem Mieter zum Beschaffungswerte zu ersetzen.

10. Durch Rückgabe der Schlüssel erlischt für den Mieter oder dessen Rechtsnachfolger jeder weitere Anspruch an die Bank.

Werden bei Beendigung des Mietsverhältnisses nach schriftlicher Aufforderung der Bank die Schlüssel seitens des Mieters oder dessen Rechtsnachfolgers nicht binnen 8 Tagen zurückgeliefert, so ist die Bank berechtigt, ohne gerichtliches Verfahren das Schrankfach auf Kosten des Mieters öffnen zu lassen und sich aus dem Inhalt wegen ihrer etwa rückständigen Mietsansprüche und sonstigen Forderungen durch freihändige Veräußerung zu befriedigen.

Der Verkauf der nach alleiniger Auswahl der Bank zu ihrer Befriedigung bestimmten Wertgegenstände geschieht ohne weitere Androhung, Fristbestimmung und Benachrichtigung, auf die die Mieter von Schrankfächern also ausdrücklich verzichten.

Die vorgedachte Aufforderung sowie alle sonstigen von der Bank abzugebenden Erklärungen gelten als dem Mieter behändigt, wenn sie gemäß Ziffer 2, Absatz 2, erfolgt sind.

11. Diejenigen Personen, die die Stahlkammer benutzen, haben sich den im Interesse der Sicherheit getroffenen Anordnungen der Bank oder deren Beamten zu fügen.

Der Mieter unterwirft sich wegen aller Streitigkeiten aus diesem Vertrage dem Gerichtsstande des Landgerichts I Berlin bzw. des Amtsgerichts Berlin-Mitte.

III. Scheckverkehr.

11. Scheckgesetz vom 11. März 1908.[1])

§ 1. Der Scheck muß enthalten:

1. die in den Text aufzunehmende Bezeichnung als Scheck oder, wenn der Scheck in einer fremden Sprache ausgestellt ist, einen jener Bezeichnung entsprechenden Ausdruck in der fremden Sprache;
2. die an den Bezogenen gerichtete Anweisung des Ausstellers, aus seinem Guthaben eine bestimmte Geldsumme zu zahlen;
3. die Unterschrift des Ausstellers;
4. die Angabe des Ortes und des Tages der Ausstellung.

§ 2. Als Bezogene sollen nur bezeichnet werden:

1. diejenigen Anstalten des öffentlichen Rechts, diejenigen unter staatlicher Aufsicht stehenden Anstalten sowie diejenigen in das Genossenschaftsregister eingetragenen Genossenschaften, welche sich nach den für ihren Geschäftsbetrieb maßgebenden Bestimmungen mit der Annahme von Geld und der Leistung von Zahlungen für fremde Rechnung befassen, ferner die unter amtlicher Aufsicht stehenden Sparkassen, wenn sie die nach Landesrecht für sie geltenden Aufsichtsbestimmungen erfüllen;
2. die in das Handelsregister eingetragenen Firmen, welche gewerbsmäßig Bankiergeschäfte betreiben.

---

[1]) RGBl. 1908 S. 71.

§ 3. Als Guthaben ist der Geldbetrag anzusehen, bis zu welchem der Bezogene nach dem zwischen ihm und dem Aussteller bestehenden Rechtsverhältnisse Schecks einzulösen verpflichtet ist.

§ 4. Als Zahlungsempfänger kann entweder eine bestimmte Person oder Firma oder der Inhaber des Schecks angegeben werden. Der Aussteller kann sich selbst als Zahlungsempfänger bezeichnen.

Sind dem Namen oder der Firma des Zahlungsempfängers die Worte „oder Überbringer" oder ein gleichbedeutender Zusatz beigefügt oder enthält der Scheck keine Angabe darüber, an wen zu zahlen ist, so gilt er als auf den Inhaber gestellt.

§ 5. Der bei dem Namen oder der Firma des Bezogenen angegebene Ort gilt als Zahlungsort. Die Angabe eines anderen Zahlungsorts gilt als nicht geschrieben. Ist bei dem Namen oder der Firma des Bezogenen ein Ort nicht angegeben, so gilt der Ausstellungsort als Zahlungsort.

§ 6. Ist die zu zahlende Geldsumme in Buchstaben und in Ziffern ausgedrückt, so gilt bei Abweichungen die in Buchstaben ausgedrückte Summe. Ist die Summe mehrmals mit Buchstaben oder mehrmals mit Ziffern geschrieben, so gilt bei Abweichungen die geringere Summe.

§ 7. Der Scheck ist bei Sicht zahlbar. Die Angabe einer anderen Zahlungszeit macht den Scheck nichtig.

§ 8. Der auf einen bestimmten Zahlungsempfänger gestellte Scheck kann durch Indossament übertragen werden, wenn nicht der Aussteller die Übertragung durch die Worte „nicht an Order" oder durch einen gleichbedeutenden Zusatz untersagt hat.

In betreff der Form des Indossaments, in betreff der Legitimation des Besitzers eines indossierten Schecks und der Prüfung der Legitimation sowie in betreff der Verpflichtung des Besitzers zur Herausgabe finden die Vorschriften der Art. 11 bis 13, 36, 74 der Wechselordnung entsprechende Anwendung. Ein auf eine Abschrift des Schecks gesetztes Indossament ist jedoch unwirksam. Das gleiche gilt von einem Indossamente des Bezogenen. Ein Indossament an den Bezogenen gilt als Quittung.

§ 9. Schecks, die auf einen bestimmten Zahlungsempfänger gestellt und im Auslande zahlbar sind, können in mehreren Ausfertigungen ausgestellt werden. Jede Ausfertigung muß im Texte mit der Bezeichnung „Erste, zweite, dritte usw. Ausfertigung" oder mit einer gleichbedeutenden Bezeichnung versehen werden; ist dies nicht geschehen, so gilt jede Ausfertigung als ein für sich bestehender Scheck.

Ist von mehreren Ausfertigungen eine bezahlt, so verlieren dadurch die anderen ihre Kraft. Jedoch bleiben aus den übrigen Ausfertigungen der Indossant, welcher mehrere Ausfertigungen an verschiedene Personen indossiert hat, und alle späteren Indossanten, deren Unterschriften sich auf den bei der Zahlung nicht zurückgegebenen Ausfertigungen befinden, auf Grund ihres Indossaments verpflichtet.

§ 10. Der Scheck kann nicht angenommen werden. Ein auf den Scheck gesetzter Annahmevermerk gilt als nicht geschrieben.

§ 11. Der im Inland ausgestellte und zahlbare Scheck ist binnen zehn Tagen nach der Ausstellung dem Bezogenen am Zahlungsorte zur Zahlung vorzulegen.

Für Schecks, die im Ausland ausgestellt, im Inland zahlbar sind, bestimmt der Reichsrat die Vorlegungsfrist[1]). Das gleiche gilt für Schecks, die im Inland ausgestellt, im Auslande zahlbar sind, sofern das ausländische Recht keine Vorschrift über die Zeit der Vorlegung enthält.

Fällt der letzte Tag der Frist auf einen Sonntag oder einen am Zahlungsorte staatlich anerkannten allgemeinen Feiertag, so tritt an die Stelle des Sonntags oder des Feiertags der nächstfolgende Werktag.

§ 12. Die Einlieferung eines Schecks in eine Abrechnungsstelle, bei welcher der Bezogene vertreten ist, gilt als Vorlegung zur Zahlung am Zahlungsorte, sofern die Einlieferung den für den Geschäftsverkehr der Abrechnungsstelle maßgebenden Bestimmungen entspricht.

Der Reichsrat bestimmt, welche Stellen als Abrechnungsstellen im Sinne dieses Gesetzes zu gelten haben.

§ 13. Der Bezogene, der den Scheckbetrag bezahlt, kann die Aushändigung des quittierten Schecks verlangen.

Der Ablauf der Vorlegungsfrist ist auf das Recht des Bezogenen zur Zahlung ohne Einfluß.

Ein Widerruf des Schecks ist erst nach dem Ablaufe der Vorlegungsfrist wirksam.

---

[1]) Vgl. die unter Nr. 12 abgedruckte Bekanntmachung, unten S. 134.

§ 14. Der Aussteller sowie jeder Inhaber eines Schecks kann durch den quer über die Vorderseite gesetzten Vermerk: „Nur zur Verrechnung" verbieten, daß der Scheck bar bezahlt werde. Der Bezogene darf in diesem Falle den Scheck nur durch Verrechnung einlösen. Die Verrechnung gilt als Zahlung im Sinne dieses Gesetzes.

Das Verbot kann nicht zurückgenommen werden. Die Übertretung des Verbots macht den Bezogenen für den dadurch entstehenden Schaden verantwortlich.

§ 15. Der Aussteller und die Indossanten haften dem Inhaber für die Einlösung des Schecks.

Auch bei dem auf den Inhaber gestellten Scheck haftet jeder, der seinen Namen oder seine Firma auf die Rückseite des Schecks geschrieben hat, dem Inhaber für die Einlösung. Auf den Bezogenen findet diese Vorschrift keine Anwendung.

Hat ein Indossant dem Indossamente die Bemerkung „ohne Gewährleistung" oder einen gleichbedeutenden Vorbehalt hinzugefügt, so ist er von der Verbindlichkeit aus seinem Indossamente befreit.

§ 16. Zur Ausübung des Regreßrechts muß nachgewiesen werden, daß der Scheck rechtzeitig zur Zahlung vorgelegt und nicht eingelöst oder daß die Vorlegung vergeblich versucht worden ist. Der Nachweis kann nur geführt werden:

1. durch eine auf den Scheck gesetzte, von dem Bezogenen unterschriebene und den Tag der Vorlegung enthaltende Erklärung;
2. durch eine Bescheinigung der Abrechnungsstelle,

daß der Scheck vor dem Ablaufe der Vorlegungsfrist eingeliefert und nicht eingelöst worden ist;

3. durch einen Protest.

Auf die Vorlegung des Schecks und den Protest finden die Vorschriften der Art. 87 bis 88a, 89a, 90 bis 91, 92 Abs. 2 der Wechselordnung entsprechende Anwendung.

Enthält der Scheck die Aufforderung, keinen Protest zu erheben, so finden die Vorschriften des Art. 42 der Wechselordnung entsprechende Anwendung.

§ 17. Wegen der Benachrichtigung der Vormänner und ihres Einlösungsrechts sowie wegen des Umfanges der Regreßforderung[1]) und der Befugnis zur Ausstreichung von Indossamenten finden die Vorschriften der Art. 45 bis 48, 50 bis 52 und des Art. 55 der Wechselordnung mit der Maßgabe entsprechende Anwendung, daß der Inhaber des vergeblich zur Zahlung vorgelegten Schecks verpflichtet ist, seinen unmittelbaren Vormann innerhalb zweier Tage nach der Ausstellung der im § 16 Abs. 1 bezeichneten Erklärung, Bescheinigung oder Protesturkunde, spätestens aber innerhalb zweier Tage nach dem Ablaufe der Vorlegungsfrist, von der Nichtzahlung des Schecks zu benachrichtigen.

§ 18. Der Inhaber des Schecks kann sich wegen seiner ganzen Regreßforderung an alle Verpflichtete oder auch nur an einige oder einen halten, ohne dadurch seinen Anspruch gegen die nicht in Anspruch genommenen Verpflichteten zu verlieren. Es steht in

---

[1]) Zinssatz 2% über Reichsbankdiskont, mindestens 6%. RGes. vom 3. Juli 1925, RGBl. 1925 I S. 43.

seiner Wahl, welchen Verpflichteten er zuerst in Anspruch nehmen will.

Dem Inhaber des Schecks kann der Schuldner nur solche Einwendungen entgegensetzen, welche die Gültigkeit seiner Erklärung in dem Scheck betreffen oder sich aus dem Inhalte des Schecks ergeben oder ihm unmittelbar gegen den Inhaber zustehen.

§ 19. Der Regreßpflichtige ist nur gegen Auslieferung des Schecks, der zum Nachweise der rechtzeitigen Vorlegung und der Nichteinlösung oder des vergeblichen Versuchs der Vorlegung dienenden Urkunden und einer quittierten Rechnung Zahlung zu leisten verbunden.

§ 20. Die Regreßansprüche gegen den Aussteller und die übrigen Vormänner verjähren, wenn der Scheck in Europa mit Ausnahme von Island und den Faröern zahlbar ist, in drei Monaten, andernfalls in sechs Monaten.

Die Verjährung beginnt gegen den Inhaber des Schecks mit dem Ablaufe der Vorlegungsfrist, gegen jeden Indossanten, wenn er, bevor eine Klage gegen ihn erhoben worden ist, gezahlt hat, mit der Zahlung, in allen übrigen Fällen mit der Erhebung der Klage.

§ 21. Der Aussteller, dessen Regreßverbindlichkeit durch Unterlassung rechtzeitiger Vorlegung oder durch Verjährung erloschen ist, bleibt dem Inhaber des Schecks so weit verpflichtet, als er sich mit dessen Schaden bereichern würde.

§ 22. In den Fällen des § 14 Abs. 2 und des § 21 verjährt der Anspruch in einem Jahre seit der Ausstellung des Schecks.

§ 23. Aus einem Scheck, auf dem die Unterschrift des Ausstellers oder eines Indossanten gefälscht ist, bleiben diejenigen, deren Unterschriften echt sind, verpflichtet.

§ 24. Auf die Anfechtung einer auf einen Scheck geleisteten Zahlung finden die Vorschriften des § 34 der Konkursordnung entsprechende Anwendung.

§ 25. Im Auslande zahlbare Schecks dürfen auch auf solche Bezogene lauten, auf die nach dem ausländischen Rechte ein Scheck gezogen werden darf.

§ 26. Die wesentlichen Erfordernisse eines im Ausland ausgestellten Schecks sowie jeder im Ausland auf einen Scheck gesetzten Erklärung werden nach den Gesetzen des Ortes beurteilt, an welchem die Ausstellung oder die Erklärung erfolgt ist.

Entspricht jedoch der im Ausland ausgestellte Scheck oder die im Ausland auf einen Scheck gesetzte Erklärung den Anforderungen des inländischen Gesetzes, so kann daraus, daß nach ausländischem Gesetz ein Mangel vorliegt, kein Einwand gegen die Rechtsverbindlichkeit der später im Inland auf den Scheck gesetzten Erklärungen entnommen werden. Auch ist die im Ausland erfolgte Ausstellung eines im Inlande zahlbaren Schecks sowie die auf einen solchen Scheck im Auslande gesetzte Erklärung wirksam, wenn sie auch nur den Anforderungen des inländischen Gesetzes entspricht.

§ 27. Abhanden gekommene oder vernichtete Schecks unterliegen der Kraftloserklärung im Wege des Aufgebotsverfahrens. Die Aufgebotsfrist muß mindestens zwei Monate betragen.

Nach Einleitung des Aufgebotsverfahrens kann der Berechtigte, falls der Scheck rechtzeitig zur Zahlung vorgelegt, von dem Bezogenen aber nicht eingelöst worden war, von dem Aussteller Zahlung fordern, wenn er bis zur Kraftloserklärung Sicherheit leistet.

§ 28. Bürgerliche Rechtsstreitigkeiten, in welchen durch die Klage ein Anspruch auf Grund dieses Gesetzes geltend gemacht wird, gehören, sofern in erster Instanz die Landgerichte zuständig sind, vor die Kammern für Handelssachen.

In bürgerlichen Rechtsstreitigkeiten, in welchen durch Klage oder Widerklage ein Anspruch auf Grund dieses Gesetzes geltend gemacht ist, wird die Verhandlung und Entscheidung letzter Instanz im Sinne des § 8 des Einfühungsgesetzes zum Gerichtsverfassungsgesetze dem Reichsgerichte zugewiesen.

Auf die Geltendmachung von Regreßansprüchen aus einem Scheck finden die den Wechselprozeß betreffenden Vorschriften der §§ 602 bis 605 der Zivilprozeßordnung entsprechende Anwendung. Die Rechtsstreitigkeiten, in welchen ein solcher Anspruch geltend gemacht wird, gelten als Feriensachen.

§ 29 [1]).

§ 30. Dieses Gesetz tritt am 1. April 1908 in Kraft. Die Vorschriften finden auf früher ausgestellte Schecks keine Anwendung.

---

[1]) Ersetzt durch § 4 Abs. I c und Abs. II des Wechselsteuergesetzes vom 18. Juni 1923 (RGBl. I 403, 778). Schecks sind danach in der Regel steuerfrei.

12. Verordnung betreffend die Vorlegungsfristen für Auslandsschecks vom 19. März 1908[1]).

Im Ausland ausgestellte, im Inlande zahlbare Schecks sind binnen der nachstehend bezeichneten Fristen nach der Ausstellung dem Bezogenen am Zahlungsorte zur Zahlung vorzulegen:

im europäischen Auslande — mit Ausnahme von Island und den Faröern — ausgestellte Schecks binnen drei Wochen,

in den Küstenländern von Asien und Afrika längs des Mittelländischen und Schwarzen Meeres oder in den dazu gehörigen Inseln dieser Meere ausgestellte Schecks binnen zwei Monaten,

in den Vereinigten Staaten von Amerika, in Kanada, Neufundland, Mexiko, den Azoren, Madeira, den Kanarischen und Kap Verdischen Inseln ausgestellte Schecks binnen zwei Monaten.

sonst im Auslande, mit Einschluß der deutschen Schutzgebiete ausgestellte Schecks binnen drei Monaten.

Die Fristen gelten auch für Schecks, die im Inland ausgestellt, im Auslande zahlbar sind, sofern das ausländische Recht keine Vorschrift über die Zeit der Vorlegung enthält.

---

[1]) RGBl. 1908 S. 85 (Bundesrat).

13a. Verordnung über Goldmark- und Goldmarknoten-Wechsel und -Schecks vom 6. Februar 1924[1]).

I. Goldmark-Wechsel und -Schecks.

§ 1. Wechsel und Schecks können in der Weise ausgestellt werden, daß die zu zahlende Geldsumme in Goldmark ausgedrückt wird (Goldmark-Wechsel und -Schecks). Als Goldmark gilt der Wert von $^{10}/_{42}$ des nordamerikanischen Dollars. Die Reichsregierung ist ermächtigt, eine andere Einheit festzusetzen.

§ 2. Zahlungen aus Goldmark-Wechseln und -Schecks haben in Reichswährung zu erfolgen. Der Aussteller kann durch einen entsprechenden Zusatz Zahlung in Rentenmark bestimmen. Für die Umrechnung in Reichswährung oder Rentenmark ist die Zeit der Zahlung maßgebend.

§ 3. Lautet das Akzept eines Goldmark-Wechsels anders als auf Goldmark, so wird der Wechsel einem solchen gleichgeachtet, dessen Annahme gänzlich verweigert worden ist; der Akzeptant haftet nach dem Inhalt seines Akzepts wechselmäßig.

II. Goldmarknoten-Wechsel und -Schecks.

§ 4. Wechsel und Schecks können auch in der Weise ausgestellt werden, daß die zu zahlende Geldsumme in Goldmarknoten der Reichsbank oder in Goldmarknoten einer Privatnotenbank ausgedrückt wird.

Auf Wechsel, die auf Goldmarknoten der Reichsbank oder auf Goldmarknoten einer Privatnotenbank

---

[1]) RGBl. 1924 I S. 50 (Reichsregierung).

lauten, findet die Vorschrift des Artikel 37 der Wechselordnung entsprechende Anwendung.

§ 5. Die Vorschrift des § 3 findet auf Goldmarknoten-Wechsel entsprechende Anwendung.

III. Schlußbestimmungen.

§ 6. Die Reichsregierung wird ermächtigt, mit Zustimmung des Reichsrats die zur Durchführung dieses Gesetzes erforderlichen Rechtsverordnungen und allgemeinen Verwaltungsvorschriften zu erlassen. Sie kann insbesondere Umrechnungsgrundsätze aufstellen, einen Mindestbetrag für Goldmark-Wechsel und -Schecks festsetzen und anordnen, daß über Guthaben aus Konten, die in der im § 1 bezeichneten Rechnungseinheit geführt werden (Goldkonten), durch Übertragung auf ein anderes Goldkonto nur in bestimmten Mindestbeträgen verfügt werden darf.

13b. Durchführungsverordnung vom 17. April 1924[1]).

§ 1. Alle auf Zahlungen gerichteten Ansprüche aus Wechseln oder Schecks im Sinne der Wechselordnung und des Scheckgesetzes sind, wenn es sich um einen Goldmark-Wechsel oder -Scheck handelt, Goldmarkansprüche.

§ 2. Die Umrechnung der Zahlungen in Reichswährung erfolgt nach dem Mittelkurse, der auf Grund der amtlichen Berliner Notierung des dem Tage der Zahlung vorhergehenden Börsentags für Auszahlung

---

[1]) RGBl. 1924 I S. 414 (Reichsminister der Justiz).

New-York errechnet wird, oder, falls der Mittelkurs des dem Präsentationstage vorhergehenden Börsentags ein höherer war, nach diesem Kurse.

---

14. Verordnung über die Bestätigung von Schecks durch die Reichsbank vom 31. August 1916[1]).

Artikel 1.

Versieht die Reichsbank einen auf sie gezogenen Scheck mit einem Bestätigungsvermerke, so wird sie hierdurch dem Inhaber zur Einlösung verpflichtet; für die Einlösung haftet sie auch dem Aussteller und den Indossanten.

Die Verpflichtung aus der Bestätigung erlischt, wenn der Scheck nicht innerhalb der Vorlegungsfrist (§ 11 des Scheckgesetzes vom 11. März 1908 — Reichs-Gesetzbl. S. 71 —) zur Zahlung vorgelegt wird. Hinsichtlich des Nachweises der Vorlegung finden die Vorschriften des § 16 des Scheckgesetzes Anwendung.

Der Anspruch aus der Bestätigung verjährt in zwei Jahren vom Ablauf der Vorlegungsfrist an.

Für einen bestätigten Scheck, auf dem eine Unterschrift gefälscht ist, gelten die Vorschriften des § 23, für die gerichtliche Geltendmachung von Ansprüchen auf Grund der Bestätigung die Vorschriften des § 28 des Scheckgesetzes entsprechend.

Die Reichsbank ist nur nach vorheriger Deckung befugt, Schecks mit einem Bestätigungsvermerke zu versehen.

---

[1]) RGBl. 1916 S. 985 (Bundesrat).

Artikel 2.

Die Bestätigung begründet nicht die Verpflichtung zur Entrichtung des Wechselstempels oder einer landesgesetzlichen Abgabe.

Artikel 3.

Diese Verordnung tritt mit dem Tage der Verkündung in Kraft.

Der Reichskanzler bestimmt den Zeitpunkt des Außerkrafttretens.

---

15. Postscheckgesetz vom 22. März 1921[1]).

§ 1. Zum Postscheckverkehr werden die natürlichen und juristischen Personen, die Handelsgesellschaften, Vereinigungen und Anstalten, auch soweit sie nicht juristische Personen sind, sowie die öffentlichen Behörden durch Eröffnung eines Kontos bei einem Postscheckamt zugelassen.

§ 2. Auf jedem Konto muß, solange es besteht, eine Stammeinlage von fünf Reichsmark gehalten werden. Die Guthaben der Kontoinhaber werden nicht verzinst.

§ 3. Dem Konto werden gutgeschrieben:

a) die Stammeinlage,

b) die mittels Zahlkarte eingezahlten Beträge,

---

[1]) RGBl. 1921 S. 247. Änderung der §§ 2, 4 und 5: RGBl. 1923 I S. 151, 917, 918, 988, 1132 und RGBl. 1924 I S. 775. Änderung des § 8: RGBl. 1923 I S. 1132. Die Zuständigkeit für die in den §§ 2 und 10 PostSchG. erwähnten Entscheidungen ist geändert: RGBl. 1926 I S. 410.

c) die von einem anderen Postscheckkonto überwiesenen Beträge.

§ 4. Der Kontoinhaber kann über sein Guthaben, soweit es die Stammeinlage übersteigt, in beliebigen Teilbeträgen durch Überweisung auf ein anderes Postscheckkonto oder mittels Schecks jederzeit verfügen.

§ 5. Die Gebühren betragen[1]):

1. für eine Bareinzahlung mit Zahlkarte bei Beträgen bis 25 Reichsmark 10 Reichspfennig,

von mehr als	25 RM.	bis	50 RM.	20 RPf.,
„ „ „	50 „	„	100 „	30 „
„ „ „	100 „	„	250 „	40 „
„ „ „	250 „	„	500 „	60 „
„ „ „	500 „	„	750 „	80 „
„ „ „	750 „	„	1000 „	100 „
„ „ „	1000 „	(unbeschränkt) für je 250 Reichsmark mehr 20 Reichspfennig mehr, im Höchstfalle 200 Reichspfennig.		

Für bargeldlos beglichene Zahlkarten wird dieselbe Gebühr, im Höchstfalle jedoch eine Gebühr von 100 Reichspfennig für eine Zahlkarte erhoben.

2. a) für jede von der Zahlstelle eines Postscheckamts bargeldlos und für jede in den Abrechnungsstellen der Reichsbank beglichene Auszahlung ¼ vom Tausend des im Scheck angegebenen Betrags.

b) für jede Barauszahlung durch die Zahlstelle eines Postscheckamts sowie für die Übersendung eines Schecks durch das Postscheckamt an eine Postanstalt

---

[1]) Geändert durch die VO. v. 18. Dez. 1924 und 25. Juli 1927 (Amtsblatt des Reichspostministeriums 1924 S. 696 und 1927 S. 285).

und für die weitere Behandlung des Schecks bei dieser 1 vom Tausend des im Scheck angegebenen Betrags und außerdem eine feste Gebühr von 20 Reichspfennig.

Die Gebührenbeträge zu a und b werden auf volle 5 Reichspfennig abgerundet.

Die Gebühren zu 1 sind vom Einzahler, die Gebühren zu 2 vom Auftraggeber zu entrichten.

Die Gebühren können mit Zustimmung des Reichsrats durch den Reichspostminister herabgesetzt werden.

§ 6. Die Sendungen der Postscheckämter und Postanstalten an die Kontoinhaber, die Sendungen dieser Ämter und Anstalten untereinander sowie die Briefe der Kontoinhaber an die Postscheckämter werden in Postscheckangelegenheiten portofrei befördert. Für die Versendung der Briefe der Kontoinhaber an die Postscheckämter sind besondere Briefumschläge (§ 10 Ziffer 2 dieses Gesetzes) zu benutzen. Werden andere Briefumschläge benutzt, so unterliegen die Sendungen dem gewöhnlichen Briefporto.

§ 7. Auskunft über das Scheckguthaben darf nur in den im § 5 des Gesetzes über das Postwesen des Deutschen Reichs vom 28. Oktober 1871 (Reichs-Gesetzbl. S. 347) angegebenen Ausnahmefällen sowie in entsprechender Anwendung des § 3 Abs. 4 und des § 9 des Reichsschuldbuchgesetzes (in der Fassung der Bekanntmachung vom 31. Mai 1910, Reichs-Gesetzbl. S. 840), ferner den Finanzämtern nach Maßgabe des § 181 der Reichsabgabenordnung vom 13. Dezember 1919 (Reichs-Gesetzbl. S. 1993) erteilt werden. Bei Pfändung des Guthabens im Wege der Zwangsvollstreckung oder des Arrestes darf auch dem pfändenden

Gläubiger Auskunft erteilt werden (§ 840 der Zivilprozeßordnung).

§ 8. Der Kontoinhaber kann jederzeit aus dem Postscheckverkehr scheiden. Die Postverwaltung kann das Konto bei mißbräuchlicher Überziehung des Guthabens aufheben.

§ 9. Die Postverwaltung haftet dem Kontoinhaber für die ordnungsmäßige Ausführung der bei dem Postscheckamt eingegangenen Aufträge nach den allgemeinen Vorschriften des bürgerlichen Rechtes über die Haftung des Schuldners für die Erfüllung seiner Verbindlichkeit. Sie haftet nicht für die rechtzeitige Ausführung der ihr erteilten Aufträge.

Der Anspruch gegen die Postverwaltung verjährt in zwei Jahren. Die Verjährung beginnt mit dem Schlusse des Jahres, in dem der Auftrag dem zuständigen Postscheckamt zugegangen ist.

Für Zahlkartenbeträge haftet die Postverwaltung dem Absender in gleicher Weise wie für Postanweisungen.

§ 10. Die weiteren Anordnungen zur Regelung des Postscheckverkehrs erläßt die Reichsregierung mit Zustimmung des Reichsrats. Sie bestimmt insbesondere:

1. die allgemeinen Grundsätze für den Ausweis der nach § 1 zum Postscheckverkehr zuzulassenden Teilnehmer sowie für die Bezeichnung der Konten,
2. die zu verwendenden Formulare; die Formulare zu Zahlkarten und die im § 6 bezeichneten Briefumschläge können auch von der Privatindustrie hergestellt werden,

3. den Höchstbetrag der Zahlkarten und Schecks,
4. die Voraussetzungen, unter denen den Konten auf anderem als dem im § 3 erwähnten Wege Beträge zugeführt werden können, und unter denen der Kontoinhaber in anderer als der im § 4 erwähnten Weise über sein Guthaben verfügen kann,
5. die Geschäfte, die bei weiterer Ausgestaltung des Postscheckverkehrs zuzulassen sind,
6. die Anlegung der im Postscheckverkehr aufkommenden Gelder,
7. die Art der Benachrichtigung der Kontoinhaber über die Ausführung der Aufträge und den Stand der Guthaben.

Werden die Anordnungen geändert, so sind die neuen Vorschriften auch auf die bereits bestehenden Postscheckkonten anzuwenden.

Die nach diesen Bestimmungen erlassenen Vollzugsanordnungen sind dem Reichstag zur Kenntnis zu bringen. Ferner ist alljährlich mit dem Etat des Reichshaushalts eine genaue monatliche Nachweisung über die Anlegung der im Postscheckverkehr aufkommenden Gelder vorzulegen.

§ 11. Dieses Gesetz tritt am 1. April 1921 in Kraft.

16. Bestimmungen für die (Scheck-)Abrechnungsstelle in Berlin[1]).

A. Hinsichtlich der Abrechnungsstelle ist folgendes vereinbart:

1. Die Abrechnungsstelle soll im Reichsbankgebäude eingerichtet werden. Die Leitung und Aufsicht derselben wird unter Mitwirkung der beteiligten Bankhäuser dem Reichsbankdirektorium unterstellt.

2. Die Abrechnung wird sich auf Schecks, Anweisungen und diejenigen Wechsel (Akzepte und Domizile) beschränken, welche die Teilnehmer gegenseitig abrechnen wollen.

Der Reichsbank, der Seehandlung und der Preußischen Zentralgenossenschaftskasse ist gestattet, auch Rechnungen zur Abrechnung zu bringen.

3. Die Abrechnung erfolgt unmittelbar zwischen den Beteiligten, die schließliche Ausgleichung durch Zu- und Abschreibungen auf den betreffenden Girokonten bei der Reichsbank.

4. Die Einlieferung eines Papiers (Nr. 2) in die Abrechnungsstelle gilt als gehörige Präsentation zur Zahlung, die Ausgleichung im Abrechnungsverfahren als Zahlung im Sinne des bürgerlichen Rechts.

5. Die Mitglieder können sich durch einen zu dem Behufe bezeichneten Beamten oder durch ein anderes Mitglied bzw. dessen Beamten bei den täglichen Abrechnungen vertreten lassen.

6. Den Geschäftsgang bei den Abrechnungen regelt die beigefügte Geschäftsordnung.

---

[1]) Die Bestimmungen der anderen Abrechnungsstellen im Reich sind den Berliner Bestimmungen im allgemeinen nachgebildet.

7. Die durch die Abrechnungsstelle erwachsenden Einrichtungs- und Verwaltungskosten mit Ausnahme des für dieselbe bestimmten Lokals, welches die Reichsbank unentgeltlich zur Verfügung gestellt hat, tragen alle Mitglieder zu gleichen Teilen. Die Kosten werden von dem Reichsbankdirektorium festgestellt und halbjährlich eingezogen.

B. Rücksichtlich des Scheckverkehrs einigte man sich über folgende Maßnahmen:

1. Auf einen bestimmten Zahlungsempfänger gestellte Schecks, deren Übertragung durch die Worte „Nicht an Order" oder durch einen gleichbedeutenden Zusatz untersagt ist, sind von der Abrechnung ausgeschlossen.

Jeder Scheck soll links oben die laufende Nummer, rechts oben den Betrag in Zahlen enthalten (siehe Nr. 6).

2. Falls ein in die Abrechnung eingelieferter Scheck nicht eingelöst wird, hat der Bezogene auf Antrag des Einlieferers die in § 16 Absatz 1 Nr. 1 des Scheckgesetzes vorgesehene Erklärung abzugeben.

Sollte diese Erklärung vom Bezogenen nicht zu erlangen sein, so wird die Abrechnungsstelle nach Führung des erforderlichen Nachweises die in § 16 Absatz 1 Nr. 2 des Scheckgesetzes vorgesehene Bescheinigung ausstellen.

3. Die Mitglieder werden darauf halten, daß Schecks auf sie von ihren Kunden nur auf Grund eines den Vorschriften des Scheckgesetzes entsprechenden Guthabens gezogen werden, und den Verkehr mit solchen Kunden abbrechen, welche hiergegen verstoßen.

4. Die Mitglieder verpflichten sich, Schecks auf die übrigen Teilnehmer der Abrechnungsstelle nicht bloß von ihren Kunden, sondern auch von anderen hiesigen Bank-

häusern anzunehmen, um die Ausgleichung im Abrechnungsverfahren provisionsfrei zu besorgen.

5. Die Mitglieder werden ihre Kunden auf die für sie und das Gemeinwesen mit der Scheckeinrichtung verbundenen Vorteile durch Zirkular und andere geeignete Mittel aufmerksam machen.

6. Für die Postschecks sind die Bestimmungen der Postscheckordnung maßgebend. Das Postscheckamt ist befugt, Postschecks, die nicht gemäß § 14 des Scheckgesetzes mit dem Vermerk „Nur zur Verrechnung" versehen sind, zurückzuweisen.

C. Allgemeine Bestimmungen.

1. Der Verein wird vertreten

a) durch die Versammlung sämtlicher Mitglieder (Plenarversammlung),

b) durch den Ausschuß.

2. Die Reichsbank wird in der Plenarversammlung durch ein Mitglied des Reichsbankdirektoriums vertreten, die übrigen Mitglieder durch je ein Mitglied ihres Vorstandes bzw. durch einen der Geschäftsinhaber. Der Vertreter des Reichsbankdirektoriums führt in den Versammlungen den Vorsitz. Zur Beschlußfassung ist die Anwesenheit von mindestens der Hälfte der Mitglieder erforderlich. Die Beschlüsse werden mit absoluter Stimmenmehrheit gefaßt, bei Stimmengleichheit gibt die Stimme des Vorsitzenden den Ausschlag.

Zur Abänderung der Geschäftsordnung oder dieses Abkommens ist eine Stimmenmehrheit von Dreivierteln der Anwesenden erforderlich.

Zur Aufnahme neuer Mitglieder bedarf es eines einstimmigen Beschlusses der Anwesenden; die Abstimmung erfolgt in diesem Falle mittels verdeckter Stimmzettel. Die Plenarsitzungen werden von dem Präsidenten des Reichsbankdirektoriums anberaumt, so oft das Bedürfnis es erfordert oder fünf Mitglieder es schriftlich beantragen. In der ersten Hälfte jedes Jahres muß eine Plenarversammlung stattfinden, um die Wahlen der 4 kaufmännischen Mitglieder des Ausschusses (s. Nr. 3) vorzunehmen. Die Wahl erfolgt allemal für ein Jahr. Sie geschieht mittels verdeckter Stimmzettel für jede Stelle besonders, kann aber auch mit allseitiger Zustimmung durch Akklamation erfolgen. Bis zur Wahl der neuen Mitglieder bleiben die alten in Funktion.

3. Der Ausschuß besteht aus sechs Mitgliedern einschließlich des den Vorsitz führenden Vertreters des Reichsbankdirektoriums und eines Vertreters der Seehandlung.

Wählbar ist jeder, welcher eins der beteiligten Bankhäuser in den Plenarversammlungen vertreten kann. (C. Nr. 2.) Von mehreren Inhabern eines Handelshauses bzw. Vorstandsmitgliedern kann nur einer Mitglied des Ausschusses sein.

Der Ausschuß unterstützt das Reichsbankdirektorium in der Aufsicht über die Ausführung der Geschäftsordnung, entscheidet vorkommende Differenzen unter den Vertretern der Mitglieder oder zwischen diesen und dem Vorsteher und den übrigen Beamten der Abrechnungsstelle und bereitet die Beschlußfassung über Abänderungen der Geschäftsordnung für die Plenarsitzung vor.

Er versammelt sich, so oft das Bedürfnis es erfordert oder zwei Mitglieder es beantragen. Die Versammlungen beruft der Vorsitzende. Seine Beschlüsse faßt der Ausschuß mit absoluter Stimmenmehrheit. Bei Stimmengleichheit gibt die Stimme des Vorsitzenden den Ausschlag. Zur

Beschlußfassung genügt die Anwesenheit von drei Mitgliedern.

4. Das Ausscheiden aus dem Verein steht jedem Mitglied zum Schluß jedes Kalenderjahres frei, muß aber 1 Monat vorher dem Präsidenten des Reichsbankdirektoriums angezeigt werden.

Ein Mitglied, dessen Giroguthaben zur Deckung des aus einer Abrechnung sich ergebenden Debet-Saldo nicht ausreicht und welches die erforderliche Deckung nicht unverzüglich beschafft, gilt als ausgeschieden.

Geschäftsordnung.

I. Die Reichsbank wie die übrigen Mitglieder der Abrechnungsstelle entsenden werktäglich zur bestimmten Zeit (s. Nr. III, IV, VIII) einen legitimierten Vertreter zur Abrechnungsstelle, auch wenn sie keine Papiere einzuliefern haben.

Die Vollmachten für die Vertreter müssen nach dem anliegenden Schema ausgestellt sein. Sie werden von dem Vorsteher geprüft und nach Erledigung etwaiger Anstände seitens der Vollmachtgeber von demselben verwahrt.

II. Die zur Abrechnung bestimmten Papiere müssen geordnet und mit dem Firmenstempel des betreffenden Hauses versehen, Wechsel und Anweisungen auch gehörig quittiert sein.

Akzepte von Mitgliedern der Abrechnungsstelle — mit Ausnahme der staatlichen Institute — und Orderschecks bedürfen der handschriftlichen Quittung nicht, sondern können mit dem Stempelausdruck:

Inhalt durch Abrechnung empfangen.
Firma (ohne Unterschriften)

in die Abrechnung gegeben werden.

Für Schecks, welche auf den Inhaber oder Überbringer lauten oder welche keine Angabe darüber, an wen zu zahlen ist, enthalten, kann eine Quittung nicht verlangt werden.

In den Fällen der Absätze 2 und 3 bleibt der einlösenden Firma vorbehalten, nachträglich eine ordnungsmäßig handschriftlich vollzogene Quittung vom Einreicher zu verlangen.

III. Die Abrechnungsstelle wird um 8¾ Uhr morgens geöffnet. Um 9 Uhr haben sämtliche Vertreter ihre Plätze einzunehmen. Jeder Vertreter übergibt den Vertretern der zahlungspflichtigen Häuser die betreffenden Papiere mit je einem, die Beiträge einzeln aufführenden, summierten Verzeichnis und einem Schema zu dem nur die Endsumme enthaltenden Empfangsbekenntnis, welches nach erfolgter Prüfung von dem Empfänger vollzogen und dem Einliefernden zurückgegeben wird.

Die Stückzahl der an die anderen abgelieferten Papiere, sowie die Summen der Verzeichnisse sind von einem jeden in die Debetkolonne des nach dem anliegenden Schema zu führenden Abrechnungsblattes tunlichst schon vor der Einlieferung einzutragen, während in die Kreditkolonne nur die Summen der empfangenen Papiere zu verzeichnen sind.

IV. Nach geschlossener Einlieferung begeben sich die Vertreter mit den empfangenen Papieren nach Hause, um dort die Prüfung derselben vornehmen zu lassen. Um 11¾ Uhr finden sich dieselben wieder ein. Es folgt nun die Rücklieferung der beanstandeten Papiere, welchen je ein den Beanstandungsgrund ergebender Zettel angeheftet sein muß, mit Spezialverzeichnis.

Die Rücklieferungen werden wie umgekehrte Einlieferungen behandelt, sind aber mit dem Zusatz R im Abrechnungsblatt zu versehen.

V. Neue Einlieferungen sind ebenfalls um 11¾ Uhr statthaft; es dürfen jedoch nur Abschnitte von 100 RM. und darüber eingeliefert werden. Abschnitte in geringeren Beträgen sind nur insoweit zur zweiten Einlieferung zugelassen, als durch ein Überlegen auf den nächsten Werktag die Protestfrist oder die Vorlegungsfrist ablaufen würde. Die Einlieferungen sind in den Verzeichnissen und Empfangsbekenntnissen als „zweite Lieferung" zu bezeichnen und sonst nach Nr. III, IV zu behandeln.

VI. Um 2 Uhr nachmittags findet eine letzte Zusammenkunft statt. Soweit Papiere aus beiden Lieferungen hierbei nicht zurückgeliefert werden, gelten sie als anerkannt. Neue Einlieferungen sind unzulässig.

VIa. An Sonnabenden und Tagen, an denen die Bureaus und Kassen der Reichsbank aus besonderer Veranlassung früher geschlossen werden, finden die Zusammenkünfte um 9 Uhr, um 10¾ Uhr und die Schlußabrechnung um 1 Uhr statt.

VII. Jeder Vertreter summiert die Debet- und Kreditkolonne seines Abrechnungsblattes und ermittelt durch Saldieren des letzteren, was sein Haus im ganzen (der Gesamtheit der Abrechnenden gegenüber) schuldet bzw. zu fordern hat. Über den Saldo stellt er eine Anweisung an das Girokontor der Reichshauptbank auf dem Abrechnungsblatt und wörtlich gleichlautend auf einem besonderen Zettel aus, welchen er dem Vorsteher mit dem Abrechnungsblatt übergibt.

VIII. Der Vorsteher trägt die Saldi der Abrechnungsblätter in ein Bilanzblatt, welches nach erfolgter Berichtigung etwaiger Rechnungsirrtümer im Kredit und Debet bei der Summierung übereinstimmen muß, vergleicht damit die Anweisungen, visiert diese und die Abrechnungsblätter, und stellt fest, ob die Giroguthaben der Mitglieder zur Deckung der etwaigen Debetsaldi ausreichen.

Bejahendenfalls visiert er das Bilanzblatt, gibt die Abrechnungsblätter zurück und schließt die Abrechnung, worauf die Vertreter die Abrechnungsstelle verlassen dürfen. Demnächst übergibt er das Bilanzblatt und die Anweisungen dem Girokontor der Reichshauptbank, welches danach die nötigen Buchungen auf den Konten der Mitglieder und der Abrechnungsstelle vornimmt.

Reicht hingegen das Guthaben auch nur eines Mitgliedes zur Deckung des betreffenden Debetsaldo nicht aus und wird die erforderliche Deckung nicht sofort beschafft, so unterbleibt die Visierung des Bilanzblattes, und der Vorsteher erklärt bei Rückgabe der Abrechnungsblätter, daß die Abrechnung nicht zustandegekommen ist. Die in die Abrechnung gebrachten Beträge gelten alsdann nicht als beglichen und die Abrechnungspapiere gehen nicht in das Eigentum der Empfänger über, verbleiben vielmehr bis auf weiteres in deren Verwahrung.

IX. Im Falle der Nr. VIII Absatz 3 schreiten die an der Tagesabrechnung beteiligten Mitglieder der Abrechnungsstelle ohne das zahlungsunfähige Mitglied unverzüglich zur neuen Schlußabrechnung. Die letztere erstreckt sich auf die anerkannten Papiere der ersten und zweiten Einlieferung unter Ausschluß derjenigen, welche von dem zahlungsunfähigen Mitgliede, und derjenigen, welche auf das zahlungsunfähige Mitglied eingeliefert sind. Auf die Schlußabrechnung finden die Bestimmungen unter VI bis VIII entsprechende Anwendung.

X. Die Reichsbank ist berechtigt, während der Dauer der letzten Zusammenkunft die Girokonten der Mitglieder für Abschreibungen zu sperren.

XI. Der Vorsteher hat ein Umsatzbuch zu führen, in welches er nach den Abrechnungsblättern die Stückzahl der eingelieferten Posten und die Debetsummen einträgt.

Die Bilanzblätter ebenso wie das Umsatzbuch und die Anweisungszettel sind vom Girokontor der Reichshauptbank aufzubewahren.

IV. Öffentliche Anleihen.

17. Reichsgesetz, betreffend die Inhaberpapiere mit Prämien vom 8. Juni 1871[1]).

§ 1. Auf den Inhaber lautende Schuldverschreibungen, in welchen allen Gläubigern oder einem Teile derselben außer der Zahlung der verschriebenen Geldsumme eine Prämie dergestalt zugesichert wird, daß durch Auslosung oder durch eine andere auf den Zufall gestellte Art der Ermittelung die zu prämiierenden Schuldverschreibungen und die Höhe der ihnen zufallenden Prämie bestimmt werden sollen (Inhaberpapiere mit Prämien), dürfen innerhalb des Deutschen Reichs nur auf Grund eines Reichsgesetzes und nur zum Zwecke der Anleihe eines Bundesstaats oder des Reichs ausgegeben werden.

§ 2. Inhaberpapiere mit Prämien, welche nach Verkündigung des gegenwärtigen Gesetzes, der Be-

---

[1]) RGBl. 1871 S. 210.

stimmung im § 1 zuwider, im Inlande ausgegeben sein möchten, ingleichen Inhaberpapiere mit Prämien, welche nach dem 30. April 1871 im Auslande ausgegeben sind, dürfen weder weiterbegeben, noch an den Börsen, noch an anderen zum Verkehr mit Wertpapieren bestimmten Versammlungsorten zum Gegenstand eines Geschäfts oder einer Geschäftsvermittlung gemacht werden.

§ 3. Dasselbe gilt vom 15. Juli 1871 ab von ausländischen Inhaberpapieren mit Prämien, deren Ausgabe vor dem 1. Mai 1871 erfolgt ist, sofern dieselben nicht abgestempelt sind (§§ 4, 5).

§ 4. Die Schuldverschreibungen, deren Abstempelung erfolgen soll, müssen spätestens am 15. Juli 1871 zu diesem Zwecke eingereicht werden.

Für die Abstempelung ist eine Gebühr zu entrichten, welche für eine Schuldverschreibung, deren Nominalbetrag den Wert von einhundert Talern nicht übersteigt, 5 Sgr. oder 17½ Kr.S.W., für eine Schuldverschreibung, deren Nominalbetrag den Wert von einhundert Talern übersteigt, 10 Sgr. oder 35 Kr.S.W. beträgt.

Der Ertrag dieser Abstempelungsgebühr fließt zur Reichskasse.

§ 5. Der Bundesrat wird die zur Ausführung dieses Gesetzes erforderliche Instruktion erlassen und in derselben festsetzen, unter welchen Umständen ein gutgläubiger Inhaber, der aus entschuldbaren Gründen die Einreichungsfrist versäumt hat, noch nachträglich Abstempelung seiner Schuldverschreibungen erlangen kann. Der Bundesrat wird ferner zur Berechnung der Stempelabgabe den Talerwert der fremden Valuten feststellen, auch die Behörden bestimmen, bei welchen die Einreichung zur Abstempelung (§ 4) zu erfolgen hat.

§ 6[1]. Wer den Bestimmungen der §§ 1, 2 oder 3 zuwiderhandelt, verfällt in eine Geldstrafe, welche dem fünften Teile des Nennwertes der den Gegenstand der Zuwiderhandlung bildenden Papiere gleichkommt, betragen soll.

Mit Geldstrafe oder Gefängnis bis zu drei Monaten wird bestraft, wer ein im § 2 oder § 3 bezeichnetes Inhaberpapier mit Prämie öffentlich ankündigt, ausbietet oder empfiehlt, oder zur Feststellung eines Kurswertes notiert.

---

18. Reichsgesetz über die Ausgabe wertbeständiger Schuldverschreibungen auf den Inhaber vom 23. Juni 1923[2].

§ 1. Die Vorschriften des § 795 des Bürgerlichen Gesetzbuchs finden Anwendung, wenn in Schuldverschreibungen auf den Inhaber, die im Inland ausgestellt sind, die Zahlung einer Geldsumme versprochen wird, deren Höhe nicht durch Angabe eines festen Be-

[1] Die Höhe der Geldstrafe richtet sich jetzt nach der im Anhang (S. 606) abgedruckten Verordnung über Vermögensstrafen und Bußen vom 6. Februar 1924.

[2] RGBl. 1923 I S. 407.

trags, sondern durch Bezeichnung des Maßstabs bestimmt ist, nach dem der geschuldete Geldbetrag zu errechnen ist.

Das gleiche gilt, wenn in der Schuldverschreibung eine andere Leistung versprochen wird, der Schuldner aber sich durch Zahlung eines Geldbetrags befreien kann, dessen Höhe im Sinne des Abs. 1 durch Bezeichnung des Berechnungsmaßstabs bestimmt ist.

§ 2[1]). Wer im Inland Schuldverschreibungen auf den Inhaber der im § 1 bezeichneten Art ohne die erforderliche staatliche Genehmigung ausstellt und in den Verkehr bringt, wird mit einer Geldstrafe bis zu hundert Millionen Mark bestraft.

§ 3. Dieses Gesetz tritt mit dem Tage der Verkündung in Kraft.

---

19. Reichsgesetz über Aufnahme von Auslandskrediten durch Gemeinden und Gemeindeverbände vom 21. März 1925.[2])

§ 1. Gemeinden und Gemeindeverbände bedürfen zur unmittelbaren oder mittelbaren Aufnahme von ausländischen Krediten oder zur unmittelbaren oder mittelbaren Begebung von Anleihen im Ausland so-

---

[1]) Die Höhe der Geldstrafe richtet sich jetzt nach der im Anhang (S. 606) abgedruckten Verordnung über Vermögensstrafen und Bußen vom 6. Februar 1924.

[2]) RGBl. 1925 I S. 27.

wie zur Übernahme von Bürgschaften oder Stellung von Sicherheiten für solche Kredite oder Anleihen der Zustimmung des Reichsministers der Finanzen, soweit nach den Vorschriften der Landesgesetzgebung die Aufnahme der Kredite oder die Begebung der Anleihen oder die Übernahme von Bürgschaften oder die Stellung von Sicherheiten für solche Kredite und Anleihen nicht einer Genehmigung von Aufsichts wegen unterliegt.

Den Gemeindeverbänden im Sinne des Abs. 1 stehen gleich kommunale Giroverbände einschließlich ihrer Bankanstalten, soweit sie ausländische Kredite aufnehmen oder Anleihen im Ausland begeben, die an Länder, Gemeinden oder Gemeindeverbände gegeben werden sollen.

§ 2. Der Reichsminister der Finanzen kann das ihm nach § 1 zustehende Zustimmungsrecht auf die oberste Landesbehörde übertragen.

§ 3. Der Reichsminister der Finanzen kann mit Zustimmung des Reichsrats Durchführungsbestimmungen erlassen.

§ 4. Dieses Gesetz tritt am Tage nach seiner Verkündung in Kraft.

Es findet auf alle Verträge der im § 1 bezeichneten Art Anwendung, die seit 1. Februar 1925 abgeschlossen worden sind.

Die Reichsregierung wird ermächtigt, dieses Gesetz mit Zustimmung des Reichsrats außer Kraft zu setzen.

20. Reichsgesetz, betreffend die gemeinsamen Rechte der Besitzer von Schuldverschreibungen vom 4. Dezember 1899[1]).

§ 1. Sind von jemand, der im Inlande seinen Wohnsitz oder seine gewerbliche Niederlassung hat, im Inlande Schuldverschreibungen mit im voraus bestimmten Nennwerten ausgestellt, die nach dem Verhältnisse dieser Werte den Gläubigern gleiche Rechte gewähren, und betragen die Nennwerte der ausgegebenen Schuldverschreibungen zusammen mindestens dreihunderttausend Mark und die Zahl der ausgegebenen Stücke mindestens dreihundert, so haben die Beschlüsse, welche von einer Versammlung der Gläubiger aus diesen Schuldverschreibungen zur Wahrung ihrer gemeinsamen Interessen gefaßt werden, nach Maßgabe dieses Gesetzes verbindliche Kraft für alle Gläubiger der bezeichneten Art.

Die Versammlung kann insbesondere zur Wahrnehmung der Rechte der Gläubiger einen gemeinsamen Vertreter für diese bestellen.

Eine Verpflichtung zu Leistungen kann für die Gläubiger durch Beschluß der Gläubigerversammlung nicht begründet werden.

§ 2. Sinkt der Gesamtbetrag der im Umlaufe befindlichen Schuldverschreibungen unter einhunderttausend Mark oder sinkt die Zahl der im Umlaufe befindlichen Stücke unter einhundert, so ist dies von dem Schuldner unverzüglich im Deutschen Reichsanzeiger

---

[1]) RGBl. S. 691. Änderung: Ges. v. 14. Mai 1914 (RGBl. S. 221).

bekanntzumachen. Von dem auf die Bekanntmachung folgenden Tage an können Gläubigerversammlungen auf Grund dieses Gesetzes nicht mehr abgehalten werden; mit dem bezeichneten Zeitpunkt erlischt das Amt eines von der Gläubigerversammlung bestellten Vertreters der Gläubiger.

§ 3. Die Versammlung wird durch den Schuldner berufen.

Die Versammlung ist zu berufen, wenn Gläubiger, deren Schuldverschreibungen zusammen den zwanzigsten Teil des Gesamtbetrags der im Umlaufe befindlichen Schuldverschreibungen erreichen, oder ein von der Gläubigerversammlung bestellter Vertreter der Gläubiger die Berufung schriftlich unter Angabe des Zweckes und der Gründe verlangen.

Die Kosten der Berufung und Abhaltung der Versammlung trägt, soweit nicht in diesem Gesetz ein anderes vorgeschrieben ist, der Schuldner.

§ 4. Wird einem nach § 3 Abs. 2 gestellten Verlangen nicht entsprochen, so kann das Amtsgericht, in dessen Bezirke der Schuldner seinen Wohnsitz oder seine gewerbliche Niederlassung hat, die Antragsteller ermächtigen, die Versammlung zu berufen. Hat in dem Zeitpunkt, in welchem der Antrag gestellt werden soll, der Schuldner im Inlande weder einen Wohnsitz noch eine gewerbliche Niederlassung, so ist das Amtsgericht zuständig, in dessen Bezirk er zuletzt seinen Wohnsitz oder seine gewerbliche Niederlassung gehabt hat.

Wird der Antrag von Gläubigern gestellt, so haben diese ihre Schuldverschreibungen bei der Reichsbank, bei einem Notar oder bei einer anderen durch die

Landesregierung dazu für geeignet erklärten Stelle zu hinterlegen.

Wird die Ermächtigung zur Berufung der Gläubigerversammlung erteilt, so kann das Gericht zugleich über den Vorsitz in der Versammlung Bestimmung treffen. Das Gericht entscheidet darüber, ob die durch den Antrag sowie die durch die Berufung und Abhaltung der Versammlung entstehenden Kosten von den Antragstellern oder von dem Schuldner zu tragen sind.

Vor der Verfügung, durch welche über den Antrag auf Ermächtigung zur Berufung der Gläubigerversammlung oder über die Tragung der Kosten entschieden wird, ist soweit tunlich der Schuldner und, wenn ein Vertreter der Gläubiger bestellt ist, auch dieser zu hören. Gegen die Verfügung findet die sofortige Beschwerde statt.

§ 5. Steht der Geschäftsbetrieb des Schuldners unter staatlicher Aufsicht, so hat das Gericht vor der im § 4 Abs. 4 bezeichneten Verfügung auch die Aufsichtsbehörde zu hören.

Die Aufsichtsbehörde kann die Gläubigerversammlung auf Kosten des Schuldners berufen oder die Berufung durch den Schuldner anordnen.

Sie hat das Recht, einen Vertreter in die Versammlung zu entsenden.

§ 6. Die Berufung der Gläubigerversammlung erfolgt durch mindestens zweimalige Bekanntmachung im Deutschen Reichsanzeiger und in den sonstigen Blättern, durch welche für den Bezirk des im § 4 bezeichneten Gerichts die Eintragungen in das Handelsregister bekanntgemacht werden. An die Stelle der letzteren Blätter treten, wenn der Schuldner eine Aktiengesellschaft, eine Kommanditgesellschaft auf Aktien, eine Gesellschaft mit beschränkter Haftung oder eine eingetragene Genossenschaft ist, die für die Veröffentlichungen der Gesellschaft oder der Genossenschaft bestimmten Blätter.

Die Frist zwischen der letzten Bekanntmachung und dem Tage der Versammlung ist so zu bemessen, daß mindestens zwei Wochen für die im § 10 Abs. 2 vorgesehene Hinterlegung der Schuldverschreibungen frei bleiben.

In dem Falle des § 4 muß bei der Berufung auf die gerichtliche Ermächtigung Bezug genommen werden.

§ 7. Der Zweck der Versammlung soll bei der Berufung bekanntgemacht werden. Jedem Gläubiger ist auf Verlangen eine Abschrift der Anträge zu erteilen.

Über Gegenstände, die nicht gemäß § 6 Abs. 1, 2 ihrem wesentlichen Inhalte nach angekündigt sind, können Beschlüsse nicht gefaßt werden.

Die Vorschriften der §§ 3, 4, des § 5 Abs. 1, 2 und des § 6 Abs. 3 finden auf die Ankündigung von Gegenständen zur Beschlußfassung einer Versammlung entsprechende Anwendung.

§ 8. Bei dem Beginne der Versammlung ist ein Verzeichnis der erschienenen Gläubiger oder Vertreter von Gläubigern mit Angabe ihres Namens und Wohnorts sowie des Betrags der von jedem vertretenen Schuldverschreibungen aufzustellen. Das Verzeichnis ist sofort nach der Aufstellung, spätestens aber vor der ersten Abstimmung zur Einsicht aufzulegen; es ist von dem Vorsitzenden zu unterzeichnen.

§ 9. Jeder Beschluß der Versammlung bedarf zu seiner Gültigkeit der Beurkundung durch ein über die Verhandlung gerichtlich oder notariell aufgenommenes Protokoll.

In dem Protokolle sind der Ort und der Tag der Verhandlung, der Name des Richters oder des Notars sowie die Art und das Ergebnis der Beschlußfassungen anzugeben.

Das nach § 8 aufgestellte Verzeichnis der Teilnehmer der Versammlung sowie die Belege über die ordnungsmäßige Berufung der Versammlung sind dem Protokolle beizufügen. Die Beifügung der Belege über die Berufung der Versammlung kann unterbleiben, wenn die Belege unter Angabe ihres Inhalts in dem Protokoll aufgeführt werden.

Das Protokoll muß von dem Richter oder dem Notar vollzogen werden. Die Zuziehung von Zeugen ist nicht erforderlich.

§ 10. Die Beschlüsse bedürfen, soweit nicht in diesem Gesetz ein anderes vorgeschrieben ist, der Mehrheit der abgegebenen Stimmen. Die Mehrheit wird nach den Beträgen der Schuldverschreibungen berechnet. Bei Gleichheit der Stimmen entscheidet die Zahl der Gläubiger.

Gezählt werden nur die Stimmen derjenigen Gläubiger, welche ihre Schuldverschreibungen spätestens am zweiten Tage vor der Versammlung bei der Reichsbank, bei einem Notar oder bei einer anderen, durch die Landesregierung dazu für geeignet erklärten Stelle hinterlegt haben.

Das Stimmrecht kann durch einen Bevollmächtigten

ausgeübt werden. Für die Vollmacht ist die schriftliche Form erforderlich und genügend.

Der Schuldner ist für die in seinem Besitze befindlichen Schuldverschreibungen nicht stimmberechtigt. Soweit ihm an den Schuldverschreibungen ein Pfandrecht oder ein Zurückbehaltungsrecht zusteht, ist er auf Verlangen des Eigentümers verpflichtet, die Schuldverschreibungen bei einer der im Abs. 2 bezeichneten Stellen in der Weise zu hinterlegen, daß, unbeschadet der Fortdauer des Pfandrechts oder Zurückbehaltungsrechts, dem Eigentümer die Ausübung des Stimmrechts ermöglicht wird; die Kosten der Hinterlegung hat der Eigentümer zu tragen und vorzuschießen.

§ 11. Die Aufgabe oder Beschränkung von Rechten der Gläubiger, insbesondere die Ermäßigung des Zinsfußes oder die Bewilligung einer Stundung, kann von der Gläubigerversammlung nur zur Abwendung einer Zahlungseinstellung oder des Konkurses des Schuldners beschlossen werden.

Der Beschluß, durch welchen Rechte der Gläubiger aufgegeben oder beschränkt werden, bedarf einer Mehrheit von mindestens drei Vierteilen der abgegebenen Stimmen. Die Mehrheit muß mindestens die Hälfte des Nennwerts der im Umlaufe befindlichen Schuldverschreibungen und, wenn dieser nicht mehr als zwölf Millionen Mark beträgt, mindestens zwei Dritteile des Nennwerts erreichen; beträgt der Nennwert der im Umlaufe befindlichen Schuldverschreibungen weniger als sechzehn Millionen, aber mehr als zwölf Millionen Mark, so muß die Mehrheit acht Millionen Mark erreichen.

In diesen Fällen bleiben bei der Berechnung des Nennwerts der umlaufenden Schuldverschreibungen die im Besitze des Schuldners befindlichen Schuldverschreibungen, für welche das Stimmrecht nach § 10 Abs. 4 ausgeschlossen ist, außer Ansatz.

Der Schuldner ist verpflichtet, in der Gläubigerversammlung Auskunft über den Betrag der im Umlaufe befindlichen, zum Stimmen berechtigenden Schuldverschreibungen zu erteilen.

§ 12. Ein Beschluß der im § 11 bezeichneten Art muß für alle Gläubiger die gleichen Bedingungen festsetzen. Die Festsetzung ungleicher Bedingungen ist nur mit ausdrücklicher Einwilligung der zurückgesetzten Gläubiger zulässig. Jedes sonstige Abkommen des Schuldners oder eines Dritten mit einem Gläubiger, durch welches dieser begünstigt werden soll, ist nichtig. Ein Beschluß der Versammlung, der durch Begünstigung einzelner Gläubiger zustandegebracht ist, hat den übrigen Gläubigern gegenüber keine verbindliche Kraft.

Der Schuldner hat den Beschluß in der im § 6 Abs. 1 bezeichneten Weise bekanntzumachen.

Auf die dem Nennwerte der Schuldverschreibungen entsprechenden Kapitalansprüche kann durch Beschluß der Versammlung nicht verzichtet werden.

§ 13. Steht der Geschäftsbetrieb des Schuldners unter staatlicher Aufsicht, so ist zu einem Beschlusse der im § 11 bezeichneten Art die Bestätigung durch die Aufsichtsbehörde erforderlich.

Die Aufsichtsbehörde hat die Erteilung sowie die Versagung der Bestätigung öffentlich bekanntzumachen.

§ 14. Beschließt die Versammlung die Bestellung eines Vertreters der Gläubiger, so muß zugleich der Umfang seiner Befugnisse bestimmt werden.

Soweit der Vertreter zur Geltendmachung von Rechten der Gläubiger ermächtigt ist, kann durch Beschluß der Gläubigerversammlung die Befugnis der einzelnen Gläubiger zur selbständigen Geltendmachung ausgeschlossen werden. Der Beschluß unterliegt den Vorschriften des § 11 Abs. 2 bis 4, des § 12 Abs. 2 und des § 13.

Zum Verzicht auf Rechte der Gläubiger ist der Vertreter nur auf Grund eines ihn hierzu im einzelnen Falle besonders ermächtigenden Beschlusses der Gläubigerversammlung befugt. Der Beschluß unterliegt den Vorschriften der §§ 11 bis 13.

Führt der Vertreter für die Gesamtheit der Gläubiger einen Rechtsstreit, so hat er in diesem die Stellung eines gesetzlichen Vertreters. Für die Kosten des Rechtsstreits, welche den Gläubigern zur Last fallen, haftet der Schuldner, unbeschadet seines Rückgriffs gegen die Gläubiger.

Sind mehrere Vertreter bestellt, so können sie, falls nicht ein anderes bestimmt ist, ihre Befugnisse nur in Gemeinschaft ausüben.

Ein Vertreter kann, unbeschadet des Anspruchs auf die vertragsmäßige Vergütung, von der Gläubigerversammlung jederzeit abberufen werden. Der Beschluß bedarf einer Mehrheit von drei Vierteilen der abgegebenen Stimmen; die Mehrheit muß, wenn dem Vertreter nach Maßgabe des Abs. 2 die ausschließliche Geltendmachung von Rechten der Gläubiger übertragen ist, mindestens die Hälfte des Nennwerts der im Umlaufe befindlichen Schuldverschreibungen betragen; die Vorschriften des § 11 Abs. 3, 4 und des § 12 Abs. 2 finden Anwendung.

§ 15. Ist der Schuldner eine Gesellschaft oder juristische Person, deren Mitglieder in Versammlungen Beschlüsse fassen, so ist jeder nach Maßgabe dieses Gesetzes bestellte Vertreter der Gläubiger befugt, den Mitgliederversammlungen beizuwohnen und sich an den Beratungen zu beteiligen.

Soweit nach den Gesetzen Schriftstücke, die sich auf die Verhandlungen in der Mitgliederversammlung oder auf die Vermögenslage oder den Geschäftsbetrieb der Gesellschaft beziehen, den Gesellschaftern mitzuteilen sind, hat die Mitteilung in gleicher Weise auch an den Vertreter der Gläubiger zu erfolgen.

§ 16. Die Befugnisse und Verpflichtungen eines Vertreters, dessen Bestellung gemäß § 1189 des Bürgerlichen Gesetzbuchs oder auf Grund einer bei Ausgabe der Schuldverschreibungen in verbindlicher Weise getroffenen Festsetzungen erfolgt, werden durch die nach diesem Gesetze vorgenommene Bestellung eines Vertreters nicht berührt.

Die Rechte, welche nach den Vorschriften des § 3 und des § 7 Abs. 3 einem von der Gläubigerversammlung bestellten Vertreter hinsichtlich der Berufung der Versammlung und der Ankündigung von Gegenständen zur Beschlußfassung zustehen, können auch von einem Vertreter der im Abs. 1 bezeichneten Art geltend gemacht werden.

Ist eine Mitwirkung der Gläubiger erforderlich, um an Stelle eines weggefallenen Vertreters der im

Abs. 1 bezeichneten Art einen neuen Vertreter zu bestellen, so kann eine Gläubigerversammlung mit verbindlicher Kraft für alle Gläubiger über die Bestellung beschließen. Der Beschluß bedarf einer Mehrheit von mindestens drei Vierteilen der abgegebenen Stimmen, soweit nicht in verbindlicher Weise andere Festsetzungen getroffen sind; die Vorschriften des § 12 Abs. 2 und des § 13 finden Anwendung.

Auf Antrag von Gläubigern, deren Schuldverschreibungen zusammen den fünften Teil des Gesamtbetrags der im Umlauf befindlichen Schuldverschreibungen erreichen, kann das Gericht, wenn ein wichtiger Grund vorliegt, den Vertreter abberufen. Unter den gleichen Voraussetzungen kann das Gericht an Stelle eines weggefallenen Vertreters einen neuen Vertreter bestellen. Zuständig ist das im § 4 bezeichnete Amtsgericht. Vor der Verfügung, durch die über den Antrag entschieden wird, ist, soweit tunlich, der Schuldner und im Falle der Abberufung des Vertreters auch dieser zu hören. Gegen die Verfügung findet die sofortige Beschwerde statt. Das Amtsgericht kann vor der Entscheidung über den Antrag auf Abberufung eines Vertreters eine einstweilige Anordnung erlassen.

Auf die Eintragung des Wegfalls eines Vertreters sowie auf die Eintragung eines neuen Vertreters an Stelle des weggefallenen findet die Vorschrift des § 44 Abs. 1 der Grundbuchordnung keine Anwendung. Im Falle des Abs. 4 ist das Amtsgericht befugt, das Grundbuchamt um die Eintragung zu ersuchen.

§ 17. Die Vorschriften des § 16 finden auch auf einen Vertreter Anwendung, der für die Besitzer von

Schuldverschreibungen vor dem Inkrafttreten des Bürgerlichen Gesetzbuchs in Gemäßheit des bisherigen Rechtes bestellt worden ist oder nach dem Inkrafttreten des Bürgerlichen Gesetzbuchs bis zu dem Zeitpunkt, in welchem das Grundbuch als angelegt anzusehen ist, in Gemäßheit des Landesrechts durch Eintragung in das Hypothekenbuch oder ein ähnliches Buch bestellt wird.

Ein solcher Vertreter steht im Sinne des § 44 Abs. 2 der Grundbuchordnung einem nach § 1189 des Bürgerlichen Gesetzbuchs bestellten Vertreter gleich. Dasselbe gilt in Ansehung eines durch die Gläubigerversammlung bestellten Vertreters.

Wird an Stelle eines weggefallenen Vertreters der im Abs. 1 bezeichneten Art nach dem Zeitpunkt, in welchem das Grundbuch als angelegt anzusehen ist, gemäß § 16 ein neuer Vertreter bestellt, so kann die Eintragung dieses Vertreters in das Grundbuch (§ 1189 des Bürgerlichen Gesetzbuchs) auf dieselbe Weise wie die Bestellung herbeigeführt werden, ohne Unterschied, ob der weggefallene Vertreter in das Hypothekenbuch oder ein ähnliches Buch eingetragen war oder nicht.

§ 18. Ist über das Vermögen des Schuldners der Konkurs eröffnet, so gelten in Ansehung der Versammlung der im § 1 bezeichneten Gläubiger die folgenden besonderen Vorschriften.

Die Versammlung wird von dem Konkursgerichte berufen und geleitet.

Unverzüglich nach der Eröffnung des Konkurses ist eine Versammlung der Gläubiger zu berufen, um über die Bestellung eines gemeinsamen Vertreters im Konkursverfahren zu beschließen; die Berufung kann unterbleiben, wenn schon vorher von einer Versammlung über die Bestellung eines solchen Vertreters Beschluß gefaßt worden ist.

Das Konkursgericht hat außer den Fällen des § 3 Abs. 2 eine Versammlung der Gläubiger zu berufen, wenn dies von dem Konkursverwalter, dem Ausschusse der Konkursgläubiger oder der Aufsichtsbehörde verlangt wird.

Die Stelle, bei welcher die Gläubiger die Schuldverschreibungen zu hinterlegen haben, wird durch das Konkursgericht bestimmt.

Die Vorschriften des § 5 Abs. 1, 2, des § 11 Abs. 1, des § 12 Abs. 3 und des § 13 finden keine Anwendung.

§ 19. Werden im Konkurse die Forderungen aus den Schuldverschreibungen durch den von der Gläubigerversammlung bestellten Vertreter der Gläubiger angemeldet, so bedarf es der Beifügung der Schuldverschreibungen nicht. Zur Erhebung der bei einer Verteilung auf die Schuldverschreibungen fallenden Beträge ist die Vorlegung der Schuldverschreibungen erforderlich; auf die Erhebung findet die Vorschrift des § 14 Abs. 2 keine Anwendung.

§ 20. Die in diesem Gesetze der Gläubigerversammlung und dem Vertreter der Gläubiger eingeräumten Befugnisse können durch Festsetzungen in den Schuldverschreibungen nicht ausgeschlossen oder beschränkt werden.

§ 21[1]**).** Wer Schuldverschreibungen, die sich im Be-

---

[1]) Die Höhe der Geldstrafe richtet sich jetzt nach der im Anhang (S. 606) abgedruckten Verordnung über Vermögensstrafen und Bußen vom 6. Februar 1924.

sitze des Schuldners befinden, einem anderen zu dem Zwecke überläßt, das Stimmrecht der Vorschrift des § 10 Abs. 4 zuwider an Stelle des Schuldners auszuüben, wird mit Gefängnis bis zu einem Jahre und mit Geldstrafe bestraft. Die gleiche Strafe trifft denjenigen, welcher die Schuldverschreibungen zu dem bezeichneten Zwecke verwendet.

Sind mildernde Umstände vorhanden, so tritt ausschließlich die Geldstrafe ein.

§ 22[1]). Wer in der Bekanntmachung, die gemäß § 2 erlassen wird, oder in der Auskunft, die gemäß § 11 Abs. 4 in der Gläubigerversammlung erteilt wird, wissentlich unwahre Angaben über Tatsachen macht, deren Mitteilung ihm nach den bezeichneten Vorschriften obliegt, wird mit Gefängnis bis zu einem Jahre oder mit Geldstrafe bestraft.

Wer es unterläßt, die nach § 2 ihm obliegende Bekanntmachung zu bewirken, wird mit Geldstrafe bestraft.

§ 23[1]). Wer sich besondere Vorteile dafür gewähren oder versprechen läßt, daß er bei einer Abstimmung in der Gläubigerversammlung in einem gewissen Sinne stimme oder an der Abstimmung in der Gläubigerversammlung nicht teilnehme, wird mit Geldstrafe oder mit Gefängnis bis zu einem Jahre bestraft.

Die gleiche Strafe trifft denjenigen, welcher besondere Vorteile dafür gewährt oder verspricht, daß jemand bei einer Abstimmung in der Gläubigerver-

---

[1]) Die Höhe der Geldstrafe richtet sich jetzt nach der im Anhang (S. 606) abgedruckten Verordnung über Vermögensstrafen und Bußen vom 6. Februar 1924.

sammlung in einem gewissen Sinne stimme oder an der Abstimmung in der Gläubigerversammlung nicht teilnehme.

§ 24. Auf Schuldverschreibungen des Reichs, eines Bundesstaats oder einer Körperschaft des öffentlichen Rechtes finden die Vorschriften dieses Gesetzes keine Anwendung. Die Landesgesetze können jedoch bestimmen, daß die bezeichneten Vorschriften auch auf Schuldverschreibungen von Körperschaften des öffentlichen Rechtes Anwendung finden.

§ 25. Unberührt bleiben die landesgesetzlichen Vorschriften über die Versammlung und Vertretung der Pfandgläubiger einer Eisenbahn oder Kleinbahn in dem zur abgesonderten Befriedigung dieser Gläubiger aus den Bestandteilen der Bahneinheit bestimmten Verfahren.

§ 26. Dieses Gesetz tritt gleichzeitig mit dem Bürgerlichen Gesetzbuch in Kraft.

Es findet auch auf die vorher ausgegebenen Schuldverschreibungen Anwendung.

Zweiter Abschnitt.

Bodenkredit.

21. Verordnung über die Eintragung von Hypotheken in ausländischer Währung vom 13. Februar 1920[1]).

§ 1. Wird für eine Forderung, die in ausländischer Währung zu zahlen ist, eine Hypothek in das

---

[1]) RGBl. 1920 S. 231 (Reichsregierung). Änderung des § 15: RGBl. 1925 I S. 469.

Grundbuch eingetragen, so kann mit Einwilligung der Landeszentralbehörde der Geldbetrag der Forderung und etwaiger Nebenleistungen oder der Höchstbetrag, bis zu dem das Grundstück haften soll, in ausländischer Währung angegeben werden. Mit Einwilligung der Landeszentralbehörde kann auch die Währung einer eingetragenen Hypothek in eine ausländische umgewandelt oder eine Grundschuld in ausländischer Währung eingetragen werden; die Umwandlung der eingetragenen Währung bedarf der Zustimmung der im Range gleich- oder nachstehenden Berechtigten. Die Einwilligung der Landeszentralbehörde ist im Grundbuch zu vermerken.

In den Fällen des Abs. 1 gelten die Vorschriften der §§ 2 bis 13.

§ 2. Für einen Gläubiger, der seinen Wohnsitz im Ausland hat, muß ein im Inland wohnhafter Zustellungsbevollmächtigter angegeben werden. Alle Mitteilungen und Zustellungen, die dem Gläubiger nach gesetzlicher Vorschrift bekanntzumachen sind, werden mit der Bekanntmachung an den Zustellungsbevollmächtigten wirksam. Solange kein im Inland wohnhafter Zustellungsbevollmächtigter vorhanden ist, erfolgen die Mitteilungen und Zustellungen wirksam durch Aufgabe zur Post; die Postsendungen sind einzuschreiben.

§ 3. Zu einer Änderung des Inhalts der Hypothek ist die Einwilligung der Landeszentralbehörde erforderlich.

Eine Änderung der eingetragenen Währung bedarf außerdem der Zustimmung der im Range gleich- oder nachstehenden Berechtigten.

§ 4. Die Landeszentralbehörde kann die Vollziehung der von ihr bei Erteilung der Einwilligung (§§ 1, 3) auferlegten Anordnungen verlangen; für die Vollziehung haftet jeder Eigentümer, der das Grundstück mit dem in ausländischer Währung eingetragenen Rechte erwirbt.

§ 5. Wird die Zwangsversteigerung des Grundstücks angeordnet, so muß die Terminsbestimmung die Angabe, daß das Grundstück mit einer Hypothek oder Grundschuld in ausländischer Währung belastet ist, und die Bezeichnung dieser Währung enthalten.

§ 6. In dem Versteigerungstermine wird vor der Aufforderung zur Abgabe von Geboten festgestellt und bekanntgemacht, welchen Wert das in ausländischer Währung eingetragene Recht nach dem für den Ort des Grundstücks amtlich ermittelten letzten Kurse in Reichswährung hat.

§ 7. Bleibt ein bei der Feststellung des geringsten Gebots berücksichtigtes, in ausländischer Währung eingetragenes Recht bestehen, so bleiben Änderungen des im Versteigerungstermine festgestellten Kurswerts für das weitere Verfahren außer Betracht.

§ 8. Der bar zu zahlende Teil des geringsten Gebots wird in Reichswährung festgestellt. Auf Verlangen des Gläubigers des in ausländischer Währung eingetragenen Rechtes ist der Wert seiner aus dem Bargebote zu berichtigenden Ansprüche zu dem höchsten Kurse anzusetzen, den die Währung in den letzten sechs Monaten vor dem Versteigerungstermin an dem Orte des Grundstücks gehabt hat.

Die Gebote sind in Reichswährung abzugeben.

§ 9. Vorschriften, die den Erwerb von Grundstücken durch Ausländer beschränken, stehen der Zulassung des Gebots des Gläubigers eines in ausländischer Währung eingetragenen Rechtes und der Erteilung des Zuschlags an ihn nicht entgegen. Das gleiche gilt von den Vorschriften über den Erwerb von Rechten durch juristische Personen, wenn die juristische Person ihren Sitz im Ausland hat.

§ 10. Der Teilungsplan wird in Reichswährung aufgestellt. Die dem Gläubiger des in ausländischer Währung eingetragenen Rechtes zu zahlenden Beträge sind auf Grund des für den Ort des Grundstücks amtlich zu ermittelnden letzten Kurses umzurechnen.

Soweit der Teilungsplan dadurch ausgeführt wird, daß auf den Gläubiger des in ausländischer Währung eingetragenen Rechtes eine Forderung gegen den Ersteher übertragen wird, erfolgt die Übertragung in der ausländischen Währung.

Wird der Gläubiger des in ausländischer Währung eingetragenen Rechtes nicht vollständig befriedigt, so ist der verbleibende Teil seiner Forderung in der ausländischen Währung festzustellen. Die Feststellung ist für die Haftung mitbelasteter Grundstücke, für die Verbindlichkeit des persönlichen Schuldners und für die Geltendmachung des Ausfalls im Konkurse maßgebend.

§ 11. Ist die Zwangsverwaltung des Grundstücks angeordnet, so sind die Beträge, die auf ein in ausländischer Währung eingetragenes Recht entfallen, in der eingetragenen Währung festzustellen. Die Auszahlung erfolgt in Reichswährung. Wiederkehrende Leistungen zahlt der Verwalter nach dem Kurswert des Fälligkeitstags aus. Zahlungen auf das Kapital setzt das Gericht in dem zur Leistung bestimmten Termine nach dem amtlich ermittelten letzten Kurswert fest; die Vorschrift des § 10 Abs. 3 Satz 2 gilt entsprechend.

§ 12. Soweit die Erhebung von Gerichtsgebühren nach dem Betrage des in ausländischer Währung eingetragenen Rechtes erfolgt, ist der Berechnung der jeweilige Kurswert in Reichswährung zugrunde zu legen.

Das gleiche gilt für die Erhebung anderer Abgaben, die den Gerichtsbehörden übertragen ist.

§ 13. Die Einwilligung der Landeszentralbehörde (§§ 1, 3) soll nur im Einvernehmen mit der Reichsbank erteilt werden.

§ 14. Die Landesjustizverwaltungen können mit Zustimmung des Reichsministers der Justiz und des Reichsministers der Finanzen Ausführungsbestimmungen zu dieser Verordnung, insbesondere über die Feststellung der Kurse erlassen.

§ 15. Nach dem 31. Dezember 1925 dürfen neue Eintragungen auf Grund des § 1 dieser Verordnung nicht mehr vorgenommen werden[1]).

22a. Reichsgesetz über wertbeständige Hypotheken vom 23. Juni 1923.

§ 1. Eine Hypothek kann in der Weise bestellt werden, daß die Höhe der aus dem Grundstück zu zah-

---

[1]) Durch Ges. v. 18. Dez. 1925 (RGBl. I S. 469) ist die Frist bis zum 31. Dez. 1928 erstreckt.

lenden Geldsumme durch den amtlich festgestellten oder festgesetzten Preis einer bestimmten Menge von Roggen, Weizen oder Feingold bestimmt wird. Die Reichsregierung kann mit Zustimmung des Reichsrats auch den in gleicher Weise festgestellten oder festgesetzten Preis einer bestimmten Menge von Kohle, Kali oder anderen Waren oder von Leistungen als Maßstab zulassen. (Wertbeständige Hypothek.)

§ 2. Die Höhe der Geldsumme kann auch in der Weise bestimmt werden, daß, falls der als Maßstab gewählte Preis einer Ware oder Leistung den Preis einer anderen Ware oder Leistung nicht erreicht oder überschreitet, dieser letztere Preis maßgebend sein soll.

§ 3. Bei der Eintragung der wertbeständigen Hypothek im Grundbuch ist der Geldbetrag durch Art und Menge der Ware oder Leistung zu bezeichnen, deren Preis als Maßstab gewählt ist.

§ 4. Im Falle der Zwangsversteigerung wird in dem Versteigerungstermin vor der Aufforderung zur Abgabe von Geboten festgestellt und bekanntgemacht, welchen Wert die wertbeständige Hypothek hätte, wenn sie im Versteigerungstermine zahlbar wäre.

§ 5. Soweit eine bei der Feststellung des geringsten Gebots berücksichtigte wertbeständige Hypothek bestehen bleibt, bleiben Änderungen des im Versteigerungstermin festgestellten Wertes für das weitere Verfahren außer Betracht.

§ 6. Im Teilungsplan sind die dem Gläubiger der wertbeständigen Hypothek zu zahlenden Beträge auf Grund des letzten Preises zu bestimmen, der nach Maßgabe des Inhalts des Rechtes amtlich festgestellt werden kann.

Soweit der Teilungsplan dadurch ausgeführt wird, daß auf den Gläubiger der wertbeständigen Hypothek eine Forderung gegen den Ersteher übertragen wird, ist die Forderung in derselben Weise wertbeständig zu bestimmen, wie die Hypothek bestimmt war.

Wird der Gläubiger der wertbeständigen Hypothek nicht vollständig befriedigt, so ist der verbleibende Teil seiner Forderung in derselben Weise wertbeständig festzustellen, wie die Hypothek bestimmt war. Die Feststellung ist für die Haftung mitbelasteter Grundstücke, für die Verbindlichkeit des persönlichen Schuldners und für die Geltendmachung des Ausfalls im Konkurse maßgebend.

§ 7. Für die Berechnung von Eintragungsgebühren ist der Wert maßgebend, den die Forderung zur Zeit des Eingangs des Eintragungsantrages bei dem Grundbuchamte hat.

§ 8. Für Grundschulden und Rentenschulden gelten die Vorschriften der §§ 1 bis 7 entsprechend.

§ 9. Werden von einer Hypothekenbank Hypothekenpfandbriefe ausgegeben, deren Nennwert nach Maßgabe der §§ 1, 2 bestimmt ist, so gelten die folgenden Vorschriften:

1. Der Gesamtbetrag der im Umlauf befindlichen Hypothekenpfandbriefe jeder Gattung muß in Höhe des Nennwertes jederzeit durch Hypotheken gleicher Gattung von mindestens gleicher Höhe und mindestens gleichem Zinsertrage gedeckt sein.
2. Als Ersatzdeckung (§ 6 Abs. 4 des Hypothekenbankgesetzes) können nur solche wertbeständigen

Schuldverschreibungen verwendet werden, die vom Reiche oder einem Lande ausgestellt oder gewährleistet sind.

3. Bei Feststellung des Betrags, bis zu dem Hypothekenpfandbriefe ausgegeben werden dürfen, ist für die Berechnung des Wertes wertbeständiger Pfandbriefe und wertbeständiger Schuldverschreibungen der in den §§ 41, 42 des Hypothekenbankgesetzes bezeichneten Art der Tag maßgebend, an dem die neuauszugebenden Pfandbriefe oder Schuldverschreibungen von dem Treuhänder gemäß § 30 Abs. 3 des Hypothekenbankgesetzes ausgefertigt worden sind.

4. Für jede Gattung der zur Deckung von Pfandbriefen bestimmten Hypotheken ist ein besonderes Register zu führen.

5. Ist über das Vermögen der Hypothekenbank das Konkursverfahren eröffnet, so gehen in Ansehung der Befriedigung aus den Hypotheken und Schuldverschreibungen, die in das für eine Gattung geführte Register eingetragen sind, die Forderungen aus Pfandbriefen dieser Gattung den Forderungen aus Pfandbriefen anderer Gattungen vor. Das gleiche gilt von Geld, das dem Treuhänder als Deckung von Hypothekenpfandbriefen dieser Gattung in Verwahrung gegeben ist.

Werden von einer Hypothekenbank Schuldverschreibungen der in den §§ 41, 42 des Hypothekenbankgesetzes bezeichneten Art ausgegeben, deren Nennwert nach Maßgabe der §§ 1, 2 bestimmt ist, so gelten die Vorschriften des Abs. 1 entsprechend.

In den Fällen der Abs. 1, 2 kann die Reichsregierung mit Zustimmung des Reichsrats gestatten, daß bis zu einem von ihr zu bestimmenden Betrage Hypothekenpfandbriefe und Schuldverschreibungen über die im Hypothekenbankgesetze festgesetzten Grenzen hinaus ausgegeben werden.

§ 10. Sollen nach dem Inhalt von Zeichnungsbedingungen, die vor dem Inkrafttreten dieses Gesetzes ausgegeben worden sind, Teilschuldverschreibungen durch wertbeständige Reallasten gesichert werden, so kann der für die Gläubiger bestellte Treuhänder mit Wirkung für diese darein willigen, daß die Sicherung statt durch wertbeständige Reallasten durch wertbeständige Hypotheken erfolgt.

§ 11. Die Reichsregierung kann mit Zustimmung des Reichsrats die zur Durchführung dieses Gesetzes erforderlichen Rechtsverordnungen und allgemeinen Verwaltungsvorschriften erlassen.

Sie kann ferner mit Zustimmung des Reichsrats bestimmen, daß, soweit in Reichsgesetzen die Sicherstellung wertbeständiger Schuldverschreibungen durch Reallasten vorgesehen ist, die Sicherstellung auch durch wertbeständige Hypotheken erfolgen darf.

§ 12. Dieses Gesetz tritt mit dem Tage der Verkündung in Kraft.

---

22 b. Durchführungsverordnung v. 29. Juni 1923[1]).

§ 1. Für Roggen und Weizen gelten nur amtlich festgestellte oder bekanntgemachte Preise einer in-

---

[1]) RGBl. 1923 I S. 482. (Reichsminister der Justiz.)

ländischen Börse als amtlich festgestellte Preise im Sinne des Gesetzes.

Soweit solche Preise nicht oder nicht für die der Berechnung zugrunde zu legende Zeit amtlich festgestellt oder bekanntgemacht werden, sind die vom Deutschen Landwirtschaftsrat an deren Stelle festzustellenden Preise maßgebend.

§ 2. Als amtlich festgestellter Preis für Feingold gilt nur der von dem Reichswirtschaftsminister oder der von ihm bestimmten Stelle im Reichsanzeiger bekanntgegebene Londoner Goldpreis. Die Umrechnung in die deutsche Währung erfolgt nach dem Mittelkurse der Berliner Börse auf Grund der letzten amtlichen Notierung vor dem Tage, der für die Berechnung der Kapital-, Tilgungs- und Zinsbeträge sowie der sonstigen Nebenleistungen maßgebend ist; ist ein Durchschnittspreis maßgebend, so erfolgt die Umrechnung nach dem Durchschnittskurse desselben Zeitraums.

§ 3. Außer den im § 1 Satz 1 des Gesetzes zugelassenen Maßstäben werden zugelassen die amtlich festgestellten oder festgesetzten Preise für

1. Fettförderkohle des Rheinisch-westfälischen Kohlensyndikats,
2. gewaschene Fettnuß IV des Rheinisch-westfälischen Kohlensyndikats,
3. oberschlesische Flammstückkohle,
4. Kalidüngesalz 40 vom Hundert.

Bei den zu 1 und 2 bezeichneten Waren kann außer dem amtlich festgesetzten Preise frei Grube dieser Preis zuzüglich der amtlich festgesetzten Frachtkosten Mannheim verwendet werden.

§ 4. Für Kohle und Kali (§ 3) gelten nur die vom Reichskohlenverband oder Reichskalirate, falls aber der Reichswirtschaftsminister eine Festsetzung vorgenommen hat, nur die von diesem festgesetzten Preise als amtlich festgesetzte Preise im Sinne des Gesetzes.

Soweit solche Preisfestsetzungen nicht oder nicht für die der Berechnung zugrunde zu legende Zeit erfolgen, gelten als amtlich festgesetzte oder festgestellte Preise im Sinne des Gesetzes, und zwar, sofern nicht anderes vereinbart ist, in nachstehender Reihenfolge:

1. die Preise eines inländischen Syndikats,
2. die amtlich festgestellten oder bekanntgemachten Preise einer inländischen Börse,
3. die Preise, die im Auftrag des Vorstandes einer solchen Börse durch Sachverständige ermittelt sind,
4. die von einer staatlichen Bergbehörde erzielten Verkaufspreise.

22c. Durchführungsverordnung v. 5. Oktober 1923[1]).

§ 1. Außer den im § 1 Satz 1 des Gesetzes und im § 3 der Verordnung vom 29. Juni 1923 (Reichsgesetzbl. I S. 482) zugelassenen Maßstäben werden die amtlich festgestellten oder festgesetzten Preise für

1. Niederschlesische Stückkohle,
2. Niederschlesische gewaschene Nußkohle I

---

1) RGBl. 1923 I S. 933. (Reichsminister der Justiz.)

als Maßstäbe für die Begründung wertbeständiger Hypotheken zugelassen.

§ 4 der Verordnung vom 29. Juni 1923 findet Anwendung.

22d. Durchführungsverordnung v. 2. Novbr. 1923[1]).

Als Maßstab einer wertbeständigen Hypothek wird der an einer deutschen Börse amtlich festgestellte Kurswert des nordamerikanischen Dollars für den Fall zugelassen, daß die Hypothek zur Sicherung einer Anleihe dient, für deren Verzinsung und Rückzahlung das Reich oder ein Land die Bürgschaft übernommen hat.

22e. Durchführungsverordnung v. 6. Novbr. 1923[2]).

Die im § 15 Abs. 2 des Reichssiedlungsgesetzes vom 11. August 1919 (Reichsgesetzbl. S. 1429) in der Fassung des Gesetzes vom 7. Juni 1923 (Reichsgesetzbl. I S. 364) vorgesehene Sicherung von Schuldverschreibungen durch Reallasten kann auch durch wertbeständige Hypotheken erfolgen.

---

[2]) RGBl. 1923 I S. 1082. (Reichsminister der Justiz.)

[1]) RGBl. 1923 I S. 1075. (Reichsminister der Justiz.)

22f. Durchführungsverordnung v. 17. April 1924[1]).

Einziger Paragraph.

Feingoldhypotheken (§ 1 des Gesetzes über wertbeständige Hypotheken vom 23. Juni 1923 — Reichsgesetzbl. I S. 407 —, § 2 der Verordnung zur Durchführung des Gesetzes über wertbeständige Hypotheken vom 29. Juni 1923 — Reichsgesetzbl. I S. 482 —) können als Goldmarkhypotheken eingetragen werden. Dabei entspricht eine Goldmark dem Preise von $^1/_{2790}$ Kilogramm Feingold.

23a. Hypothekenbankgesetz vom 13. Juli 1899[2]).

§ 1. Aktiengesellschaften und Kommanditgesellschaften auf Aktien, bei welchen der Gegenstand des Unternehmens in der hypothekarischen Beleihung von Grundstücken und der Ausgabe von Schuldverschreibungen auf Grund der erworbenen Hypotheken besteht (Hypothekenbanken), bedürfen zur Ausübung ihres Geschäftsbetriebs der Genehmigung des Bundesrats.

Ist in der Satzung einer Hypothekenbank bestimmt, daß die hypothekarischen Beleihungen nur im Gebiete desjenigen Bundesstaats erfolgen dürfen, in welchem die Bank ihren Sitz hat, so steht die Erteilung der Genehmigung der Zentralbehörde dieses Bundesstaats zu.

---

[1]) RGBl. 1924 I S. 415. (Reichsminister der Justiz.)

[2]) RGBl. 1899 S. 375. Änderung der §§ 5, 7, 19, 20, 26, 41, 46, 48 und Zufügung des § 52a durch Ges. v. 14. Juli 1923 (RGBl. 1923 I S. 635). Änderung bzw. Neufassung der §§ 5, 7, 41, 46, 48 durch Ges. v. 26. Jan. 1926 (RGBl. 1926 I S. 97).

Zu jeder Änderung der Satzung einer Hypothekenbank ist die Genehmigung der nach den Abs. 1, 2 zuständigen Stelle erforderlich.

§ 2. Offenen Handelsgesellschaften, Kommanditgesellschaften, Gesellschaften mit beschränkter Haftung, eingetragenen Genossenschaften und einzelnen Personen ist der Betrieb eines Unternehmens der im § 1 Abs. 1 bezeichneten Art untersagt.

§ 3. Die Hypothekenbanken unterliegen der staatlichen Aufsicht. Die Aufsicht steht dem Bundesstaate zu, in welchem die Bank ihren Sitz hat. Die Aufsicht erstreckt sich auf den ganzen Geschäftsbetrieb der Bank und dauert auch nach deren Auflösung bis zur Beendigung der Liquidation fort.

§ 4. Die Aufsichtsbehörde ist befugt, alle Anordnungen zu treffen, welche erforderlich sind, um den Geschäftsbetrieb der Bank mit den Gesetzen, der Satzung und den sonst in verbindlicher Weise getroffenen Bestimmungen im Einklange zu erhalten.

Die Aufsichtsbehörde ist namentlich befugt:

1. jederzeit die Bücher und Schriften der Bank einzusehen sowie den Bestand der Kasse und die Bestände an Wertpapieren zu untersuchen;
2. von den Verwaltungsorganen der Bank Auskunft über alle Geschäftsangelegenheiten zu verlangen;
3. einen Vertreter in die Generalversammlungen und in die Sitzungen der Verwaltungsorgane der Bank zu entsenden, die Berufung der Generalversammlung, die Anberaumung von Sitzungen der Verwaltungsorgane sowie die

Ankündigung von Gegenständen zur Beschlußfassung zu verlangen und, wenn dem Verlangen nicht entsprochen wird, die Berufung, Anberaumung oder Ankündigung auf Kosten der Bank selbst vorzunehmen;

4. die Ausführung von Beschlüssen oder Anordnungen zu untersagen, die gegen das Gesetz, die Satzung oder die sonst in verbindlicher Weise getroffenen Bestimmungen verstoßen.

Die Aufsichtsbehörde kann einen Kommissar bestellen, der unter ihrer Leitung die Aufsicht ausübt. Sie kann bestimmen, daß für die Tätigkeit des Kommissars eine Vergütung von der Bank an die Staatskasse zu entrichten ist; sie setzt den Betrag dieser Vergütung fest.

§ 5. Die Hypothekenbanken dürfen außer der Gewährung hypothekarischer Darlehen und der Ausgabe von Hypothekenpfandbriefen nur folgende Geschäfte betreiben:

1. den Erwerb, die Veräußerung und die Beleihung von Hypotheken;
2. die Gewährung nicht hypothekarischer Darlehen an inländische Körperschaften des öffentlichen Rechtes oder gegen Übernahme der vollen Gewährleistung durch eine solche Körperschaft und die Ausgabe von Schuldverschreibungen auf Grund der so erworbenen Forderungen;
3. die Gewährung von Darlehen an inländische Kleinbahnunternehmungen gegen Verpfändung der Bahn und die Ausgabe von Schuldverschreibungen auf Grund der so erworbenen Forderungen;

4. den kommissionsweisen Ankauf und Verkauf von Wertpapieren, jedoch unter Ausschluß von Zeitgeschäften;
5. die Annahme von Geld oder anderen Sachen zum Zwecke der Hinterlegung;
6. die Besorgung der Einziehung von Wechseln, Anweisungen und ähnlichen Papieren;
7. Die Aufnahme von Darlehen bei der Deutschen Rentenbank-Kreditanstalt zwecks Gewährung hypothekarischer Darlehen und die Bestellung von Sicherheiten für diese Darlehen.

Verfügbares Geld dürfen die Hypothekenbanken nutzbar machen durch Hinterlegung bei geeigneten Bankhäusern, durch Ankauf ihrer Hypothekenpfandbriefe und ihrer gemäß Abs. 1 Nr. 2, 3 ausgegebenen Schuldverschreibungen, durch Ankauf solcher Wechsel und Wertpapiere, welche nach den Vorschriften des Bankgesetzes vom 14. März 1875 von der Reichsbank angekauft werden dürfen, sowie durch Beleihung von Wertpapieren nach einer von der Hypothekenbank aufzustellenden Anweisung. Die Anweisung hat die beleihungsfähigen Papiere und die zulässige Höhe der Beleihung festzusetzen.

Der Erwerb von Grundstücken ist den Hypothekenbanken nur zur Verhütung von Verlusten an Hypotheken oder zur Beschaffung von Geschäftsräumen gestattet. In Ansehung eines solchen Erwerbes stehen in jedem Bundesstaate Hypothekenbanken, die in dem Gebiet eines anderen Bundesstaats ihren Sitz haben, den einheimischen Hypothekenbanken gleich.

§ 6. Der Gesamtbetrag der im Umlauf befindlichen Hypothekenpfandbriefe muß in Höhe des Nennwerts jederzeit durch Hypotheken von mindestens gleicher Höhe und mindestens gleichem Zinsertrage gedeckt sein.

Die Deckung muß, soweit Hypotheken an landwirtschaftlichen Grundstücken dazu verwendet werden, mindestens zur Hälfte aus Amortisationshypotheken bestehen, bei denen der jährliche Tilgungsbeitrag des Schuldners nicht weniger als ein Viertel vom Hundert des Hypothekenkapitals beträgt. Die Bank darf jedoch, falls solche Hypotheken vor der Zeit zurückbezahlt werden, an ihrer Stelle bis zum Ablaufe der planmäßigen Tilgungszeit Hypotheken anderer Art zur Deckung benutzen.

Steht der Bank eine Hypothek an einem Grundstücke zu, das sie zur Verhütung eines Verlustes an der Hypothek erworben hat, so darf diese als Deckung von Hypothekenpfandbriefen höchstens mit der Hälfte des Betrages in Ansatz gebracht werden, mit welchem sie vor dem Erwerbe des Grundstücks durch die Bank als Deckung in Ansatz gebracht war.

Ist infolge der Rückzahlung von Hypotheken oder aus einem anderen Grunde die vorgeschriebene Deckung in Hypotheken nicht mehr vollständig vorhanden und ist weder die Ergänzung durch andere Hypotheken noch die Einziehung eines entsprechenden Betrags von Hypothekenpfandbriefen sofort ausführbar, so hat die Bank die fehlende Hypothekendeckung einstweilen durch Schuldverschreibungen des Reichs oder eines Bundesstaats oder durch Geld zu ersetzen. Die Schuldverschreibungen dürfen höchstens mit einem Betrag in Ansatz gebracht werden, der um fünf vom Hundert des Nennwerts unter ihrem jeweiligen Börsenpreise bleibt.

§ 7. Die Hypothekenbanken dürfen Hypothekenpfandbriefe nur insoweit ausgeben und Darlehen von der Deutschen Rentenbank-Kreditanstalt nur insoweit aufnehmen, als der Betrag der ausgegebenen Hypothekenpfandbriefe zuzüglich des Betrags der bei der Deutschen Rentenbank-Kreditanstalt aufgenommenen Darlehen den zwanzigfachen Betrag des eingezahlten Grundkapitals und des ausschließlich zur Deckung einer Unterbilanz oder zur Sicherung der Pfandbriefgläubiger oder der Forderungen der Deutschen Rentenbank-Kreditanstalt aus der Darlehnsgewährung bestimmten Reservefonds nicht übersteigt.

§ 8. In den Hypothekenpfandbriefen sind die für das Rechtsverhältnis zwischen der Hypothekenbank und den Pfandbriefgläubigern maßgebenden Bestimmungen, insbesondere in betreff der Kündbarkeit der Hypothekenpfandbriefe, ersichtlich zu machen.

Die Hypothekenbank darf auf das Recht zur Rückzahlung der Hypothekenpfandbriefe höchstens für einen Zeitraum von zehn Jahren verzichten. Den Pfandbriefgläubigern darf ein Kündigungsrecht nicht eingeräumt werden.

§ 9. Die Ausgabe von Hypothekenpfandbriefen, deren Einlösungswert den Nennwert übersteigt, ist nicht gestattet.

§ 10. Als Deckung für Hypothekenpfandbriefe dürfen nur Hypotheken benutzt werden, welche den in den §§ 11, 12 bezeichneten Erfordernissen entsprechen.

§ 11. Die Beleihung ist auf inländische Grundstücke beschränkt und der Regel nach nur zur ersten Stelle zulässig.

Die Beleihung darf die ersten drei Fünfteile des Wertes des Grundstücks nicht übersteigen. Die Zentralbehörde eines Bundesstaats kann die Beleihung landwirtschaftlicher Grundstücke in dem Gebiete des Bundesstaates oder in Teilen dieses Gebietes bis zu zwei Dritteilen des Wertes gestatten.

§ 12. Der bei der Beleihung angenommene Wert des Grundstücks darf den durch sorgfältige Ermittelung festgestellten Verkaufswert nicht übersteigen. Bei der Feststellung dieses Wertes sind nur die dauernden Eigenschaften des Grundstücks und der Ertrag zu berücksichtigen, welchen das Grundstück bei ordnungsmäßiger Wirtschaft jedem Besitzer nachhaltig gewähren kann.

Soweit vor der Beleihung die Grundstücke durch eine öffentliche Behörde des Gebiets, in welchem sie liegen, abgeschätzt werden, kann der Bundesrat bestimmen, daß der bei der Beleihung angenommene Wert auch den durch eine solche Abschätzung festgestellten Wert nicht übersteigen darf.

Die zur Deckung von Hypothekenpfandbriefen verwendeten Hypotheken an Bauplätzen sowie an solchen Neubauten, welche noch nicht fertiggestellt und ertragsfähig sind, dürfen zusammen den zehnten Teil des Gesamtbetrags der zur Deckung der Hypothekenpfandbriefe benutzten Hypotheken sowie den halben Betrag des eingezahlten Grundkapitals nicht überschreiten. Im übrigen sind Hypotheken an Grundstücken, die einen dauernden Ertrag nicht gewähren, insbesondere an Gruben und Brüchen, von der Verwendung zur Deckung von Hypothekenpfandbriefen ausgeschlossen. Das gleiche gilt von Hypotheken an Bergwerken. Hypotheken an anderen Berechtigungen, für welche die sich auf Grundstücke beziehenden Vorschriften Anwendung finden, sind von der Verwendung zur Deckung von Hypothekenpfandbriefen ausgeschlossen, sofern die Berechtigungen einen dauernden Ertrag nicht gewähren.

§ 13. Die Hypothekenbank hat auf Grund der Vorschriften des § 12 eine Anweisung über die Wertermittlung zu erlassen; die Anweisung bedarf der Genehmigung der Aufsichtsbehörde.

Nimmt die Bank hypothekarische Beleihungen in dem Gebiet eines Bundesstaats vor, in dem sie nicht ihren Sitz hat, so ist die Anweisung auch der Aufsichtsbehörde dieses Bundesstaats einzureichen. Über Beanstandungen, die von der Behörde erhoben werden, beschließt, wenn die Erledigung in anderer Weise nicht zu erreichen ist, der Bundesrat; die Beschlußfassung des Bundesrats wird auf Antrag durch den Reichskanzler herbeigeführt.

§ 14. Die hypothekarischen Darlehen sind in Geld zu gewähren.

Die Gewährung von Darlehen in Hypothekenpfandbriefen der Bank zum Nennwert ist nur zulässig, wenn die Satzung der Bank sie gestattet und der Schuldner ausdrücklich zustimmt. In diesem Falle ist dem Schuldner urkundlich das Recht einzuräumen, die Rückzahlung der Hypothek nach seiner Wahl in Geld oder in

Hypothekenpfandbriefen der Bank, die derselben Gattung angehören wie die empfangenen, nach dem Nennwerte zu bewirken. Hypothekenpfandbriefe, die bei der amtlichen Feststellung des Börsenpreises nicht unterschieden werden, gelten im Sinne dieser Vorschrift stets als zu derselben Gattung gehörig.

§ 15. Die Grundzüge der Bedingungen für die hypothekarischen Darlehn sind von der Hypothekenbank hypothekarischen Darlehen sind von der Hypothekenbank festzustellen; die Grundzüge bedürfen der Genehmigung der Aufsichtsbehörde. In den Bedingungen ist namentlich zu bestimmen, welche Nachteile den Schuldner bei nicht rechtzeitiger Zahlung treffen sowie unter welchen Voraussetzungen die Bank befugt ist, die vorzeitige Rückzahlung der Hypothek zu verlangen.

Nimmt die Bank Beleihungen in dem Gebiet eines Bundesstaats vor, in dem sie nicht ihren Sitz hat, so kann die Aufsichtsbehörde dieses Bundesstaats verlangen, daß ihr die Grundzüge der Darlehensbedingungen eingereicht werden. Auf die Erledigung von Beanstandungen finden die Vorschriften des § 13 Abs. 2 Satz 2 entsprechende Anwendung.

Der Aufsichtsbehörde des im Abs. 2 bezeichneten Bundesstaats ist auf ihr Verlangen alljährlich ein Verzeichnis der hypothekarischen Beleihungen einzureichen, welche die Bank in dem Gebiete des Bundesstaats vorgenommen hat. Der Bundesrat kann Bestimmungen über die Einrichtung und den Inhalt der Verzeichnisse erlassen.

§ 16. In den von der Hypothekenbank verwendeten Darlehnsprospekten und Antragsformularen sind alle Bestimmungen über die Art der Auszahlung der Darlehn, über Abzüge zugunsten der Bank, über die Höhe und Fälligkeit der Zinsen und der sonst dem Schuldner obliegenden Leistungen, über den Beginn einer Amortisation und über die Kündigung und Rückzahlung aufzunehmen.

§ 17. Im Falle einer Verschlechterung des beliehenen Grundstücks oder seiner Zubehörstücke, der ein unwirtschaftliches Verfahren des Besitzers nicht zugrunde liegt, finden zugunsten der Hypothekenbank die Vorschriften der §§ 1133, 1135 des Bürgerlichen Gesetzbuchs über das Recht des Gläubigers auf sofortige Befriedigung aus dem Grundstücke nur in Ansehung des Betrags Anwendung, für welchen in dem verminderten Werte des Grundstücks nicht mehr die nach dem Gesetz oder der Satzung erforderliche Deckung vorhanden ist. Über diesen Betrag hinaus darf sich die Bank für den Fall einer Verminderung des Wertes des Grundstücks das Recht, die vorzeitige Rückzahlung der Hypothek zu verlangen, nicht ausbedingen.

Die Bank darf sich für den Fall, daß ein Teil des Grundstücks veräußert und die Unschädlichkeit der Veräußerung für die Berechtigten nach Maßgabe der Landesgesetze von der zuständigen Behörde festgestellt wird, keine weiteren als die ihr gesetzlich zustehenden Rechte auf Sicherstellung oder Befriedigung vorbehalten.

Es darf nicht bedungen werden, daß die Bank im Falle ihrer Auflösung die vorzeitige Rückzahlung der Hypothek verlangen kann.

§ 18. Dem Schuldner ist urkundlich das Recht einzuräumen, die Hypothek ganz oder teilweise zu kündigen und zurückzuzahlen.

Das Recht der Rückzahlung darf nur bis zu einem Zeitraume von zehn Jahren ausgeschlossen werden. Dieser Zeitraum beginnt mit der Auszahlung des Darlehens, im Falle der Auszahlung in Teilbeträgen mit der letzten Zahlung; wird nach der Auszahlung des Darlehens eine Vereinbarung über die Zeit der Rückzahlung getroffen, so beginnt der zehnjährige Zeitraum mit der Vereinbarung.

Die Kündigungsfrist darf neun Monate und bei Hypotheken, welche die Bank kündigen kann, auch die der Bank eingeräumte Kündigungsfrist nicht überschreiten.

Soweit es nach diesen Vorschriften nicht gestattet ist, das Recht des Schuldners zur Rückzahlung der Hypothek auszuschließen, darf sich die Bank eine Rückzahlungsprovision oder die Bestellung einer Sicherheit bei der Kündigung nicht ausbedingen.

§ 19. Bei Amortisationshypotheken darf zugunsten der Bank ein Kündigungsrecht nicht bedungen werden. Eine Vereinbarung, welche der Bank das Recht einräumt, aus besonderen, in dem Verhalten des Schuldners liegenden Gründen die Rückzahlung der Hypothek vor der bestimmten Zeit zu verlangen, wird hierdurch nicht berührt.

§ 20. Der Beginn der Amortisation darf für einen zehn Jahre nicht übersteigenden Zeitraum hinausgeschoben werden. Ist in einem solchen Falle infolge der Hinausschiebung der Amortisation außer den bedungenen Zinsen ein Betrag an die Bank zu entrichten, so ist dieser in der Darlehnsurkunde ersichtlich zu machen.

Von dem Beginne der Amortisation an dürfen die Jahreszinsen von keinem höheren Betrag als von dem für den Schluß des Vorjahrs sich ergebenden Restkapitale berechnet werden.

§ 21. Das Recht des Schuldners zur teilweisen Rückzahlung der Hypothek kann bei Amortisationshypotheken in der Weise beschränkt werden, daß eine Zahlung von der Bank nur angenommen zu werden braucht, wenn die Zahlung dazu bestimmt und geeignet ist, die Tilgungszeit unter Beibehaltung der bisherigen Höhe der Jahresleistungen um ein Jahr oder um mehrere Jahre abzukürzen. Die Vorschrift findet jedoch keine Anwendung, wenn der Betrag der Zahlung den zehnten Teil des Restkapitals erreicht und der Schuldner verlangt, daß die späteren Jahresleistungen unter Beibehaltung der ursprünglichen Tilgungszeit herabgesetzt werden; in diesem Falle darf bei den im § 6 Abs. 2 bezeichneten Hypotheken der jährliche Tilgungsbeitrag weniger als ein Viertel vom Hundert des ursprünglichen Kapitals betragen; die Bank hat einen neuen Tilgungsplan aufzustellen.

Die Bank darf sich von der Verpflichtung, in Ansehung des amortisierten Betrags die ihr behufs der Berichtigung des Grundbuchs, der Löschung der Hypothek oder der Herstellung eines Teilhypothekenbriefs nach den Vorschriften des bürgerlichen Rechtes obliegenden Handlungen vorzunehmen, im voraus nicht befreien.

Die Bank hat nach Veröffentlichung der Jahresbilanz jedem Schuldner auf Verlangen mitzuteilen, welcher Betrag der Hypothek am Schlusse des Vorjahrs amortisiert war.

§ 22. Die zur Deckung der Hypothekenpfandbriefe bestimmten Hypotheken sind von der Bank einzeln in ein Register einzutragen. Im Falle des § 6 Abs. 4 sind die ersatzweise zur Deckung bestimmten Wertpapiere gleichfalls in das Register einzutragen; die Eintragung hat die einzelnen Stücke zu bezeichnen.

Innerhalb des ersten Monats eines jeden Kalenderhalbjahrs ist eine von dem nach § 29 bestellten Treuhänder beglaubigte Abschrift der Eintragungen, welche während des letzten Halbjahrs in dem Hypothekenregister vorgenommen worden sind, der Aufsichtsbehörde einzureichen. Die Abschrift wird von der Aufsichtsbehörde aufbewahrt.

§ 23. Innerhalb des zweiten Monats eines jeden Kalenderhalbjahrs hat die Bank den Gesamtbetrag der Hypothekenpfandbriefe, welche am letzten Tage des vergangenen Halbjahrs im Umlaufe waren, und den nach Abzug aller Rückzahlungen oder sonstigen Minderungen sich ergebenden Gesamtbetrag der am letzten Tage des vergangenen Halbjahres in das Hypothekenregister eingetragenen Hypotheken sowie den Gesamtbetrag der an diesem Tage in das Register eingetragenen Wertpapiere und des in der Verwahrung des Treuhänders befindlichen Geldes im Deutschen Reichsanzeiger und in den für die Veröffentlichungen der Bank bestimmten Blättern bekanntzumachen.

Sind in dem Register Wertpapiere oder solche Hypotheken eingetragen, die nicht ihrem vollen Betrage nach zur Deckung von Hypothekenpfandbriefen geeignet sind, so ist in der Bekanntmachung anzugeben, mit welchem Betrage die Wertpapiere oder die Hypotheken als Deckung nicht in Ansatz kommen.

§ 24. Die Jahresbilanz einer Hypothekenbank hat in getrennten Posten namentlich zu enthalten:

1. den Gesamtbetrag der zur Deckung der Hypothekenpfandbriefe bestimmten Hypotheken und Wertpapiere;
2. den Gesamtbetrag der rückständigen Hypothekenzinsen;
3. den Gesamtwert der Grundstücke der Bank unter gesonderter Angabe des Wertes der Bankgebäude;
4. die Gesamtbeträge der Bestände an Geld, an Wechseln und an Wertpapieren unter gesonderter Angabe des Betrags der eigenen Hypothekenpfandbriefe und Schuldverschreibungen der Bank;
5. den Gesamtbetrag der Forderungen der Bank aus Lombardgeschäften;
6. den Gesamtbetrag der Guthaben bei Bankhäusern;
7. den Gesamtbetrag der im Umlaufe befindlichen Hypothekenpfandbriefe nach ihrem Nennwerte, bei verschieden verzinslichen Hypothekenpfandbriefen den Gesamtbetrag jeder dieser Gattungen;
8. den Gesamtbetrag der Verbindlichkeiten der Bank aus der Annahme von Geld zum Zwecke der Hinterlegung.

§ 25. Sind Hypothekenpfandbriefe zu einem geringeren Betrag als dem Nennwert ausgegeben worden, so darf in die Aktiven der Bilanz ein Betrag aufgenommen werden, der vier Fünfteilen des Mindererlöses gleichkommt; von dem Mindererlös ist der

Gewinn abzuziehen, den die Bank durch den Rückkauf von Hypothekenpfandbriefen zu einem geringeren Betrag als dem Nennwert erzielt hat. Der demgemäß in die Bilanz eingestellte Aktivposten muß jährlich zu mindestens einem Viertel abgeschrieben werden.

In keinem Jahre dürfen die nach den Vorschriften des Abs. 1 in die Bilanz aufgenommenen Aktivposten zusammen mehr betragen als das Doppelte des Überschusses, den die Hypothekenzinsen für das Bilanzjahr ergeben, wenn von ihnen die Pfandbriefzinsen und außerdem ein Viertel vom Hundert der Gesamtsumme der Hypotheken abgezogen werden; auch dürfen die bezeichneten Aktivposten zusammen nicht den Betrag des ausschließlich zur Deckung einer Unterbilanz bestimmten Reservefonds übersteigen.

Die durch die Ausgabe der Hypothekenpfandbriefe entstandenen Kosten, mit Einschluß der für die Unterbringung gezahlten Provisionen, sind ihrem vollen Betrage nach zu Lasten des Jahres zu verrechnen, in welchem sie entstanden sind.

Ansprüche der Bank auf Jahresleistungen der Hypothekenschuldner für die auf das Bilanzjahr folgende Zeit dürfen nicht in die Aktiven der Bilanz aufgenommen werden.

§ 26. Sind Hypothekenpfandbriefe zu einem höheren Betrag als dem Nennwert ausgegeben worden und hat die Bank auf das Recht verzichtet, die Hypothekenpfandbriefe jederzeit zurückzuzahlen, so ist der Mehrerlös, soweit er nach Abzug der Herstellungs- und Begebungskosten den Betrag von eins vom Hundert des Nennwerts übersteigt, in die Passiven der Bilanz einzustellen. Die Bank darf über ihn während der Jahre, für welche die Rückzahlung der Hypothekenpfandbriefe ausgeschlossen ist, alljährlich nur zu einem der Zahl dieser Jahre entsprechenden Bruchteile verfügen. Die Verfügung ist ausgeschlossen, solange ein Mindererlös der im § 25 Abs. 1 bezeichneten Art als Aktivposten in der Bilanz steht; zur Tilgung eines solchen Mindererlöses sowie zur Deckung des Verlustes, der für die Bank durch den Rückkauf von Hypothekenpfandbriefen zu einem den Nennwert übersteigenden Betrag entstanden ist, darf der Mehrerlös jederzeit verwendet werden.

§ 27. In der Gewinn- und Verlustrechnung sind in getrennten Posten namentlich die Gesamtbeträge der in dem Geschäftsjahre von der Bank verdienten Hypothekenzinsen, Darlehensprovisionen und sonstigen Nebenleistungen der Hypothekenschuldner sowie der Gesamtbetrag der für das Geschäftsjahr von der Bank zu entrichtenden Pfandbriefzinsen anzugeben.

§ 28. In dem Geschäftsbericht oder in der Bilanz sind ersichtlich zu machen:

1. die Zahl der zur Deckung der Hypothekenpfandbriefe bestimmten Hypotheken und deren Verteilung nach ihrer Höhe in Stufen von hunderttausend Mark;
2. die Beträge, welche davon auf Hypotheken an landwirtschaftlichen und auf solche an anderen Grundstücken, auf Amortisationshypotheken und auf andere Hypotheken, auf Hypotheken an Bauplätzen und an unfertigen, noch nicht ertragsfähigen Neubauten fallen;

3. die Zahl der Zwangsversteigerungen und die Zahl der Zwangsverwaltungen, welche in dem Geschäftsjahr auf Antrag der Bank bewirkt worden sind, sowie die Zahl der in dem Geschäftsjahre bewirkten Zwangsversteigerungen und Zwangsverwaltungen, an welchen die Bank sonst beteiligt war;
4. die Zahl der Fälle, in welchen die Bank während des Geschäftsjahrs Grundstücke zur Verhütung von Verlusten an Hypotheken hat übernehmen müssen, sowie den Gesamtbetrag dieser Hypotheken und die Verluste oder Gewinne, welche sich bei dem Wiederverkauf übernommener Grundstücke ergeben haben;
5. die Jahre, aus welchen die Rückstände auf die von den Hypothekenschuldnern zu entrichtenden Zinsen herrühren, sowie der Gesamtbetrag der Rückstände eines jeden Jahres;
6. der Gesamtbetrag der im Geschäftsjahr erfolgten Rückzahlungen auf die Hypotheken, getrennt nach den durch Amortisation und den in anderer Weise erfolgten Rückzahlungen;
7. die Beschränkungen, welchen sich die Bank hinsichtlich der Rückzahlung der Hypothekenpfandbriefe unterworfen hat, getrennt nach den einzelnen Gattungen der Hypothekenpfandbriefe.

Die unter Nr. 3 bis 5 bezeichneten Angaben sind getrennt nach landwirtschaftlichen und anderen Grundstücken und nach den Hauptgebieten zu machen, auf welche sich die Geschäftstätigkeit der Hypothekenbank

In dem Geschäftsbericht oder in der Gewinn- und Verlustrechnung sind der Mehrerlös und der Mindererlös anzugeben, welche in dem Geschäftsjahre durch die Ausgabe von Hypothekenpfandbriefen zu einem höheren oder geringeren Betrag als dem Nennwert entstanden sind.

§ 29. Bei jeder Hypothekenbank ist ein Treuhänder sowie ein Stellvertreter zu bestellen.

Die Bestellung erfolgt durch die Aufsichtsbehörde nach Anhörung der Hypothekenbank. Die Bestellung kann jederzeit durch die Aufsichtsbehörde widerrufen werden.

§ 30. Der Treuhänder hat darauf zu achten, daß die vorschriftsmäßige Deckung für die Hypothekenpfandbriefe jederzeit vorhanden ist; hierbei hat er, sofern der Wert der beliehenen Grundstücke gemäß der von der Aufsichtsbehörde genehmigten Anweisung festgesetzt ist, nicht zu untersuchen, ob der festgesetzte Wert dem wirklichen Werte entspricht.

Er hat darauf zu achten, daß die zur Deckung der Hypothekenpfandbriefe bestimmten Hypotheken und Wertpapiere gemäß den Vorschriften des § 22 Abs. 1 in das Hypothekenregister eingetragen werden.

Er hat die Hypothekenpfandbriefe vor der Ausgabe mit einer Bescheinigung über das Vorhandensein der vorschriftsmäßigen Deckung und über die Eintragung in das Hypothekenregister zu versehen.

Eine in das Hypothekenregister eingetragene Hypothek sowie ein in das Hypothekenregister eingetragenes Wertpapier kann nur mit Zustimmung des Treuhänders in dem Register gelöscht werden. Die Zustimmung des Treuhänders bedarf der schriftlichen Form, sie kann in der Weise erfolgen, daß der Treuhänder seine Namensunterschrift dem Löschungsvermerk im Hypothekenregister beifügt.

§ 31. Der Treuhänder hat die Urkunden über die in das Hypothekenregister eingetragenen Hypotheken sowie die in das Register eingetragenen Wertpapiere und das gemäß § 6 Abs. 4 zur Deckung der Hypothekenpfandbriefe bestimmte Geld unter dem Mitverschlusse der Bank zu verwahren; er darf diese Gegenstände nur gemäß den Vorschriften dieses Gesetzes herausgeben.

Er ist verpflichtet, Hypothekenurkunden sowie Wertpapiere und Geld auf Verlangen der Bank herauszugeben und zur Löschung im Hypothekenregister mitzuwirken, soweit die übrigen in das Register eingetragenen Hypotheken und Wertpapiere zur Deckung der Hypothekenpfandbriefe genügen oder die Bank eine andere vorschriftsmäßige Deckung beschafft. Ist die Bank dem Hypothekenschuldner gegenüber zur Aushändigung der Hypothekenurkunden oder zur Vornahme der im § 1145 des Bürgerlichen Gesetzbuchs bezeichneten Handlungen verpflichtet, so hat der Treuhänder die Urkunde auch dann herauszugeben, wenn die bezeichneten Voraussetzungen nicht vorliegen; wird die Hypothek zurückgezahlt, so ist in dem letzteren Falle das gezahlte Geld dem Treuhänder zur Verwahrung gemäß Abs. 1 zu übergeben.

Bedarf die Bank einer Hypothekenurkunde nur zu vorübergehendem Gebrauche, so hat der Treuhänder sie herauszugeben, ohne daß die Bank verpflichtet ist, eine andere Deckung zu beschaffen.

§ 32. Der Treuhänder ist befugt, jederzeit die Bücher und Schriften der Bank einzusehen, soweit sie sich auf die Hypothekenpfandbriefe und auf die in das Hypothekenregister eingetragenen Hypotheken beziehen.

Die Hypothekenbank ist verpflichtet, von den Kapitalrückzahlungen auf die in das Hypothekenregister eingetragenen Hypotheken sowie von sonstigen für die Pfandbriefgläubiger erheblichen Änderungen, welche diese Hypotheken betreffen, dem Treuhänder fortlaufende Mitteilung zu machen.

§ 33. Streitigkeiten zwischen dem Treuhänder und der Hypothekenbank entscheidet die Aufsichtsbehörde.

§ 34. Der Treuhänder kann von der Hypothekenbank eine angemessene Vergütung für seine Geschäftsführung verlangen. Der Betrag der vereinbarten Vergütung ist der Aufsichtsbehörde anzuzeigen; in Ermangelung einer Einigung wird der Betrag durch die Aufsichtsbehörde festgesetzt.

§ 35. Ist über das Vermögen der Hypothekenbank der Konkurs eröffnet, so gehen in Ansehung der Befriedigung aus den in das Hypothekenregister eingetragenen Hypotheken und Wertpapieren die Forderungen der Pfandbriefgläubiger den Forderungen aller anderen Konkursgläubiger vor. Das gleiche gilt von Geld, das dem Treuhänder zur Deckung der Hypothekenpfandbriefe in Verwahrung gegeben ist. Die Pfandbriefgläubiger haben untereinander gleichen Rang.

In betreff des Anspruchs der Pfandbriefgläubiger auf Befriedigung aus dem sonstigen Vermögen der Bank finden die für die Absonderungsberechtigten geltenden Vorschriften der §§ 64, 153, 155, 156 und des § 168 Nr. 3 der Konkursordnung (RGBl. 1898 S. 612) entsprechende Anwendung.

Gehören zur Konkursmasse eigene Hypothekenpfandbriefe der Bank, die von dieser dem Bestand an Wertpapieren zugeschrieben sind, so werden sie bei der Berechnung der auf die einzelnen Hypothekenpfandbriefe fallenden Anteile an dem Erlös aus den im Abs. 1 bezeichneten Gegenständen mitgezählt.

Während des Konkurses der Hypothekenbank sind die Kosten einer Versammlung der Pfandbriefgläubiger, die nach den Vorschriften des Gesetzes, betreffend die gemeinsamen Rechte der Besitzer von Schuldverschreibungen, berufen wird, aus dem zur vorzugsweisen Befriedigung der letzteren dienenden Teile der Konkursmasse zu berichtigen.

§ 36. Treuhänder, die absichtlich zum Nachteile der Pfandbriefgläubiger handeln, werden wegen Untreue nach § 266 des Strafgesetzbuchs bestraft.

§ 37[1]**).** Wer für eine Hypothekenbank wissentlich Hypothekenpfandbriefe über den Betrag hinaus ausgibt, welcher durch die in das Hypothekenregister eingetragenen Hypotheken und Wertpapiere oder das in der Verwahrung des Treuhänders befindliche Geld vorschriftsmäßig gedeckt ist, wird mit Gefängnis bis zu einem Jahre und mit Geldstrafe bestraft.

Die gleiche Strafe trifft denjenigen, welcher für eine Hypothekenbank wissentlich über eine in das Hy-

---

[1]) Die Höhe der Geldstrafe richtet sich jetzt nach der im Anhang (S. 606) abgedruckten Verordnung über Vermögensstrafen und Bußen vom 6. Februar 1924.

pothekenregister eingetragene Hypothek oder über ein in das Register eingetragenes Wertpapier durch Veräußerung oder Belastung verfügt, obwohl die übrigen in das Register eingetragenen Hypotheken und Wertpapiere zur vorschriftsmäßigen Deckung der Hypothekenpfandbriefe nicht genügen, sowie denjenigen, welcher der Vorschrift des § 31 Abs. 2 Satz 2 zuwider es unterläßt, bei der Rückzahlung einer Hypothek das gezahlte Geld dem Treuhänder zur Verwahrung zu übergeben.

Sind mildernde Umstände vorhanden, so kann auf die Geldstrafe allein erkannt werden.

§ 38[1]). Wer für eine Hypothekenbank Hypothekenpfandbriefe ohne die nach § 30 Abs. 3 erforderliche Bescheinigung ausgibt, wird mit Geldstrafe oder mit Gefängnis bis zu drei Monaten bestraft.

§ 39[1]). Zuwiderhandlungen gegen die Vorschrift des § 2 werden mit Geldstrafe bestraft.

§ 40. Den Hypotheken stehen im Sinne dieses Gesetzes die Grundschulden gleich.

Hat die Bank ein Grundstück zur Verhütung von Verlusten an einer ihr an dem Grundstücke zustehenden Hypothek oder Grundschuld bei der Zwangsversteigerung erworben und an Stelle der gelöschten Hypothek oder Grundschuld für sich eine Grundschuld eintragen lassen, so findet auf diese die Vorschrift des § 6 Abs. 3 entsprechende Anwendung.

§ 41. Werden von einer Hypothekenbank auf Grund nicht hypothekarischer Darlehen, die an inlän-

---

[1]) Die Höhe der Geldstrafe richtet sich jetzt nach der im Anhang (S. 606) abgedruckten Verordnung über Vermögensstrafen und Bußen vom 6. Februar 1924.

dische Körperschaften des öffentlichen Rechtes oder gegen Übernahme der Gewährleistung durch eine solche Körperschaft gewährt sind, Schuldverschreibungen ausgegeben, so finden auf diese Schuldverschreibungen und die ihnen zugrunde liegenden Darlehensforderungen die Vorschriften des § 6 Abs. 1, 4 und der §§ 8, 9, 22, 23, 25, 26, 29 bis 38 entsprechende Anwendung.

Die Schuldverschreibungen, welche die Hypothekenbank gemäß Abs. 1 ausgibt, dürfen, unter Hinzurechnung der im Umlauf befindlichen Hypothekenpfandbriefe und der bei der Deutschen Rentenbank-Kreditanstalt aufgenommenen Darlehen, den im § 7 bestimmten Höchstbetrag nicht um mehr als zwei Fünfteile übersteigen.

§ 42. Werden von einer Hypothekenbank auf Grund von Darlehen, die an Kleinbahnunternehmungen gegen Verpfändung der Bahn gewährt sind, Schuldverschreibungen ausgegeben, so finden auf diese Schuldverschreibungen und die ihnen zugrunde liegenden Darlehensforderungen die im § 41 Abs. 1 angeführten Vorschriften entsprechende Anwendung. Die von der Hypothekenbank in der bezeichneten Weise ausgegebenen Schuldverschreibungen stehen im Sinne der Vorschriften des § 7 und des § 41 Abs. 2 den Hypothekenpfandbriefen gleich.

Die Satzung der Bank kann bestimmen, daß auf Grund der Forderungen aus den gemäß Abs. 1 gewährten Darlehen und auf Grund der Forderungen aus Darlehen, die an Kleinbahnunternehmungen gegen Übernahme der Gewährleistung durch eine inländische Körperschaft des öffentlichen Rechtes gewährt sind, Schuldverschreibungen ein und derselben Art ausgegeben werden, denen beide Arten von Forderungen zur Deckung dienen. In dem Geschäftsbericht oder in der Bilanz ist der Gesamtbetrag der Forderungen der einen und der anderen Art ersichtlich zu machen.

Im übrigen sind die für die Gewährung von Darlehen an Kleinbahnunternehmungen maßgebenden Grundsätze von der Hypothekenbank festzustellen; die Grundsätze bedürfen der Genehmigung der Aufsichtsbehörde. Die Vorschriften des § 13 Abs. 2 finden entsprechende Anwendung.

§ 43. Der § 17 des Einführungsgesetzes zur Konkursordnung wird durch folgende Vorschriften ersetzt:

Unberührt bleiben die landesgesetzlichen Vorschriften, nach welchen den Inhabern von Pfandbriefen, die von Kreditanstalten, welche nicht zu den Hypothekenbanken gehören, auf Grund von Hypotheken ausgestellt sind, ein Vorrecht vor allen anderen Konkursgläubigern in Ansehung der Befriedigung aus den Hypotheken der Anstalt zusteht[1]).

Unberührt bleiben die landesgesetzlichen Vorschriften, nach welchen den Inhabern von Schuldverschreibungen, die von Körperschaften des öffentlichen Rechtes, Aktiengesellschaften, Kommanditgesellschaften auf Aktien, Gesellschaften mit beschränkter Haftung oder Genossenschaften über ein Anlehen ausgestellt sind, ein Vorrecht vor nicht bevorrechtigten Konkursgläubigern, deren Forderungen später entstehen, dadurch gewährt werden kann,

---

[1]) Neu gefaßt durch § 52 b (vgl. Vorbemerkung).

daß die zu bevorrechtigenden Forderungen in ein öffentliches Schuldbuch eingetragen werden.

§ 44. Dieses Gesetz tritt, soweit sich nicht aus dem § 53 ein anderes ergibt, gleichzeitig mit dem Bürgerlichen Gesetzbuch in Kraft.

§ 45. Auf die bei dem Inkrafttreten dieses Gesetzes bestehenden Hypothekenbanken finden die Vorschriften des § 1 Abs. 1, 2 keine Anwendung.

Auf die bei dem Inkrafttreten dieses Gesetzes in das Genossenschaftsregister eingetragenen Genossenschaften findet, sofern sie vor dem 1. Mai 1898 gemäß den Bestimmungen ihrer Satzung die im § 1 Abs. 1 bezeichneten Geschäfte betrieben haben, die Vorschrift des § 2 keine Anwendung.

§ 46. Die bei dem Inkrafttreten dieses Gesetzes bestehenden Hypothekenbanken unterliegen den Vorschriften des § 5 insoweit nicht, als sie bis zum 1. Mai 1898 gemäß den Bestimmungen ihrer Satzung Geschäfte in weiterem als dem im § 5 bezeichneten Umfange betrieben haben.

Eine Hypothekenbank, die von dem Rechte des erweiterten Geschäftsbetriebes nach Maßgabe des Abs. 1 Gebrauch macht, darf Hypothekenpfandbriefe nur insoweit ausgeben und Darlehen bei der Deutschen Rentenbank-Kreditanstalt nur insoweit aufnehmen, als der Betrag der ausgegebenen Hypothekenpfandbriefe zuzüglich des Betrags der bei der Deutschen Rentenbank-Kreditanstalt aufgenommenen Darlehen das Fünfzehnfache des eingezahlten Grundkapitals und des im § 7 bezeichneten Reservefonds nicht übersteigt. Haben bei dem Inkrafttreten des Hypothekenbankgesetzes die von der Bank ausgegebenen Hypothekenpfandbriefe den doppelten Betrag des eingezahlten Grundkapitals nicht überstiegen, so darf die Bank Hypothekenpfandbriefe nur insoweit ausgeben und Darlehen bei der Deutschen Rentenbank-Kreditanstalt nur insoweit aufnehmen, als die ausgegebenen Hypothekenpfandbriefe zuzüglich der bei der Deutschen Rentenbank-Kreditanstalt aufgenommenen Darlehen den doppelten Betrag des eingezahlten Grundkapitals und des im § 7 bezeichneten Reservefonds nicht übersteigen.

Der Betrag, bis zu welchem hiernach eine Bank Hypothekenpfandbriefe ausgeben darf, tritt auch im Sinne des § 41 Abs. 2 an die Stelle des im § 7 bestimmten Höchstbetrages.

§ 47. Beschließt eine Hypothekenbank, die nach § 46 nicht an die Vorschriften des § 5 gebunden ist, sich diesen Vorschriften zu unterwerfen und ihre Satzung demgemäß zu ändern, so ist, wenn im Zusammenhange damit zugleich eine Herabsetzung des Grundkapitals stattfindet, die im § 289 Abs. 3, 4 des Handelsgesetzbuchs vorgesehene Sicherstellung der Gläubiger in Ansehung der Pfandbriefgläubiger nicht erforderlich, sofern die im Umlaufe befindlichen Hypothekenpfandbriefe durch die in das Hypothekenregister eingetragenen Hypotheken vollständig gedeckt sind.

§ 48. Eine Hypothekenbank, die bei dem Inkrafttreten dieses Gesetzes das Recht besitzt, über den in den §§ 7, 41, 42 oder im § 46 Abs. 2 Satz 1 Abs. 3 bestimmten Betrag hinaus Hypothekenpfandbriefe oder Schuldverschreibungen auszugeben, behält dieses Recht mit der Maßgabe, daß die Hypothekenpfandbriefe, die bei der Deutschen Rentenbank-Kreditanstalt aufgenommenen Darlehen und die auf Grund von Darlehen an Kleinbahnunternehmungen ausgegebenen Schuldverschreibungen zusammen den zwanzigfachen Betrag des eingezahlten Grundkapitals nicht übersteigen dürfen und daß hierbei das eingezahlte Kapital nur insoweit berücksichtigt wird, als es innerhalb des Betrages verbleibt, auf welchen am 1. Mai 1898 das Grundkapital der Bank durch die Satzung festgesetzt war; die Schuldverschreibungen, welche die Bank auf Grund nicht hypothekarischer Darlehen an Körperschaften des öffentlichen Rechtes oder gegen Übernahme der Gewährleistung durch eine solche Körperschaft ausgibt, dürfen unter Hinzurechnung der im Umlauf befindlichen Hypothekenpfandbriefe und auf Grund von Darlehen an Kleinbahnunternehmungen ausgegebenen Schuldverschreibungen sowie unter Hinzurechnung der bei der Deutschen Rentenbank-Kreditanstalt aufgenommenen Darlehen den im Halbsatz 1 bezeichneten Betrag nicht um mehr als zwei Fünftteile übersteigen.

Auf Grund einer nach dem 1. Mai 1898 in das Handelsregister eingetragenen Kapitalserhöhung dürfen Hypothekenpfandbriefe und Schuldverschreibungen nur nach den Vorschriften der §§ 7, 41, 42, 46 ausgegeben werden. Hierbei bleibt der Reservefonds, der bei Erreichung des nach Abs. 1 zulässigen Höchstbetrags vorhanden war, außer Betracht.

Diese Vorschriften finden in dem Falle des § 46 Abs. 2 Satz 2 keine Anwendung.

§ 49. Auf die Deckung der Hypothekenpfandbriefe durch Hypotheken, die vor dem Inkrafttreten dieses Gesetzes von einer Hypothekenbank gemäß den Bestimmungen ihrer Satzung erworben sind, finden die Vorschriften des § 6 Abs. 2 und der §§ 10 bis 12 keine Anwendung. Die Vorschriften des § 17 Abs. 1 Satz 2, Abs. 2, 3 und der §§ 18 bis 21 sind nur für Verträge maßgebend, die nach dem Inkrafttreten dieses Gesetzes abgeschlossen werden.

§ 50. Die Vorschriften der §§ 24 bis 28 finden bei den bestehenden Hypothekenbanken erst auf die Bilanz, die Gewinn- und Verlustrechnung und den Geschäftsbericht für das mit oder in dem Jahre 1900 beginnende Geschäftsjahr Anwendung.

Auf die Verrechnung des Mindererlöses, der vor dem Inkrafttreten dieses Gesetzes durch die Ausgabe von Hypothekenpfandbriefen zu einem geringeren Betrag als dem Nennwert entstanden ist, sowie auf die Verrechnung der Kosten der vor dem bezeichneten Zeitpunkt erfolgten Ausgabe von Hypothekenpfandbriefen finden die Vorschriften des § 25 keine Anwendung. Die Bank hat jedoch die zur Deckung eines solchen Mindererlöses oder solcher Kosten in die Aktiven der Bilanz aufgenommenen Posten, soweit die Aufnahme nach § 25 nicht zulässig sein würde, längstens binnen fünf Jahren abzuschreiben. Das gleiche gilt bezüglich der vor dem Inkrafttreten dieses Gesetzes in die Aktiven der Bilanz aufgenommenen Ansprüche auf künftige Jahresleistungen der Darlehensschuldner.

§ 51. Ist bei einer Hypothekenbank zur Zeit des Inkrafttretens dieses Gesetzes ein Staatskommissar mit der Überwachung der Pfandbriefausgabe betraut, so können die Obliegenheiten, welche nach § 22 Abs. 2 und den §§ 30 bis 32, 41, 42 von dem Treuhänder wahrzunehmen sind, dem nach § 4 Abs. 3 bestellten Kommissar übertragen werden.

§ 52. Hat eine Hypothekenbank auf Grund von Rentenforderungen, die vor dem 1. Januar 1899 als Reallasten in das Grundbuch eingetragen worden sind, besondere Schuldverschreibungen ausgegeben, so finden auf diese Schuldverschreibungen und auf die ihnen zugrunde liegenden Rentenforderungen die Vorschriften der §§ 6, 22, 29 bis 35, des § 37 Abs. 2, 3, des § 41 Abs. 1 und des § 51 entsprechende Anwendung.

§ 52a. Hat eine Kreditanstalt vor dem Inkrafttreten dieses Gesetzes wertbeständige Schuldverschreibungen ausgegeben, für deren Deckung Reallasten verwendet werden, so kann im Falle der Umwandlung der Kreditanstalt in eine Hypothekenbank die Reichsregierung mit Zustimmung des Reichsrats bestimmen,

1. daß die Vorschriften des Hypothekenbankgesetzes und des Gesetzes über wertbeständige Hypotheken ganz oder teilweise auf diese Schuldverschreibungen und Reallasten Anwendung finden;
2. daß und unter welchen Voraussetzungen die Kreditanstalt zur Deckung von Schuldverschreibungen neben Hypotheken auch Reallasten verwenden darf.

§ 52b. § 17 Abs. 1 des Einführungsgesetzes zur Konkursordnung erhält folgende Fassung:

„Unberührt bleiben die landesgesetzlichen Vorschriften, nach welchen den Inhabern von Schuldverschreibungen, die von anderen Kreditanstalten als Hypothekenbanken auf Grund von Hypotheken oder von Reallasten oder von nichthypothekarischen Darlehen der im § 41 Abs. 1 des Hypothekenbankgesetzes bezeichneten Art ausgegeben sind, ein Vorrecht vor allen anderen Konkursgläubigern in Ansehung der Befriedigung aus den Hypotheken oder den Reallasten oder den genannten Darlehen der Anstalt zusteht. Wird ein solches Vorrecht gewährt, so gehen in Ansehung der Befriedigung aus den Hypotheken die Forderungen aus Schuldverschreibungen, zu deren Deckung Hypotheken verwendet werden, den Forderungen aus den übrigen Schuldverschreibungen vor; entsprechendes gilt für die Befriedigung aus Reallasten und nichthypothekarischen Darlehen. Werden wertbeständige Hypotheken verschiedener Gattung zur Deckung verwendet, so gehen in Ansehung der Befriedigung aus den Hypotheken der einen Gattung die Forderungen aus Schuldverschreibungen der gleichen Gattung den Forderungen aus anderen Schuldverschreibungen anderer Gattungen vor; entsprechendes gilt für Reallasten und nichthypothekarische Darlehen."

§ 53. Die bestehenden Hypothekenbanken haben mit der Anlegung der in den §§ 22, 41, 42, 52 vorgeschriebenen Register so zeitig zu beginnen, daß die Register am 1. Januar 1900 angelegt sind. Unverzüglich nach diesem Zeitpunkte haben sie der Aufsichtsbehörde anzuzeigen, daß die Anlegung der Register erfolgt ist. Eine von dem Treuhänder oder dem Kommissar der Aufsichtsbehörde beglaubigte Abschrift des Registers ist der Behörde mit tunlichster Beschleunigung einzureichen.

Mit der Erstattung der im Abs. 1 Satz 2 vorgeschriebenen Anzeige erlöschen die Pfandrechte, welche für die Pfandbriefgläubiger nach den Landesgesetzen bestellt sind. Soweit einer Bank in der Satzung oder den Pfandbriefbedingungen die Verpflichtung zur Bestellung eines Pfandrechts für die Pfandbriefgläubiger auferlegt ist, verlieren die hierauf bezüglichen Bestimmungen mit dem gedachten Zeitpunkt ihre Wirksamkeit.

23b. Verordnung über die Umlaufsgrenze für Pfandbriefe und sonstige Schuldverschreibungen von Hypothekenbanken vom 25. Juni 1925[1]).

§ 1. Ist das Grundkapital einer Hypothekenbank auf Reichsmark gestellt, so gelten für die Umlaufsgrenze für Pfandbriefe und sonstige Schuldverschreibungen neben den Vorschriften des § 9 Abs. 1 Ziffer 3 Abs. 2 des Gesetzes über wertbeständige Hypotheken ausschließlich die Vorschriften des Hypothekenbankgesetzes.

Hat die Generalversammlung einer Hypothekenbank über die Umstellung Beschluß gefaßt, so findet die Vorschrift des Abs. 1 auch vor der Eintragung der durchgeführten Umstellung mit der Maßgabe Anwendung, daß der Berechnung der Umlaufsgrenze der Um-

[1]) RGBl. I S. 88 (Reichsminister der Justiz).

stellungsbeschluß zugrunde zu legen ist; dies gilt nicht, wenn sich bei Anwendung der Vorschriften der Zweiten Verordnung über die Erhöhung der Umlaufsgrenze für Hypothekenpfandbriefe vom 7. Dezember 1923 (Reichsgesetzbl. I S. 1179) für die Hypothekenbank eine geringere Umlaufsgrenze ergibt.

§ 2. Soweit von der Hypothekenbank vor dem Inkrafttreten dieser Verordnung entsprechend den bisherigen Vorschriften Pfandbriefe und sonstige Schuldverschreibungen über den nach § 1 zulässigen Höchstbetrag ausgegeben worden sind oder ihre Ausgabe genehmigt worden ist, behält es hierbei sein Bewenden. Bei der weiteren Ausgabe von Pfandbriefen und sonstigen Schuldverschreibungen ist die nach § 1 maßgebende Umlaufsgrenze unter Anrechnung der bereits ausgegebenen Pfandbriefe und sonstigen Schuldverschreibungen einzuhalten.

---

24. Verordnung über die Umwandlung von Kreditanstalten in Hypothekenbanken vom 14. Dezember 1923[1]).

Hat eine Kreditanstalt vor dem Inkrafttreten des Gesetzes zur Änderung und Ergänzung des Hypothekenbankgesetzes vom 14. Juli 1923 (Reichsgesetzbl. I S. 635) wertbeständige Schuldverschreibungen ausgegeben, für deren Deckung Reallasten verwendet werden, so finden im Falle der Umwandlung der Kreditanstalt in eine Hypothekenbank die für Hypotheken-

---

[1]) RGBl. 1923 I S. 1203 (Reichsminister der Justiz).

banken geltenden Bestimmungen mit folgender Maßgabe Anwendung:

1. Zur Deckung der Schuldverschreibungen der Hypothekenbank können ohne Rücksicht darauf, ob sie vor oder nach der Umwandlung ausgegeben worden sind oder ausgegeben werden, sowohl Reallasten als auch Hypotheken verwendet werden.

2. Die Vorschriften des Hypothekenbankgesetzes und des Gesetzes über wertbeständige Hypotheken vom 23. Juni 1923 (Reichsgesetzbl. I S. 407) über Hypothekenpfandbriefe, über die zu ihrer Deckung bestimmten Hypotheken sowie über hypothekarische Darlehen finden, soweit nichts anderes bestimmt ist, auf die Schuldverschreibungen der Hypothekenbank, zu deren Deckung Reallasten allein oder neben Hypotheken verwendet werden, auf die Reallasten sowie auf die gegen Reallasten zu gewährenden Darlehen entsprechende Anwendung.

3. Der Hypothekenbank ist außer den nach § 5 des Hypothekenbankgesetzes zugelassenen Geschäften der Erwerb, die Veräußerung und die Beleihung von Reallasten gestattet.

4. Die Ausgabegrenze für die Schuldverschreibungen der Hypothekenbank bestimmt sich nach den für die Hypothekenbanken geltenden Vorschriften. Soweit jedoch die von der Hypothekenbank vor der Umwandlung ausgegebenen Schuldverschreibungen den zur Zeit der Umwandlung maßgebenden Höchstbetrag übersteigen, behält es hierbei sein Bewenden. Bei der Ausgabe weiterer Schuldverschreibungen ist die jeweils geltende Ausgabegrenze unter Anrechnung

der vor der Umwandlung ausgegebenen Schuldverschreibungen einzuhalten.

5. Auf die Deckung der Schuldverschreibungen durch Reallasten, die vor dem Zeitpunkt der Umwandlung von der Hypothekenbank gemäß den Bestimmungen ihrer Satzung erworben sind, finden die Vorschriften des § 6 Abs. 2 und der §§ 10 bis 12 des Hypothekenbankgesetzes keine Anwendung. Die Vorschriften des § 17 Abs. 1 Satz 2, Abs. 2, 3 und der §§ 18 bis 21 des Hypothekenbankgesetzes sind nur für Verträge maßgebend, die nach dem Zeitpunkt der Umwandlung abgeschlossen werden.

6. Werden sowohl Hypotheken als auch Reallasten zur Deckung von Schuldverschreibungen verwendet, so sind sie einzeln von der Bank in dasselbe Register einzutragen. Das gleiche gilt von wertbeständigen Hypotheken und Reallasten derselben Gattung.

7. Ist über das Vermögen der Hypothekenbank der Konkurs eröffnet, so besteht zugunsten der Gläubiger von Schuldverschreibungen, zu deren Deckung sowohl Hypotheken als auch Reallasten verwendet werden, ein Vorzugsrecht in Ansehung der Befriedigung aus den in das Register eingetragenen Hypotheken und Reallasten. Der § 35 des Hypothekenbankgesetzes findet, auch in Ansehung der Ersatzdeckung, entsprechende Anwendung.

Zugunsten der Gläubiger wertbeständiger Schuldverschreibungen, zu deren Deckung sowohl Hypotheken als auch Reallasten verwendet werden, besteht ein Vorzugsrecht in Ansehung der Befriedigung aus den in das Register eingetragenen Hypotheken und Reallasten derselben Gattung. Der § 9 Abs. 1 Nr. 5 des Gesetzes über wertbeständige Hypotheken findet, auch in Ansehung der Ersatzdeckung, entsprechende Anwendung.

25a. Verordnung über die weitere Durchführung der Aufwertung von Pfandbriefen und verwandten Schuldverschreibungen vom 28. Juli 1926. *(Liquidations- und Mobilisierungs-Goldpfandbriefe der Hypothekenbanken.)*[1]

Art. I. **Ausgabe von Liquidationsgoldpfandbriefen.**

§ 1. Kündigt eine Hypothekenbank an, daß sie zu einem bestimmten Zeitpunkt den Pfandbriefgläubigern 4½prozentige Goldpfandbriefe gemäß Artikel 84 oder 85 der Durchführungsverordnung zum Aufwertungsgesetze vom 29. November 1925 (Reichsgesetzbl. I S. 392) aushändigen werde, so finden von diesem Zeitpunkt ab auf die aufgewerteten Hypotheken dieser Hypothekenbank (Liquidationshypotheken), gleichviel ob sie zur Deckung dieser Pfandbriefe (Liquidationsgoldpfandbriefe) verwendet werden oder bei der Teilungsmasse verbleiben, die Vorschriften der §§ 2 bis 6 Anwendung.

§ 2. Die Hypothekenbank kann verlangen, daß die Eigentümer und die Schuldner die nach dem im § 1 bezeichneten Zeitpunkt fälligen Rückzahlungen ohne Ab-

---

[1]) RGBl. 1926 I S. 423 (Reichsminister der Justiz).

zug eines Zwischenzinses (Artikel 21 der Durchführungsverordnung) bewirken. Macht die Hypothekenbank von diesem Rechte Gebrauch, so ist sie nicht berechtigt, Goldpfandbriefe zurückzubehalten (Artikel 84 Abs. 3 der Durchführungsverordnung).

§ 3. Die Hypothekenbank kann verlangen, daß die Eigentümer und die Schuldner den Aufwertungsbetrag nach dem im § 1 bezeichneten Zeitpunkt nur zum Schlusse eines Kalendervierteljahrs und nur dann in bar zahlen, wenn sie die Absicht der Barzahlung der Hypothekenbank spätestens drei Monate vor dem Schlusse des Kalendervierteljahrs mitteilen.

§ 4. Die Hypothekenbank kann verlangen, daß die Tilgungs- und Zinsbeträge, soweit sie nach dem im § 1 bezeichneten Zeitpunkt fällig werden, statt zu den vereinbarten zu den von ihr zu bestimmenden Terminen jährlich oder halbjährlich entrichtet werden.

§ 5. Die Hypothekenbank kann für die Umrechnung des Goldmarkbetrags der fälligen Kapital-, Tilgungs- und Zinsbeträge in Reichsmark einen Stichtag bestimmen. Der Stichtag darf nicht auf einen früheren Zeitpunkt als einen Monat vor dem Fälligkeitstage gelegt werden.

Die Hypothekenbank kann, sofern sie eine entsprechende Bestimmung für die Goldpfandbriefe trifft, bestimmen, daß für jede an Kapital-, Tilgungs- und Zinsbeträgen zu zahlende Goldmark eine Reichsmark zu entrichten ist, sofern sich bei der Umrechnung für das Kilogramm Feingold ein Preis von nicht mehr als 2820 Reichsmark und nicht weniger als 2760 Reichsmark ergibt.

§ 6. Zur Ausübung der Befugnisse aus §§ 2 bis 5 bedarf die Hypothekenbank der Genehmigung der Aufsichtsbehörde.

Die Hypothekenbank hat die Bedingungen für die Umrechnung und Zahlung der Kapital-, Tilgungs- und Zinsbeträge, die sich aus der Anwendung der §§ 2 bis 5 ergeben, nach Genehmigung der Aufsichtsbehörde und unter Hinweis auf die Genehmigung im Reichsanzeiger bekanntzumachen.

Einer Eintragung der Bedingungen im Grundbuch bedarf es weder für den Eintritt der Rechtsänderung noch zwecks Erhaltung ihrer Wirksamkeit gegenüber dem öffentlichen Glauben des Grundbuchs.

§ 7. Beträgt der Nennbetrag des Goldpfandbriefs weniger als 50 Goldmark, so ist die Hypothekenbank berechtigt, die Zinsen erst bei Fälligkeit des Kapitals zu zahlen, sofern sie zugleich Zinseszinsen entrichtet. Für die Berechnung der Zinseszinsen ist ein Zinsfuß von 6 vom Hundert zugrunde zu legen.

Entfällt auf den Aufwertungsanspruch des Pfandbriefgläubigers, soweit er durch Aushändigung von Goldpfandbriefen berücksichtigt werden soll, ein nicht auf 10 Goldmark oder ein Vielfaches von 10 Goldmark lautender Betrag, so ist die Hypothekenbank berechtigt, den Spitzenbetrag in bar zum Nennbetrag abzulösen. Durch die Ablösung sind die Ansprüche des Pfandbriefgläubigers auf die dem Spitzenbetrag entsprechenden weiteren Hebungen aus der Teilungsmasse abgegolten.

Der Pfandbriefgläubiger kann zum Zwecke der Vermeidung von Nennbeträgen unter 50 Goldmark

(Abs. 1) und der Vermeidung oder der Verringerung von Spitzenbeträgen (Abs. 2) verlangen, daß ihm auf mehrere Pfandbriefe ein Goldpfandbrief ausgehändigt werde.

Art. II. Ausgabe von Mobilisierungsgoldpfandbriefen.

§ 1. Kündigt die Hypothekenbank an, daß sie bereit ist, aufgewertete Hypotheken zu erwerben, auf Grund dieser Hypotheken in Höhe ihres Nennbetrags 4½prozentige Goldpfandbriefe auszugeben (Mobilisierungsgoldpfandbriefe) und den Eigentümern und den Schuldnern das Recht einzuräumen, die Goldpfandbriefe in Höhe des Nennbetrags zur Rückzahlung der Hypotheken zu verwenden, so kann die Hypothekenbank verlangen, daß die Eigentümer und die Schuldner die Rückzahlung der von der Hypothekenbank erworbenen Hypotheken ohne Abzug eines Zwischenzinses (Artikel 21 der Durchführungsverordnung) bewirken. Diese Bestimmung tritt für die einzelne Hypothek in dem Zeitpunkt in Wirksamkeit, in dem dem Eigentümer des belasteten Grundstücks eine Erklärung der Hypothekenbank zugeht, daß sie die Hypothek erworben hat.

§ 2. Die Vorschriften des Artikel I §§ 2 bis 6 finden mit der Maßgabe entsprechende Anwendung, daß an Stelle des im Artikel I § 1 bezeichneten Zeitpunkts der im Artikel II § 1 Satz 2 bezeichnete Zeitpunkt tritt.

§ 3. Die Eigentümer und die Schuldner sind nicht berechtigt, die von der Hypothekenbank zum Zwecke der Mobilisierung erworbenen Hypotheken mit Liquidationsgoldpfandbriefen und die Liquidationshypotheken mit Mobilisierungsgoldpfandbriefen zurückzuzahlen.

§ 4. Hat der Eigentümer oder der Schuldner vor dem im § 1 Satz 2 bezeichneten Zeitpunkt gekündigt, so hat es bei den bisherigen Bedingungen für die Umrechnung und Zahlung der Kapital-, Tilgungs- und Zinsbeträge sein Bewenden.

Art. III. **Grundschulden und Reallasten.**

Die Vorschriften der Artikel I und II finden auf Grundschulden und Reallasten entsprechende Anwendung.

Art. IV. **Umlaufsgrenze.**

Die Aufsichtsbehörde kann auf Antrag der Hypothekenbank zulassen, daß die Liquidations- und Mobilisierungsgoldpfandbriefe bei der Feststellung des Betrags, bis zu dem die Hypothekenbank Pfandbriefe ausgeben darf, ganz oder teilweise außer Betracht bleiben. Dies gilt nicht für 25 vom Hundert desjenigen Betrags, um den die für die Hypothekenbank maßgebende Umlaufsgrenze nach dem Inkrafttreten dieser Verordnung erweitert wird.

Art. V. **Ausschlußfristen.**

§ 1. Der Anspruch auf Aufwertung eines Pfandbriefs auf Grund Vorbehalts der Rechte (§ 49 Abs. 1 des Aufwertungsgesetzes) ist zur Vermeidung des Verlustes bis zum 30. September 1926 bei der Hypothekenbank anzumelden und, falls die Hypothekenbank den Anspruch nicht anerkennt, bis zum 31. Oktober 1926 gerichtlich geltend zu machen. Geht das Anerkenntnis dem Gläubiger nicht bis zum 15. Oktober 1926 zu, so kann die Hypothekenbank nicht einwenden, daß sie dem Gläubiger zur gerichtlichen Geltendmachung des Anspruchs keinen Anlaß gegeben habe.

Hat der Gläubiger seinen Wohnsitz oder gewöhnlichen Aufenthalt außerhalb Europas, so tritt an die Stelle des Termins vom 30. September 1926 der 15. November 1926, an die Stelle des Termins vom 15. Oktober 1926 der 30. November 1926 und an die Stelle des Termins vom 31. Oktober 1926 der 31. Dezember 1926.

Sind Anmeldungen vor dem Inkrafttreten dieser Verordnung bereits bewirkt, so bedarf es einer Wiederholung der Anmeldung nicht. Die Notwendigkeit einer gerichtlichen Geltendmachung des Anspruchs gemäß Abs. 1, 2 wird hierdurch nicht berührt.

§ 2. Im Falle des Umtausches (Artikel 80 der Durchführungsverordnung) ist der Anspruch auf Berücksichtigung des Goldmarkbetrags der alten Pfandbriefe, falls er von der Hypothekenbank nicht anerkannt wird, zur Vermeidung des Verlustes bis zum 31. Oktober 1926 gerichtlich geltend zu machen. Geht das Anerkenntnis dem Gläubiger nicht bis zum 30. September 1926 zu, so kann die Hypothekenbank nicht einwenden, daß sie dem Gläubiger zur gerichtlichen Geltendmachung des Anspruchs keinen Anlaß gegeben habe.

§ 3. Die Vorschriften der §§ 1, 2 finden auf die in den §§ 41, 42 des Hypothekenbankgesetzes bezeichneten Schuldverschreibungen entsprechende Anwendung.

Art. VI.

Diese Verordnung tritt am 1. August 1926 in Kraft.

25 b. Verordnung über die Mobilisierung von Aufwertungshypotheken durch öffentlich-rechtliche Kredit- und Ablösungsanstalten vom 13. Januar 1927[1]).

§ 1. Kündigt eine öffentlich-rechtliche Kredit- oder Ablösungsanstalt an, daß sie bereit ist, aufgewertete Hypotheken zu erwerben, auf Grund dieser Hypotheken in Höhe ihres Nennbetrags $4^1/_2$prozentige Goldpfandbriefe auszugeben (Mobilisierungsgoldpfandbriefe) und den Eigentümern und den Schuldnern das Recht einzuräumen, die Goldpfandbriefe in Höhe des Nennbetrags zur Rückzahlung der Hypotheken zu verwenden, so kann die Anstalt verlangen, daß die Eigentümer und die Schuldner die Rückzahlung der von ihr erworbenen Hypotheken ohne Abzug eines Zwischenzinses (Artikel 21 der Durchführungsverordnung vom 29. November 1925 — Reichsgesetzbl. I S. 392 —) bewirken. Diese Bestimmung tritt für die einzelne Hypothek in dem Zeitpunkt in Wirksamkeit, in dem dem Eigentümer des belasteten Grundstücks eine Erklärung der Anstalt zugeht, daß sie die Hypothek erworben hat.

§ 2. Ist die Rückzahlung vor dem im § 1 Satz 2 dieser Verordnung bezeichneten Zeitpunkt fällig, so kann ein Verlangen gemäß § 1 von der öffentlich-rechtlichen Kredit- oder Ablösungsanstalt nicht gestellt werden.

§ 3. Die Vorschriften des Artikel I §§ 3 bis 6 der Verordnung über die weitere Durchführung der Auf-

---

[1]) RGBl. 1927 I 41 (Reichsminister der Justiz).

wertung von Pfandbriefen und verwandten Schuldverschreibungen vom 28. Juli 1926 (Reichsgesetzbl. I S. 423) finden mit der Maßgabe entsprechende Anwendung, daß an Stelle des im Artikel I § 1 bezeichneten Zeitpunkts der im § 1 Satz 2 dieser Verordnung bezeichnete Zeitpunkt tritt.

§ 4. Die Eigentümer und die Schuldner sind nicht berechtigt, die von der öffentlich-rechtlichen Kredit- oder Ablösungsanstalt zum Zwecke der Mobilisierung erworbenen Hypotheken mit Liquidationsgoldpfandbriefen und die Liquidationshypotheken mit Mobilisierungsgoldpfandbriefen zurückzuzahlen.

§ 5. Hat der Eigentümer oder der Schuldner vor dem im § 1 Satz 2 dieser Verordnung bezeichneten Zeitpunkt gekündigt, so hat es bei den bisherigen Bedingungen für die Umrechnung und Zahlung der Kapital-, Tilgungs- und Zinsbeträge sein Bewenden.

§ 6. Die Vorschriften dieser Verordnung finden auf Grundschulden und Reallasten entsprechende Anwendung.

---

26. Aus dem preußischen Gesetz zur Förderung der Stadtschaften vom 8. Juni 1918[1]).

§ 1. *Die Staatsregierung wird ermächtigt, der Preußischen Zentralgenossenschaftskasse zum Zwecke der Gewährung von Darlehen zur Förderung der Gründung von Stadtschaften einen Betrag von 10 Millionen Mark zur Verfügung zu stellen.*

---

[1]) Preuß. GS. 1918 S. 97.

Die aufkommenden Zinsen sind von der Preußischen Zentralgenossenschaftskasse an die Staatskasse abzuführen.

Rückzahlungen sind zur Verstärkung der gesetzlichen Schuldentilgung zu verwenden.

§ 4. Stadtschaften im Sinne des § 1 sind preußische öffentliche, zufolge staatlicher Verleihung rechtsfähige Kreditanstalten, die durch Vereinigung von Eigentümern bebauter oder in der Bebauung befindlicher Hausgrundstücke oder von Erbbauberechtigten zu dem Zwecke gebildet werden, den Mitgliedern der Vereinigung durch Hypotheken oder Grundschulden gesicherte Tilgungs- oder Abzahlungsdarlehen zu gewähren.

Die Stadtschaften sind durch Satzung zu errichten. Die Satzung hat die Grundsätze für die Gewährung, die Sicherung und die Tilgung oder Abzahlung der Darlehen, die regelmäßig seitens der Stadtschaft unkündbar sein sollen, festzustellen. Sie hat die Bestimmung zu enthalten, daß jedes Mitglied für die Verbindlichkeiten der Stadtschaft bis zu einem Betrage von mindestens 5 vom Hundert des auf seinem Grundstück eingetragenen Darlehens haftet.

Abschnitt III.

Notenbanken.

27. Bankgesetz vom 30. August 1924[1]).

Für die Rechtsverhältnisse der durch das Bankgesetz vom 14. März 1875 errichteten Reichsbank gelten fortan die nachfolgenden Bestimmungen:

I. Notenprivileg der Reichsbank.

§ 1. Die Reichsbank ist eine von der Reichsregierung unabhängige Bank, welche die Eigenschaft einer juristischen Person besitzt und die Aufgabe hat, den Geldumlauf im gesamten Reichsgebiete zu regeln, die Zahlungsausgleichungen zu erleichtern und für die Nutzbarmachung verfügbaren Kapitals zu sorgen.

Die Reichsbank hat ihren Sitz in Berlin. Sie ist berechtigt, allerorten im Reichsgebiet Zweiganstalten (Reichsbankhauptstellen, Reichsbankstellen und Reichsbanknebenstellen) zu unterhalten. Die Bestimmung hierüber und über die Organisation der Zweiganstalten trifft das Reichsbankdirektorium.

§ 2. Die Reichsbank hat auf die Dauer von 50 Jahren das ausschließliche Recht, Banknoten in Deutschland auszugeben.

Die bestehenden Notenausgaberechte der Bayerischen Notenbank, der Württembergischen Notenbank, der Sächsischen Bank und der Badischen Bank bleiben unberührt. Die Höchstgrenze, bis zu welcher die

---

[1]) RGBl. 1924 II S. 235. § 21 ist geändert durch das Gesetz zur Änderung des Bankgesetzes v. 8. Juli 1926 (RGBl. 1926 II S. 355).

Privatnotenbanken Banknoten auszugeben befugt sind, darf den Betrag von 194 Millionen Reichsmark insgesamt nicht übersteigen.

Die Höhe, bis zu der die einzelnen Privatnotenbanken Banknoten ausgeben dürfen, wird durch ein besonderes Gesetz festgesetzt, das auch die sonstigen Rechtsverhältnisse dieser Banken regelt.

Die Rentenbank darf den Betrag der ausgegebenen Rentenbankscheine nicht erhöhen.

Das der Deutschen Golddiskontbank verliehene Recht der Notenausgabe wird aufgehoben. Die beim Inkrafttreten dieses Gesetzes ausgegebenen Noten sind aufzurufen und einzuziehen. Die näheren Bestimmungen hierüber trifft der Vorstand der Deutschen Golddiskontbank.

§ 3. Die Banknoten lauten auf Reichsmark. Banknoten über kleinere Beträge als zehn Reichsmark dürfen nur mit Zustimmung der Reichsregierung zur Befriedigung eines vorübergehenden Verkehrsbedürfnisses ausgegeben werden.

Die Reichsbanknoten sind außer Reichsgoldmünzen das einzige unbeschränkte gesetzliche Zahlungsmittel in Deutschland.

Die Reichsbank ist verpflichtet, ihren gesamten bisherigen Notenumlauf aufzurufen und gegen Reichsmarknoten umzutauschen. Eine Billion Mark bisheriger Ausgabe ist durch eine Reichsmark zu ersetzen. Die eingezogenen Noten sind zu vernichten. Die näheren Bestimmungen über den Aufruf, die Fristen für die Einlieferung und Kraftloserklärung der alten Noten setzt das Reichsbankdirektorium fest.

§ 4. Ausländische Banknoten oder sonstige auf den Inhaber lautende unverzinsliche Schuldverschreibungen ausländischer Korporationen, Gesellschaften oder Privaten dürfen, wenn sie ausschließlich oder neben anderen Wertbestimmungen in Reichswährung ausgestellt sind, innerhalb des Reichsgebietes zu Zahlungen nicht gebraucht werden.

II. Kapital der Reichsbank.

§ 5. Die Reichsbank hat das Recht, ihr Grundkapital bis auf 400 Millionen Reichsmark zu erhöhen. Das Reichsbankdirektorium hat die für die Erhöhung erforderlichen Maßnahmen zu treffen, insbesondere die Höhe des Grundkapitals im Rahmen des im Satz 1 bezeichneten Betrages festzustellen, wobei das so festzustellende Grundkapital mindestens 300 Millionen Reichsmark betragen soll.

Die neu auszugebenden Anteilscheine sind ausschließlich in Gold oder Devisen, zum jeweiligen Goldwert umgerechnet, einzuzahlen, mit Ausnahme der Anteilscheine, welche gegen die bisherigen Reichsbankanteilscheine oder Aktien der Deutschen Golddiskontbank ausgegeben werden.

Für das gesamte Grundkapital werden neue Anteilscheine ausgegeben. Die Inhaber der bisherigen Anteilscheine erhalten im Umtausch gegen dieselben neue Anteilscheine in einem vom Reichsbankdirektorium festzusetzenden Verhältnis; dabei darf das bisherige Grundkapital höchstens mit 100 Millionen Reichsmark in Ansatz gebracht werden.

Jeder Reichsbankanteil lautet über 100 Reichsmark. Die Anteile werden auf den Namen gestellt.

Die nähere Form der Anteile wird durch die Satzung festgesetzt.

Die Anteilseigner haften nicht persönlich für die Verbindlichkeiten der Reichsbank.

III. Organisation der Reichsbank.

A. Verwaltung.

§ 6. Die Bank wird verwaltet durch das Reichsbankdirektorium, das aus einem Präsidenten als Vorsitzenden und der erforderlichen Anzahl von Mitgliedern besteht. Das Reichsbankdirektorium bestimmt insbesondere die Währungs-, Diskont- und Kreditpolitik der Bank.

Präsident und Mitglieder müssen deutsche Reichsangehörige sein.

Das Reichsbankdirektorium faßt seine Beschlüsse mit einfacher Stimmenmehrheit; bei Stimmengleichheit entscheidet die Stimme des Präsidenten.

Der Präsident wird vom Generalrat in der Weise gewählt, daß eine Mehrheit von 9 Stimmen vorhanden sein muß, der mindestens 6 deutsche Stimmen angehören. Der Präsident erhält eine Ernennungsurkunde, die der Unterschrift der an der Wahl beteiligten Mitglieder des Generalrats sowie der Unterschrift des Reichspräsidenten bedarf. Mit der Aushändigung der Urkunde an den gewählten Präsidenten ist dieser rechtmäßig bestellt.

Lehnt der Reichspräsident seine Unterschrift bei einem Gewählten ab, so hat eine Neuwahl stattzufinden. Lehnt der Reichspräsident auch die Unterschrift bei dem Neugewählten ab, so findet eine dritte

Wahl statt, die endgültig ist, ohne daß es für die rechtmäßige Bestellung der Unterschrift des Reichspräsidenten unter der Ernennungsurkunde bedarf.

Die Ernennung der Mitglieder des Direktoriums erfolgt nach Zustimmung des Generalrats durch den Präsidenten. Die Zustimmung des Generalrats muß mit dem Stimmenverhältnis zustande kommen, das für die Präsidentenwahl vorgeschrieben ist. Die Ernennung erfolgt auf einen Zeitraum von 12 Jahren, jedoch mit der Maßgabe, daß jedes Mitglied des Direktoriums bei Erreichung eines Lebensalters von 65 Jahren ausscheidet.

Für die erstmalige Ernennung des Direktoriums gilt folgende Besonderheit: die Zahl der Mitglieder des Direktoriums mit Ausnahme des Präsidenten wird in drei Gruppen geteilt, von denen die ersten beiden gleich groß sein müssen und die dritte entweder ebenfalls die gleiche Größe haben muß wie die beiden ersten oder, wenn das rechnerisch nicht geht, kleiner sein kann, aber so nahe als möglich an die Größe jeder der ersten beiden Gruppen herankommen muß. In die erste Gruppe werden die an Lebensalter jüngsten, in die dritte Gruppe die an Lebensalter ältesten, in die zweite Gruppe die übrigen zu Ernennenden eingereiht. Die Mitglieder der ersten Gruppe werden auf 12 Jahre, die der zweiten Gruppe auf 8 Jahre und die der dritten Gruppe auf 4 Jahre ernannt. Die Altersgrenze von 65 Jahren gilt auch bei der erstmaligen Wahl.

Die Amtsdauer des Präsidenten beträgt 4 Jahre. Der Präsident und die Mitglieder sind wieder wählbar.

Wenn eine Zuwahl oder Ergänzung des Reichsbankdirektoriums durch Wahl eines neuen Kandidaten stattfindet, so bedarf der zu Wählende der Zustimmung des Reichsbankdirektoriums.

Aus wichtigem Grunde kann der Präsident oder ein Mitglied des Direktoriums jederzeit abberufen werden, unter Wahrung der ihnen vertraglich zustehenden Ansprüche. Diese Abberufung aus wichtigem Grunde erfolgt gegenüber dem Präsidenten durch den Generalrat mit der im Abs. 4 vorgesehenen Stimmenmehrheit, gegenüber einem Mitglied des Direktoriums gleichfalls durch den Generalrat mit der gleichen Stimmenmehrheit, jedoch nur mit Zustimmung des Präsidenten.

§ 7. Die Bank wird durch das Reichsbankdirektorium gerichtlich und außergerichtlich vertreten. Seine Legitimation im Rechtsverkehr wird durch eine amtliche Bescheinigung des beim Reichsbankdirektorium bestellten Urkundsbeamten (§ 8) nachgewiesen.

Erklärungen des Reichsbankdirektoriums sind für die Reichsbank verbindlich, wenn sie von zwei Mitgliedern abgegeben werden. Die Erklärung von Mitgliedern kann durch die von Stellvertretern ersetzt werden. Erklärungen der Vorstände der Reichsbankhauptstellen und Reichsbankstellen sind für die Reichsbank verbindlich, wenn sie innerhalb des Geschäftskreises der betreffenden Zweiganstalt von beiden Vorstandsmitgliedern oder ihren Stellvertretern abgegeben werden.

Die Vorschriften des § 232 Abs. 1 Satz 2 und 3 des Handelsgesetzbuchs finden entsprechende Anwendung.

Gegen die Reichsbankhauptstellen und Reichsbankstellen können alle Klagen, die auf ihren Geschäftsbetrieb Bezug haben, bei dem Gericht des Ortes erhoben werden, an dem die Zweiganstalt errichtet ist.

§ 8. Bei den Reichsbankhauptstellen werden Bankkommissare, bei den Reichsbankstellen Bankjustitiare vom Präsidenten bestellt, deren Geschäftskreis vom Präsidenten des Reichsbankdirektoriums festgesetzt wird.

Bei der Reichsbank und ihren Zweiganstalten können vom Präsidenten des Reichsbankdirektoriums Urkundsbeamte bestellt werden, welche die Fähigkeit zur Bekleidung des Richteramtes besitzen müssen; sie führen ein amtliches Siegel. Zu Urkundsbeamten bei den Zweiganstalten sollen in der Regel die Bankkommissare und Justitiare bestellt werden.

Die von den Urkundsbeamten in Angelegenheiten der Reichsbank aufgenommenen Urkunden haben dieselbe Wirkung, als ob sie von einem Gericht oder Notar aufgenommen wären. Die Urkundsbeamten sind berechtigt, in Angelegenheiten der Reichsbank Unterschriften zu beglaubigen sowie für das Reichsbankdirektorium und die zur gesetzlichen Vertretung der Reichsbank berechtigten Vorstandsbeamten der Zweiganstalten Zeugnisse zur Legitimation im Rechtsverkehr auszustellen.

§ 9. Der Präsident ernennt die Beamten auf Vorschlag des Direktoriums, er ordnet die Verteilung ihrer Arbeiten und Pflichten in der Bank.

Die Rechtsverhältnisse der Beamten der Bank werden durch ein vom Direktorium zu erlassendes besonderes Beamtenstatut geregelt.

Das Beamtenstatut hat den Beamten der Reichsbank die Rechte der Reichsbeamten zu wahren und die Pflichten der Reichsbeamten aufzuerlegen. Abweichungen vom Reichsbeamtenrecht sind nur insoweit zulässig, als es zur Aufrechterhaltung eines geordneten und leistungsfähigen Bankbetriebes notwendig ist.

Verstöße gegen die vom Beamtenstatut festgesetzten Pflichten werden in dem für Reichsbeamte vorgesehenen Disziplinarverfahren nach Maßgabe der für Reichsbeamte geltenden dienststrafrechtlichen Vorschriften verfolgt. Hierbei übt der Präsident des Reichsbankdirektoriums die Befugnisse der obersten Reichsbehörde aus.

Die Bank kann Angestellte und Arbeiter im Vertragswege annehmen; für deren Rechte und Pflichten sind die allgemeinen gesetzlichen Bestimmungen und die bei Inkrafttreten dieses Gesetzes geltenden Tarifverträge maßgebend. Nach einer Kündigung der Tarifverträge sind besondere Haustarifverträge abzuschließen.

§ 10. Für den Präsidenten und die Mitglieder des Direktoriums werden die Vorschriften über die Gehälter, Wartegelder, Ruhegehälter und Hinterbliebenenbezüge vom Generalrat erlassen.

Für die Beamten der Bank erläßt das Reichsbankdirektorium die Vorschriften über die Gehälter, Wartegelder, Ruhegehälter und Hinterbliebenenbezüge; hierbei sind die reichsrechtlichen Vorschriften zugrunde zu legen.

Eine günstigere Regelung der Dienstbezüge der Beamten der Bank im Vergleich zu den Dienstbezügen gleich zu bewertender Reichsbeamten ist nur dann zulässig, wenn diese günstigere Regelung zur Aufrechterhaltung eines geordneten und leistungsfähigen Bankbetriebes notwendig ist.

Die Vorschriften über die Dienstbezüge der Beamten der Bank sowie deren Änderungen und Ergänzungen hat das Reichsbankdirektorium vor Erlaß der Reichsregierung mitzuteilen. Bestehen über die Zulässigkeit (Abs. 3) der Regelung zwischen dem Reichsbankdirektorium und der Reichsregierung Meinungsverschiedenheiten, so kann diese binnen vier Wochen nach Mitteilung die Entscheidung eines Schiedsgerichts anrufen.

Das Schiedsgericht besteht aus drei Mitgliedern. Jede Partei ernennt ein Mitglied; das dritte ständige Mitglied, welches der Vorsitzende des Schiedsgerichts sein soll, wird vom Präsidenten des Reichsgerichts aus geeigneten Persönlichkeiten ernannt, die bekanntermaßen in solchen Angelegenheiten Erfahrung haben.

Der Antrag auf schiedsgerichtliche Entscheidung ist beim Vorsitzenden des Schiedsgerichts zu stellen.

Die Entscheidung des Schiedsgerichts ist für die Reichsregierung und das Reichsbankdirektorium bindend. Bis zur Entscheidung bleiben die bisherigen Vorschriften in Kraft.

Die Bestimmungen in Abs. 3 bis 6 berühren nicht die Befugnis der Reichsbank, im Einzelfalle bei besonderen Leistungen nach Maßgabe der Bedürfnisse der Reichsbank besondere Vergütungen zu gewähren, so lange die Vergütungen in ihrem Gesamtbetrag

10% des gesamten Besoldungsaufwandes für die Reichsbankbeamten nicht übersteigen.

Den in Abs. 1 und 2 genannten Personen stehen gegen das Reich Ansprüche aus dem Dienstverhältnis nicht zu.

B. Vertretung der Anteilseigner.

§ 11. Die Generalversammlung ist die Vertretung der Anteilseigner. Zur Teilnahme ist mit den in der Satzung enthaltenen Maßgaben jeder verfügungsberechtigte Anteilseigner berechtigt, der in den Stammbüchern der Reichsbank als Eigner eingetragen ist.

Die Stimmenzahl, die jeder Erschienene hat, bestimmt sich nach dem Nennbetrag der durch ihn vertretenen Bankanteile. Jeder Anteil hat das Recht auf eine Stimme, jedoch dürfen nicht mehr als 300 Stimmen in einer Hand vereinigt sein.

Die einfache Stimmenmehrheit entscheidet, bei Stimmengleichheit entscheidet der Nennbetrag der Anteile.

§ 12. Die Generalversammlung empfängt jährlich den Verwaltungsbericht. Sie beschließt über die Bilanz und Gewinnverteilung nach Maßgabe dieses Gesetzes.

Sie beschließt ferner über Abänderungen der Satzung nach Vorschlag des Reichsbankdirektoriums mit Zustimmung des Generalrats.

§ 13. Bei der Reichsbank wird ein ständiger Ausschuß der Anteilseigner (Zentralausschuß) gebildet werden, dessen gutachtliche Äußerung sie in geeigneten

Fällen einholen kann. Die Mitglieder des Zentralausschusses sollen auf Vorschlag des Reichsbankdirektoriums von der Generalversammlung aus den Kreisen von Bankgewerbe, Industrie, Handel, Landwirtschaft, Handwerk und Arbeitnehmerschaft, und zwar aus den deutschen Anteilseignern, gewählt werden.

Rechte und Pflichten des Zentralausschusses bestimmt die Satzung.

Deputierte des Zentralausschusses sollen zum Zwecke der Beratung des Reichsbankdirektoriums in besonderen Angelegenheiten gewählt werden; sie können vom Reichsbankdirektorium zu seinen Sitzungen bei solchen Beratungen zugezogen werden. Ihre Rechte und Pflichten bestimmt die Satzung.

In entsprechender Weise sollen bei den größeren selbständigen Zweiganstalten Bezirksausschüsse und aus deren Mitte Beigeordnete gewählt werden. Rechte und Pflichten der Bezirksausschüsse und Beigeordneten bestimmt die Satzung.

C. Generalrat.

§ 14. Bei der Reichsbank wird ein Generalrat gebildet, bestehend aus 14 Mitgliedern, von denen sieben die deutsche Reichsangehörigkeit und je eines die britische, französische, italienische, belgische, amerikanische (Vereinigte Staaten), holländische und schweizerische Staatsangehörigkeit besitzen müssen. Durch einstimmigen Beschluß kann der Generalrat die Zahl seiner deutschen Mitglieder vermehren.

§ 15. Der Präsident des Reichsbankdirektoriums ist eines der deutschen Mitglieder und zugleich Vorsitzender des Generalrats.

Die Amtsdauer der Mitglieder des Generalrats mit Ausnahme des Präsidenten und des Kommissars beträgt drei Jahre. In der ersten Amtsperiode sollen drei deutsche Mitglieder und drei ausländische Mitglieder für die Dauer von einem Jahr, zwei deutsche Mitglieder und zwei ausländische Mitglieder für die Dauer von zwei Jahren und zwei deutsche Mitglieder und zwei ausländische Mitglieder für die Dauer von drei Jahren ihre Ämter bekleiden. In der ersten Sitzung des Generalrats soll durch das Los entschieden werden, welche Mitglieder — mit Ausnahme des Präsidenten und des Kommissars — hiernach eine verkürzte Amtsdauer von einem oder zwei Jahren haben. Wird zum Präsidenten eine Person gewählt, die dem Generalrat bisher nicht angehörte, so scheidet dasjenige der deutschen Mitglieder des Generalrats aus, das die längste Amtsdauer vor sich hat. Im Zweifel entscheidet das Los.

§ 16. Die deutschen Mitglieder — mit Ausnahme des Präsidenten — werden von den die deutsche Reichsangehörigkeit besitzenden Anteilseignern der Reichsbank gewählt oder, soweit die Satzung ein Kooptationsrecht vorsieht, bestätigt.

Die näheren Bestimmungen über die Wahl trifft die Satzung.

Für die Wahl der ersten deutschen Mitglieder erläßt das Organisationskomitee mit Zustimmung des Präsidenten die erforderlichen Bestimmungen.

Die ausländischen Mitglieder werden erstmalig vom Organisationskomitee ernannt.

Im weiteren Verlauf soll, wenn ein ausländisches Mitglied ausscheidet, eine Neuwahl einer Person derselben Staatsangehörigkeit stattfinden, und zwar durch die zur Zeit der Wahl im Amt befindlichen ausländischen Mitglieder. Einstimmigkeit bis auf eine Stimme ist hierfür erforderlich.

Bevor ein ausländisches Mitglied gewählt wird, soll der Generalrat die Zentralnotenbank des Landes, dessen Staatsangehörigkeit gewählt werden soll, um eine gutachtliche Äußerung ersuchen.

§ 17. Zu Mitgliedern des Generalrats dürfen nicht bestellt werden:

a) unmittelbare Staatsbeamte des Deutschen Reichs oder eines deutschen Landes,
b) Personen, die vom Deutschen Reiche oder einem deutschen Lande eine Bezahlung erhalten.

Abs. 1 gilt sinngemäß für Beamte eines ausländischen Staates sowie für Personen, die von einem solchen Staate oder dessen Regierung eine Bezahlung erhalten.

§ 18. Der Generalrat faßt seine Beschlüsse mit einer Mehrheit von mindestens zehn Stimmen oder mit einfacher Stimmenmehrheit, wenn der Präsident und der Kommissar in der Mehrheit inbegriffen sind. Falls ein Mitglied einer Sitzung nicht beiwohnen kann, steht es ihm frei, ein anderes Mitglied durch eingeschriebenen Brief oder Telegramm zu ermächtigen, an seiner Statt seine Stimme abzugeben.

In jeder seiner Sitzungen und wenigstens einmal im Monat soll der Generalrat die Berichte prüfen, die ihm von dem Präsidenten und dem Kommissar vorgelegt worden sind. Er faßt Beschluß über alle Vorschläge, die ihm von dem Präsidenten und dem Kommissar gemacht worden sind, jedoch ohne daß die dem Reichsbankdirektorium vorbehaltenen Rechte der Verwaltung der Bank dadurch beeinträchtigt werden dürfen.

§ 19. Der Generalrat bestellt eines seiner ausländischen Mitglieder oder einen anderen Ausländer, der eine nach § 14 im Generalrat vertretene Staatsangehörigkeit besitzt, zum Kommissar für die Notenausgabe. Der Beschluß muß mit mindestens neun Stimmen, worunter mindestens sechs ausländische Stimmen sein müssen, gefaßt werden. Die Wahl eines Nichtmitgliedes bewirkt das Ausscheiden des bisherigen Mitgliedes gleicher Staatsangehörigkeit. Der gewählte Kommissar wird durch die Wahl Mitglied des Generalrats. Seine Amtsdauer beträgt 4 Jahre.

§ 20. Sämtliche bei der Bank als Leiter, Beamte oder Angestellte tätigen Personen sowie die Mitglieder des Generalrats, des Zentralausschusses und der Bezirksausschüsse sind verpflichtet, über alle zu ihrer Kenntnis gelangenden Angelegenheiten und Einrichtungen der Bank, insbesondere über alle einzelnen Geschäfte der Bank und über den Umfang gewährter Kredite Schweigen zu beobachten, auch nachdem das Dienstverhältnis oder die Zugehörigkeit zum Generalrat, Zentralausschuß oder einem Bezirksausschuß fortgefallen ist.

Die Sitzungen des Reichsbankdirektoriums, des Generalrats, des Zentralausschusses und der Generalversammlung finden in Berlin statt.

Zur Aufrechterhaltung einer ständigen Fühlung in den währungs- und finanzpolitischen Angelegenheiten ist das Reichsbankdirektorium verpflichtet, in regelmäßigen Zeitabständen der Reichsregierung sowie jederzeit auf Ersuchen über Angelegenheiten dieser Art Bericht zu erstatten.

IV. Der Geschäftskreis der Bank.

§ 21. Die Bank ist befugt, folgende Geschäfte zu betreiben:

1. Gold und Silber in Barren und Münzen sowie Devisen zu kaufen und zu verkaufen;
2. Wechsel, welche eine Verfallzeit von höchstens drei Monaten haben, und aus welchen drei als zahlungsfähig bekannte Verpflichtete haften, ebenso Schecks, aus welchen drei als zahlungsfähig bekannte Verpflichtete haften, zu diskontieren, zu kaufen und zu verkaufen. Von dem Erfordernis der dritten Unterschrift kann in den Fällen abgesehen werden, wo durch eine Nebensicherheit oder in sonstiger Weise die Sicherheit des Wechsels oder Schecks gewährleistet ist; der Betrag der so diskontierten Wechsel darf 33 vom Hundert des jeweiligen Gesamtbestandes der diskontierten Wechsel nicht übersteigen. Die von der Bank diskontierten Wechsel sollen nur gute Handelswechsel sein;

2a vom Reiche begebene Schatzwechsel, welche nach spätestens drei Monaten fällig sind und aus denen außer dem Reiche noch ein als zahlungsfähig bekannter Verpflichteter haftet, zu diskontieren, zu kaufen und zu verkaufen.

Der jeweilige Bestand der auf Grund dieser Vorschrift durch Diskontierung oder Kauf erworbenen und der gemäß Ziffer 3g beliehenen Schatzwechsel des Reichs darf zusammen 400 Millionen Goldmark nicht übersteigen. Er ist in den wöchentlichen Veröffentlichungen (§ 36 Abs. 2) getrennt auszuweisen und gilt nicht als Notendeckung im Sinne des § 28.

3. zinsbare Darlehen auf nicht länger als drei Monate gegen bewegliche Pfänder zu erteilen (Lombardverkehr), und zwar:

   a) gegen Gold und Silber, gemünzt und ungemünzt,

   b) gegen volleingezahlte Stamm- und Stamm-Prioritätsaktien und Prioritätsobligationen deutscher Eisenbahngesellschaften, deren Bahnen in Betrieb befindlich sind, sowie gegen Pfandbriefe landschaftlicher, kommunaler oder anderer unter staatlicher Aufsicht stehender Bodenkreditinstitute Deutschlands und deutscher Hypothekenbanken auf Aktien, zu höchstens drei Viertel des Kurswertes; diesen Pfandbriefen stehen gleich die auf den Inhaber lautenden Schuldverschreibungen öffentlich-rechtlicher Bodenkreditinstitute des Inlandes sowie diejenigen auf den Inhaber lautenden Schuldverschreibungen der übrigen vorbezeichneten Institute und Banken, welche auf Grund von Darlehen ausgestellt werden, die an inländische kommunale Korporationen oder gegen Übernahme der Garantie durch eine solche Korporation gewährt sind,

c) gegen spätestens nach einem Jahre fällige und auf den Inhaber lautende Schuldverschreibungen des Reichs, eines deutschen Landes oder inländischer kommunaler Korporationen oder gegen zinstragende, auf den Inhaber lautende Schuldverschreibungen, deren Zinsen vom Reiche oder von einem Lande garantiert sind, zu höchstens drei Viertel des Kurswertes; solche Darlehen können nur an als zahlungsfähig bekannte Banken gegeben werden,

d) gegen zinstragende, auf den Inhaber lautende Schuldverschreibungen nichtdeutscher Staaten sowie gegen staatlich garantierte ausländische Eisenbahn-Prioritätsobligationen zu höchstens 50% des Kurswertes,

e) gegen Wechsel, welche anerkannt solide Verpflichtete aufweisen, mit einem Abschlage von mindestens 5% ihres Kurswertes,

f) gegen Verpfändung im Inland lagernder Kaufmannswaren, höchstens bis zu zwei Dritteilen ihres Wertes.

g) innerhalb der in Ziffer 2a Abs. 2 vorgesehenen Begrenzung gegen vom Reiche begebene Schatzwechsel, welche nach spätestens drei Monaten fällig sind, mit einem Abschlag von mindestens 5 vom Hundert ihres Kurswertes.

Die Bank kann mit der besonderen Ermächtigung des Generalrats die langfristigen Schuldverschreibungen des Reichs als Pfandsicherheit für Darlehen annehmen, die nicht länger als drei

Monate laufen, wenn für die Darlehen neben der Pfandsicherheit zwei Verpflichtete haften, von denen einer eine Bankfirma sein muß, die in Deutschland Geschäfte betreibt, jedoch unter der Bedingung, daß Darlehen, für die langfristige Schuldverschreibungen des Reichs verpfändet sind, niemals den Betrag des eingezahlten Kapitals der Bank und ihres Reservefonds übersteigen;

4. Schuldverschreibungen der vorstehenden, unter 3c bezeichneten Art zu kaufen und zu verkaufen; der Ankauf solcher Schuldverschreibungen für eigene Rechnung ist der Bank nur insoweit gestattet, als es zur Aufrechterhaltung des laufenden Kundengeschäftes erforderlich ist;
5. für Rechnung von Privatpersonen, Anstalten und Behörden Inkassos zu besorgen und nach vorheriger Deckung Zahlungen zu leisten und Anweisungen oder Überweisungen auf ihre Zweiganstalten oder Korrespondenten auszustellen;
6. für fremde Rechnung Effekten aller Art sowie Edelmetalle nach vorheriger Deckung zu kaufen und nach vorheriger Überlieferung zu verkaufen;
7. unverzinsliche Gelder im Depositengeschäft und im Giroverkehr anzunehmen;
8. Wertgegenstände in Verwahrung und in Verwaltung zu nehmen.

Wenn der Schuldner eines im Lombardverkehr gewährten Darlehens im Verzuge ist, ist die Reichsbank berechtigt, ohne gerichtliche Ermächtigung oder Mitwirkung das bestellte Faustpfand durch einen ihrer Beamten oder durch einen zu Versteigerungen befugten Beamten öffentlich verkaufen oder, wenn der verpfändete Gegenstand einen Börsenpreis oder Marktpreis hat, den Verkauf auch nichtöffentlich durch einen ihrer Beamten oder durch einen Handelsmakler oder, in Ermangelung eines solchen, durch einen zu Versteigerungen befugten Beamten zum laufenden Preise bewirken zu lassen und sich aus dem Erlöse wegen Kapital, Zinsen und Kosten bezahlt zu machen. Dieses Recht behält die Bank auch gegenüber anderen Gläubigern und gegenüber der Konkursmasse des Schuldners.

§ 22. Die Reichsbank ist verpflichtet, Barrengold zum festen Satze von 1392 Reichsmark für das Pfund fein gegen ihre Noten umzutauschen.

Die Bank ist berechtigt, auf Kosten des Abgebers solches Gold durch die von ihr zu bezeichnenden Techniker prüfen und scheiden zu lassen.

§ 23. Das Reichsbankdirektorium hat jeweilig die Prozentsätze festzusetzen und öffentlich bekanntzumachen, zu welchen die Reichsbank diskontiert oder zinsbare Darlehen erteilt.

§ 24. Der Bank ist unbeschadet der Vorschrift des § 21 Ziffer 3b untersagt, Wechsel zu akzeptieren, Grundstücke oder Bergwerkseigentum, Ölfelder oder Aktien zu beleihen, es sei denn, daß es sich lediglich um Nebensicherheiten handelt, ferner Grundstücke, Aktien oder Waren zu kaufen oder zu verkaufen, soweit es sich nicht um Anschaffungen für Betriebszwecke der Bank oder um die Realisierung vorhandener Aktiva handelt.

§ 25. Die Reichsbank ist verpflichtet, für das Reich durch ihre sämtlichen hierzu ihrer Natur nach geeigneten Niederlassungen auf Verlangen der Reichsbehörden Zahlungen anzunehmen oder zu leisten und den bargeldlosen Verkehr zwischen den Kassen des Reichs zu besorgen.

Die Bank darf dem Reiche unbeschadet der Vorschrift des Abs. 4 Betriebskredite gewähren, jedoch jeweils höchstens auf drei Monate und nur bis zum Höchstbetrage von 100 Millionen Reichsmark. Am Ende des Geschäftsjahres darf keinerlei Verschuldung des Reichs bei der Bank vorhanden sein.

Das Reich wird seine sämtlichen die allgemeine Reichsverwaltung betreffenden Bankgeschäfte durch die Reichsbank besorgen lassen. Die Reichsbank ist grundsätzlich verpflichtet, diese Geschäfte auszuführen; lehnt die Reichsbank die Übernahme eines Geschäfts ab, so ist das Reich befugt, die Geschäfte durch eine andere Stelle ausführen zu lassen. Die Freiheit des Reichs bei der Auswahl der für die Plazierung von Anleihen oder Schatzanweisungen geeigneten Wege soll gewahrt bleiben, jedoch sollen solche Anleihen und Schatzanweisungen in erster Linie durch die Reichsbank plaziert werden; in jedem Falle soll das Reich seine Absichten über alle derartigen Angelegenheiten der Reichsbank rechtzeitig mitteilen.

Die Reichsbank darf auch der Deutschen Reichspost und der Deutschen Reichsbahn angemessene Betriebskredite bis zum Höchstbetrage von zusammen 200 Millionen Reichsmark für beide Unternehmen geben. In diesem Falle findet auf Verlangen der Reichsbank die

Vorschrift des Abs. 3 sinngemäß Anwendung. Die unmittelbaren finanziellen Beziehungen zwischen der Reichspost und der Reichsfinanzverwaltung werden durch diese Vorschriften nicht berührt.

Die Erledigung der im Abs. 1 genannten Aufgaben sowie die Einlösung von Zinsscheinen und Anleihen des Reichs erfolgt für die allgemeine Reichsverwaltung kosten- und gebührenfrei. Für die übrigen Bankgeschäfte des Reichs dürfen von der Reichsbank höchstens die für die übrigen Kunden der Bank geltenden Sätze berechnet werden. Die Reichsbank ist jedoch ermächtigt, Ermäßigungen der Gebühren vertraglich mit dem Reiche zu vereinbaren.

Im übrigen darf die Bank dem Reiche oder den Ländern oder Gemeinden (Gemeindeverbänden) sowie ausländischen Regierungen weder mittelbar noch unmittelbar Kredite einräumen.

§ 26. Bei der Bank wird ein Sonderkonto eingerichtet für die an die Bank abzuführenden Reparationszahlungen. Die Beziehungen zwischen den Bevollmächtigten Organen der Reparationskommission als Gläubigerin dieses Guthabens einerseits und der Bank anderseits sind lediglich die zwischen Bank und Kunden.

Der Betrag des Guthabens auf diesem Konto darf ohne Zustimmung der Bank die Summe von 2 Milliarden Reichsmark nicht überschreiten.

V. Notenausgabe, -Deckung und Kommissar für die Notenausgabe.

§ 27. Die An- und Ausfertigung, die Ausgabe, Einziehung und Vernichtung der Banknoten erfolgt unter der Kontrolle des Kommissars für die Notenausgabe durch die Notenabteilung der Bank.

Der Kommissar ist ermächtigt und seine Aufgabe soll im wesentlichen darin bestehen, die Durchführung derjenigen Bestimmungen des Gesetzes und der Satzung zu gewährleisten, die sich auf die Ausübung des Notenausgaberechts und die Erhaltung der Golddeckung für die im Umlauf befindlichen Noten beziehen. Zu diesem Zwecke soll der Kommissar das Recht haben, die Vorlage aller Unterlagen zu verlangen, die er für die Durchführung seiner Aufgabe für zweckmäßig hält. Er kann auch bei der Bank persönlich oder durch seine Hilfsarbeiter alle auf die Durchführung seiner Aufgabe bezüglichen Untersuchungen anstellen. Er kann den Sitzungen des Direktoriums beiwohnen.

Dem Kommissar sind die täglichen Nachweisungen über die Notendeckung und über die im Umlauf befindlichen Noten fortlaufend zur Prüfung und Billigung vorzulegen.

Die Mitwirkung des Kommissars an der An- und Ausfertigung der Noten wird durch einen besonderen Ausfertigungskontrollstempel beurkundet, der nach Anweisung des Kommissars angebracht werden soll. Jede Note, die die Bank in Umlauf setzt, muß diesen Stempel tragen.

Der Kommissar und dessen Hilfsarbeiter sind in bezug auf alle zu ihrer Kenntnis gelangenden Angelegenheiten und Einrichtungen der Bank zur völligen Verschwiegenheit verpflichtet.

§ 28. Die Bank ist verpflichtet, für den Betrag ihrer im Umlauf befindlichen Noten jederzeit zu halten:

a) eine Deckung von mindestens 40% in Gold oder Devisen (Golddeckung); diese Deckung muß zu mindestens drei Vierteln aus Gold bestehen.

Gold im Sinne dieser Vorschrift ist Barrengold sowie in- und ausländische Goldmünzen, das Pfund fein zu 1392 Reichsmark berechnet, soweit sie sich entweder in den Kassen der Bank oder zu ihrer jederzeitigen freien Verfügung bei einer ausländischen Zentralnotenbank befinden.

Devisen sind Banknoten, Wechsel mit einer Laufzeit von höchstens 14 Tagen, Schecks und täglich fällige Forderungen, die bei einer als zahlungsfähig bekannten Bank an einem ausländischen zentralen Finanzplatz in ausländischer Währung zahlbar sind. Sie sind mit ihrem jeweiligen Goldwert einzusetzen.

b) für den Restbetrag diskontierte Wechsel oder Schecks, welche den im § 21 aufgestellten Erfordernissen genügen.

§ 29. Unter ausnahmsweisen Umständen darf die im § 28 unter a) genannte Deckung auf Vorschlag des Direktoriums durch Beschluß des Generalrats unter 40% herabgesetzt werden; ein solcher Beschluß des Generalrats bedarf Einstimmigkeit bis auf eine Stimme.

Im Falle einer solchen Herabsetzung der Deckung, die länger als eine Bankausweis-Woche dauert, hat die Bank von dem an der vorgeschriebenen Deckung von 40% fehlenden Betrag prozentual bemessene Notensteuern nach folgenden Bestimmungen an das Reich zu zahlen:

bei einer Deckung zwischen 37 und 40% : 3% jährlich;

bei einer Deckung zwischen 35 und 37% : 5% jährlich;

bei einer Deckung zwischen 33⅓ und 35% : 8% jährlich;

bei einer Deckung von weniger als 33⅓% : 8% jährlich zuzüglich eines Prozentes jährlich für jedes Prozent, um das die Prozentsatzzahl der Deckung 33⅓% unterschreitet.

Der Diskontsatz muß, wenn die Deckung während einer Bankausweis-Woche oder länger ununterbrochen unter 40% liegt, mindestens 5% betragen.

Wenn eine Notensteuer zu zahlen ist, soll der Diskontsatz um mindestens ein Drittel des Prozentsatzes der zu zahlenden Steuern sich erhöhen, zuzüglich jeder Erhöhung der besagten Sätze, die zur Erfüllung der Vorschriften des Abs. 3 benötigt wird.

§ 30. Zum Zweck der Feststellung der Steuer hat das Reichsbankdirektorium dem Reichsminister der Finanzen bis zum 10. eines jeden Monats die zur Feststellung der Steuer für den vergangenen Monat erforderlichen Angaben zu machen. Die Zahlung der Steuer hat bis zum Ende des Monats zu erfolgen.

§ 31. Die Bank ist verpflichtet, ihre Noten:

a) bei ihrer Hauptkasse in Berlin sofort auf Präsentation,

b) bei ihren Zweiganstalten, soweit es deren Barbestände und Geldbedürfnisse gestatten,

dem Inhaber einzulösen.

Die Einlösung erfolgt nach Wahl der Bank in:

1. deutschen Goldmünzen zum jeweiligen gesetzlichen Gewicht und Feingehalt zu pari;
2. Goldbarren in Stücken von nicht weniger als 1000 Reichsmark und nicht mehr als 35000 Reichsmark zu ihrem Reingoldwert in deutschen Goldstücken zum jeweiligen gesetzlichen Gewicht und Feingehalt;
3. Schecks oder Auszahlung in ausländischer Währung in Höhe des in Gold umgerechneten jeweiligen Marktwertes der betreffenden Währung; die Satzung bezeichnet diejenigen ausländischen Banken, auf die die Schecks oder Auszahlungen lauten müssen. Die Reichsbank kann hierbei eine Vergütung in Rechnung stellen. Diese darf jedoch den Betrag nicht übersteigen, der sich aus dem dem Einlösungsbetrage entsprechenden Anteile an den Versendungsspesen nebst Zinsen für größere Goldtransporte nach dem betreffenden ausländischen Bankplatze ergibt.

§ 32. Die Bank hat für beschädigte Noten Ersatz zu leisten, sofern der Inhaber entweder einen Teil der Note präsentiert, welcher größer ist als die Hälfte, oder den Nachweis führt, daß der Rest der Note, von welcher er nur die Hälfte oder einen geringeren Teil als die Hälfte präsentiert, vernichtet sei.

Für vernichtete oder verlorene Noten Ersatz zu leisten, ist die Bank nicht verpflichtet.

§ 33. Banknoten, welche in die Kasse der Bank oder eine ihrer Zweiganstalten oder in eine von ihr bestellte Einlösungskasse in beschädigtem oder beschmutztem Zustande zurückkehren, dürfen nicht wieder ausgegeben werden.

§ 34. Der Aufruf und die Einziehung der Noten erfolgt durch das Direktorium, das hierüber sowie über die Vernichtung der eingezogenen Noten die näheren Bestimmungen erläßt. Diese sind im Reichsanzeiger öffentlich bekanntzumachen.

§ 35. Neben der im § 28 vorgesehenen Deckung der in Umlauf befindlichen Noten hat die Bank jederzeit für ihre täglich fälligen Verbindlichkeiten eine besondere Deckung von mindestens 40% zu halten; diese Deckung muß bestehen aus sofort verfügbaren Depositen (tägliches Geld) in Deutschland oder im Ausland, Schecks auf andere Banken, Wechseln von einer Laufzeit von höchstens 30 Tagen oder täglich fälligen Forderungen auf Grund von Lombarddarlehen.

Die vorstehend vorgesehene Sonderdeckung bezieht sich nicht auf das auf Grund des § 26 eingerichtete Konto.

§ 36. Die Bank hat den Stand ihrer Aktiva und Passiva nach folgenden Bestimmungen regelmäßig zu veröffentlichen.

Die wöchentliche Veröffentlichung muß angeben:

1. auf seiten der Passiva:

das Grundkapital,

die Reservefonds,

den Betrag der umlaufenden Noten,
die sonstigen täglich fälligen Verbindlichkeiten,
die an eine Kündigungsfrist gebundenen Verbindlichkeiten,
die sonstigen Passiva;

2. auf seiten der Aktiva:
den Goldbestand (Barrengold) sowie in- und ausländische Goldmünzen, das Pfund fein zu 1392 Reichsmark berechnet,
den Bestand:
an deckungsfähigen Devisen,
an sonstigen Wechseln und Schecks,
an deutschen Scheidemünzen,
an Noten anderer Banken,
an Lombardforderungen,
an Effekten,
an sonstigen Aktiven.

Außerdem sind die aus weiterbegebenen, im Inland zahlbaren Wechseln entsprungenen eventuellen Verbindlichkeiten ersichtlich zu machen.

Sie hat ferner spätestens sechs Monate nach dem Schlusse jedes Geschäftsjahres eine genaue Bilanz ihrer Aktiva und Passiva sowie den Jahresabschluß des Gewinn- und Verlustkontos im Reichsanzeiger auf ihre Kosten zu veröffentlichen. Die näheren Bestimmungen über die Aufstellung der Bilanz trifft die Satzung.

VI. Gewinnverteilung.

§ 37. Von dem jährlichen Reingewinn sollen 20 Prozent so lange einem Reservefonds zugeführt werden, als dieser weniger als 12 Prozent des Notenumlaufs der Bank beträgt, gerechnet nach dem Durchschnitt der letzten sechs Monate.

Die Anteilseigner haben Anspruch auf eine jährliche Dividende von 8 Prozent. Wird diese Dividende in einem Jahr nicht erreicht, so ist der daran fehlende Betrag aus dem Reingewinn der folgenden Jahre nach Abzug der dem Reservefonds gesetzlich zufließenden Beträge vorweg zu entnehmen, es sei denn, daß er aus einer vorhandenen Dividendenreserve entnommen werden kann.

Der nach Ausschüttung dieser Dividende verbleibende Restbetrag des Reingewinns wird wie folgt geteilt: von den ersten 50 Millionen Reichsmark erhalten das Reich die Hälfte, die Anteilseigner die andere Hälfte; von den nächsten 50 Millionen erhalten das Reich drei Viertel, die Anteilseigner ein Viertel. Von dem dann noch etwa verbleibenden Restbetrag erhalten das Reich neun Zehntel, die Anteilseigner ein Zehntel; die hiernach den Anteilseignern zufließenden Beträge werden entweder als Zuschlag zu der Dividende gezahlt oder einem Spezialreservefonds für künftige Dividendenzahlung zwecks Aufrechterhaltung einer gleichmäßigen Dividende zugeführt.

Ein bei der Begebung von Anteilsscheinen etwa zu gewinnendes Aufgeld fließt dem Reservefonds zu.

VII. Liquidation.

§ 38. Nach dem Fortfall des Rechtes der Reichsbank, Banknoten in Deutschland auszugeben, ist das Reich berechtigt, mit einjähriger Ankündigungsfrist die Reichsbank aufzuheben und ihre Grundstücke zu übernehmen.

Der Übernahmepreis für die Grundstücke, die am 1. Januar 1925 im Eigentum der Reichsbank stehen, entspricht dem Verkaufswert dieser Grundstücke am 1. Januar 1925. Dieser Preis ist im Laufe des Jahres 1925 durch Vereinbarung zwischen dem Reichsminister der Finanzen und der Reichsbank festzustellen. Falls es zu einer Vereinbarung nicht kommt, wird der Preis durch ein Schiedsgericht bestimmt. Dieses Schiedsgericht besteht aus je 2 Vertretern des Reichsministers der Finanzen und der Reichsbank und einem von diesen Vertretern zu bestimmenden Obmann. Einigen sich die Vertreter nicht über die Person des Obmanns, so wird dieser von dem Präsidenten des Reichsgerichts benannt.

Für nach dem 1. Januar 1925 von der Reichsbank erworbene Grundstücke ist der Übernahmepreis der Erwerbspreis der Reichsbank, mangels eines solchen der Verkaufswert der Grundstücke zur Zeit des Erwerbs. Für die Bestimmung dieses Verkaufswertes gelten die Vorschriften des Abs. 2 entsprechend.

Bevor die Reichsbank in Liquidation tritt, hat sie die Reichsregierung hiervon rechtzeitig zu benachrichtigen.

VIII. Strafvorschriften.*)

§ 39. Wer unbefugt Banknoten oder sonstige auf den Inhaber lautende unverzinsliche Schuldverschreibungen ausgibt, wird mit einer Geldstrafe bestraft,

---

[1]) Die Höhe der Geldstrafe richtet sich jetzt nach der im Anhang (S. 606) abgedruckten Verordnung über Vermögensstrafen und Bußen vom 6. Februar 1924.

welche dem Zehnfachen des Betrages der von ihm ausgegebenen Wertzeichen gleichkommt, mindestens aber fünftausend Reichsmark beträgt.

§ 40. Mit Geldstrafe nicht unter fünfzig Reichsmark wird bestraft, wer der Verbotsbestimmung im § 4 zuwider ausländische Banknoten oder sonstige auf den Inhaber lautende unverzinsliche Schuldverschreibungen ausländischer Korporationen, Gesellschaften oder Privaten, welche ausschließlich oder neben anderen Wertbestimmungen in Reichswährung ausgestellt sind, zur Leistung von Zahlungen verwendet.

Geschieht die Verwendung gewerbsmäßig, so tritt neben der Geldstrafe Gefängnis bis zu einem Jahre ein. Der Versuch ist strafbar.

§ 41. Die Mitglieder des Reichsbankdirektoriums werden:

1. wenn sie in den durch die Bestimmungen des § 36 vorgeschriebenen Veröffentlichungen wissentlich den Stand der Verhältnisse der Bank unwahr darstellen oder verschleiern, mit Gefängnis bis zu drei Monaten bestraft;
2. wenn die Bank mehr Noten ausgibt, als sie auszugeben befugt ist, mit einer Geldstrafe bestraft, welche dem Zehnfachen des zuviel ausgegebenen Betrages gleichkommt, mindestens aber fünftausend Reichsmark beträgt.

§ 42. Beamte und Angestellte der Reichsbank, die auf eine von dem Präsidenten, dem Reichsbankdirektorium, dem Generalrat oder dem Kommissar innerhalb ihrer Zuständigkeit an sie gerichtete Anfrage wissentlich unrichtige Angaben machen, werden, soweit nicht auf Grund anderer Gesetze schwerere Strafe verwirkt ist, mit Geldstrafe bis zu fünfhundert Reichsmark oder mit Haft bestraft.

§ 43. Soweit in diesem Gesetz Geldstrafen angedroht sind, ist die Geldstrafe in Goldmark festzusetzen, solange nach den Vorschriften des Strafgesetzbuches die Geldstrafe in Goldmark festzusetzen ist. Hierbei ist eine Goldmark einer Reichsmark gleichzusetzen.

IX. Schluß- und Übergangsbestimmungen.

§ 44. Die Satzung der Reichsbank hat Bestimmung zu treffen:

1. über die Form der Anteilscheine der Reichsbank und der dazu gehörigen Dividendenscheine und Talons;
2. über die bei Übertragung oder Verpfändung von Anteilscheinen zu beachtenden Formen;
3. über Aufgebot und Kraftloserklärung verlorener oder vernichteter Anteilscheine sowie über das Verfahren in betreff abhanden gekommener Dividendenscheine und Talons;
4. über die Grundsätze, nach denen die Jahresbilanz der Reichsbank aufzunehmen ist;
5. über Termine und Modalitäten der Erhebung der Dividende;
6. über die Form, in welcher die Einberufung der Generalversammlung geschieht, sowie über die Bedingungen und die Art der Ausübung des Stimmrechts der Anteilseigner;
7. über die Wahl des Zentralausschusses und seiner Deputierten, der Bezirksausschüsse und der Beigeordneten bei den Reichsbankanstalten;

8. über die Form, in welcher die von der Gesellschaft ausgehenden Bekanntmachungen erfolgen, sowie über die öffentlichen Blätter, in welche dieselben aufzunehmen sind;
9. über diejenigen ausländischen Banken, auf welche die im § 31 Abs. 2 Ziffer 3 genannten Schecks und Auszahlungen lauten müssen;
10. über die Wahl der deutschen Mitglieder des Generalrats.

Das Organisationskomitee erläßt die erste Satzung. Diese sowie etwaige spätere Änderungen sind vom Reichsbankdirektorium im Reichsanzeiger zu veröffentlichen.

§ 45. Die Reichsbank und ihre Anstalten sind im gesamten Reichsgebiet frei von allen Körperschafts-, Einkommen- und Gewerbesteuern.

Soweit auf dem Gebiete der Kapitalverkehrssteuer steuerliche Vergünstigungen für die Reichsbank oder für Geschäfte mit ihr vorgesehen sind, gelten diese Vergünstigungen auch weiterhin. Die Einlösung der Noten (§ 31) unterliegt nicht der Börsenumsatzsteuer.

Soweit Anteilscheine sich im Eigentum von Ausländern ohne Wohnsitz im Deutschen Reiche befinden, wird für die Dividenden oder sonstigen Vermögensvorteile, die den Anteilseignern als solchen zustehen, eine Steuer vom Einkommen mit Einschluß der Steuer vom Kapitalertrag nicht erhoben.

§ 46. Soweit der Reichsbank und ihren Organen bisher auf Grund gesetzlicher Bestimmungen eine bevorrechtete Stellung eingeräumt ist, wird ihr diese auch weiterhin durch die Reichsregierung gewährleistet. Insbesondere gelten für sie die nachstehenden Vorschriften:

In Wohnungs- und Mietangelegenheiten finden die auf Grund gesetzlicher Bestimmungen den Reichsbehörden jeweils eingeräumten Vergünstigungen auf die Reichsbank mit der Maßgabe entsprechende Anwendung, daß an Stelle der nach diesen Gesetzen zur Entscheidung berufenen obersten Reichsbehörde die Reichsregierung entscheidet. Soweit die Reichsregierung zur Entscheidung in Wohnungs- und Mietangelegenheiten von Behörden berufen ist, hat sie auch für den Bereich der Reichsbank zu entscheiden. Von Wohnungsbehörden angeordnete Vollstreckungen auf Räumung von Geschäftsräumen der Reichsbank oder Dienstwohnungen und Mietdienstwohnungen von Reichsbankbeamten dürfen nur durchgeführt werden, wenn die Reichsregierung ihre Zustimmung vorher erklärt hat.

Die Reichsregierung bestimmt, in welchem Umfang das Reichsbankdirektorium im Interesse seines Geschäftsverkehrs befugt ist, Behörden um Auskünfte, insbesondere um Übersendung von Akten und Strafregisterauszügen, zu ersuchen.

Eine Beteiligung der Reichsbank an den Industrie- und Handelskammern findet nicht statt.

Die als Leiter, Beamte und Angestellte bei der Reichsbank tätigen Personen können zu Beisitzern der Kammern für Handelssachen nicht berufen werden.

Auf dem Gebiete der Schwerbeschädigtenfürsorge, der Einstellung der Versorgungsanwärter, der Regelung der Arbeitszeit, der Gewerbeaufsicht und der sonstigen sozialen Fürsorge sind die für Reichsbehörden geltenden Bestimmungen auf die Reichsbank sinngemäß anzuwenden.

Die Bestimmungen des § 359 des Reichsstrafgesetzbuches sowie der §§ 54, 76 und 96 der Strafprozeßordnung und 376 und 408 der Zivilprozeßordnung sowie das Gesetz über die Haftung des Reichs für seine Beamten vom 22. Mai 1910 (Reichsgesetzbl. S. 798) finden auf die Reichsbank, ihre Leiter und ihre Beamten sinngemäß Anwendung.

§ 47. Die Bestimmungen des Handelsgesetzbuches über die Eintragungen in das Handelsregister und die rechtlichen Folgen derselben finden auf die Reichsbank keine Anwendung.

§ 48. Die Vorschriften des Börsengesetzes über den Prospektzwang finden auf Reichsbankanteile keine Anwendung.

§ 49. Die Reichsbank hat, solange ihre bisherigen Noten noch nicht zurückgezogen sind, für diese die gleichen Deckungsvorschriften einzuhalten, wie sie für die neu auszugebenden Noten vorgesehen sind, wobei eine Billion Mark bisheriger Ausgabe gleich eine Reichsmark gilt.

§ 50. Den Personen, die bis zum Inkrafttreten dieses Gesetzes die Eigenschaft von Reichsbankbeamten besitzen, bleiben die ihnen zustehenden vermögensrechtlichen Ansprüche vorbehalten.

§ 51. Die erste Wahl des Präsidenten auf Grund dieses Gesetzes soll innerhalb 6 Monaten nach seinem Inkrafttreten erfolgen.

§ 52. Den Zeitpunkt des Inkrafttretens dieses Gesetzes bestimmt die Reichsregierung. Für das Inkrafttreten der Vorschrift des § 31 bedarf es außerdem eines übereinstimmenden Beschlusses des Reichsbankdirektoriums und des Generalrates. Dieser Beschluß ist im Reichsgesetzblatt bekanntzumachen. Bis dahin bewendet es bei der Bestimmung des § 2 des Gesetzes, betreffend die Reichskassenscheine und die Banknoten, vom 4. August 1914 (Reichsgesetzbl. S. 347), soweit sich diese Bestimmung auf Reichsbanknoten bezieht.

§ 53. Das Bankgesetz vom 14. März 1875 und die dazu ergangenen Änderungsgesetze mit Ausnahme des Gesetzes vom 19. März 1924 (Reichsgesetzbl. II S. 73) treten unbeschadet der Bestimmung des § 52 außer Kraft. Zugleich treten die Bestimmungen der Rentenbankverordnung vom 15. Oktober 1923 (Reichsgesetzbl. I S. 963) und des Gesetzes über die Deutsche Golddiskontbank vom 19. März 1924 (Reichsgesetzbl. II S. 71) insoweit außer Kraft, als sie mit dem vorliegenden Gesetz in Widerspruch stehen.

---

28. Privatnotenbankgesetz vom 30. August 1924.[1])

I. Befugnis zur Notenausgabe.

§ 1. Privatnotenbanken im Sinne dieses Gesetzes sind:

1. die Bayerische Notenbank in München,
2. die Sächsische Bank zu Dresden in Dresden,
3. die Württembergische Notenbank in Stuttgart,
4. die Badische Bank in Mannheim.

---

[1]) RGBl. 1924 II S. 246. Berichtigung: RGBl. 1925 II S. 114.

Den Privatnotenbanken steht die Befugnis der Notenausgabe in dem durch dieses Gesetz bezeichneten Umfang zu. Die Reichsregierung hat das Recht, erstmals zum 1. Januar 1935, alsdann von 10 zu 10 Jahren unter Einhaltung einer einjährigen Kündigungsfrist, mit Zustimmung des Reichsrats die Befugnis zur Notenausgabe ganz oder zum Teil aufzuheben, ohne daß daraus ein Anspruch auf Entschädigung entsteht.

§ 2. Abänderungen der landesrechtlichen Vorschriften über die Privatnotenbanken sowie Abänderungen der Satzungen bedürfen der Genehmigung der Reichsregierung und des Reichsrats, soweit sie das Grundkapital, die Rücklagen, den Geschäftskreis sowie die Deckung oder die Einlösung der auszugebenden Noten oder die Dauer der Befugnis zur Notenausgabe zum Gegenstande haben.

§ 3. Die von den Privatnotenbanken auszugebenden Noten lauten auf Reichsmark.

Die Höchstgrenze des Rechtes der Notenausgabe beträgt:

für die Bayerische Notenbank und die Sächsische Bank je 70 Millionen Reichsmark,

für die Württembergische Notenbank und die Badische Bank je 27 Millionen Reichsmark.

Bis zur Beendigung der Liquidation der Rentenbank wird innerhalb dieser Höchstgrenze das jeweilige Recht der Notenausgabe für die Gesamtheit der vier Privatnotenbanken für jedes Kalendervierteljahr auf 8,5 vom Hundert des in den Reichsbankausweisen des vorangegangenen Kalendervierteljahrs ausgewiesenen

17*

durchschnittlichen Umlaufs an Reichsbanknoten bemessen. Dieser Gesamtanteil wird auf die einzelnen Privatnotenbanken im Verhältnis von 70 : 70 : 27 : 27 aufgeteilt. Die im Satz 1 festgesetzte Frist für die Beschränkung des Notenumlaufs kann von der Reichsregierung mit Zustimmung des Reichsrats und im Einvernehmen mit dem Reichsbankdirektorium verkürzt werden.

Die für die einzelnen Notenbanken sich so ergebenden jeweiligen Notenausgaberechte werden für jedes Kalendervierteljahr auf Grund der Reichsbankausweise des vorhergehenden Kalendervierteljahrs vom Reichswirtschaftsminister im Reichsanzeiger bekanntgegeben. Tritt in einem Monat eine Änderung des durchschnittlichen Umlaufs an Reichsbanknoten um mehr als 10 vom Hundert gegenüber demjenigen durchschnittlichen Reichsbanknotenumlauf ein, nach welchem sich der Umlauf an Privatbanknoten bemißt, so wird auf Antrag der Reichsbank oder einer Privatnotenbank dieser Monatsumlauf vom Reichswirtschaftsminister als Bemessungsgrundlage für den Rest des Vierteljahrs erklärt, und die sich daraus ergebenden jeweiligen Notenausgaberechte der Privatnotenbanken werden bekanntgemacht.

Ist das jeweilige Notenausgaberecht für eine Privatnotenbank niedriger als dasjenige des vorhergegangenen Vierteljahrs oder Monats, so hat die Privatnotenbank innerhalb des auf dieses Kalendervierteljahr oder diesen Monat folgenden Monats ihren Notenumlauf dem neuen Notenausgaberecht anzupassen.

Die Privatnotenbanken haben das Recht, im Rahmen des Abs. 2 jederzeit bis zur Höhe ihres jeweiligen Bestandes an Gold Noten auszugeben.

II. Privatbanknoten.

§ 4. Die Noten der Privatnotenbanken (Privatbanknoten) lauten auf Beträge von 50 Reichsmark, 100 Reichsmark oder auf ein mehrfaches von 100 Reichsmark.

Die Privatnotenbanken sind verpflichtet, ihren gesamten bisherigen Notenumlauf aufzurufen und gegen auf Reichsmark lautende Noten umzutauschen, wobei eine Reichsmark einer Billion Mark bisheriger Ausgabe gleichzusetzen ist. Die eingezogenen Noten sind zu vernichten. Die näheren Bestimmungen über den Aufruf, die Fristen für die Einlieferung und Kraftloserklärung der alten Noten setzt der Reichswirtschaftsminister fest, sie werden im Reichsanzeiger öffentlich bekanntgemacht.

§ 5. Privatbanknoten sind nicht gesetzliche Zahlungsmittel und können auch nicht durch Landesgesetz zu solchen erklärt werden, auch kann ein Annahmezwang für öffentliche Kassen nicht begründet werden. Die Noten sind von den ausgebenden Privatnotenbanken an ihrem Sitze und bei allen Zweiganstalten jederzeit zum vollen Nennwert in Zahlung zu nehmen.

§ 6. Die Privatnotenbanken sind verpflichtet, Noten anderer Privatnotenbanken an ihrem Sitze und bei Zweiganstalten in Städten von mehr als 100 000 Einwohnern zu ihrem vollen Nennwert in Zahlung zu nehmen, solange die Bank, die solche

Noten ausgegeben hat, ihrer Noteneinlösungspflicht pünktlich nachkommt. Alle bei einer Bank eingelieferten Noten einer anderen Privatnotenbank dürfen nur entweder zur Einlösung vorgelegt oder zu Zahlungen an diejenige Bank, die sie ausgegeben hat, oder zu Zahlungen in dem Lande, in dem diese Bank ihren Sitz hat, verwendet werden.

§ 7. Die Bank ist verpflichtet, für den Betrag ihrer im Umlauf befindlichen Noten jederzeit zu halten:

a) eine Deckung von mindestens 40 vom Hundert in Gold oder Devisen (Golddeckung); diese Deckung muß zu mindestens ¾ aus Gold bestehen.

Gold im Sinne dieser Vorschrift ist Barrengold sowie in- und ausländische Goldmünzen, das Pfund fein zu 1392 Reichsmark berechnet, soweit sie sich entweder in den Kassen der Bank oder zu ihrer jederzeitigen freien Verfügung bei einer Zentralnotenbank befinden.

Devisen sind Banknoten, Wechsel mit einer Laufzeit von höchstens 14 Tagen, Schecks und täglich fällige Forderungen, die bei einer als zahlungsfähig bekannten Bank an einem ausländischen zentralen Finanzplatz in ausländischer Währung zahlbar sind; sie sind mit ihrem jeweiligen Goldwert einzusetzen;

b) für den Restbetrag diskontierte Wechsel oder Schecks, welche den im § 14 aufgestellten Erfordernissen genügen.

Die Bank hat, solange ihre bisherigen Noten noch nicht zurückgezogen sind, für diese die gleichen Deckungsvorschriften einzuhalten, wie sie für die neu auszugebenden Noten vorgesehen sind, wobei eine Billion Mark bisheriger Ausgabe gleich eine Reichsmark gilt.

§ 8. Neben der im § 7 vorgesehenen Deckung der im Umlauf befindlichen Noten hat die Bank jederzeit für ihre täglich fälligen Verbindlichkeiten eine besondere Deckung von mindestens 40 vom Hundert zu halten; diese Deckung muß bestehen aus sofort verfügbaren Depositen (täglichem Gelde) in Deutschland oder im Ausland, Schecks auf andere Banken, Wechsel von einer Laufzeit von höchstens 30 Tagen oder täglich fällige Forderungen auf Grund von Lombarddarlehen.

§ 9. Die Bank ist verpflichtet, ihre Noten

a) an ihrem Sitze sofort auf Vorlage,

b) bei ihren Zweiganstalten, soweit es deren Barbestände und Geldbedürfnisse gestatten, dem Inhaber einzulösen. Die Einlösung erfolgt nach Wahl der Bank in

1. deutschen Goldmünzen zum jeweiligen gesetzlichen Gewicht und Feingehalte zu pari;
2. Goldbarren in Stücken von nicht weniger als tausend Reichsmark und nicht mehr als fünfunddreißigtausend Reichsmark zu ihrem Reingoldwert in deutschen Goldstücken zum jeweiligen gesetzlichen Gewicht und Feingehalte;
3. Schecks oder Auszahlung in ausländischer Währung in Höhe des in Gold umgerechneten jeweiligen Marktwerts der betreffenden Währung. Der Vorstand und Aufsichtsrat mit Zustimmung der Landesregierung bezeichnen diejenigen ausländischen Banken, auf die die

Schecks oder Auszahlungen lauten können. Die Bank kann hierbei eine Vergütung in Rechnung stellen. Diese darf jedoch den Betrag nicht übersteigen, der sich aus dem dem Einlösungsbetrag entsprechenden Anteil an den Versendungsspesen nebst Zinsen für größere Goldtransporte nach dem betreffenden ausländischen Bankplatz ergibt.

Solange die Reichsbank ihre Noten nicht in Gold oder Devisen einlöst, hat die Einlösung der Privatbanknoten in Reichsbanknoten zu erfolgen.

Die Einlösung der Noten unterliegt nicht der Börsenumsatzsteuer.

§ 10. Die Bank hat für beschädigte Noten Ersatz zu leisten, sofern der Inhaber entweder einen Teil der Note vorlegt, der größer ist als die Hälfte, oder den Nachweis führt, daß der Rest der Note, von der er nur die Hälfte oder einen geringeren Teil als die Hälfte vorlegt, vernichtet sei.

Für vernichtete oder verlorene Noten Ersatz zu leisten, ist die Bank nicht verpflichtet.

§ 11. Banknoten, die bei der Kasse der Bank oder einer ihrer Zweiganstalten oder bei einer von ihr bestellten Einlösungskasse in beschädigtem oder beschmutztem Zustand eingehen, dürfen nicht wieder ausgegeben werden.

§ 12. Der Aufruf und die Einziehung der Noten erfolgt durch den Vorstand der Bank. Die näheren Bestimmungen hierüber sowie über die Vernichtung der eingezogenen Noten erläßt der Reichswirtschaftsminister; sie werden im Reichsanzeiger öffentlich bekanntgemacht.

§ 13. Die Privatnotenbanken haben von dem sich jährlich über das Maß von 6 vom Hundert des Grundkapitals hinaus ergebenden Reingewinne jährlich mindestens 20 vom Hundert so lange zur Ansammlung einer Rücklage zuzuführen, als diese nicht wenigstens 12 vom Hundert des Notenumlaufs, gerechnet nach dem Durchschnitt der letzten 6 Monate des letzten Geschäftsjahrs, beträgt.

III. Geschäfte der Privatnotenbanken.

§ 14. Die Privatnotenbanken sind befugt, folgende Geschäfte zu betreiben:

1. Gold und Silber in Barren und Münzen sowie Devisen zu kaufen und zu verkaufen;
2. Wechsel, welche eine Verfallzeit von höchstens drei Monaten haben, und aus denen regelmäßig drei, mindestens aber zwei als zahlungsfähig bekannte Verpflichtete haften, ebenso Schecks, aus denen regelmäßig drei, mindestens aber zwei als zahlungsfähig bekannte Verpflichtete haften, zu diskontieren, zu kaufen und zu verkaufen. Die von den Banken diskontierten Wechsel sollen nur gute Handelswechsel sein;
3. zinsbare Darlehen auf nicht länger als drei Monate gegen bewegliche Pfänder zu gewähren (Lombardverkehr), und zwar
   a) gegen Gold und Silber, gemünzt und ungemünzt;
   b) gegen zinstragende oder spätestens nach einem Jahre fällige und auf den Inhaber lautende Schuldverschreibungen des Reichs, eines deut-

schen Landes oder inländischer gemeindlicher Körperschaften, oder gegen zinstragende auf den Inhaber lautende Schuldverschreibungen, deren Zinsen vom Reiche oder von einem Lande gewährleistet sind, gegen voll eingezahlte Stamm- und Stammprioritätsaktien und Prioritätsobligationen deutscher Eisenbahngesellschaften, deren Bahnen im Betriebe befindlich sind, gegen Anteilscheine der Reichsbank sowie gegen Pfandbriefe landschaftlicher, gemeindlicher oder anderer unter staatlicher Aufsicht stehender Bodenkreditanstalten Deutschlands und deutscher Hypothekenbanken auf Aktien, zu höchstens drei Viertel des Kurswerts; diesen Pfandbriefen stehen gleich die auf den Inhaber lautenden Schuldverschreibungen öffentlich-rechtlicher Bodenkreditanstalten des Inlandes sowie diejenigen auf den Inhaber lautenden Schuldverschreibungen der übrigen vorbezeichneten Anstalten und Banken, die auf Grund von Darlehen ausgestellt werden, die an inländische gemeindliche Körperschaften oder gegen Übernahme der Gewährleistung durch eine solche Körperschaft gewährt sind;

c) gegen zinstragende, auf den Inhaber lautende Schuldverschreibungen nichtdeutscher Staaten sowie gegen staatlich gewährleistete ausländische Eisenbahn-Prioritätsobligationen zu höchstens fünfzig vom Hundert des Kurswerts;

d) gegen Wechsel, die anerkannt zahlungsfähige Verpflichtete aufweisen, mit einem Abschlag von mindestens fünf vom Hundert ihres Kurswerts;

e) gegen Verpfändung im Inland lagernder Kaufmannswaren höchstens bis zu zwei Dritteilen ihres Wertes;

4. Schuldverschreibungen der vorstehend unter 3b bezeichneten Art sowie Anteile der Reichsbank zu kaufen und zu verkaufen, jedoch höchstens bis zur Höhe des Grundkapitals und der Rücklagen der Bank;

5. für Rechnung von Privatpersonen, Anstalten und Behörden Einkassierungen zu besorgen und nach vorheriger Deckung Zahlungen zu leisten und Anweisungen oder Überweisungen auf ihre Zweiganstalten oder Korrespondenten auszustellen;

6. für fremde Rechnung Wertpapiere aller Art sowie Edelmetalle nach vorheriger Deckung zu kaufen und nach vorheriger Lieferung zu verkaufen;

7. verzinsliche und unverzinsliche Gelder im Depositengeschäft und im Giroverkehr anzunehmen;

8. Wertgegenstände in Verwahrung und in Verwaltung zu nehmen;

9. zinsbare Darlehen auf nicht länger als drei Monat im Lombardverkehr auch gegen Verpfändung von Forderungen, die in dem Reichsschuldbuch oder in dem Staatsschuldbuch eines deutschen Landes eingetragen sind, zu höchstens drei

Viertel des Kurswerts der umgewandelten Schuldverschreibungen zu erteilen.

§ 15. Die Privatnotenbanken dürfen

1. Wechsel und Schecks nicht unter den öffentlich bekanntgemachten Hundertsätzen der Reichsbank diskontieren; beträgt jedoch der Diskontsatz der Reichsbank vier vom Hundert oder weniger, so sind die Privatnotenbanken befugt, ein Viertel vom Hundert unter dem Reichsbanksatze zu diskontieren;
2. Wechsel, Wertpapiere und Waren nicht unter dem Hundertsatze lombardieren, zu dem sie Wechsel zu diskontieren befugt sind.

§ 16. Die Privatnotenbanken dürfen weder als Gesellschafter an Bankhäusern sich beteiligen, noch außerhalb desjenigen Landes, das ihnen die Befugnis zur Notenausgabe erteilt hat, Bankgeschäfte durch Zweiganstalten betreiben oder durch Agenten für ihre Rechnung betreiben lassen.

IV. Notensteuer.

§ 17. Privatnotenbanken, deren Notenumlauf ihren Barvorrat zuzüglich ihres bisherigen steuerfreien Notenausgaberechts (§ 9 Abs. 1 des Bankgesetzes vom 14. März 1875), mindestens aber zuzüglich von $^2/_5$ des ihnen im § 3 Abs. 2 zugewiesenen Höchstumlaufsbetrags übersteigt, haben von dem Überschuß eine Steuer in Höhe von ½ des jeweiligen Reichsbankdiskontsatzes, mindestens aber fünf vom Hundert, auf das Jahr berechnet, zu entrichten.

Als Barvorrat gilt für die Steuerberechnung der Bestand an Gold und Devisen gemäß § 7 zuzüglich des Bestandes an Noten anderer deutscher Banken.

§ 18. Der Vorstand der Privatnotenbank hat für den 7., 15., 23. und letzten jedes Monats den steuerpflichtigen Überschuß des Notenumlaufs gemäß § 17 festzustellen. Die Berechnungen sind bis zum 10. jedes Monats für die im vorhergehenden Monat abgelaufenen Wochen dem Reichsminister der Finanzen und dem Reichswirtschaftsminister einzureichen. Der als Notensteuer errechnete Betrag ist bis Ende des Monats an die Reichskasse abzuführen.

V. Veröffentlichung der Bankausweise, Bilanz.

§ 19. Die Privatnotenbank hat den Stand ihrer Aktiven und Passiven nach folgenden Bestimmungen regelmäßig zu veröffentlichen.

Die wöchentliche Veröffentlichung muß angeben:

1. auf seiten der Passiven:
   - das Grundkapital,
   - die Rücklagen,
   - den Betrag der umlaufenden Noten,
   - die sonstigen täglich fälligen Verbindlichkeiten,
   - die an eine Kündigungsfrist gebundenen Verbindlichkeiten,
   - die sonstigen Passiven;
2. auf seiten der Aktiven:
   - den Goldbestand (Barrengold sowie in- und ausländische Goldmünzen, das Pfund fein zu 1392 Reichsmark berechnet),

den Bestand:
an deckungsfähigen Devisen,
an sonstigen Wechseln und Schecks,
an deutschen Scheidemünzen,
an Noten anderer Banken,
an Lombardforderungen,
an Wertpapieren,
an sonstigen Aktiven.

Außerdem sind die aus weiterbegebenen, im Inland zahlbaren Wechseln möglicherweise entstehenden Verbindlichkeiten ersichtlich zu machen.

Die Bank hat ferner spätestens sechs Monate nach dem Schlusse jedes Geschäftsjahrs eine genaue Bilanz ihrer Aktiven und Passiven sowie den Jahresabschluß der Gewinn- und Verlustrechnung im Reichsanzeiger auf ihre Kosten zu veröffentlichen.

Auf die Bilanzen der Privatnotenbanken finden die für Aktiengesellschaften geltenden Vorschriften Anwendung, soweit nicht durch dieses Gesetz oder Ausführungsbestimmungen etwas anderes bestimmt wird.

VI. Aufsichtsrecht.

§ 20. Der Reichswirtschaftsminister ist jederzeit befugt, durch Einsicht in die Bücher, Kassenbestände und Geschäftsräume der Privatnotenbanken zu prüfen, ob diese die durch Gesetz oder Satzung festgestellten Bedingungen und Beschränkungen der Notenausgabe innehalten und ob die von ihnen veröffentlichten Wochen- und Jahresübersichten sowie die zur Steuerberechnung abgegebenen Nachweise der wirklichen Sachlage entsprechen.

Der Vorstand der Bank gibt dem Reichswirtschaftsminister nach Ablauf jedes Kalendervierteljahres einen schriftlichen Bericht über die Entwicklung der Bank.

Die Privatnotenbanken sind nur mit Zustimmung des Reichswirtschaftsministers berechtigt, über das beim Inkrafttreten dieses Gesetzes bei ihnen vorhandene Gold zu verfügen. Dies gilt auch im Falle der Liquidation einer Bank oder der Aufgabe oder des Verlustes des Notenausgaberechts.

§ 21. Die Regierung des Landes, in dem eine Privatnotenbank ihren Sitz hat, ist befugt, die Aufsicht über die Privatnotenbank auszuüben und auf die Privatnotenbank bezügliche Bestimmungen zu erlassen, soweit nicht reichsgesetzliche Vorschriften entgegenstehen.

VII. Reichsbank und Privatnotenbanken.

§ 22. Die Noten der Privatnotenbanken werden von der Reichsbank sowohl in Berlin als auch bei ihren Zweiganstalten in Städten von mehr als 100 000 Einwohnern oder am Sitze der Bank, die die Noten ausgegeben hat, zum vollen Nennwert in Zahlung genommen, solange die ausgebende Bank ihrer Noteneinlösungspflicht pünktlich nachkommt.

Unter der gleichen Voraussetzung wird die Reichsbank die Noten der Privatnotenbanken innerhalb des Landes, das ihnen die Befugnis zur Notenausgabe erteilt hat, bei ihren Zweiganstalten, soweit es deren Notenbestände und Zahlungsbedürfnisse gestatten, dem Inhaber gegen Reichsbanknoten umtauschen.

Die nach Abs. 1 und 2 angenommenen oder eingetauschten Noten werden von der Reichsbank nur entweder zur Einlösung vorgelegt oder zu Zahlungen an diejenige Bank, die sie ausgegeben hat, oder zu Zahlungen in dem Gebiete des Landes, in dem diese Bank ihren Sitz hat, verwendet.

VIII. Verlust der Befugnis zur Notenausgabe.

§ 23. Die Befugnis der Privatnotenbanken zur Ausgabe von Banknoten geht verloren

1. durch Ablauf der Zeitdauer, für die sie erteilt ist,
2. durch Verzicht,
3. im Falle des Konkurses durch Eröffnung des Verfahrens gegen die Bank,
4. durch Entziehung kraft richterlichen Urteils,
5. durch Verfügung der Landesregierung nach Maßgabe der Satzungen oder Privilegien.

§ 24. Die Entziehung der Befugnis zur Notenausgabe wird auf Klage des Reichswirtschaftsministers oder der Regierung des Landes, in dem die Privatnotenbank ihren Sitz hat, durch gerichtliches Urteil ausgesprochen:

1. wenn die Vorschriften der Satzungen, der Privilegien oder des gegenwärtigen Gesetzes über die Deckung für die umlaufenden Noten verletzt worden sind oder der Notenumlauf die durch Satzung, Privileg oder Gesetz bestimmte Grenze überschritten hat;
2. wenn die Bank die ihr im § 16 untersagten Geschäfte betreibt;
3. wenn die Bank die Vorschriften über die Einlösung ihrer Noten verletzt;

4. sobald das auf Goldmark umgestellte Grundkapital sich durch Verlust um ein Drittel vermindert hat.

Auf die Klage ist im ordentlichen Verfahren zu entscheiden. Der Rechtsstreit gilt im Sinne des § 95 des Gerichtsverfassungsgesetzes als Handelssache.

In dem Urteil ist zugleich die Verpflichtung zur Einziehung der Noten auszusprechen.

§ 25. Das Urteil ist erst nach Eintritt der Rechtskraft vollstreckbar. Das Prozeßgericht erster Instanz bestimmt auf Antrag eine Frist, innerhalb welcher von der Bankverwaltung die Bekanntmachung über die Einziehung der Noten zu erfolgen hat.

Sofern nicht der Konkurs über die Bank eröffnet ist, setzt das Gericht eine Aufsichtsperson ein, die die Einziehung der Noten zu überwachen hat, und wenn die Bank den für diesen Fall vorgesehenen Verpflichtungen nicht nachkommt, die Liquidation der Bank beim Gericht zu beantragen verpflichtet ist.

Eingehende Noten sind von der Privatnotenbank an eine vom Reichswirtschaftsminister zu bezeichnende, am Sitze der Bank gelegene öffentliche Kasse abzuliefern.

§ 26. Sechs Monate, nachdem das Urteil die Rechtskraft erlangt hat, zahlt die Bank an die vom Reichswirtschaftsminister bezeichnete Kasse einen Betrag in barem Gelde ein, der dem bis dahin nicht abgelieferten Betrag ihrer Noten gleichkommt. Dieser Barbetrag wird ihr nach Maßgabe der weiter von ihr abgelieferten Noten und der verbleibende Rest nach Ablauf der letzten vom Reichsrat für die Einlösung festgesetzten Frist zurückgezahlt.

§ 27. Die an die Kasse abgelieferten Noten (§§ 25, 26) werden in Gegenwart des Kassenvorstandes und der für die Einziehung der Noten bestellten Aufsichtsperson vernichtet. Über die Vernichtung wird ein gerichtliches oder notarielles Protokoll aufgenommen. Die Verwaltung der Bank ist befugt, an der Vernichtung durch zwei Abgeordnete teilzunehmen. Der für die Vernichtung bestimmte Zeitpunkt ist ihr jedesmal spätestens acht Tage vorher von der der Kasse vorgesetzten Behörde anzuzeigen. Die Vernichtung kann auch in mehreren Terminen erfolgen.

IX. Strafbestimmungen.*)

§ 28. Die Mitglieder des Vorstandes der Privatnotenbanken werden:

1. wenn sie in den durch § 19 vorgeschriebenen Veröffentlichungen wissentlich den Stand der Verhältnisse der Bank unwahr darstellen oder verschleiern, mit Gefängnis bis zu drei Monaten bestraft;
2. wenn die Bank mehr Noten ausgibt, als sie auszugeben befugt ist, mit einer Geldstrafe bestraft, die dem Zehnfachen des zuviel ausgegebenen Betrages gleichkommt, mindestens aber 5000 Reichsmark beträgt; straflos bleibt der-

---

[1]) Die Höhe der Geldstrafe richtet sich jetzt nach der im Anhang (S. 606) abgedruckten Verordnung über Vermögensstrafen und Bußen vom 6. Februar 1924.

jenige, bezüglich dessen festgestellt wird, daß die Mehrausgabe ohne sein Verschulden erfolgt ist;

3. wenn sie in den durch §§ 17 und 18 vorgeschriebenen Nachweisungen den steuerpflichtigen Notenumlauf zu gering angeben, mit einer Geldstrafe bestraft, die dem Zehnfachen der hinterzogenen Steuer gleichsteht, mindestens aber 500 Reichsmark beträgt.

§ 29. Soweit in diesem Gesetz Geldstrafen angedroht sind, ist die Geldstrafe in Goldmark festzusetzen, solange nach den Vorschriften des Strafgesetzbuchs die Geldstrafe in Goldmark festzusetzen ist. Hierbei ist eine Goldmark einer Reichsmark gleichzusetzen.

X. Übergangs- und Ausführungsbestimmungen.

§ 30. Der Reichswirtschaftsminister kann mit Zustimmung des Reichsrats Ausführungsbestimmungen erlassen.

§ 31. Die zu dem Bankgesetze vom 14. März 1875 für die Privatnotenbanken ergangenen Änderungsgesetze, Ausführungsbestimmungen und Bekanntmachungen treten außer Kraft.

Dieses Gesetz tritt mit dem Tage in Kraft, an dem das Bankgesetz vom 14. März 1875 außer Kraft tritt (§ 53 des neuen Bankgesetzes).

29 a. Verordnung über die Errichtung der Deutschen Rentenbank vom 15. Oktober 1923.[1])

§ 1. Von Vertretern der Landwirtschaft, der Industrie, des Gewerbes und des Handels einschließlich der Banken wird die Deutsche Rentenbank errichtet. Die Deutsche Rentenbank hat ihren Sitz in Berlin. Sie hat die Eigenschaft einer juristischen Person des Privatrechts.

§ 2. Das Kapital und die Grundrücklage der Deutschen Rentenbank betragen 3200 Millionen Rentenmark; der Betrag wird zu gleichen Teilen von der Landwirtschaft (§ 6) einerseits und von Industrie, Gewerbe und Handel einschließlich der Banken (§ 9) anderseits aufgebracht.[2])

§ 3. Die Satzung der Deutschen Rentenbank wird von den Gründern festgestellt. Sie bedarf der Genehmigung der Reichsregierung.

Ist bis zum 1. November 1923 die Satzung nach Maßgabe des Abs. 1 nicht zustande gekommen, so wird sie von der Reichsregierung erlassen.

§ 4. Die Deutsche Rentenbank ist, soweit nicht in dieser Verordnung oder in der Satzung etwas anderes bestimmt ist, in der Verwaltung und Geschäftsführung

---

[1]) RGBl. 1923 I S. 693 (Reichsminister der Justiz). Außer Kraft, soweit den Gesetzen Nr. 27 (oben S. 224, § 53) und Nr. 30 a (unten S. 303, § 20) widersprechend. Abänderung der §§ 6, 16 durch Vo. vom 13. Februar 1924 RGBl. 1924 I S. 66.

selbständig, desgleichen in der Anstellung des Personals. Die Wahl des Präsidenten der Bankverwaltung bedarf der Genehmigung der Reichsregierung. Die Gründer haben der Reichsregierung drei Personen für das Amt des Präsidenten vorzuschlagen. Werden sämtliche Vorschläge abgelehnt, so ernennt die Reichsregierung den Präsidenten mit Zustimmung des Reichsrats.

§ 5. Die Deutsche Rentenbank ist von allen Steuern des Reichs, der Länder und Gemeinden (Gemeindeverbände) vom Vermögen und Einkommen sowie vom Grundvermögen und vom Gewerbebetriebe befreit. Aus Anlaß ihrer Gründung, einer Kapitalerhöhung, der Ausgabe ihrer Rentenbriefe und des Umtausches der Rentenbankscheine gegen solche Rentenbriefe dürfen vom Reiche, den Ländern und Gemeinden (Gemeindeverbände) Abgaben und Kosten irgendwelcher Art nicht erhoben werden. Das gleiche gilt für die Eintragung und Löschung der Grundschulden, die Ausstellung und die Übereignung der Schuldverschreibungen sowie die Übereignung von Gold und ausländischen Zahlungsmitteln an sie.

§ 6. Die Deutsche Rentenbank erwirbt an den Grundstücken, die dauernd land-, forstwirtschaftlichen oder gärtnerischen Zwecken dienen und der Besteuerung nach dem Gesetz über die Besteuerung der Betriebe vom 11. August 1923 (Reichsgesetzbl. I S. 769) und den dazu ergangenen Durchführungsbestimmungen unterliegen, in Höhe von 4 vom Hundert des Wehrbeitragswerts eine auf Goldmark lautende Grundschuld. Die

Grundschuld geht, soweit nicht mit anderen Staaten getroffene Vereinbarungen entgegenstehen, allen anderen Lasten im Range vor.

Goldmark im Sinne des Abs. 1 ist der Wert von $^1/_{2790}$ Kilogramm Feingold.

Wehrbeitragswert ist der Wert, der auf Grund des Wehrbeitragsgesetzes oder des Gesetzes über Steuernachsicht für das Grundstück ohne Abzug von Schulden und Lasten endgültig zugrunde gelegt worden ist, oder, wenn eine Veranlagung zum Wehrbeitrage nicht stattgefunden hat, zugrunde zu legen gewesen wäre.

Das Kapital der Grundschuld ist mit 6 vom Hundert jährlich zu verzinsen. Die Zinsen sind vom 1. Oktober 1923 ab am 1. April und 1. Oktober jedes Jahres, zum ersten Male am 1. April 1924, innerhalb einer Woche nach Fälligkeit zu entrichten. Die Deutsche Rentenbank bestimmt die Zahlungsstelle.

Das Kapital der Grundschuld ist für die Deutsche Rentenbank unkündbar. Dem Eigentümer steht die Kündigung nicht vor Ablauf von fünf Jahren frei.

Die Zinsen (Abs. 4) und das Kapital (Abs. 5) sind nach dem Goldwert zur Zeit der Zahlung nach näherer Bestimmung der Durchführungsbestimmungen in Rentenmark zu zahlen. Die Deutsche Rentenbank ist nicht verpflichtet, Zahlungen vor Fälligkeit entgegenzunehmen.

Wegen der Ansprüche aus der Grundschuld findet auf Antrag der Deutschen Rentenbank die sofortige Zwangsvollstreckung statt. Der Antrag ersetzt den vollstreckbaren Titel. Auf Ersuchen der Deutschen Rentenbank hat die örtlich zuständige landschaftliche oder ritterschaftliche Kreditanstalt, oder falls eine solche nicht vorhanden ist, eine andere von der Reichsregierung im Benehmen mit der Landesregierung zu bezeichnende Stelle die Zwangsverwaltung zu übernehmen.

§ 7. Steht für mehrere Grundstücke eines Eigentümers lediglich ein Gesamtwehrbeitragswert fest, so sind die Grundstücke mit einer Gesamtgrundschuld belastet.

Auf Antrag des Grundstückseigentümers ist die Gesamtgrundschuld auf die einzelnen Grundstücke nach Maßgabe ihres Wehrbeitragsteilwerts in der Weise zu verteilen, daß jedes Grundstück nur mit dem zugeteilten Betrage haftet.

Gehen Teile eines Grundstücks auf einen anderen Eigentümer über, so ist auf Antrag eines der beteiligten Grundstückseigentümer eine gleiche Verteilung vorzunehmen.

Im Falle der Abtrennung eines unbedeutenden Teiles eines Grundstücks kann mit Zustimmung der Deutschen Rentenbank dieser Teil von der Belastung der Grundschuld befreit werden.

§ 8. Soweit dies mit der Grundschuld belastete Grundstück verpachtet ist, haften für die an die Deutsche Rentenbank zu leistenden Zinsen, der Eigentümer und der Pächter wie Gesamtschuldner.

Im Verhältnis zueinander ist der Eigentümer zur Zahlung von einem Viertel, der Pächter zur Zahlung von drei Vierteln der Zinsen verpflichtet.

Soweit die Verteilung der Zinslast nach Abs. 2 einen Teil gegenüber dem anderen übermäßig belastet, hat das Pachteinigungsamt auf Antrag eine anderweite Festsetzung des Pachtpreises vorzunehmen.

§ 9 [außer Kraft].

§ 10. Die Grundschuld bedarf zu ihrer Entstehung sowie zur Wirksamkeit gegenüber Dritten nicht der Eintragung.

Die Grundschuld ist auf Ersuchen der Deutschen Rentenbank oder auf Antrag des Grundstückseigentümers in das Grundbuch einzutragen. § 5 Satz 3 gilt entsprechend.

Ist oder wird ein Grundstück von der Belastung mit der Grundschuld befreit, so ist dies auf Antrag des Grundstückseigentümers im Grundbuch zu vermerken.

§ 11. An dem Kapital der Deutschen Rentenbank sind die Eigentümer der belasteten Grundstücke und die Unternehmer der belasteten Betriebe in dem Verhältnis der von ihnen eingebrachten Grundschulden, Schuldverschreibungen, Goldbeträge und Zahlungsmittel in ausländischer Währung beteiligt.

Anteilscheine werden nicht ausgefertigt. Die Anteile sind nur mit Genehmigung der Deutschen Rentenbank übertragbar. Die Vertretung der Anteilsrechte wird in der Satzung der Deutschen Rentenbank geregelt.

§ 12. Die Deutsche Rentenbank stellt auf Grund der für sie begründeten Grundschulden und der ihr zu übergebenden Schuldverschreibungen Rentenbriefe aus. Die Rentenbriefe lauten auf 500 Goldmark oder ein Vielfaches davon.

Die Rentenbriefe sind mit 5 vom Hundert jährlich verzinslich und können nach Ablauf von fünf

Jahren von der Deutschen Rentenbank zur Rückzahlung zu ihrem Nennwert im ganzen oder in Serien aufgekündigt werden. Eine frühere Aufkündigung ist nur im Falle der Liquidation zulässig.

In Ansehung der Befriedigung aus den für die Deutsche Rentenbank begründeten Grundschulden und den der Deutschen Rentenbank ausgehändigten Schuldverschreibungen gehen die Forderungen der Rentenbriefgläubiger den Forderungen aller anderen Gläubiger der Deutschen Rentenbank vor.

Verringert sich die Deckung, so ist der entsprechende Betrag von Rentenbriefen zu vernichten.

§ 13. Die Rentenbriefe dienen als Deckung für die von der Deutschen Rentenbank auszugebenden Rentenbankscheine.

Die Werteinheit dieser Rentenbankscheine ist die Rentenmark, die in 100 Rentenpfennig eingeteilt ist.

§ 14. Auf Grund je eines über 500 Goldmark lautenden Rentenbriefs dürfen unter der Bezeichnung Rentenbankscheine besondere Wertzeichen im Betrage von 500 Rentenmark, insgesamt nicht mehr als der Betrag des Kapitals und der Grundrücklage, ausgegeben werden.

Soweit die im Abs. 1 vorgesehene Deckung nicht vorhanden ist, ist die Ausgabe von Rentenbankscheinen nicht gestattet.

Die Rentenbankscheine sind an den öffentlichen Kassen als Zahlungsmittel anzunehmen; die näheren Bestimmungen erläßt der Reichsminister der Finanzen.

Auf die Rentenbankscheine finden die Vorschriften über Geldzeichen sowie die Vorschriften der § 4 Abs. 2, 3,

§ 5 und § 59 Abs. 1 Ziffer 3 des Bankgesetzes entsprechende Anwendung.

§ 15. Die Deutsche Rentenbank ist verpflichtet, die von ihr ausgegebenen Rentenbankscheine jederzeit auf Verlangen derart gegen ihre Rentenbriefe einzulösen, daß auf 500 Rentenmark ein Rentenbrief über 500 Goldmark mit Zinsenlauf vom nächsten Fälligkeitstermin ab gewährt wird.

§ 16. Sie wird während der nächsten 2 Jahre dem Reiche auf Rentenmark lautende und, vorbehaltlich der Bestimmung im § 17, verzinsliche Kredite bis zum Betrage von insgesamt 1200 Millionen Rentenmark zum festen Zinssatz von 6 vom Hundert gewähren. Die Zinsen sind am 1. April und 1. Oktober jedes Jahres zahlbar. Bürgschaften darf die Deutsche Rentenbank für das Reich nicht übernehmen.

Die Deutsche Rentenbank ist ferner nach Maßgabe der Satzung berechtigt, der Reichsbank und den Privatnotenbanken zum Zwecke der Kreditversorgung der Privatwirtschaft bis zum Betrage von 1200 Millionen Rentenmark Kredite zu gewähren. An diesen Krediten sind beteiligt die Reichsbank mit 94 vom Hundert, die Bayerische Notenbank und die Sächsische Bank mit je 2,25 vom Hundert, die Württembergische Notenbank und die Badische Bank mit je 0,75 vom Hundert.

§ 17. In Anrechnung auf den im § 16 Abs. 2 bestimmten Höchstbetrag stellt die Deutsche Rentenbank dem Reiche sofort ein zinsloses Darlehen von 300 Millionen Rentenmark zur Verfügung. Das Reich verwendet diese Summe zur Einlösung oder Teileinlösung seiner bei der Reichsbank diskontierten Schatzanweisungen.

Reicht die Summe von 300 Millionen Rentenmark nicht aus, um sämtliche bei der Reichsbank diskontierten Schatzanweisungen einzulösen, so ist auf Verlangen des Reichs gemäß § 16 Abs. 2 ein verzinsliches Zusatzdarlehn nachzusuchen und zu gewähren. Die Höhe des Zusatzdarlehns bleibt der Vereinbarung zwischen dem Reiche und der Deutschen Rentenbank vorbehalten.

§ 18. Der bilanzmäßige Reingewinn der Deutschen Rentenbank wird wie folgt verwandt:

1. Vorweg wird ein Betrag von 40 vom Hundert des Reingewinns einem Tilgungskonto zugeführt; nach Tilgung des dem Reiche gemäß § 17 Abs. 1 zugeführten Darlehns von 300 Millionen Rentenmark ermäßigt sich der dem Tilgungskonto zuzuführende Betrag auf 30 vom Hundert des Reingewinns;
2. alsdann wird ein Betrag bis zur Höhe von 6 vom Hundert des Wertes der eingebrachten Grundschulden, Schuldverschreibungen, Goldbeträge und Zahlungsmittel in ausländischer Währung den Anteilseignern zugeführt; soweit die Einlagen in Grundschulden und Schuldverschreibungen bestehen, wird der verfügbare Betrag aus dem Reingewinn eines Jahres auf die erste Halbjahrszinsleistung des folgenden Jahres verrechnet;
3. der Restbetrag wird zur Verstärkung des Tilgungskontos verwendet.

§ 19. Sobald die Deutsche Rentenbank mit der Ausgabe von Rentenbankscheinen begonnen hat, dürfen bei der Reichsbank Schatzanweisungen nicht mehr diskontiert werden. Bis zum Ablauf der Einlösung der bis dahin von seiten des Reichs bei der Reichsbank diskontierten Schatzanweisungen sind Prolongationen in solchen Schatzanweisungen zulässig.

§ 20. Das Recht der Deutschen Rentenbank zur Ausgabe von Rentenbankscheinen kann ohne Entschädigung durch Reichsgesetz aufgehoben werden. In diesem Falle hat das Reich die ihm von der Deutschen Rentenbank gewährten Darlehn zurückzuzahlen und die Deutsche Rentenbank ihre umlaufenden Rentenbankscheine einzuziehen.

Erlischt das Recht zur Ausgabe von Rentenbankscheinen, so wird die Auseinandersetzung zwischen dem Reiche, der Deutschen Rentenbank und den sonstigen Beteiligten durch Reichsgesetz geregelt.

Im Falle der Auflösung der Deutschen Rentenbank sind vorweg die auf das Kapital und die Grundrücklagen gemachten Einlagen zurückzuzahlen.

§ 21. Der Reichsregierung bleibt vorbehalten, die zur Durchführung dieser Verordnung und für den Übergang, insbesondere für das Verfahren mit Einschluß des Rechtsmittelverfahrens, erforderlichen Verwaltungs- und Rechtsvorschriften zu erlassen. Sie kann Kleinbetriebe von der Belastung ausnehmen und mit Zustimmung der Deutschen Rentenbank bestimmen, ob und inwieweit die Grundstückseigentümer und die Unternehmer berechtigt sind, sich von der Belastung mit Grundschuld, der Verpflichtung zur Aushändigung der Schuldverschreibungen sowie der Verpflichtung aus der ausgehändigten Schuldverschreibung durch Leistung von Gold oder Zahlungsmitteln in ausländischer Währung zu befreien. Die Reichsregierung kann ferner bestimmen, daß Zuwiderhandlungen gegen die Durchführungs- oder Übergangsvorschriften mit Geldstrafe und Gefängnis bis zu 6 Monaten oder mit einer dieser Strafen bestraft werden.

§ 22. Diese Verordnung tritt mit dem auf die Verkündung folgenden Tage in Kraft.

---

29 b. Vorläufige Durchführungsbestimmungen zur Verordnung über die Errichtung der Deutschen Rentenbank vom 14. November 1923[1]).

Erster Abschnitt.

Die rechtliche Stellung der Deutschen Rentenbank und ihrer Organe.

§ 1. Auf die Deutsche Rentenbank finden, soweit sich nicht aus der Rentenbankverordnung, diesen Durchführungsbestimmungen oder der Satzung etwas anderes ergibt, die Vorschriften der §§ 25 bis 32, § 33 Abs. 1, §§ 34 bis 36, § 40, § 42 Abs. 1, § 43 Abs. 1, 4 des Bürgerlichen Gesetzbuchs über Vereine entsprechende Anwendung, § 43 mit der Maßgabe, daß die Entscheidung über die Entziehung der Rechtsfähigkeit durch die Reichsregierung erfolgt.

---

[1]) RGBl. 1923 I S. 1092 (Reichsminister der Justiz).

Die Vorschriften des Handelsgesetzbuchs über die Eintragung in das Handelsregister finden auf die Deutsche Rentenbank keine Anwendung.

§ 2. Die Befugnis zur Vertretung der Deutschen Rentenbank sowie die Form für Willenserklärungen der vertretungsberechtigten Personen werden durch die Satzung geregelt.

Der Nachweis der Befugnis zur Vertretung der Deutschen Rentenbank wird durch ein mit Abdruck des Dienststempels versehenes Zeugnis des Kommissars der Reichsregierung (§ 7) geführt.

§ 3. Die Deutsche Rentenbank ist berechtigt, ein Dienstsiegel zu führen.

§ 4. Ersuchen der Deutschen Rentenbank um Eintragungen in das Grundbuch gelten als Ersuchen im Sinne des § 39 der Grundbuchordnung.

Erklärungen oder Ersuchen der Deutschen Rentenbank, auf Grund deren eine Eintragung in das Grundbuch erfolgen soll, sind ordnungsmäßig zu unterschreiben und mit Abdruck des Dienststempels zu versehen.

Ordnungsmäßig unterschriebene und mit einem Abdruck des Dienststempels versehene Erklärungen und Ersuchen der Deutschen Rentenbank bedürfen zum Gebrauche gegenüber Behörden keiner Beglaubigung.

§ 5. Die Mitglieder des Vorstandes, des Aufsichtsrats und des Verwaltungsrats der Deutschen Rentenbank haben bei ihrer Geschäftsführung die Sorgfalt eines ordentlichen Geschäftsmanns anzuwenden.

Mitglieder, die ihre Obliegenheiten verletzen, haften der Deutschen Rentenbank als Gesamtschuldner für den daraus entstehenden Schaden. Die Ansprüche auf Grund dieser Bestimmung verjähren in fünf Jahren.

§ 6. Die Mitglieder des Vorstandes, des Aufsichtsrats und des Verwaltungsrats sowie die Prokuristen und Angestellten der Deutschen Rentenbank sind verpflichtet, Verhältnisse der auf Grund der Rentenbankverordnung belasteten Personen, die sie bei der Wahrnehmung ihrer Obliegenheiten erfahren haben, strengstens geheimzuhalten und Geschäfts- und Betriebsgeheimnisse, die sie in gleicher Weise erfahren haben, nicht unbefugt zu verwerten.

Die im Abs. 1 genannten Personen gelten im Sinne des Strafgesetzbuchs als Beamte.

Die durch Abs. 1 vorgeschriebenen Pflichten werden durch Ausscheiden aus der Stellung oder Beendigung der Tätigkeit nicht berührt.

Zweiter Abschnitt.

Reichskommissar.

§ 7. Zum Zwecke der gegenseitigen Fühlungnahme bestellt die Reichsregierung bei der Deutschen Rentenbank einen Kommissar und einen Vertreter dieses Kommissars. Die Amtsbezeichnung des Kommissars lautet: „Kommissar der Reichsregierung bei der Deutschen Rentenbank". Er ist berechtigt, ein Dienstsiegel zu führen.

Dritter Abschnitt.

Berechnung des Feingoldwerts.

§ 8. Der Feingoldwert (§ 6 Abs. 2 der Rentenbankverordnung) bemißt sich nach dem im Reichsanzeiger gemäß § 2 der Verordnung zur Durchführung des Gesetzes über wertbeständige Hypotheken vom 29. Juni 1923 (Reichsgesetzbl. I S. 482) bekanntgegebenen Londoner Goldpreise. Auf dieser Grundlage bestimmt der Reichsminister der Finanzen den Maßstab für die Umrechnung dieses Wertes. Der Reichsminister der Finanzen bestimmt auch das Wertverhältnis, zu dem Rentenmark bei der Entrichtung von Kapital und Zinsen in Zahlung zu nehmen ist.

Vierter Abschnitt.

Die Belastung der land-, forstwirtschaftlichen und gärtnerischen Grundstücke.

§ 9. Von der Grundschuld (§ 6 der Rentenbankverordnung) sind Grundstücke befreit, wenn im Zeitpunkt des Inkrafttretens der Rentenbankverordnung die Voraussetzungen des Artikel III § 2 des Gesetzes über die Besteuerung der Betriebe vom 11. August 1923 für den Eigentümer vorgelegen haben.

§ 10. Ist oder wird für die Landabgabe ein geringerer als der durch § 6 Abs. 3 der Rentenbankverordnung bestimmte Wert zugrunde gelegt, so ist für die Belastung auf Grund der Rentenbankverordnung der geringere Wert maßgebend.

Eine Berichtigung des Wehrbeitragswerts bleibt vorbehalten, wenn bei der Veranlagung zur Vermögensteuer 1924 eine Berichtigung erfolgt.

§ 11. Haben mehrere Grundstücke, für die lediglich ein Gesamtwehrbeitragswert feststeht, beim Inkrafttreten der Rentenbankverordnung nicht mehr eine wirtschaftliche Einheit gebildet, so ist die Gesamtgrundschuld auf die einzelnen Grundstücke nach Maßgabe ihres Wehrbeitragswerts von Amts wegen unter entsprechender Anwendung des § 7 Abs. 2 der Rentenbankverordnung zu verteilen.

§ 12. Der sich aus der Berechnung von vier vom Hundert des Wehrbeitragswerts ergebende Grundschuldbetrag ist auf den nächsten durch zehn teilbaren Goldmarkbetrag nach unten abzurunden.

§ 13. Die Befreiung von der Grundschuldbelastung nach § 7 Abs. 4 der Rentenbankverordnung darf nur erfolgen, wenn die Abtrennung den Wert des Grundstücks nur unwesentlich mindert.

§ 14. Freigestellt sind Eigentümer von Grundstücken, sofern die Wehrbeitragswerte der Grundstücke insgesamt viertausend Mark nicht übersteigen. Grundstücke, welche Ehegatten gehören, gelten im Sinne dieser Bestimmung als Grundstücke eines Eigentümers, sofern die Ehegatten zur Zeit des Inkrafttretens der Rentenbankverordnung nicht dauernd voneinander getrennt gelebt haben.

§ 15. Soweit nach reichs- oder landesrechtlichen Vorschriften oder den Satzungen von öffentlichen oder unter Staatsaufsicht stehenden Kreditanstalten Hypotheken, Grundschulden, Rentenschulden oder Reallasten sich innerhalb einer bestimmten Sicherheitsgrenze halten müssen, bleibt die der Deutschen Rentenbank zustehende Grundschuld außer Betracht.

§ 16. Für die während der Dauer seines Eigentums fällig werdenden Zinsen der Grundschuld haftet der Eigentümer des belasteten Grundstücks auch persönlich. Wird das Grundstück geteilt, so haften die Eigentümer der einzelnen Teile als Gesamtschuldner.

§ 17. Der Eigentümer kann, soweit er die Deutsche Rentenbank über die ihm nach § 8 Abs. 2 der Rentenbankverordnung obliegende Verpflichtung hinaus befriedigt, vom Pächter Ausgleichung verlangen. Entsprechendes gilt für den Pächter; die Grundschuld geht auf den Pächter nicht über, auch kann er nicht die Übertragung der Grundschuld verlangen.

Fünfter Abschnitt[1]).

Die Belastung der industriellen, gewerblichen und Handelsbetriebe einschließlich der Banken.

Sechster Abschnitt.

Gemeinsame Bestimmungen über die Belastungen.

§ 26. Zinsen, die nach der Rentenbankverordnung geschuldet werden, sind in gleicher Weise wie Reichssteuern abzurunden.

§ 27. Werden die Zinsen nicht innerhalb einer Woche nach Fälligkeit bezahlt, so können ohne weitere Mahnung von dem fälligen Goldmarbetrage der Zinsen Zinsen in gleicher Weise wie von Reichssteuern erhoben werden.

Welcher Tag als Tag der Zahlung im bargeldlosen Zahlungsverkehre gilt, bestimmt der Reichsminister der Finanzen nach Anhörung der Deutschen Rentenbank.

§ 28. Ist der Zinspflichtige infolge außergewöhnlicher Unglücksfälle außerstande, die Zinsen pünktlich

---

[1]) Außer Kraft, vgl. Ges. Nr. 30a (S. 303) § 3.

persönlich. Wird das Grundstück geteilt, so haften die Eigentümer der einzelnen Teile als Gesamtschuldner.

§ 17. Der Eigentümer kann, soweit er die Deutsche Rentenbank über die ihm nach § 8 Abs. 2 der Rentenbankverordnung obliegende Verpflichtung hinaus befriedigt, vom Pächter Ausgleichung verlangen. Entsprechendes gilt für den Pächter; die Grundschuld geht auf den Pächter nicht über, auch kann er nicht die Übertragung der Grundschuld verlangen.

Fünfter Abschnitt[1]).

Die Belastung der industriellen, gewerblichen und Handelsbetriebe einschließlich der Banken.

Sechster Abschnitt.

Gemeinsame Bestimmungen über die Belastungen.

§ 26. Zinsen, die nach der Rentenbankverordnung geschuldet werden, sind in gleicher Weise wie Reichssteuern abzurunden.

§ 27. Werden die Zinsen nicht innerhalb einer Woche nach Fälligkeit bezahlt, so können ohne weitere Mahnung von dem fälligen Goldmarbetrage der Zinsen Zinsen in gleicher Weise wie von Reichssteuern erhoben werden.

Welcher Tag als Tag der Zahlung im bargeldlosen Zahlungsverkehre gilt, bestimmt der Reichsminister der Finanzen nach Anhörung der Deutschen Rentenbank.

§ 28. Ist der Zinspflichtige infolge außergewöhnlicher Unglücksfälle außerstande, die Zinsen pünktlich

---

[1]) Außer Kraft, vgl. Ges. Nr. 30a (S. 303) § 3.

stücke und Betriebe, insbesondere auf das Ermittlungs- und Festsetzungsverfahren, das Rechtsmittelverfahren, das Erhebungs- und Beitreibungsverfahren einschließlich des Stundungsverfahrens, das Erstattungsverfahren, auf die Bestrafung von Zuwiderhandlungen gegen § 56 dieser Durchführungsbestimmungen, auf das Strafverfahren auf Grund des § 56 sowie auf die Verteilung von Gesamtgrundschulden und die Befreiung gemäß § 7 Abs. 4 der Rentenbankverordnung die Vorschriften der Reichsabgabenordnung sinngemäße Anwendung.

Sachlich zuständig sind die Finanzbehörden des Reichs.

Die Mitwirkung der Ausschüsse gemäß § 25 der Reichsabgabenordnung ist ausgeschlossen.

Der Höchstbetrag der Erzwingungsstrafe nach § 202 der Reichsabgabenordnung beträgt fünfhundert Goldmark. Maßgebend für die Umrechnung ist der für Reichssteuern jeweils geltende Goldumrechnungssatz.

Insoweit nach diesen Durchführungsbestimmungen die Zuständigkeit der Finanzbehörden des Reichs begründet ist, ist der ordentliche Rechtsweg ausgeschlossen.

§ 32. Örtlich zuständig ist das Finanzamt, das für die Veranlagung des Eigentümers des belasteten land-, forstwirtschaftlichen oder gärtnerischen Grundstücks oder des Unternehmers des belasteten Betriebs zur Vermögensteuer zuständig sein würde.

§ 33. Das Finanzamt setzt bei Grundstücken den Betrag der Grundschuld, bei Betrieben den Betrag der Umlage in Goldmark vorläufig fest.

Über die vorläufige Festsetzung ist dem Verpflichteten ein Festsetzungsbescheid zu erteilen. Kommt die Ausstellung einer Schuldverschreibung in Frage, so enthält der Bescheid zugleich die Aufforderung, innerhalb einer Frist von zwei Wochen nach Zustellung oder Bekanntgabe des Bescheids eine Schuldverschreibung nach Maßgabe dieser Bestimmungen auszustellen und dem Finanzamt zu übergeben.

Ist oder wird der für die Landabgabe maßgebende Wehrbeitragswert oder das für den ersten Teilbetrag der Brotversorgungsabgabe maßgebende Betriebsvermögen anderweitig festgesetzt, so ist der Festsetzungsbescheid (Abs. 2) zu berichtigen.

§ 34. Die Schuldverschreibung ist vor dem Vorsteher des Finanzamts oder seinem Stellvertreter auszustellen und ihm zu übergeben, die Unterschrift ist von dem Vorsteher oder seinem Vertreter unter Beifügung eines Abdrucks des Dienststempels zu beglaubigen.

Wird das Unternehmen ganz oder zum Teil veräußert, so findet Abs. 1 auf das Anerkenntnis des Erwerbers (§ 23) sinngemäße Anwendung.

§ 35. Für Personen, die unter elterlicher Gewalt, Vormundschaft oder Pflegschaft stehen, hat der gesetzliche Vertreter die Schuldverschreibung auszustellen.

Stehen Betriebe mehreren zur gesamten Hand zu, so ist die Schuldverschreibung von jedem Beteiligten in Höhe seines Anteils auszustellen.

Bei Ehegatten, sofern sie nicht dauernd voneinander getrennt leben, wird die Schuldverschreibung von dem Ehemann ausgestellt. Die Erklärung wirkt auch für und gegen die Ehefrau. Sie gilt zugleich als eine

Erklärung des Ehemanns, daß er die Zwangsvollstreckung in das Vermögen der Ehefrau dulde. Für die vermögensrechtlichen Beziehungen der Ehegatten untereinander gilt jeder Ehegatte als Schuldner des Teiles der Umlage, der nach den Verhältniszahlen berechnet wird, die sich ergeben, wenn jeder Ehegatte getrennt mit seinem Betriebsvermögen oder seinem Anteil am Betriebsvermögen herangezogen wäre.

Soweit es sich nicht um natürliche Personen handelt, sind zur Ausstellung der Schuldverschreibung verpflichtet:

1. für juristische Personen: deren gesetzliche Vertreter oder Prokuristen. Steht nach der Satzung, Stiftung oder sonstigen Verfassung die Vertretung nur mehreren Personen gemeinsam zu, so ist zur Ausstellung der Schuldverschreibung die Mitwirkung der für die Gesamtvertretung vorgeschriebenen Anzahl von Personen erforderlich,
2. für Personenvereinigungen, die keine eigene Rechtspersönlichkeit besitzen: die Gesamtheit der Mitglieder.

Wer durch Abwesenheit oder sonst verhindert ist, die Schuldverschreibung persönlich auszustellen, kann sich durch einen mit einer öffentlich beglaubigten Vollmacht versehenen Bevollmächtigten vertreten lassen. Die Vollmacht verbleibt bei den Akten.

§ 36. Vertreter im Falle des § 9 Abs. 3 Satz 3 der Rentenbankverordnung ist der Vorsteher des Finanzamts oder sein Vertreter. Er stellt die Schuldverschreibung im Namen der Vertretenen unter Beidrückung des Dienststempels aus.

§ 37. Gegen den Festsetzungsbescheid (§ 33), den die Erstattung von Zinsen oder Zinseszinsen ablehnenden Bescheid sowie den Bescheid, durch den erstattete Beträge zurückgefordert werden, ist nur die Beschwerde an den Vorsitzenden des Finanzgerichts, gegen dessen Entscheidung die Rechtsbeschwerde an den Reichsfinanzhof gegeben.

Auf die Beschwerde finden, soweit nichts anderes bestimmt ist, die für die Berufung geltenden Vorschriften der Reichsabgabenordnung einschließlich der Kostenvorschriften sinngemäße Anwendung. Die Frist für die Einlegung der Beschwerde und der Rechtsbeschwerde sowie die Frist für die Begründung der Rechtsbeschwerde beträgt jedoch zwei Wochen.

Durch Einlegung eines Rechtsmittels wird die Verpflichtung zur Ausstellung der Schuldverschreibung nach Maßgabe des Festsetzungsbescheids nicht gehemmt. Wird der Festsetzungsbescheid im Rechtsmittelweg abgeändert, so ist auf Grund der rechtskräftigen Entscheidung eine neue Schuldverschreibung auszustellen und gegen die früher ausgestellte einzutauschen. Der Verpflichtete ist hierzu mit zwei Wochen Frist aufzufordern. §§ 34 bis 36 finden entsprechende Anwendung.

§ 38. Soweit Grundstücke zur Landabgabe herangezogen worden sind, kann die Beschwerde gegen den Festsetzungsbescheid nur darauf gestützt werden, daß der der Festsetzung der Grundschuld zugrunde gelegte Wert nicht dem der Landabgabe zugrunde liegenden Wehrbeitragswert entspreche. Soweit die Unternehmer von Betrieben der Brotversorgungsabgabe unterliegen, kann die Beschwerde gegen den Festsetzungsbescheid nur darauf gestützt werden, daß der der Festsetzung der Umlage § 9 der Rentenbankverordnung) zugrunde gelegte Wert nicht dem Werte des Betriebsvermögens entspreche, das für den ersten Teilbetrag der Brotversorgungsabgabe maßgebend ist.

Werden andere Grundstücke oder Betriebe als die im Abs. 1 bezeichneten auf Grund der Rentenbankverordnung herangezogen, so gelten für die Zulässigkeit der Beschwerde die Vorschriften der Reichsabgabenordnung über die Berufung sinngemäß.

§ 39. Dem Finanzamt haben unverzüglich anzuzeigen:

1. der bisherige Eigentümer des belasteten Grundstücks oder der bisherige Unternehmer des belasteten Betriebs den Wechsel in der Person des Eigentümers oder des Unternehmers; die gleiche Pflicht hat im Falle des Erbfalls der Rechtsnachfolger;
2. der Unternehmer bei endgültiger Einstellung des Betriebs die Einstellung und demnächst jeden Wohnungswechsel;
3. Unternehmer neuentstehender Betriebe die Eröffnung des Betriebs.

§ 40. Für die Beitreibung trifft der Reichsminister der Finanzen die erforderlichen Bestimmungen über die Umrechnung des geschuldeten Goldmarkbetrags in die gesetzliche Währung.

Die Beitreibung im Wege der Zwangsvollstreckung in das unbewegliche Vermögen ist nur mit Zustimmung der Deutschen Rentenbank zulässig.

§ 41. Im Falle des § 6 Abs. 7 der Rentenbankverordnung ist die Einleitung einer Zwangsverwaltung durch die Anstalt ausgeschlossen, solange eine gerichtliche Zwangsverwaltung anhängig ist. Eine durch die Anstalt eingeleitete Zwangsverwaltung endigt, wenn wegen des Anspruchs eines anderen Gläubigers die gerichtliche Zwangsverwaltung angeordnet wird.

Im übrigen wird das Verfahren der Zwangsverwaltung durch die Landesregierungen oder nach Maßgabe der Landesgesetzgebung durch die Satzung der mit der Zwangsverwaltung betrauten Kreditanstalt geregelt. Die Regelung soll im Anschluß an die Vorschriften über die Zwangsversteigerung und die Zwangsverwaltung erfolgen.

§ 42. In dem Verfahren der Zwangsversteigerung oder der Zwangsverwaltung eines zugunsten der Deutschen Rentenbank belasteten Grundstücks gilt die Deutsche Rentenbank als Beteiligte ohne Rücksicht auf die Eintragung oder Anmeldung des Rechtes.

§ 43. Die Verteilung einer Gesamtgrundschuld (§ 7 Abs. 2, 3) der Rentenbankverordnung, § 11 dieser Durchführungsbestimmungen) sowie die Befreiung eines Trennstücks von der Grundschuld (§ 7 Abs. 4 der Rentenbankverordnung) erfolgt durch Verfügung des Finanzamts.

Ist für die Verteilung der Gesamtgrundschuld ein Antrag erforderlich, so kann das Finanzamt dem Antragsteller aufgeben, die für die Ermittlung der Teilwerte erforderlichen Unterlagen und Nachweise zu beschaffen. Kommt der Antragsteller dem Ersuchen nicht nach, so kann sein Antrag als erledigt angesehen werden. Die Verfügung über die Verteilung einer Gesamtgrundschuld ist jedem der beteiligten Grundstückseigentümer zuzustellen oder bekanntzugeben.

Gegen die Verfügung (Abs. 1) ist die Beschwerde nach den §§ 224, 281 der Reichsabgabenordnung gegeben, und zwar im Falle des Abs. 2 jedem der beteiligten Grundstückseigentümer.

§ 44. Soweit die Deutsche Rentenbank berechtigt ist, eine belastete Person aus der Verpflichtung zu entlassen, kann sie die Finanzämter um Ermittlungen ersuchen. Den Finanzämtern stehen hierbei die gleichen Befugnisse zu, wie bei der Durchführung des Festsetzungsverfahrens. Die Finanzämter sind berechtigt und auf Verlangen der Deutschen Rentenbank verpflichtet, sich über die Frage der Entlassung gutachtlich zu äußern.

Achter Abschnitt.

Auskunftspflicht der Finanzämter.

§ 45. Die Finanzämter haben auf Ersuchen den für die Führung von Grundstücksverzeichnissen zuständigen Landesbehörden, den mit der Durchführung der Zwangsvollstreckung betrauten Behörden und Beamten sowie Notaren über die Höhe der Grundschulden Auskunft zu geben.

Neunter Abschnitt.

Geschäfte der Deutschen Rentenbank.

§ 46. Die Zinsen der Rentenbriefe (§ 12 der Rentenbankverordnung) sind halbjährlich nachträglich zahlbar. Der Zinsenlauf beginnt mit dem 1. Januar 1924; der erste Zinsschein ist am 1. Juli 1924 fällig. Dem Erwerber von Rentenbriefen werden die Zinsscheine mit Ausnahme des Zinsscheins ausgehändigt, der am nächsten Fälligkeitstermine fällig wird.

§ 47. Den Zeitpunkt der erstmaligen Ausgabe der Rentenbankscheine gemäß § 19 der Rentenbankverordnung bestimmt der Reichsminister der Finanzen.

§ 48. Der Aufruf und die Einziehung der Rentenbankscheine darf nur auf Anordnung oder mit Genehmigung der Reichsregierung erfolgen. § 6 des Bankgesetzes gilt entsprechend.

§ 49. Fällt eine Belastung fort oder verringert sie sich, so ist die Deutsche Rentenbank verpflichtet, für je fünfhundert Goldmark fortgefallener oder verringerter Belastung einen Rentenbrief zu vernichten.

§ 50. Über einen dem Reiche von ihr gewährten Kredit kann die Deutsche Rentenbank die Ausstellung einer Schuldurkunde verlangen; die Schuldurkunde wird von dem Reichsminister der Finanzen ausgestellt.

Zehnter Abschnitt.

Private Rechtsverhältnisse.

§ 51. Lautet eine Schuld auf Rentenmark, so kann die Zahlung in Reichswährung erfolgen, es sei denn, daß Zahlung in Rentenmark ausdrücklich bedungen ist. Die Umrechnung erfolgt nach dem letzten vor dem Tage der Zahlung für den Zahlungsort maßgebenden Wertverhältnisse.

Im übrigen finden auf Schulden, die auf Rentenmark lauten, die Vorschriften über Geldschulden entsprechende Anwendung. Dies gilt insbesondere von den

Vorschriften über Verzugszinsen und die Übermittlungspflicht des Schuldners.

§ 52. Wechsel und Schecks können auch in der Weise ausgestellt werden, daß die zu zahlende Geldsumme in Rentenmark ausgedrückt wird.

Auf Wechsel, die auf Rentenmark lauten, findet die Vorschrift des Artikels 37 der Wechselordnung entsprechende Anwendung.

Elfter Abschnitt.
Strafbestimmungen.

§ 53. Mitglieder des Vorstandes, des Aufsichtsrats oder des Verwaltungsrats der Deutschen Rentenbank werden, wenn sie absichtlich zum Nachteil der Deutschen Rentenbank handeln, mit Gefängnis und mit Geldstrafe bestraft.

Neben Gefängnis kann auf Verlust der bürgerlichen Ehrenrechte erkannt werden.

Sind mildernde Umstände vorhanden, so kann ausschließlich auf Geldstrafe erkannt werden.

§ 54. Mitglieder des Vorstandes, des Aufsichtsrats oder des Verwaltungsrats der Deutschen Rentenbank werden mit Gefängnis bis zu einem Jahre und mit Geldstrafe bestraft, wenn sie wissentlich in ihren Übersichten über den Vermögensstand der Deutschen Rentenbank oder in den in der Generalversammlung gehaltenen Vorträgen den Stand der Verhältnisse der Deutschen Rentenbank unwahr darstellen oder verschleiern.

Neben Gefängnis kann auf Verlust der bürgerlichen Ehrenrechte erkannt werden.

Sind mildernde Umstände vorhanden, so tritt ausschließlich Geldstrafe ein.

§ 55. Wer der Bestimmung des § 6 dieser Durchführungsbestimmungen vorsätzlich zuwiderhandelt, wird mit Geldstrafe oder mit Gefängnis bis zu sechs Monaten bestraft.

Ist die Handlung aus Eigennutz oder in der Absicht begangen, einen anderen zu schädigen, so kann auf Gefängnis bis zu sechs Monaten und auf Geldstrafe oder auf eine dieser Strafen erkannt werden.

Im Falle des Abs. 1 tritt die Strafverfolgung nur auf Antrag ein. Antragberechtigt sind der Vorstand der Deutschen Rentenbank, der Kommissar der Reichsregierung (§ 7) und derjenige, dessen Interesse verletzt ist.

§ 56. Wer zum eigenen Vorteil oder zum Vorteil eines andern vorsätzlich bewirkt, daß Geldleistungen, die auf Grund der Rentenbankverordnung zu bewirken sind, verkürzt werden, wird mit Gefängnis bis zu sechs Monaten und mit Geldstrafe oder mit einer dieser Strafen bestraft.

Zwölfter Abschnitt.

Schlußbestimmung.

§ 57. Diese Verordnung tritt mit dem Tage in Kraft, der auf ihre Verkündung im Reichsgesetzblatt folgt[1]).

---

[1]) Am 18. November 1923.

29c. Zweite Durchführungsbestimmungen zur Rentenbankverordnung vom 17. Dezember 1923.[1])

§ 2. Grundstückseigentümer und Unternehmer sind mit Zustimmung der Deutschen Rentenbank berechtigt, sich von der Belastung mit der Grundschuld, der Verpflichtung zur Aushändigung der Schuldverschreibungen sowie der Verpflichtung aus der ausgehändigten Schuldverschreibung durch Leistung von Gold oder Zahlungsmitteln in ausländischer Währung zu befreien. Die Deutsche Rentenbank bedarf dabei der Zustimmung des Reichsministers der Finanzen, soweit die Befreiungen in einem Monat insgesamt zehn Millionen Goldmark übersteigen.

Die Deutsche Rentenbank erteilt über die Höhe der auf Grund des Abs. 1 an sie geleisteten Beträge dem Reichsminister der Finanzen monatliche Nachweisungen.

Die Deutsche Rentenbank ist verpflichtet, von jeder Leistung unverzüglich dem für die Veranlagung des Eigentümers oder Unternehmers zur Vermögenssteuer zuständigen Finanzamt Nachricht zu geben.

§ 6. Wer öffentlich vor einer Menschenmenge oder durch Verbreitung von Schriften oder anderen Darstellungen dazu auffordert oder anreizt, die Annahme der Rentenmark zu verweigern oder die Durchführung der Vorschriften über die Rentenmark zu hindern, wird, sofern nicht eine schwerere Strafe verwirkt ist,

---

[1]) RGBl. 1923 I S. 1243 (Reichsminister der Justiz). § 1 gegenstandslos gemäß Ges. Nr. 30a (S. 303) § 3; §§ 3—5 aufgehoben durch VO. v. 28. März 1924 RGBl. 1924 I S. 385 § 60 I.

mit Gefängnis bis zu sechs Monaten und mit Geldstrafe bestraft.

Sind mildernde Umstände vorhanden, so kann ausschließlich auf Geldstrafe erkannt werden.

§ 7. Diese Verordnung tritt mit dem Tage in Kraft, der auf ihre Verkündung im Reichsgesetzblatt folgt.

30a. Reichsgesetz über die Liquidierung des Umlaufs an Rentenbankscheinen vom 30. August 1924.[1])

§ 1. Die Deutsche Rentenbank darf über den Betrag der beim Inkrafttreten dieses Gesetzes von ihr ausgegebenen Rentenbankscheine hinaus Rentenbankscheine nicht mehr ausgeben.

Die noch nicht ausgegebenen Rentenbankscheine, die sich in ihrem Besitze befinden, hat sie der Reichsbank zur Vernichtung zu übergeben.

Der Betrag der beim Inkrafttreten dieses Gesetzes ausgegebenen Rentenbankscheine und Rentenbriefe wird vom Reichsminister der Finanzen bekanntgemacht.

§ 2. Das Kapital der Deutschen Rentenbank wird, entsprechend der Veränderung der Belastungen auf Grund dieses Gesetzes, auf 2000 Millionen Rentenmark herabgesetzt. Der Betrag wird lediglich von der Landwirtschaft (§ 6 der Rentenbankverordnung vom 15. Oktober 1923 — Reichsgesetzblatt I S. 963 / 13. Februar 1924 — Reichsgesetzblatt I S. 66) aufgebracht.

---

[1]) RGBl. 1924 II S. 252.

Die im § 2 der Rentenbankverordnung vorgesehene Rücklage fällt weg.

Der Satz 2 des § 2 der Rentenbankverordnung wird aufgehoben.

§ 3. Die im § 9 der Rentenbankverordnung vorgesehene Belastung der industriellen, gewerblichen und Handelsbetriebe einschließlich der Banken wird aufgehoben. Die Grundschulden erlöschen; die Schuldverschreibungen sind zu vernichten oder den Unternehmern auf Antrag zurückzugeben. Gleichzeitig erlöschen die Anteilsrechte dieser Unternehmer (§ 11 der Rentenbankverordnung).

Die bis zum Inkrafttreten dieser Vorschriften aufgelaufenen Zinsen für die Grundschulden und Schuldverschreibungen haben die Unternehmer an die Deutsche Rentenbank abzuführen.

§ 4. Die Belastung der Eigentümer der dauernd land-, forstwirtschaftlichen oder gärtnerischen Zwecken dienenden Grundstücke bleibt in der in den §§ 6 bis 8, 10 der Rentenbankverordnung vorgesehenen Weise bestehen.

Die Höhe, in welcher die Deutsche Rentenbank Grundschulden an diesen Grundstücken erwirbt, wird auf 5 v. H. des Wehrbeitragswerts festgesetzt. Soweit der Wehrbeitragswert auf Grund des Artikels II der Zweiten Steuernotverordnung für die Vermögenssteuer berichtigt oder nachträglich ermittelt worden ist, ist dieser Wert maßgebend.

Das Kapital der Grundschuld ist mit 5 v. H. jährlich zu verzinsen. Die Zahlung der Zinsen kann auch in gesetzlichen Zahlungsmitteln erfolgen.

Im Falle der Zwangsversteigerung des belasteten Grundstücks bleibt die Grundschuld auch dann bestehen, wenn sie bei der Feststellung des geringsten Gebots nicht berücksichtigt ist. Die Grundschulden können von der Deutschen Rentenbank nicht abgetreten werden; sie sind jedoch der Pfändung unterworfen. Das Kapital der Grundschuld ist auch für die Eigentümer unkündbar.

§ 5. Die Reichsbank hat den Gesamtbetrag der ausgegebenen Rentenbankscheine gemäß den Bestimmungen dieses Gesetzes innerhalb längstens zehn Jahren nach dessen Inkrafttreten zu liquidieren.

§ 6. Bei der Reichsbank wird ein besonderer Tilgungsfonds gebildet, den die Reichsbank verwaltet und zur Einziehung der umlaufenden Rentenbankscheine bis zum Betrage von 1200 Millionen Rentenmark zu verwenden hat.

Die in diesen Fonds fließenden Rentenbankscheine sind von der Reichsbank zu vernichten. Die in den Fonds fließenden gesetzlichen Zahlungsmittel hat die Reichsbank dazu zu verwenden, um damit Rentenbankscheine aus dem Verkehre zu ziehen; dabei hat sie eine Rentenmark gleich einer Reichsmark zu bewerten. Die aus dem Verkehre gezogenen Rentenbankscheine hat sie gleichfalls zu vernichten.

§ 7. Der Tilgungsfonds wird in folgender Weise gespeist:

a) Die Deutsche Rentenbank hat alle ihr auf Grund des § 4 dieses Gesetzes für die Zeit vom 1. Oktober 1924 ab von den Grundschuldverpflichteten zufließenden Einnahmen an den Tilgungsfonds abzuführen. Diese Zahlungen sind von den Zahlungsstellen (Finanzämtern) unmittelbar dem Tilgungsfonds bei der Reichsbank zuzuführen.

b) Das Reich hat jährlich 60 Millionen Rentenmark in gleichen vierteljährlichen Raten an den Tilgungsfonds abzuführen, erstmalig am 1. Januar 1925.

c) Der dem Reiche auf Grund des § 37 des Bankgesetzes jährlich zufließende Gewinnanteil fließt in den Tilgungsfonds.

§ 8. Die im § 7 vorgesehenen Leistungen an den Tilgungsfonds sind so lange zu bewirken, bis der Gesamtbetrag der dem Tilgungsfonds zugeführten Beträge 1200 Millionen Rentenmark erreicht hat.

Alsdann sind die im § 7 vorgesehenen Leistungen fortzusetzen, bis alle Ansprüche, welche die Reichsbank auf Grund dieses Gesetzes hat, befriedigt sind.

§ 9. Soweit die im § 7 unter a vorgesehenen Leistungen der Deutschen Rentenbank 60 Millionen Rentenmark im Jahre übersteigen, hat die Reichsbank aus dem überschießenden Betrage jährlich 25 Millionen auszusondern und einer mit Einverständnis der Deutschen Rentenbank und der Reichsregierung zu begründenden landwirtschaftlichen Kreditanstalt zur Verfügung zu stellen. Die Deutsche Rentenbank ist berechtigt, mit Zustimmung der Reichsregierung auch ihre sonstigen verfügbaren Mittel, soweit darüber nicht nach den Bestimmungen dieses Gesetzes verfügt ist, für die Zwecke dieser Kreditanstalt oder für verwandte Zwecke zu verwenden.

§ 10. Das Reich übernimmt der Reichsbank gegenüber die Haftung dafür, daß die im § 7 unter a vorgesehenen Zahlungen jährlich mindestens 60 Millionen Rentenmark betragen.

§ 11. Die Gesamtheit der auf Grund von Darlehen gemäß § 16 der Rentenbankverordnung von der Reichsbank und den Privatnotenbanken gegebenen Kredite im Betrage von etwa 870 Millionen Rentenmark soll mit tunlichster Beschleunigung, jedoch unter angemessener Rücksichtnahme auf die wirtschaftliche Lage des Schuldners abgewickelt werden. Die Abwicklung soll unter allen Umständen binnen 3 Jahren beendet sein; am Schlusse des ersten Jahres soll mindestens ein Drittel, am Schlusse des zweiten Jahres mindestens ein weiteres Drittel des übernommenen Kreditbestandes abgewickelt sein; die dreijährige Frist beginnt am 1. Dezember 1924.

Soweit diese Kredite von der Rentenbank an Privatnotenbanken gegeben sind, erfolgt ihre Abwicklung durch die Deutsche Rentenbank nach den von der Reichsbank hierfür zu gebenden Richtlinien und im Einvernehmen mit dem Kommissar der Reichsbank (§ 17).

Die Abwicklung der auf Grund des Darlehns der Deutschen Rentenbank an die Reichsbank von dieser gegebenen Kredite kann auch in der Weise erfolgen, daß die Reichsbank einen entsprechenden Betrag an auf Rentenmark lautenden Wechseln der Deutschen Rentenbank übergibt; soweit solche Wechsel von der Deutschen Rentenbank übernommen werden, erlischt die Darlehnsschuld der Reichsbank gegenüber der Deutschen Rentenbank. Die Abwicklung dieser Kredite erfolgt alsdann durch die Deutsche Rentenbank nach den in Abs. 1 und 2 enthaltenen Bestimmungen.

Die Deutsche Rentenbank hat von den bei der Abwicklung der Rentenmarkkredite (Abs. 2 und 3) aufkommenden Zinsen an die Reichsbank einen Anteil abzuführen, der von den betreffenden Kapitalbeträgen jährlich 7/10 des Reichsbankdiskonts, höchstens jedoch 7 vom Hundert für das Jahr ausmacht.

Die Deutsche Rentenbank hat alle aus den abgewickelten Krediten vereinnahmten Rentenbankscheine an die Reichsbank zur Vernichtung abzuliefern. Soweit die Rückzahlung der Kredite nicht in Rentenbankscheinen erfolgt, hat die Deutsche Rentenbank den entsprechenden Betrag in gesetzlichen Zahlungsmitteln an die Reichsbank abzuliefern. Die Reichsbank hat dafür Rentenbankscheine im Verhältnis von 1 Rentenmark gleich 1 Reichsmark aus dem Verkehr zu ziehen und zu vernichten.

§ 12. Nach Abwicklung der im § 11 erwähnten Rentenmarkkredite und nachdem ein Betrag von 1200 Millionen Rentenmark auf Grund des § 8 Abs. 1 dem Tilgungsfonds zugeflossen ist, spätestens jedoch zehn Jahre nach dem Inkrafttreten dieses Gesetzes, hat die Deutsche Rentenbank die etwa noch im Umlauf befindlichen Rentenbankscheine mit einer Frist von sechs Monaten zur Einziehung und zum Umtausch in gesetzliche Zahlungsmittel aufzurufen. Die Reichsbank hat den Umtausch an ihren Kassen vorzunehmen.

Soweit die Mittel des Tilgungsfonds hierzu nicht ausreichen, ist die Deutsche Rentenbank verpflichtet, unverzüglich die erforderlichen Beträge der Reichsbank zur Verfügung zu stellen. Das Reich übernimmt die Haftung für diese Verpflichtung der Deutschen Rentenbank.

§ 13. Ein nach erfolgtem Aufruf etwa im Tilgungsfonds verbleibender Rest ist der Deutschen Rentenbank zur Verfügung zu stellen.

§ 14. Bis zum Ablauf der Aufrufsfrist der Rentenbankscheine haftet das gesamte Vermögen der Deutschen Rentenbank, einschließlich der auf Grund der Rentenbankverordnung bestehenden Grundschulden und Zinszahlungsverpflichtungen der Grundschuldverpflichteten, an erster Stelle für die Verbindlichkeiten aus den Rentenbankscheinen und aus den Rentenbriefen.

Nach Ablauf der genannten Frist tritt die Deutsche Rentenmark in Liquidation.

§ 15. Die Reichsbank hat am Ende jedes Jahres den Betrag der eingezogenen und der noch im Umlauf befindlichen Rentenbankscheine öffentlich bekanntzumachen.

§ 16. § 16 Abs. 1 der Rentenbankverordnung wird aufgehoben.

Die Geschäftstätigkeit der Deutschen Rentenbank ist auf die Abwicklung der Rentenmarkkredite zu beschränken; das ihr im § 9 gegebene Recht, sich an der darin in Aussicht genommenen landwirtschaftlichen Kreditanstalt zu beteiligen, bleibt von dieser Bestimmung unberührt.

§ 17. Die Reichsregierung und die Reichsbank entsenden je einen Kommissar zur Deutschen Rentenbank, denen über alle Angelegenheiten und Geschäfte der

Deutschen Rentenbank Aufschluß zu geben ist; jeder dieser Kommissare hat ein Einspruchsrecht gegen alle Maßnahmen der Deutschen Rentenbank, die nach seiner Ansicht die Interessen des Reichs oder der Reichsbank beeinträchtigen können.

§ 18. Die Satzung der Deutschen Rentenbank ist in einer den Vorschriften dieses Gesetzes Rechnung tragenden Weise abzuändern; die Änderung bedarf der Genehmigung der Reichsregierung.

Ist binnen zwei Monaten nach Inkrafttreten dieses Gesetzes die Abänderung der Satzung nicht zustande gekommen, so wird sie von der Reichsregierung vorgenommen.

§ 19. Über die nach Liquidation der Deutschen Rentenbank verbleibenden Vermögenswerte wird durch ein besonderes Gesetz Bestimmung getroffen, desgleichen über das Erlöschen der Grundschuld nach Beendigung der Liquidation der Deutschen Rentenbank. Dieses Gesetz bestimmt auch darüber, ob nach Beendigung der Liquidation der Deutschen Rentenbank die im § 7 vorgesehenen Leistungen weiter zu bewirken sind, und wie hierüber verfügt werden soll.

§ 20. Die Verordnung über die Errichtung der Deutschen Rentenbank tritt insoweit außer Kraft, als sie den Vorschriften dieses Gesetzes entgegensteht.

Die Vorschriften des § 21 der Rentenbankverordnung finden auf dieses Gesetz sinngemäß Anwendung. Die Reichsregierung ist befugt, unbeschadet der Bestimmungen des § 8 der Rentenbankverordnung für Fälle, in denen die Nutzung des Grundstücks nicht dem Eigentümer zusteht, Bestimmungen über die Verteilung der Zinslast im Verhältnis zwischen dem Eigentümer und dem Nutzungsberechtigten zu treffen.

§ 21. Die Reichsregierung bestimmt, wann die Vorschriften dieses Gesetzes in Kraft treten.

30b. Durchführungsbestimmungen zum Gesetz über die Liquidierung des Umlaufs an Rentenbankscheinen vom 31. Januar 1925[1]).

Erster Abschnitt.

Belastung der land-, forstwirtschaftlichen und gärtnerischen Grundstücke nach dem Liquidierungsgesetze.

§ 1. Für die Festsetzung der Grundschuld (§ 4 des Liquidierungsgesetzes) ist die Veranlagung des Grundstücks zur Vermögensteuer 1924 zugrunde zu legen; die Höhe der Grundschuld beträgt 5 vom Hundert des für die Vermögensteuer 1924 berichtigten oder nachträglich ermittelten Wehrbeitragswerts (§ 4 Abs. 2 des Liquidierungsgesetzes, § 2 dieser Verordnung). Mit Rücksicht auf die Person des Eigentümers sind Grundstücke jedoch dann befreit, wenn die Voraussetzungen des Artikel III § 2 des Gesetzes über die Besteuerung der Betriebe vom 11. August 1923 oder der §§ 13, 14 der Durchführungsbestimmungen zu diesem Gesetze vom 23. August 1923 im Zeitpunkt des Inkrafttretens der Rentenbankverordnung für den Eigentümer vorgelegen haben. Der gleiche Zeitpunkt ist maßgebend für die Entscheidung der Frage, ob ein Grundstück dauernd

---

[1]) RGBl. 1925 II S. 29 (Reichsminister der Justiz).

land-, forstwirtschaftlichen oder gärtnerischen Zwecken gedient hat.

Die Veranlagung zur Vermögensteuer 1924 ist vorbehaltlich der Bestimmung des § 7 auch dann maßgebend, wenn sie noch nicht unanfechtbar geworden ist. Hat eine endgültige Veranlagung noch nicht stattgefunden, so tritt die vorläufige Veranlagung an ihre Stelle. Änderungen der Veranlagung durch Rechtsmittelentscheidung, Neuveranlagung, Berichtigung oder eine andere Verfügung sind zu berücksichtigen, soweit sie dem Finanzamt vor der Erteilung des Grundschuldbescheids (§ 4) bekannt geworden sind.

§ 2. Als berichtigter oder nachträglich ermittelter Wehrbeitragswert im Sinne des § 4 Abs. 2 des Liquidierungsgesetzes gilt der für die Vermögensteuer 1924 zugrunde gelegte Wehrbeitragswert. Soweit Grundstücke zwar mit der Grundschuld belastet sind, aber zur Vermögensteuer 1924 nicht herangezogen worden sind, ist ihr Wehrbeitragswert nach den für die Vermögensteuer 1924 geltenden Grundsätzen zu ermitteln; die Grundschuld ist nach diesem Werte zu bemessen.

§ 3. Von der Grundschuld sind Grundstücke befreit, sofern die Werte (§ 1 Abs. 1 Satz 1, § 2) aller am 31. Dezember 1923 in der Hand eines Eigentümers vereinigten belasteten Grundstücke insgesamt 6000 Reichsmark nicht erreicht haben. Für die Bemessung der Freigrenze sind die belasteten Grundstücke auch dann zusammenzurechnen, wenn sie zur Vermögensteuer 1924 zusammen veranlagt worden sind.

Ergibt sich in den Fällen des § 8 infolge der Teilung des Grundstücks, daß der Wert des dem bisherigen Eigentümer verbleibenden Teilgrundstücks unter Zurechnung seiner übrigen der Belastung unterliegenden Grundstücke insgesamt 6000 Reichsmark nicht erreicht, so kann das Finanzamt die dem bisherigen Eigentümer verbleibenden Grundstücke von der Grundschuldbelastung freistellen; auf Antrag ist es zur Freistellung verpflichtet. Das gleiche gilt für den auf den Erwerber übergehenden Teil des Grundstücks, sofern dieses unter Zurechnung seiner übrigen, der Belastung unterliegenden Grundstücke insgesamt den Wert von 6000 Reichsmark nicht erreicht. Erhöht sich infolge des Erwerbes der Wert der gesamten in der Hand des Erwerbers befindlichen, der Belastung unterliegenden Grundstücke auf mindestens 6000 Reichsmark, so sind auch die bisher nicht belasteten Grundstücke des Erwerbers durch Verfügung des Finanzamts (Grundschuldbescheid) mit der Grundschuld zu belasten.

§ 4. Das Finanzamt setzt den Betrag der Grundschuld fest und erteilt dem Eigentümer hierüber einen schriftlichen Bescheid (Grundschuldbescheid).

§ 5. Gegen den Grundschuldbescheid ist das Berufungsverfahren nach der Reichsabgabenordnung gegeben.

§ 6. Das Rechtsmittel kann nicht darauf gestützt werden, daß das Grundstück bei der Veranlagung zur Vermögensteuer zu hoch bewertet worden sei; jedoch kann geltend gemacht werden, daß das Grundstück mit Rücksicht auf seine Zweckbestimmung oder die Person des Eigentümers nicht der Landabgabe unterlegen habe.

Soweit das Grundstück nicht zur Vermögensteuer 1924 herangezogen worden ist, gelten für die Zulässigkeit des Rechtsmittels die Vorschriften der Reichsabgabenordnung ohne die im Abs. 1 vorgesehene Beschränkung entsprechend.

§ 7. Wird die Veranlagung des Grundstücks durch Rechtsmittelentscheidung, Neuveranlagung, Berichtigung oder eine andere Verfügung für die Vermögensteuer 1924 geändert, so ist der Grundschuldbescheid von Amts wegen entsprechend zu berichtigen.

§ 8. Ist ein belastetes Grundstück nach dem 31. Dezember 1923 geteilt worden oder wird es geteilt, so kann das Finanzamt die Wehrbeitragswerte für die Teilgrundstücke nach den für die Vermögensteuer 1924 geltenden Grundsätzen ermitteln und die Grundschuld auf die Teilgrundstücke nach Maßgabe der Wehrbeitragswerte in der Weise verteilen, daß jedes Grundstück für die nach der Teilung des Grundstücks fällig werdenden und im Zeitpunkt der Zustellung des Verteilungsbescheids noch nicht erhobenen Zinsen nur mit dem zugeteilten Betrage haftet. Auf Antrag eines der beteiligten Grundstückseigentümer hat das Finanzamt die Verteilung vorzunehmen. Über die Verteilung ist ein schriftlicher Bescheid zu erteilen (Verteilungsbescheid) und allen beteiligten Grundstückseigentümern mitzuteilen. Der Bescheid wirkt für und gegen alle beteiligten Grundstückseigentümer.

Die beteiligten Grundstückseigentümer sind berechtigt, gegen den Verteilungsbescheid die Beschwerde nach den §§ 224, 281 der Reichsabgabenordnung einzulegen. § 282 Abs. 1 der Reichsabgabenordnung findet keine Anwendung. In dem Beschwerdeverfahren ist den beteiligten Grundstückseigentümern, die keine Beschwerde eingelegt haben, Gelegenheit zu geben, sich zu äußern; die Beschwerdeentscheidung wirkt für und gegen alle beteiligten Grundstückseigentümer und ist ihnen mitzuteilen.

§ 9. Soweit die Grundschuld auf Grundstücksteile verteilt ist und die Grundstücksteile verschiedenen Eigentümern gehören, haften die Eigentümer der einzelnen Teile für die nach der Teilung des Grundstücks fällig werdenden und im Zeitpunkt der Zustellung des Verteilungsbescheids noch nicht erhobenen Zinsen nicht persönlich als Gesamtschuldner.

§ 10. Als Wert des Streitgegenstandes (§ 289 der Reichsabgabenordnung) gilt der dreifache, und wenn keine Entscheidung in der Sache ergeht, der einfache Betrag der nach dem streitigen Grundschuldbetrag zu berechnenden Jahreszinsen.

§ 11. Für das Verhältnis zwischen dem Eigentümer und dem Nießbraucher eines belasteten Grundstücks zueinander gilt, soweit nichts anderes vereinbart ist, folgendes:

a) im Falle der entgeltlichen Bestellung eines Nießbrauchs ist der Eigentümer zur Zahlung von einem Viertel, der Nießbraucher zur Zahlung von drei Vierteln der Zinsen verpflichtet. Soweit die Verteilung der Zinsen den Nießbraucher oder den Eigentümer übermäßig belastet, hat das Pachteinigungsamt auf Antrag eine anderweite Festsetzung des Entgelts vorzunehmen;

b) im Falle der unentgeltlichen Bestellung eines Nießbrauchs gilt der Nießbraucher als allein belastet.

Auf das Verhältnis zwischen Eigentümer und Nießbraucher finden die Bestimmungen des § 17 der Vorläufigen Durchführungsbestimmungen zur Rentenbankverordnung entsprechende Anwendung.

Die Landesregierungen werden ermächtigt, für Fälle, in denen die Nutzung des Grundstücks auf Grund Landesrechts nicht dem Eigentümer zusteht, Bestimmungen über die Verteilung der Zinslast im Verhältnis zwischen dem Eigentümer und dem Nutzungsberechtigten zu treffen.

Zweiter Abschnitt.

Abwicklung der bisherigen Belastung der industriellen, gewerblichen und Handelsbetriebe einschließlich der Banken.

§ 12. Auf Grund des § 3 des Liquidierungsgesetzes und des § 2 der Zweiten Verordnung über das Inkrafttreten der Gesetze zur Durchführung des Sachverständigengutachtens vom 10. Oktober 1924 ist die Belastung der industriellen, gewerblichen und Handelsbetriebe einschließlich der Banken mit Wirkung vom 1. Oktober 1924 aufgehoben. Die Schuldverschreibungen sind zu vernichten oder den Unternehmern auf Antrag zurückzugeben. Die Deutsche Rentenbank hat über das Recht zum Antrag auf Rückgabe eine Bekanntmachung im Deutschen Reichsanzeiger und anderen geeigneten Blättern zu erlassen. Das Recht erlischt einen Monat nach Bekanntmachung im Reichsanzeiger. Anträge auf Rückgabe müssen bis zu diesem Zeitpunkt der Deutschen Rentenbank zugegangen sein.

§ 13. Schuldverschreibungen, die zurückzugeben sind, werden mit dem Vermerk „Ungültig" versehen. Der

Vermerk kann im Wege der mechanischen Vervielfältigung hergestellt werden.

§ 14. Soweit nicht gemäß § 12 Anträge auf Rückgabe der Schuldverschreibungen gestellt sind, sind die Schuldverschreibungen durch die Deutsche Rentenbank zu vernichten. Über die Vernichtung ist ein Protokoll aufzunehmen, das von zwei zeichnungsberechtigten Vertretern der Deutschen Rentenbank zu unterschreiben ist.

Die Deutsche Rentenbank ist auf Antrag eines Unternehmers verpflichtet, die Vernichtung zu bescheinigen.

§ 15. Die Verpflichtung zur Entrichtung rückständiger Leistungen wird durch die Rückgabe oder Vernichtung der Schuldverschreibung nicht berührt.

§ 16. Soweit Zinsen nach § 3 Abs. 2 des Liquidierungsgesetzes noch geschuldet werden, können sie in gesetzlichen Zahlungsmitteln entrichtet werden.

§ 17. Soweit Unternehmer noch nachträglich für die Zeit vom 1. Oktober 1923 bis zum 30. September 1924 herangezogen werden, ist die Ausstellung einer Schuldverschreibung nicht erforderlich.

Dritter Abschnitt.

Rechtsstellung der Deutschen Rentenbank.

§ 18. Die Reichsregierung und die Reichsbank bestimmen auf Grund des § 17 des Liquidierungsgesetzes je einen Kommissar und einen Vertreter dieses Kommissars. Die Kommissare führen die Amtsbezeichnungen: „Kommissar der Reichsregierung bei der Deutschen Rentenbank" und „Kommissar der Reichsbank bei der Deutschen Rentenbank".

Den Kommissaren ist gemäß § 17 des Liquidierungsgesetzes über alle Angelegenheiten und Geschäfte der Deutschen Rentenbank Aufschluß zu geben. Sie sind zu den Sitzungen des Verwaltungsrats, des Aufsichtsrats und der Generalversammlung rechtzeitig zu laden; auf ihr Verlangen sind sie in der Sitzung jederzeit zu hören. Das Einspruchsrecht gegen Maßnahmen der Deutschen Rentenbank wird von ihnen in den Sitzungen des Verwaltungsrats, des Aufsichtsrats oder der Generalversammlung mündlich, außerhalb dieser Sitzungen schriftlich ausgeübt. Die Organe der Deutschen Rentenbank sind verpflichtet, die Maßnahmen, gegen die Einspruch erhoben wird, zu unterlassen oder rückgängig zu machen; entgegenstehende Anweisungen des Verwaltungsrats oder des Aufsichtsrats sowie entgegenstehende Beschlüsse der Generalversammlung treten außer Kraft.

§ 19. Bei der Entrichtung der Rentenbankzinsen und der Vollstreckung wegen solcher Zinsen ist eine Rentenmark oder eine Goldmark einer Reichsmark gleichzusetzen.

§ 20. Die Ablösungsbefugnis gemäß § 2 der Zweiten Durchführungsbestimmungen zur Rentenbankverordnung vom 17. Dezember 1923 wird aufgehoben.

§ 21. Außer im Falle des § 12 des Liquidierungsgesetzes darf die Deutsche Rentenbank die Rentenbankscheine nur mit Genehmigung der Reichsregierung aufrufen oder einziehen.

Vierter Abschnitt.

Private Rechtsverhältnisse.

§ 22. Lautet eine Schuld auf Rentenmark, so kann die Zahlung auch dann in gesetzlichen Zahlungsmitteln erfolgen, wenn Zahlung in Rentenmark ausdrücklich bedungen ist. Bei der Zahlung ist eine Rentenmark einer Reichsmark gleichzusetzen.

Die Bestimmungen des § 51 Abs. 2 der Vorläufigen Durchführungsbestimmungen zur Rentenbankverordnung bleiben unberührt.

§ 23. Die Bestimmung des § 22 findet auf Wechsel und Schecks, die auf Rentenmark lauten, auch dann Anwendung, wenn der Aussteller durch den Gebrauch des Wortes „effektiv“ oder eines ähnlichen Zusatzes die Zahlung in Rentenmark ausdrücklich bestimmt hat.

Fünfter Abschnitt.

Schlußbestimmungen.

§ 24. Erstattungen in Rentenbanksachen unterbleiben, wenn der zu erstattende Betrag fünf Reichsmark voraussichtlich nicht überschreitet und die Erstattung nicht beantragt wird.

§ 25. Soweit sich nicht aus dem Liquidierungsgesetz oder dieser Verordnung ein anderes ergibt, bleiben die Vorläufigen Durchführungsbestimmungen zur Rentenbankverordnung und die Zweiten Durchführungsbestimmungen zur Rentenbankverordnung in Kraft. Sie gelten für die Durchführung des Liquidierungsgesetzes entsprechend.

§ 26. Diese Verordnung tritt, soweit sie die Belastung der land-, forstwirtschaftlichen oder gärtnerischen Grundstücke nach dem Liquidierungsgesetze regelt, mit Wirkung vom 1. April 1924 in Kraft. Im übrigen tritt sie mit dem Tage in Kraft, der auf ihre Verkündung im Reichsgesetzblatt folgt.

Zweiter Hauptteil.

Börsenrecht.

31. Börsengesetz[1]).

I. Allgemeine Bestimmungen über die Börsen und deren Organe.

§ 1. Die Errichtung einer Börse bedarf der Genehmigung der Landesregierung. Diese ist befugt, die Aufhebung bestehender Börsen anzuordnen.

Die Landesregierungen üben die Aufsicht über die Börsen aus. Sie können die unmittelbare Aufsicht den Handelsorganen (Handelskammern, kaufmännischen Korporationen) übertragen.

Der Aufsicht der Landesregierungen und der mit der unmittelbaren Aufsicht betrauten Handelsorgane unterliegen auch die auf den Börsenverkehr bezüglichen Einrichtungen der Kündigungsbureaus, Liquidationskassen, Liquidationsvereine und ähnlicher Anstalten.

§ 2. Bei den Börsen sind als Organe der Landesregierung Staatskommissare zu bestellen. Ihnen liegt es ob, den Geschäftsverkehr an der Börse sowie die Befolgung der in bezug auf die Börse erlassenen Gesetze und Verwaltungsbestimmungen nach näherer An-

---

[1]) In der Fassung der Bekanntmachung vom 27. März 1908 (RGBl. 1908 S. 215). Änderung des § 96 durch RGes. vom 23. Dez. 1920 (RGBl. 1920 S. 2317), des § 7 Ziff. 1 durch RGes. vom 28. Dez. 1921 (RGBl. 1922 I S. 25) und des § 50 Abs. 4 durch Verordnung vom 21. März 1925 (RGBl. 1925 I S. 31).

weisung der Landesregierung zu überwachen. Sie sind berechtigt, den Beratungen der Börsenorgane beizuwohnen und die Börsenorgane auf hervorgetretene Mißbräuche aufmerksam zu machen. Sie haben über Mängel und über die Mittel zu ihrer Abstellung Bericht zu erstatten.

Mit Zustimmung des Bundesrats kann für einzelne Börsen die Tätigkeit des Staatskommissars auf die Mitwirkung beim ehrengerichtlichen Verfahren beschränkt oder, sofern es sich um kleine Börsen handelt, von der Bestellung eines Staatskommissars abgesehen werden.

§ 3. Zur Begutachtung über die durch dieses Gesetz der Beschlußfassung des Bundesrats überwiesenen Angelegenheiten ist als Sachverständigenorgan ein Börsenausschuß zu bilden. Derselbe ist befugt, Anträge an den Reichskanzler zu stellen und Sachverständige zu vernehmen.

Der Börsenausschuß besteht aus mindestens dreißig Mitgliedern, welche vom Bundesrat in der Regel auf je fünf Jahre zu wählen sind. Eine erneute Wahl ist zulässig. Die Wahl der Hälfte der Mitglieder erfolgt auf Vorschlag der Börsenorgane. Darüber, in welcher Anzahl dieselben von den einzelnen Börsenorganen vorzuschlagen sind, bestimmt der Bundesrat. Die andere Hälfte wird unter angemessener Berücksichtigung von Landwirtschaft und Industrie gewählt.

Die Geschäftsordnung für den Ausschuß wird nach Anhörung desselben von dem Bundesrat erlassen; der letztere setzt auch die den Ausschußmitgliedern zu gewährenden Tagegelder und Reisekosten fest.

§ 4. Für jede Börse ist eine Börsenordnung zu erlassen.

Die Genehmigung derselben erfolgt durch die Landesregierung. Dieselbe kann die Aufnahme bestimmter Vorschriften in die Börsenordnung anordnen, insbesondere der Vorschrift, daß in den Vorständen der Produktenbörsen die Landwirtschaft, die landwirtschaftlichen Nebengewerbe und die Müllerei eine entsprechende Vertretung finden.

§ 5. Die Börsenordnung muß Bestimmungen treffen:

1. über die Börsenleitung und ihre Organe;
2. über die Geschäftszweige, für welche die Börseneinrichtungen bestimmt sind;
3. über die Voraussetzungen der Zulassung zum Besuche der Börse;
4. darüber, in welcher Weise die Preise und Kurse zu notieren sind.

§ 6. Die Börsenordnung kann für andere als die nach § 5 Ziffer 2 zu bezeichnenden Geschäftszweige, sofern dies nicht mit besonderen Bestimmungen dieses Gesetzes (§§ 42, 43, 51) im Widerspruche steht, die Benutzung von Börseneinrichtungen zulassen. Ein Anspruch auf die Benutzung erwächst in diesem Falle für die Beteiligten nicht. Der Bundesrat ist befugt, für bestimmte Geschäftszweige die Benutzung der Börseneinrichtungen zu untersagen oder von Bedingungen abhängig zu machen.

§ 7. Vom Börsenbesuche sind ausgeschlossen:

1. [weggefallen];

2. Personen, welche sich nicht im Besitze der bürgerlichen Ehenrechte befinden;
3. Personen, welche infolge gerichtlicher Anordnung in der Verfügung über ihr Vermögen beschränkt sind;
4. Personen, welche wegen betrüglichen Bankrotts rechtskräftig verurteilt sind;
5. Personen, welche wegen einfachen Bankerotts rechtskräftig verurteilt sind;
6. Personen, welche sich im Zustande der Zahlungsunfähigkeit befinden;
7. Personen, gegen welche durch rechtskräftige oder für sofort wirksam erklärte ehrengerichtliche Entscheidung auf Ausschließung von dem Besuche einer Börse erkannt ist.

Die Zulassung oder Wiederzulassung zum Börsenbesuche kann in den Fällen unter 2 und 3 nicht vor der Beseitigung des Ausschließungsgrundes, in dem Falle unter 5 nicht vor Ablauf von sechs Monaten, nachdem die Strafe verbüßt, verjährt oder erlassen ist, erfolgen; sie darf in dem letzteren Falle und ebenso in dem Falle unter 6 nur stattfinden, wenn der Börsenvorstand den Nachweis für geführt erachtet, daß die Schuldverhältnisse sämtlichen Gläubigern gegenüber durch Zahlung, Erlaß oder Stundung geregelt sind. Einer Person, welche im Wiederholungsfall in Zahlungsunfähigkeit oder in Konkurs geraten ist, muß die Zulassung oder Wiederzulassung mindestens für die Dauer eines Jahres verweigert werden. In dem Falle unter 4 ist der Ausschuß ein dauernder.

Die Börsenordnungen können weitere Ausschließungsgründe festsetzen.

Auf Antrag der Börsenorgane kann die Landesregierung in besonderen Fällen Ausnahmen von den Vorschriften über die Ausschließung vom Börsenbesuche zulassen.

§ 8. Die Börsenaufsichtsbehörde ist befugt, zur Aufrechterhaltung der Ordnung und für den Geschäftsverkehr an der Börse Anordnungen zu erlassen.

Die Handhabung der Ordnung in den Börsenräumen liegt dem Börsenvorstand ob. Er ist befugt, Personen, welche die Ordnung oder den Geschäftsverkehr an der Börse stören, sofort aus den Börsenräumen zu entfernen und mit zeitweiliger Ausschließung von der Börse oder mit Geldstrafe zu bestrafen. Das Höchstmaß beider Strafen wird durch die Börsenordnung festgesetzt. Die Ausschließung von der Börse kann mit Genehmigung der Börsenaufsichtsbehörde durch Anschlag in der Börse bekanntgemacht werden.

Gegen die Verhängung der Strafen findet innerhalb einer durch die Börsenordnung festzusetzenden Frist die Beschwerde an die Börsenaufsichtsbehörde statt.

Finden sich an der Börse Personen zu Zwecken ein, welche mit der Ordnung oder dem Geschäftsverkehr an derselben unvereinbar sind, so ist ihnen der Zutritt zu untersagen.

§ 9. An jeder Börse wird ein Ehrengericht gebildet. Es besteht, wenn die unmittelbare Aufsicht über die Börse einem Handelsorgane (§ 1 Abs. 2) übertragen ist, aus der Gesamtheit oder einem Ausschusse dieses Aufsichtsorgans, andernfalls aus Mitgliedern, welche von den Börsenorganen gewählt werden. Die näheren Bestimmungen über die Zusammensetzung des Ehrengerichts werden von der Landesregierung erlassen.

§ 10. Das Ehrengericht zieht zur Verantwortung Börsenbesucher, welche im Zusammenhange mit ihrer Tätigkeit an der Börse sich eine mit der Ehre oder dem Anspruch auf kaufmännisches Vertrauen nicht zu vereinbarende Handlung haben zuschulden kommen lassen.

§ 11. Von der Einleitung oder Ablehnung eines ehrengerichtlichen Verfahrens ist der Staatskommissar (§ 2) zu unterrichten. Er kann die Einleitung eines ehrengerichtlichen Verfahrens verlangen. Diesem Verlangen sowie allen von dem Kommissare gestellten Beweisanträgen muß stattgegeben werden. Der Kommissar hat das Recht, allen Verhandlungen beizuwohnen und die ihm geeignet erscheinenden Anträge sowie Fragen an den Beschuldigten, die Zeugen und Sachverständigen zu stellen.

§ 12. Zur Vorbereitung der Hauptverhandlung kann das Ehrengericht einem Mitgliede die Führung einer Voruntersuchung übertragen. In der Voruntersuchung wird der Beschuldigte unter Mitteilung der Beschuldigungspunkte vorgeladen und, wenn er erscheint, mit seinen Erklärungen und Anträgen gehört.

Zeugen und Sachverständige dürfen nur unbeeidigt vernommen werden.

§ 13. Mit Zustimmung des Staatskommissars kann das Ehrengericht das Verfahren einstellen, andernfalls ist die Hauptverhandlung anzuberaumen.

§ 14. Die Hauptverhandlung vor dem Ehrengerichte findet statt, auch wenn der Beschuldigte nicht erschienen ist. Sie ist nicht öffentlich. Das Ehrengericht kann die Öffentlichkeit der Verhandlung anordnen. Die Anordnung muß erfolgen, falls der Staatskommissar oder der Beschuldigte es beantragt, sofern nicht die Voraussetzungen des § 173 des Gerichtsverfassungsgesetzes vorliegen.

Der Beschuldigte ist befugt, sich des Beistandes eines Verteidigers zu bedienen.

Das Ehrengericht ist berechtigt, Zeugen und Sachverständige vorzuladen und eidlich zu vernehmen.

§ 15. Die Strafen bestehen in Verweis sowie in zeitweiliger oder dauernder Ausschließung von der Börse.

Ergibt sich, daß keine unehrenhafte Handlung, sondern nur eine Störung der Ordnung oder des Geschäftsverkehrs an der Börse vorliegt, so kann die Bestrafung gemäß § 8 Abs. 2 durch das Ehrengericht stattfinden.

§ 16. Die Entscheidung wird in der Sitzung, in welcher die mündliche Verhandlung geschlossen wird, unter Angabe der Gründe verkündet oder spätestens innerhalb zwei Wochen nach dem Schlusse der Verhandlung dem Staatskommissar und dem Beschuldigten in einer mit Gründen versehenen Ausfertigung zugestellt.

Dem nicht erschienenen Beschuldigten ist auch die verkündete Entscheidung zuzustellen. Sowohl der Staatskommissar wie der Beschuldigte können auch bei in ihrer Gegenwart erfolgter Verkündung der Entscheidung eine mit Gründen versehene Ausfertigung derselben beanspruchen.

Das Ehrengericht kann in der Entscheidung anordnen, daß und auf welche Weise sie öffentlich bekanntzumachen ist.

Das Ehrengericht kann, wenn auf zeitweilige oder dauernde Ausschließung von der Börse erkannt ist, anordnen, daß die Wirkung der Entscheidung sofort eintrete.

Auf Antrag des freigesprochenen Beschuldigten hat das Gericht die öffentliche Bekanntmachung der Freisprechung anzuordnen.

§ 17. Gegen die Entscheidung des Ehrengerichts steht sowohl dem Staatskommissar als dem Beschuldigten die Berufung an die periodisch zu bildende Berufungskammer offen.

Die Berufungskammer besteht aus einem Vorsitzenden und sechs Beisitzern. Der Vorsitzende wird von dem Bundesrate bestimmt. Die Beisitzer werden von dem Börsenausschuß aus seinen auf Vorschlag der Börsenorgane berufenen Mitgliedern gewählt; von den Beisitzern dürfen nicht mehr als zwei derselben Börse angehören.

Für den Vorsitzenden und die Beisitzer werden in gleicher Weise Stellvertreter bestellt.

In einer Spruchsitzung dürfen nicht mehr als zwei Beisitzer mitwirken, welche derselben Börse angehören.

§ 18. Die Einlegung der Berufung geschieht zu Protokoll oder schriftlich bei dem Ehrengerichte, welches die anzugreifende Entscheidung zu erlassen hat.

Die Frist zur Einlegung der Berufung beträgt eine Woche.

Sie beginnt, falls die Entscheidung verkündet worden ist, für den Staatskommissar und den erschienenen Beschuldigten mit der Verkündung, im übrigen mit der Zustellung der Entscheidung.

§ 19. Nach Einlegung der Berufung ist dem Staatskommissare sowie dem Beschuldigten, sofern es nicht bereits geschehen, die angefochtene Entscheidung, mit Gründen versehen, zuzustellen.

§ 20. Zur schriftlichen Rechtfertigung der Berufung steht demjenigen, der sie rechtzeitig eingelegt hat, eine Frist von einer Woche offen. Sie beginnt mit dem Ablaufe der Einlegungsfrist oder, wenn zu dieser Zeit die Entscheidung noch nicht zugestellt war, mit deren Zustellung.

§ 21. Die Berufungsschrift des Beschuldigten und die etwa eingehende Rechtfertigung wird dem Staatskommissare, die Berufungsschrift und die Rechtfertigung des Staatskommissars dem Beschuldigten mitgeteilt. Innerhalb einer Woche nach der Mitteilung kann eine Beantwortungsschrift eingereicht werden.

§ 22. Die Fristen zur Rechtfertigung und zur Beantwortung der Berufung können auf Antrag von dem Ehrengerichte verlängert werden.

§ 23. Nach Ablauf der in den §§ 18, 20, 21 und 22 bestimmten Fristen werden die Akten an die Berufungskammer eingesandt. Zu der Verhandlung ist der Beschuldigte vorzuladen und der Staatskommissar zuzuziehen.

Die Berufungskammer kann zur Aufklärung des Sachverhalts vorherige Beweiserhebungen veranlassen.

Auf das Verfahren vor der Berufungskammer finden die Vorschriften der §§ 11, 14, 15 und 16 Anwendung.

§ 24. Über jede Vernehmung in der Voruntersuchung und über die Hauptverhandlung ist durch einen vereideten Protokollführer ein Protokoll aufzunehmen.

§ 25. Neben der Strafe kann auf vollständigen oder teilweisen Ersatz der durch das Verfahren entstandenen baren Auslagen erkannt werden.

§ 26. Die Gerichte sind verpflichtet, dem Ersuchen des Ehrengerichts sowie der Berufungskammer um Vernehmung von Zeugen und Sachverständigen zu entsprechen.

§ 27. Die mit der Aufsicht über die Börsen betrauten Organe sind verpflichtet, Handlungen der Börsenbesucher, welche zu einem ehrengerichtlichen Verfahren Anlaß geben, zur Kenntnis des Staatskommissars oder, wenn ein solcher nicht bestellt ist, zur Kenntnis des Ehrengerichts zu bringen.

§ 28. Eine Vereinbarung, durch welche die Beteiligten sich der Entscheidung eines Börsenschiedsgerichts unterwerfen, ist nur verbindlich, wenn beide Teile zu den Personen gehören, die nach § 53 Börsentermingeschäfte abschließen können, oder wenn die Unterwerfung unter das Schiedsgericht nach Entstehung des Streitfalls erfolgt.

II. Feststellung des Börsenpreises und Maklerwesen.

§ 29. Bei Waren oder Wertpapieren, deren Börsenpreis amtlich festgestellt wird, erfolgt diese Feststellung sowohl für Kassa- wie für Zeitgeschäfte durch den Börsenvorstand, soweit die Börsenordnung nicht die Mitwirkung von Vertretern anderer Berufszweige vorschreibt.

Bei der Feststellung darf außer dem Staatskommissare, dem Börsenvorstande, den Börsensekretären, den Kursmaklern und den Vertretern der beteiligten Berufszweige, deren Mitwirkung die Börsenordnung vorschreibt, niemand zugegen sein.

Als Börsenpreis ist derjenige Preis festzusetzen, welcher der wirklichen Geschäftslage des Verkehrs an der Börse entspricht.

§ 30. Zur Mitwirkung bei der amtlichen Festsetzung des Börsenpreises von Waren und Wertpapieren sind Hilfspersonen (Kursmakler) zu ernennen. Sie müssen, solange sie die Tätigkeit als Kursmakler ausüben, die Vermittlung von Börsengeschäften in den betreffenden Waren oder Wertpapieren betreiben. Sie werden von der Landesregierung bestellt und entlassen und leisten vor Antritt ihrer Stellung den Eid, daß sie die ihnen obliegenden Pflichten getreu erfüllen werden.

Eine Vertretung der Kursmakler (Maklerkammer) ist bei der Bestellung neuer Kursmakler und bei Verteilung der Geschäfte unter die einzelnen Makler gutachtlich zu hören. Die näheren Bestimmungen über die Bestellung und Entlassung der Kursmakler und die Organisation ihrer Vertretung sowie über ihr Verhältnis zu den Staatskommissaren und den Börsenorganen werden von der Landesregierung erlassen.

§ 31. Bei Geschäften in Waren oder Wertpapieren kann ein Anspruch auf Berücksichtigung bei der amtlichen Feststellung des Börsenpreises nur erhoben werden, wenn sie durch Vermittlung eines Kursmaklers abgeschlossen sind. Die Berechtigung des Börsenvorstandes, auch andere Geschäfte zu berücksichtigen, bleibt hierdurch unberührt.

§ 32. Die Kursmakler dürfen in den Geschäftszweigen, für welche sie bei der amtlichen Feststellung des Börsenpreises mitwirken, nur insoweit für eigene Rechnung oder in eigenem Namen Handelsgeschäfte schließen oder eine Bürgschaft für die von ihnen vermittelten Geschäfte übernehmen, als dies zur Ausführung der ihnen erteilten Aufträge nötig ist; die Landesregierung bestimmt, in welcher Weise die Beobachtung dieser Vorschrift zu überwachen ist. Die Gültigkeit der abgeschlossenen Geschäfte wird hierdurch nicht berührt.

Die Kursmakler dürfen, soweit nicht die Landesregierung Ausnahmen zuläßt, kein sonstiges Handelsgewerbe betreiben, auch nicht an einem solchen als Kommanditist oder stiller Gesellschafter beteiligt sein; ebensowenig dürfen sie zu einem Kaufmann in dem Verhältnis eines Prokuristen, Handlungsbevollmächtigten oder Handlungsgehilfen stehen.

§ 33. Das von dem Kursmakler zu führende Tagebuch ist vor dem Gebrauche dem Börsenvorstande zur Beglaubigung der Zahl der Blätter oder Seiten vorzulegen.

Wenn ein Kursmakler stirbt oder aus dem Amte scheidet, ist sein Tagebuch bei dem Börsenvorstande niederzulegen.

§ 34. Die Kursmakler sind zur Vornahme von Verkäufen und Käufen befugt, die durch einen dazu öffentlich ermächtigten Handelsmakler zu bewirken sind.

§ 35. Der Bundesrat ist befugt:

1. eine von den Vorschriften im § 29 Abs. 1 und 2 und in den §§ 30 und 31 abweichende amtliche Feststellung des Börsenpreises von Waren oder Wertpapieren für einzelne Börsen zuzulassen;
2. eine amtliche Feststellung des Börsenpreises bestimmter Waren allgemein oder für bestimmte Börsen vorzuschreiben;
3. Bestimmungen zu erlassen, um eine Einheitlichkeit der Grundsätze über die den Feststellungen von Warenpreisen zugrunde zu legenden Mengen und über die für die Feststellung der Preise von Wertpapieren maßgebenden Gebräuche herbeizuführen.

Die Befugnis der Landesregierung zu Anordnungen der im Abs. 1 Ziffer 2 und 3 bezeichneten Art wird hierdurch nicht berührt, soweit der Bundesrat von seiner Befugnis keinen Gebrauch gemacht hat. Diese Anordnungen sind dem Reichskanzler zur Kenntnisnahme mitzuteilen.

III. Zulassung von Wertpapieren zum Börsenhandel.

§ 36. Die Zulassung von Wertpapieren zum Börsenhandel erfolgt an jeder Börse durch eine Kommission (Zulassungsstelle), von deren Mitgliedern mindestens die Hälfte aus Personen bestehen muß, die sich nicht berufsmäßig am Börsenhandel mit Wertpapieren beteiligen.

Von der Beratung und Beschlußfassung über die Zulassung eines Wertpapiers zum Börsenhandel sind diejenigen Mitglieder ausgeschlossen, welche an der Einführung dieses Wertpapiers in den Börsenhandel beteiligt sind; für die ausscheidenden Mitglieder sind Stellvertreter nach näherer Bestimmung der Börsenordnung zu berufen.

Die Zulassungsstelle hat die Aufgabe und die Pflicht:

a) die Vorlegung der Urkunden, welche die Grundlage für die zu emittierenden Wertpapiere bilden, zu verlangen und diese Urkunden zu prüfen;

b) dafür zu sorgen, daß das Publikum über alle zur Beurteilung der zu emittierenden Wertpapiere notwendigen tatsächlichen und rechtlichen Verhältnisse soweit als möglich informiert wird, und bei Unvollständigkeit der Angaben die Emission nicht zuzulassen;

c) Emissionen nicht zuzulassen, durch welche erhebliche allgemeine Interessen geschädigt werden oder welche offenbar zu einer Übervorteilung des Publikums führen.

Die Zulassungsstelle darf die Emission ohne Angabe von Gründen ablehnen. Im übrigen werden die Bestimmungen über die Zusammensetzung der Zulassungsstelle sowie über die Zulässigkeit einer Beschwerde gegen deren Entscheidungen durch die Börsenordnungen getroffen. Die Zulassungsstelle ist befugt, zum Börsenhandel zugelassene Wertpapiere von demselben auszuschließen.

§ 37. Wird von der Zulassungsstelle einer Börse der Antrag auf Zulassung von Wertpapieren zum Börsenhandel abgelehnt, so hat die Zulassungsstelle den Vorständen der übrigen deutschen Börsen für Wertpapiere Mitteilung zu machen. Dabei ist anzugeben, ob die Ablehnung mit Rücksicht auf örtliche Verhältnisse oder aus anderen Gründen erfolgt ist. In letzterem Falle darf die Zulassung von einer anderen Börse nur mit Zustimmung derjenigen Stelle erteilt werden, welche die Zulassung abgelehnt hat.

Der Antragsteller hat anzugeben, ob das Gesuch um Zulassung bereits bei einer anderen Börse eingereicht ist oder gleichzeitig eingereicht wird. Ist dies der Fall, so sollen die Wertpapiere nur mit Zustimmung der anderen Zulassungsstelle zugelassen werden.

§ 38. Der Antrag auf Zulassung von Wertpapieren ist von der Zulassungsstelle unter Bezeichnung des Antragstellers, des Betrags sowie der Art der einzuführenden Wertpapiere zu veröffentlichen. Zwischen dieser Veröffentlichung und der Einführung an der Börse muß eine Frist von mindestens sechs Tagen liegen.

Vor der Einführung an der Börse ist ein Prospekt zu veröffentlichen, der die für die Beurteilung der einzuführenden Wertpapiere wesentlichen Angaben enthält. Das gleiche gilt für Konvertierungen und Kapitalserhöhungen. Wird der Antrag gestellt, ein an einer deutschen Börse eingeführtes Wertpapier an einer anderen Börse zuzulassen, so kann die Landesregierung auf Antrag der Zulassungsstelle genehmigen, daß von der Veröffentlichung eines Prospekts abgesehen wird.

§ 39. Deutsche Reichs- und Staatsanleihen sind an jeder Börse zum Börsenhandel zuzulassen. Zum Zwecke der Einführung an der Börse sind dem Börsenvorstande die Merkmale der einzuführenden Wertpapiere mitzuteilen; die Veröffentlichung eines Prospekts ist nicht erforderlich.

§ 40. Für Schuldverschreibungen, deren Verzinsung und Rückzahlung von dem Reiche oder einem Bundesstaate gewährleistet ist, und für Schuldverschreibungen einer kommunalen Körperschaft, der Kreditanstalt einer solchen Körperschaft, einer kommunalständischen Kreditanstalt oder einer unter staaatlicher Aufsicht stehenden Pfandbriefanstalt kann die Landesregierung (§ 1) anordnen, daß es der Einreichung eines Prospekts nicht bedarf. Mit dieser Anordnung gilt die Zulassung zum Börsenhandel als erfolgt.

Zum Zwecke der Einführung an der Börse sind dem Börsenvorstande der Betrag und die Merkmale der einzuführenden Wertpapiere mitzuteilen; bei den Pfandbriefen und gleichartigen Schuldverschreibungen einer kommunalständischen öffentlichen Grundkreditanstalt oder einer unter staatlicher Aufsicht stehenden öffentlichen Pfandbriefanstalt bedarf es der Angabe des Betrags nicht.

§ 41. Die Zulassung von Aktien eines zur Aktiengesellschaft oder zur Kommanditgesellschaft auf Aktien umgewandelten Unternehmens zum Börsenhandel darf vor Ablauf eines Jahres nach Eintragung der Gesellschaft in das Handelsregister und vor der Veröffentlichung der ersten Jahresbilanz nebst Gewinn- und Verlustrechnung nicht erfolgen. In besonderen Fällen kann diese Frist von der Landesregierung (§ 1) ganz oder teilweise erlassen werden.

Die Zulassung von Anteilscheinen oder staatlich nicht garantierten Obligationen ausländischer Erwerbsgesellschaften ist davon abhängig, daß die Emittenten sich auf die Dauer von fünf Jahren verpflichten, die Bilanz sowie die Gewinn- und Verlustrechnung jährlich nach Feststellung derselben in einer oder mehreren von der Zulassungsstelle zu bestimmenden deutschen Zeitungen zu veröffentlichen.

§ 42. Für Wertpapiere, welche zur öffentlichen Zeichnung aufgelegt werden, darf vor beendeter Zuteilung an die Zeichner eine amtliche Feststellung des Preises nicht erfolgen. Vor diesem Zeitpunkte sind Geschäfte von der Benutzung der Börseneinrichtungen ausgeschlossen und dürfen von den Kursmaklern nicht notiert werden. Auch dürfen für solche Geschäfte Preislisten (Kurszettel) nicht veröffentlicht oder in mechanisch hergestellter Vervielfältigung verbreitet werden.

§ 43. Für Wertpapiere, deren Zulassung zum Börsenhandel verweigert oder nicht nachgesucht ist, darf eine amtliche Feststellung des Preises nicht erfolgen. Geschäfte in solchen Wertpapieren sind von der Benutzung der Börseneinrichtungen ausgeschlossen und dürfen von den Kursmaklern nicht vermittelt werden. Auch dürfen für solche an der Börse abgeschlossenen Geschäfte Preislisten (Kurszettel) nicht veröffentlicht oder in mechanisch hergestellter Vervielfältigung verbreitet werden, soweit nicht die Börsenordnung für besondere Fälle Ausnahmen gestattet.

§ 44. Der Bundesrat bestimmt den Mindestbetrag des Grundkapitals, welcher für die Zulassung von Aktien an den einzelnen Börsen maßgebend sein soll, sowie den Mindestbetrag der einzelnen Stücke der zum Handel an der Börse zuzulassenden Wertpapiere.

Weitere Bestimmungen über die Aufgaben der Zulassungsstelle und die Voraussetzungen der Zulassung trifft der Bundesrat.

Die Befugnis der Landesregierung, ergänzende Bestimmungen zu treffen, wird hierdurch nicht berührt; diese Bestimmungen sind dem Reichskanzler mitzuteilen.

§ 45. Sind in einem Prospekt, auf Grund dessen Wertpapiere zum Börsenhandel zugelassen sind, Angaben, welche für die Beurteilung des Wertes erheblich sind, unrichtig, so haften diejenigen, welche den Prospekt erlassen haben, sowie diejenigen, von denen der Erlaß des Prospekts ausgeht, wenn sie die Unrichtigkeit gekannt haben oder ohne grobes Verschulden hätten kennen müssen, als Gesamtschuldner jedem Besitzer eines solchen Wertpapiers für den Schaden, welcher demselben aus der von den gemachten Angaben abweichenden Sachlage erwächst. Das gleiche gilt, wenn der Prospekt infolge der Fortlassung wesentlicher Tatsachen unvollständig ist und diese Unvollständigkeit auf böslichem Verschweigen oder auf der böslichen Unterlassung einer ausreichenden Prüfung seitens derjenigen, welche den Prospekt erlassen haben, oder derjenigen, von denen der Erlaß des Prospekts ausgeht, beruht.

Die Ersatzpflicht wird dadurch nicht ausgeschlossen, daß der Prospekt die Angaben als von einem Dritten herrührend bezeichnet.

§ 46. Die Ersatzpflicht erstreckt sich nur auf diejenigen Stücke, welche auf Grund des Prospekts zugelassen und von dem Besitzer auf Grund eines im Inland abgeschlossenen Geschäfts erworben sind.

Der Ersatzpflichtige kann der Eesatzpflicht dadurch genügen, daß er das Wertpapier gegen Erstattung des von dem Besitzer nachgewiesenen Erwerbspreises oder desjenigen Kurswerts übernimmt, den die Wertpapiere zur Zeit der Einführung hatten.

Die Ersatzpflicht ist ausgeschlossen, wenn der Besitzer des Papiers die Unrichtigkeit oder Unvollständigkeit der Angaben des Prospekts bei dem Erwerbe kannte. Gleiches gilt, wenn der Besitzer des Papiers bei dem Erwerbe die Unrichtigkeit der Angaben des Prospekts bei Anwendung derjenigen Sorgfalt, welche er in eigenen Angelegenheiten beobachtet, kennen mußte, es sei denn, daß die Ersatzpflicht durch bösliches Verhalten begründet ist.

§ 47. Der Ersatzanspruch verjährt in fünf Jahren seit der Zulassung der Wertpapiere.

§ 48. Eine Vereinbarung, durch welche die nach den §§ 45 bis 47 begründete Haftung ermäßigt oder erlassen wird, ist unwirksam.

Weitergehende Ansprüche, welche nach den Vorschriften des bürgerlichen Rechtes auf Grund von Verträgen erhoben werden können, bleiben unberührt.

§ 49. Für die Entscheidung der Ansprüche aus den §§ 45 bis 48 ist ohne Rücksicht auf den Wert des Streitgegenstandes ausschließlich das Landgericht des Ortes zuständig, an dessen Börse die Einführung des Wertpapiers erfolgte. Besteht an diesem Landgericht eine Kammer für Handelssachen, so gehört der Rechtsstreit vor diese. Die Revision sowie die Beschwerde gegen Eentscheidungen des Oberlandesgerichts geht an das Reichsgericht.

IV. Börsenterminhandel.

§ 50. Die Zulassung von Waren oder Wertpapieren zum Börsenterminhandel erfolgt durch den Börsenvorstand nach näherer Bestimmung der Börsenordnung. Der Börsenvorstand ist befugt, die Zulassung zurückzunehmen.

Vor der Zulassung sind die Geschäftsbedingungen für den Börsenterminhandel in den zuzulassenden Waren oder Wertpapieren festzusetzen.

Der Börsenvorstand hat vor der Zulassung von Waren zum Börsenterminhandel in jedem einzelnen Falle Vertreter der beteiligten Erwerbskreise gutachtlich zu hören und das Ergebnis dem Reichskanzler mitzuteilen. Die Zulassung darf erst erfolgen, nachdem der Reichskanzler erklärt hat, daß er zu weiteren Ermittelungen keinen Anlaß finde.

Die Zulassung von Wertpapieren zum Börsenterminhandel darf nur erfolgen, wenn die Gesamtsumme der Stücke, in denen der Börsenterminhandel stattfinden soll, sich nach ihrem Nennwerte mindestens auf zehn Millionen Reichsmark beläuft.

Anteile einer inländischen Erwerbsgesellschaft dürfen nur mit Zustimmung der Gesellschaft zum Börsenterminhandel zugelassen werden. Eine erfolgte Zulassung ist auf Verlangen der Gesellschaft spätestens nach Ablauf eines Jahres von dem Tage an gerechnet, an welchem das Verlangen dem Börsenvorstande gegenüber erklärt worden ist, zurückzunehmen.

Der Bundesrat kann weitere Bestimmungen über die Voraussetzungen der Zulassung treffen.

§ 51. Soweit Börsentermingeschäfte in bestimmten Waren oder Wertpapieren verboten sind oder die Zulassung zum Börsenterminhandel endgültig verweigert oder zurückgenommen worden ist, ist der Börsenterminhandel von der Benutzung der Börseneinrichtungen und der Vermittelung durch die Kursmakler ausgeschlossen. Findet an einer Börse ein Börsenterminhandel nach Geschäftsbedingungen statt, die von den festgesetzten Geschäftsbedingungen (§ 50 Abs. 2) abweichen, oder findet ein Börsenterminhandel in solchen Waren oder Wertpapieren statt, die zum Börsenterminhandel nicht zugelassen sind, so ist er durch Anordnung des Börsenvorstandes von der Benutzung der Börseneinrichtungen und der Vermittelung durch die Kursmakler auszuschließen. Der Börsenvorstand kann den Erlaß der Anordnung aussetzen, wenn Verhandlungen wegen Zulassung der Waren oder Wertpapiere zum Börsenterminhandel schweben. Die Aussetzung darf höchstens auf ein Jahr erfolgen.

Soweit der Börsenterminhandel auf Grund des Abs. 1 von der Benutzung der Börseneinrichtungen und der Vermittelung durch die Kursmakler ausgeschlossen ist, dürfen für Börsentermingeschäfte, sofern sie im Inland abgeschlossen sind, Preislisten (Kurszettel) nicht veröffentlicht oder in mechanisch hergestellter Vervielfältigung verbreitet werden.

§ 52. Ein Börsentermingeschäft, das nicht gegen ein durch dieses Gesetz oder den Bundesrat erlassenes Verbot verstößt, ist nur nach Maßgabe der §§ 53 bis 56 wirksam.

§ 53. Das Geschäft ist verbindlich, wenn auf beiden Seiten als Vertragschließende Kaufleute, die in das Handelsregister eingetragen sind oder deren Eintragung nach § 36 des Handelsgesetzbuchs nicht erforderlich ist, oder eingetragene Genossenschaften beteiligt sind. Personen, deren Gewerbebetrieb über den Umfang des Kleingewerbes nicht hinausgeht, gehören, auch wenn sie in das Handelsregister eingetragen sind, nicht zu den Kaufleuten im Sinne dieser Vorschrift.

Den im Abs. 1 bezeichneten Kaufleuten stehen gleich:

1. Personen, die zur Zeit des Geschäftsabschlusses oder früher berufsmäßig Börsentermingeschäfte oder Bankiergeschäfte betrieben haben oder zum Besuch einer dem Handel mit Waren der bei dem Geschäft in Frage kommenden Art oder einer dem Handel mit Wertpapieren dienenden Börse mit der Befugnis zur Teilnahme am Börsenhandel dauernd zugelassen waren;
2. Personen, die im Inlande zur Zeit des Geschäftsabschlusses weder einen Wohnsitz noch eine gewerbliche Niederlassung haben.

§ 54. Betrifft das Geschäft Wertpapiere und gehört der eine Teil nicht zu den Personen, die nach § 53 Börsentermingeschäfte abschließen können, ist aber der andere Teil ein Kaufmann oder eine Genossenschaft der im § 53 Abs. 1 bezeichneten Art und hat sich dieser Teil für die Erfüllung des Geschäfts eine Sicherheit bestellen lassen, so ist er befugt, aus der Sicherheit Befriedigung zu suchen; auch ist das Geschäft für ihn verbindlich.

Die Sicherheitsleistung hat die im Abs. 1 bezeichneten Wirkungen nur, wenn die Sicherheit aus Geld oder aus Wertpapieren, die einen Kurswert haben, besteht und der Besteller dem anderen Teile gegenüber schriftlich und ausdrücklich erklärt, daß die Sicherheit zur Deckung von Verlusten aus Börsentermingeschäften dienen soll.

Das Schriftstück, in dem die Erklärung abgegeben wird, darf andere Erklärungen des Bestellers der Sicherheit nicht enthalten.

Besteht die Sicherheit aus Wertpapieren, so müssen sie in der Erklärung nach Gattung und nach Zahl oder Nennwert bezeichnet sein.

Eine Erklärung, die diesen Vorschriften nicht entspricht, ist nichtig.

Zur Wahrung der schriftlichen Form genügt die telegraphische Übermittelung. Wird diese Form gewählt, so kann nachträglich die Abgabe einer schriftlichen Erklärung verlangt werden.

Eine Erklärung, durch die eine Änderung der bestellten Sicherheit bewirkt wird, ist insoweit nicht stempelpflichtig, als der bisherige Gesamtnennwert der Sicherheit nicht überschritten wird.

§ 55. Das auf Grund des Geschäfts Geleistete kann nicht deshalb zurückgefordert werden, weil für den Leistenden nach den §§ 52 bis 54 eine Verbindlichkeit nicht bestanden hat.

§ 56. Gegen Forderungen aus Börsentermingeschäften ist eine Aufrechnung auf Grund anderer Börsentermingeschäfte auch dann zulässig, wenn diese Geschäfte nach den §§ 52 bis 54 für den Aufrechnenden eine Forderung nicht begründen.

§ 57. Ein nicht verbotenes Börsentermingeschäft gilt als von Anfang an verbindlich, wenn der eine Teil bei oder nach dem Eintritte der Fälligkeit sich dem anderen Teile gegenüber mit der Bewirkung der vereinbarten Leistung einverstanden erklärt und der andere Teil diese Leistung an ihn bewirkt hat.

§ 58. Gegen Ansprüche aus Börsentermingeschäften in Waren oder Wertpapieren, die zum Börsenterminhandel zugelassen sind (§ 50), kann von demjenigen, für welchen das Geschäft nach den Vorschriften der §§ 53, 54, 57 verbindlich ist, ein Einwand aus den §§ 762 und 764 des Bürgerlichen Gesetzbuchs nicht erhoben werden. Soweit gegen die bezeichneten Ansprüche ein solcher Einwand zulässig bleibt, finden die Vorschriften der §§ 54 und 56 über die Befriedigung aus der Sicherheit und die Zulässigkeit der Aufrechnung entsprechende Anwendung.

§ 59. Die Vorschriften der §§ 52 bis 58 gelten auch für eine Vereinbarung, durch die der eine Teil zum Zwecke der Erfüllung eine Schuld aus einem nicht verbotenen Börsentermingeschäfte dem anderen Teile gegenüber eine Verbindlichkeit eingeht, insbesondere für ein Schuldanerkenntnis.

§ 60. Die Vorschriften der §§ 52 bis 59 finden auch Anwendung auf die Erteilung und Übernahme von Aufträgen sowie auf die Vereinigung zum Zwecke des Abschlusses von nicht verbotenen Börsentermingeschäften.

§ 61. Die Vorschriften der §§ 52 bis 60 finden auch Anwendung, wenn das Geschäft im Auslande geschlossen oder zu erfüllen ist.

§ 62. Bei einem Börsentermingeschäft in Waren kommt der Verkäufer, der nach erfolgter Kündigung eine nicht vertragsmäßige Ware liefert, in Verzug, auch wenn die Lieferungsfrist noch nicht abgelaufen ist.

Eine entgegenstehende Vereinbarung ist nichtig.

§ 63. Börsentermingeschäfte in Anteilen von Bergwerks- und Fabrikunternehmungen sind nur mit Genehmigung des Bundesrats zulässig.

Der Bundesrat kann Börsentermingeschäfte in bestimmten Waren und Wertpapieren verbieten oder die Zulässigkeit von Bedingungen abhängig machen.

§ 64. Durch ein verbotenes Börsentermingeschäft in Anteilen von Bergwerks- oder Fabrikunternehmungen (§ 63 Abs. 1) sowie durch ein Börsentermingeschäft, das gegen ein von dem Bundesrat erlassenes Verbot verstößt (§ 63 Abs. 2), wird eine Verbindlichkeit nicht begründet. Die Unwirksamkeit erstreckt sich auch auf die Bestellung einer Sicherheit.

Das auf Grund des Geschäfts Geleistete kann nicht deshalb zurückgefordert werden, weil nach Abs. 1 Satz 1 eine Verbindlichkeit nicht bestanden hat.

§ 65. Börsentermingeschäfte in Getreide und Erzeugnissen der Getreidemüllerei sind verboten.

§ 66. Durch ein verbotenes Börsentermingeschäft in Getreide oder Erzeugnissen der Getreidemüllerei wird eine Verbindlichkeit nicht begründet. Die Unwirksamkeit erstreckt sich auch auf die Bestellung einer Sicherheit.

Das Recht, das auf Grund des Geschäfts Geleistete deshalb zurückzufordern, weil nach Abs. 1 Satz 1 eine Verbindlichkeit nicht bestanden hat, erlischt mit dem Ablaufe von zwei Jahren seit der Bewirkung der Leistung, es sei denn, daß der zur Rückforderung Berechtigte vor dem Ablaufe der Frist dem Verpflichteten gegenüber schriftlich erklärt hat, daß er die Herausgabe verlange.

§ 67. Die Vorschriften der §§ 50 bis 66 finden keine Anwendung auf den Kauf oder die sonstige Anschaffung von Getreide oder Erzeugnissen der Getreidemüllerei, wenn der Abschluß nach Geschäftsbedingungen erfolgt, die der Bundesrat genehmigt hat, und als Vertragschließende nur beteiligt sind

1. Erzeuger oder Verarbeiter von Waren derselben Art, wie die, welche den Gegenstand des Geschäfts bilden, oder
2. solche Kaufleute oder eingetragene Genossenschaften, zu deren Geschäftsbetriebe der Ankauf, der Verkauf oder die Beleihung von Getreide oder Erzeugnissen der Getreidemüllerei gehört.

In den Geschäftsbedingungen muß festgesetzt sein:

1. daß im Falle des Verzugs der nicht säumige Teil die Annahme der Leistung nicht ablehnen kann, ohne dem säumigen Teile eine angemessene Frist zur Bewirkung der Leistung zu bestimmen;
2. daß nur eine Ware geliefert werden darf, die vor der Erklärung der Lieferungsbereitschaft (Andienung) von beeidigten Sachverständigen untersucht und lieferbar befunden worden ist;
3. daß auch eine nicht vertragsmäßig beschaffene Ware geliefert werden darf, wenn der Minderwert nach der Feststellung der Sachverständigen eine bestimmte Höhe nicht überschreitet und dem Käufer der Minderwert vergütet wird, sowie daß ein von den Sachverständigen festgestellter Mehrwert bis zu einer bestimmten Höhe dem Verkäufer zu vergüten ist.

§ 68. Wird ein auf Lieferung von Getreide oder Erzeugnissen der Getreidemüllerei lautender Vertrag in der Absicht geschlossen, daß der Unterschied zwischen dem vereinbarten Preise und dem Börsen- oder Marktpreise der Lieferungszeit von dem verlierenden Teile an den gewinnenden gezahlt werden soll, so finden die Vorschriften des § 66 auch dann Anwendung, wenn es sich nicht um ein verbotenes Börsentermingeschäft handelt. Dies gilt auch dann, wenn nur die Absicht des einen Teiles auf die Zahlung des Unterschieds gerichtet ist, der andere Teil aber diese Absicht kennt oder kennen muß.

Die Vorschriften der §§ 762, 764 des Bürgerlichen Gesetzbuchs bleiben bei einem auf die Lieferung von

Getreide oder Erzeugnissen der Getreidemüllerei lautenden Vertrag außer Anwendung.

§ 69. Die Vorschriften der §§ 64, 66, 68 gelten auch für eine Vereinbarung, durch die der eine Teil zum Zwecke der Erfüllung einer Schuld aus einem verbotenen Börsentermingeschäft oder einem Geschäfte der im § 68 bezeichneten Art dem anderen Teile gegenüber eine Verbindlichkeit eingeht, insbesondere für ein Schuldanerkenntnis.

§ 70. Die Vorschriften der §§ 64, 66, 68, 69 finden auch Anwendung auf die Erteilung und Übernahme von Aufträgen sowie auf die Vereinigung zum Zwecke des Abschlusses von verbotenen Börsentermingeschäften oder von Geschäften der im § 68 bezeichneten Art.

V. Ordnungsstrafverfahren.

§ 71. Wer ein verbotenes Börsentermingeschäft in Getreide oder Erzeugnissen der Getreidemüllerei schließt, hat, wenn die Zuwiderhandlung vorsätzlich begangen ist, eine Ordnungsstrafe *bis zu zehntausend Mark* verwirkt.[1])

§ 72. Die Verfolgung der nach § 71 strafbaren Handlungen verjährt in drei Jahren von dem Tage an gerechnet, an welchem sie begangen sind. Die Vorschriften der §§ 68, 69 des Strafgesetzbuchs finden entsprechende Anwendung.

§ 73. Für die Verhandlung und Entscheidung über die Festsetzung von Ordnungsstrafen werden durch die

---

[1]) Die Höhe der Geldstrafe richtet sich jetzt nach der im Anhang (S. 606) abgedruckten Verordnung über Vermögensstrafen und Bußen vom 6. Februar 1924.

Landesregierungen bei den Börsen, welche dem Handel mit Getreide oder Erzeugnissen der Getreidemüllerei dienen, Kommissionen gebildet.

Die Landesregierungen können für mehrere Börsen eine gemeinschaftliche Kommission bei einer dieser Börsen bilden.

§ 74. Die Entscheidung der Kommissionen über die Festsetzung von Ordnungsstrafen können von dem Staatskommissar sowie von dem Beschuldigten mit der Berufung angefochten werden. Für die Verhandlung und Entscheidung über die Berufung wird durch den Bundesrat eine Berufungskommission gebildet.

§ 75. Die Kommissionen entscheiden in der Besetzung von fünf Mitgliedern, die Berufungskommission entscheidet in der Besetzung von sieben Mitgliedern, einschließlich der Vorsitzenden. Die Hälfte der Beisitzer muß aus Vertretern des Handels, die andere Hälfte muß aus Vertretern der Landwirtschaft bestehen.

§ 76. Die Vorsitzenden der Kommissionen und der Berufungskommission müssen Reichs- oder Staatsbeamte sein.

Die Bestimmungen über die Berufung der erforderlichen Zahl von Beisitzern für die Kommissionen erläßt die Landesregierung.

Die Bestimmungen über die Berufung der erforderlichen Zahl von Beisitzern für die Berufungskommission erläßt der Bundesrat.

Das Amt der Beisitzer ist ein Ehrenamt. Die Beisitzer erhalten Vergütung der Reisekosten. Die Vorschriften des § 56 des Gerichtsverfassungsgesetzes finden mit der Maßgabe entsprechende Anwendung, daß über die Beschwerde der Vorsitzende der Berufungskommission entscheidet.

§ 77. Zuständig ist die Kommission, die für diejenige Börse gebildet ist, welche für das Geschäft in Betracht kommt.

Ist ungewiß, welche Kommission zuständig ist, so erfolgt die Bestimmung der zuständigen Kommission durch den Vorsitzenden der Berufungskommission.

§ 78. Anzeigen von Zuwiderhandlungen können bei dem Vorsitzenden der Kommission mündlich oder schriftlich angebracht werden.

Die mit der Aufsicht über die Börsen oder mit der Börsenleitung betrauten Organe sind verpflichtet, Handlungen, die zur Festsetzung einer Ordnungsstrafe Anlaß geben können, zur Kenntnis des Vorsitzenden der Kommission zu bringen.

Personen, die der Begehung einer durch dieses Gesetz mit Ordnungsstrafe bedrohten Handlung verdächtig sind, ist auf Antrag des Staatskommissars oder von Amts wegen durch Anordnung des Vorsitzenden die Vorlegung eines Verzeichnisses aufzugeben, in welchem die von ihnen über Getreide oder Erzeugnisse der Getreidemüllerei abgeschlossenen Geschäfte, insoweit sie der unter Tarifnummer 4 b des Reichsstempelgesetzes vom 3. Juni 1906 (Reichs-Gesetzbl. S. 695) angeordneten Abgabe unterliegen, aufzuführen sind. Die Zeit, auf welche das Verzeichnis sich zu erstrecken hat, bestimmt der Vorsitzende. Dem Verzeichnisse sind die aus Anlaß der Geschäfte abgesandten und empfangenen Handelsbriefe in Abschrift oder Urschrift sowie die

Schlußnoten (§ 12 des Reichsstempelgesetzes) beizufügen.

§ 79. Auf das Verfahren finden die Vorschriften des § 11, des § 12 Abs. 1, des § 14, des § 16 Abs. 1 bis 3, 5 sowie der §§ 18 bis 25 entsprechende Anwendung, soweit sich nicht aus den nachfolgenden Vorschriften Abweichungen ergeben.

§ 80. Die Entscheidungen der Kommissionen erfolgen nach Stimmenmehrheit. Die außerhalb der Hauptverhandlung erforderlich werdenden Entscheidungen werden von dem Vorsitzenden erlassen. Die Einstellung des Verfahrens darf nur mit Zustimmung des Staatskommissars erfolgen. Der Vorsitzende kann von allen öffentlichen Behörden Auskunft verlangen und Ermittelungen vornehmen.

§ 81. Auf die Vernehmung von Zeugen und Sachverständigen finden die Vorschriften der §§ 48 bis 64, 66 bis 80, 82 bis 86 der Strafprozeßordnung entsprechende Anwendung.

Die Beeidigung von Zeugen und Sachverständigen darf unterbleiben, wenn der Staatskommissar zustimmt. Sie kann bereits im Vorverfahren erfolgen.

Die Verhängung von Zwangsmaßregeln sowie die Festsetzung von Strafen gegen Zeugen und Sachverständige, welche der Ladung keine Folge leisten oder ihre Aussage oder deren Beeidigung verweigern, erfolgt auf Ersuchen durch das Amtsgericht, in dessen Bezirke die Zeugen oder Sachverständigen ihren Wohnsitz und in Ermangelung eines solchen ihren Aufenthalt haben.

§ 82. Im Laufe des Verfahrens kann die Vorlegung der Handelsbücher eines Beschuldigten angeordnet werden.

Der Beschuldigte kann zur Befolgung der Anordnung durch Ordnungsstrafen angehalten werden; die einzelne Strafe darf den Betrag *von eintausend Mark* nicht übersteigen[1]). Gegen Entscheidungen über die Festsetzung von Ordnungsstrafen findet die Beschwerde statt. Über die Beschwerde entscheidet der Vorsitzende der Berufungskommission.

Die Vorschrift des Abs. 2 findet auch Anwendung, wenn der im § 78 Abs. 3 bezeichneten Anordnung nicht entsprochen wird.

§ 83. Anträgen der Kommissionen, der Berufungskommission sowie der Vorsitzenden sind die Gerichte innerhalb der Grenzen ihrer Zuständigkeit zu entsprechen verpflichtet.

Gegen die Entscheidungen der Gerichte findet die Beschwerde unter entsprechender Anwendung der Vorschriften der Strafprozeßordnung statt.

§ 84. Die Landesregierungen sind befugt, ergänzende Bestimmungen über das Verfahren in erster Instanz zu erlassen; sie können insbesondere auch über die Beitreibung der in die Staatskasse fließenden Ordnungsstrafen und Kosten Bestimmungen treffen.

Für das Verfahren in zweiter Instanz kann der Bundesrat ergänzende Bestimmungen erlassen.

Auf die Beitreibung von Ordnungsstrafen und Kosten finden die Vorschriften des Gesetzes über den Beistand bei Einziehung von Abgaben und Voll-

---

[1]) Siehe Anm. 1 auf S. 347 zu § 71.

streckung von Vermögensstrafen vom 9. Juni 1895 (Reichs-Gesetzbl. S. 256) Anwendung.

§ 85. Eine auf Grund des § 71 festgesetzte Ordnungsstrafe fällt dem Staate zu, dessen Kommission die Entscheidung in erster Instanz erlassen hat. Kosten, die nicht von einem Beschuldigten zu erstatten sind oder die von dem Erstattungspflichtigen nicht beigetrieben werden können, fallen der Staatskasse zur Last.

§ 86. Die Beitreibung der auf Grund des § 71 festgesetzten Ordnungsstrafen verjährt in zwei Jahren von dem Tage an gerechnet, an welchem die Entscheidung rechtskräftig geworden ist. Jede auf Beitreibung der Strafe gerichtete Handlung derjenigen Behörde, welcher die Vollstreckung obliegt, unterbricht die Verjährung.

§ 87. Unbeschadet einer verwirkten Ordnungsstrafe kann das Ehrengericht (§ 10) Börsenbesucher wegen der in dem § 71 bezeichneten Handlungen mit Verweis sowie zeitweiliger oder dauernder Ausschließung von der Börse bestrafen.

VI. Straf- und Schlußbestimmungen[1]).

§ 88. Wer in betrügerischer Absicht auf Täuschung berechnete Mittel anwendet, um auf den Börsen- oder Marktpreis von Waren oder Wertpapieren einzuwirken, wird mit Gefängnis und zugleich mit Geldstrafe *bis zu fünfzehntausend Mark* bestraft. Auch kann auf Verlust der bürgerlichen Ehrenrechte erkannt werden.

---

[1]) Die Höhe der Geldstrafen richtet sich jetzt nach der im Anhang (S. 606) abgedruckten Verordnung über Vermögensstrafen und Bußen vom 6. Februar 1924.

Sind mildernde Umstände vorhanden, so kann ausschließlich auf die Geldstrafe erkannt werden.

Die gleiche Strafe trifft denjenigen, welcher in betrügerischer Absicht wissentlich unrichtige Angaben in Prospekten (§ 38) oder in öffentlichen Kundgebungen macht, durch welche die Zeichnung oder der Ankauf oder Verkauf von Wertpapieren herbeigeführt werden soll.

§ 89. Wer für Mitteilungen in der Presse, durch welche auf den Börsenpreis eingewirkt werden soll, Vorteile gewährt oder verspricht oder sich gewähren oder versprechen läßt, welche in auffälligem Mißverhältnisse zu der Leistung stehen, wird mit Gefängnis bis zu einem Jahre und zugleich mit Geldstrafe *bis zu fünfzehntausend Mark* bestraft.

Die gleiche Strafe trifft denjenigen, der sich für die Unterlassung von Mitteilungen der bezeichneten Art Vorteile gewähren oder versprechen läßt.

Der Versuch ist strafbar.

Sind mildernde Umstände vorhanden, so kann ausschließlich auf die Geldstrafe erkannt werden.

§ 90. Wer wissentlich den Vorschriften der §§ 42, 43 oder des § 51 Abs. 2 zuwider Preislisten (Kurszettel) veröffentlicht oder in mechanisch hergestellter Vervielfältigung verbreitet, wird mit Geldstrafe *bis zu eintausend Mark* oder mit Haft oder mit Gefängnis bis zu sechs Monaten bestraft.

§ 91. Mit Gefängnis und mit Geldstrafe *bis zu zehntausend Mark* wird bestraft, wer aus dem Abschlusse von verbotenen Börsentermingeschäften in Getreide oder Erzeugnissen der Getreidemüllerei ein Gewerbe macht, nachdem er auf Grund des § 71 rechtskräftig zur Zahlung einer Ordnungsstrafe verurteilt worden ist, darauf abermals ein verbotenes Börsentermingeschäft in Getreide oder Erzeugnissen der Getreidemüllerei abgeschlossen hat und deshalb rechtskräftig verurteilt worden ist.

§ 92. Mit Gefängnis unm mit Geldstrafe *bis zu zehntausend Mark* wird bestraft, wer in gewinnsüchtiger Absicht, um den Preis von Getreide oder Erzeugnissen der Getreidemüllerei im Widerspruche mit der durch die allgemeine Marktlage gegebenen Entwicklung zu beeinflussen, verbotene Börsentermingeschäfte oder Geschäfte schließt, die unter die Begriffsbestimmung des § 68 fallen. Sind mildernde Umstände vorhanden, so kann allein auf die Geldstrafe erkannt werden.

§ 93. Auf Personen, die der Begehung der im § 92 bezeichneten strafbaren Handlung verdächtig sind, finden die Vorschriften des § 78 Abs. 3 und des § 82 Abs. 3 Anwendung.

§ 94. Wer gewohnheitsmäßig in gewinnsüchtiger Absicht andere unter Ausbeutung ihrer Unerfahrenheit oder ihres Leichtsinns zu Börsenspekulationsgeschäften verleitet, welche nicht zu ihrem Gewerbebetriebe gehören, wird mit Gefängnis und zugleich mit Geldstrafe *bis zu fünfzehntausend Mark* bestraft. Auch kann auf Verlust der bürgerlichen Ehrenrechte erkannt werden.

§ 95. Ein Kommissionär, welcher, um sich oder einem Dritten einen Vermögensvorteil zu verschaffen,

1. das Vermögen des Kommittenten dadurch beschädigt, daß er hinsichtlich eines abzuschließenden

Geschäfts wider besseres Wissen unrichtigen Rat oder unrichtige Auskunft erteilt, oder

2. bei der Ausführung eines Auftrags oder bei der Abwicklung eines Geschäfts absichtlich zum Nachteile des Kommittenten handelt,

wird mit Gefängnis bestraft. Neben der Gefängnisstrafe kann auf Geldstrafe *bis zu dreitausend Mark* sowie auf Verlust der bürgerlichen Ehrenrechte erkannt werden.

Sind mildernde Umstände vorhanden, so kann ausschließlich auf die Geldstrafe erkannt werden.

Der Versuch ist strafbar in den Fällen der Ziffer 1.

§ 96[1]). Die in dem II. und IV. Abschnitt sowie im § 88 bezüglich der Wertpapiere getroffenen Bestimmungen gelten auch für Wechsel und ausländische Zahlungsmittel.

Als Zahlungsmittel im Sinne des ersten Absatzes gelten außer Geldsorten, Papiergeld, Banknoten und dergleichen auch Auszahlungen, Anweisungen und Schecks.

Die Reichsregierung kann mit Zustimmung des Reichsrats bestimmen, daß, unter welchen Voraussetzungen und für welche Zeitdauer die Vorschriften des § 58 auch auf Börsentermingeschäfte in Wechseln und ausländischen Zahlungsmitteln, die zum Börsenterminhandel nicht zugelassen sind, Anwendung finden.

[1]) Dazu die Verordnung Nr. 32 f S. 380.

32a. Bekanntmachungen betreffend die Feststellung des Börsenpreises von Wertpapieren vom 21. November 1912 und 22. Mai 1925[1]).

Für die Feststellung des Börsenpreises von Wertpapieren sind folgende Grundsätze maßgebend:

§ 1. Die Preise werden nach Prozenten des Nennwerts festgestellt.

Für bestimmt zu bezeichnende Wertpapiere, namentlich für Aktien von Versicherungsgesellschaften, für solche Aktien von Terraingesellschaften, bei welchen im Gesellschaftsvertrage die Zahlung von Dividende ausgeschlossen ist, für Aktien von liquidierenden oder in Konkurs geratenen Gesellschaften, wenn auf die Aktien bereits eine Rückzahlung von Kapital stattgefunden hat, für Genußscheine, für Kuxe, für Lospapiere, sind Ausnahmen zulässig.

§ 2. Bei Wertpapieren, welche gleichzeitig auf die deutsche und auf eine ausländische Währung lauten, wird der Preisfeststellung die deutsche Währung zugrunde gelegt.

Ausnahmen für bestimmt zu bezeichnende Wertpapiere sind zulässig.

§ 3. Für die Umrechnung von Werten, die in ausländischer oder in einer außer Wirksamkeit getretenen inländischen Währung ausgedrückt sind, in die deutsche Währung gelten folgende Umrechnungssätze[2]):

1 Pfund Sterling	. . . . . .	20,40 Mk.
1 Frank, Lira, Peseta, Leu	. . .	0,80 „

---

[1]) RGBl. 1912 S. 537 (Bundesrat), RGBl. 1925 I S. 73 Reichswirtschaftsminister). [2]) Bisher noch nicht berichtigt.

1 österreichischer Gulden (Gold) .	2,00 Mk.
1 österreichischer Gulden (Währung)	1,70 „
1 österreichisch-ungarische Krone .	0,85 „
1 Gulden holländischer Währung .	1,70 „
1 skandinavische Krone	1,125 „
1 alter Gold-Rubel	3,20 „
1 Rubel	2,16 „
1 alter Kredit-Rubel	2,16 „
1 Peso	4,00 „
1 Dollar	4,20 „
7 Gulden süddeutscher Währung .	12,00 „
1 Mark Banko	1,50 „

Ausnahmen für bestimmt zu bezeichnende Wertpapiere sind zulässig.

§ 4. Bei inländischen, auf Reichsmark oder auf Goldmark lautenden festverzinslichen Wertpapieren werden Stückzinsen nach dem Zinsfuß, mit dem das Wertpapier zu verzinsen ist, berechnet. Als auf Goldmark lautende Wertpapiere gelten Wertpapiere, bei denen die Goldmark auf eine Gewichtseinheit des Feingoldes oder auf eine ausländische Währung zurückgeführt ist. Bei Umrechnung der Stückzinsen in Reichswährung ist eine Goldmark einer Reichsmark gleichzusetzen. Bei andern Wertpapieren findet eine Berechnung von Stückzinsen nicht statt.

In geeigneten Fällen sind für bestimmt zu bezeichnende festverzinsliche Wertpapiere, insbesondere für Schuldverschreibungen in Zahlungsstockungen geratener Gesellschaften, Ausnahmen von der Vorschrift des Abs. 1 Satz 1 zulässig.

§ 5. Bei Berechnung der Stückzinsen wird das Jahr

mit 360 Tagen, der Monat mit 30 Tagen angesetzt. Jedoch ist der Monat Februar mit 28, in Schaltjahren mit 29 Tagen anzusetzen, wenn der Endpunkt der Zinsberechnung in den Februar fällt.

§ 6. Bei Berechnung der Stückzinsen wird bei Kassageschäften der Kauftag, bei Zeitgeschäften der Erfüllungstag mitgerechnet.

§ 7. [Aufgehoben.]

§ 8. Aktien inländischer Gesellschaften werden vom zweiten Werktag ab nach dem Tage, an welchem die Generalversammlung den Wert des Gewinnanteilscheins für das abgelaufene Geschäftsjahr festgestellt hat, ohne diesen Gewinnanteilschein gehandelt.

Aktien ausländischer Gesellschaften werden erst dann ohne den Gewinnanteilschein gehandelt, wenn dieser zur Auszahlung gelangt.

Ausnahmen für bestimmt zu bezeichnende Wertpapiere sind zulässig.

§ 9. Die im § 1 Abs. 2, § 2 Abs. 2, § 3 Abs. 2, § 4 Abs. 2, § 8 Abs. 4 vorgesehenen Ausnahmen greifen nur Platz, wenn darüber zwischen den Börsenorganen sämtlicher Börsen, an denen die Wertpapiere zum Handel zugelassen sind, Einverständnis erzielt wird. Die vereinbarten Ausnahmen und der Zeitpunkt, mit dem sie in Kraft treten sollen, sind dem Reichswirtschaftsminister mitzuteilen; sie werden von diesem im Reichsanzeiger bekannt gemacht und erlangen damit für sämtliche deutschen Börsen Wirksamkeit.

§ 10. Aktien, die den bisherigen Bestimmungen gemäß bereits im Jahre 1912 ohne den Gewinnanteilschein für das im Jahre 1912 abgelaufene Geschäftsjahr der Gesellschaft zu handeln waren, sind nach dem 1. Januar 1913 auch dann ohne diesen Gewinnanteilschein zu handeln, wenn die Generalversammlung den Wert des Scheines noch nicht festgestellt hat.

32b. Bekanntmachung über die Feststellung des Börsenpreises von Wertpapieren vom 29. November 1924[1]).

Nach Beschluß des Börsenvorstandes zu Berlin im Einverständnis mit den Börsenvorständen der übrigen deutschen Börsen ist mit Wirkung vom 1. Dezember 1924 ab die Feststellung des Börsenpreises von Wertpapieren nach folgenden Grundsätzen zu notieren:

1. Aktien und sonstige Anteile, deren Kurs noch für Marknennbeträge festgestellt wird, werden in „Reichsmark für 100 Mk. Nennwert", Aktien und sonstige Anteile, deren Kurs bereits für Goldmarknennbeträge festgestellt wird, werden in „Reichsmark für 100 Goldmark" notiert.
2. Festverzinsliche auf Mark lautende Werte werden
   a) bei einem Kurse über 15 Milliarden Prozent bisheriger Notierung in „Reichsmark für 100 Mark Nennwert",
   b) bei einem Kurse unter 15 Milliarden Prozent bisheriger Notierung in „Reichsmark für 1 Million Mark Nennwert" notiert.

---

[1]) Deutscher Reichsanzeiger vom 29. November 1924 (Reichswirtschaftsminister).

[Abs. 2 als Übergangsvorschrift erledigt.]

3. 24er „K“-Schatzanweisungen werden in „Reichsmark für 1 Milliarde Mark Nennwert“ notiert.
4. Festverzinsliche, auf Goldmark lautende Werte werden in „Reichsmark für 100 Goldmark“ notiert.
5. Festverzinsliche auf Sachwert lautende Schuldverschreibungen werden in „Reichsmark für die das Wertpapier maßgebende Gewichtseinheit“ notiert.
6. Österreichische Bankaktien werden in „Reichsmark für das Stück“ notiert.

32c. Bekanntmachung betreffend die Zulassung von Wertpapieren zum Börsenhandel vom 4. Juli 1910[1]).

§ 1. Wertpapiere, die auf einen Geldbetrag gestellt sind, dürfen zum Börsenhandel nur zugelassen werden, wenn von den Stücken, in denen der Börsenhandel stattfinden soll, mindestens vorhanden ist:

bei den Börsen zu Berlin, Frankfurt a. M. und Hamburg ein Gesamtnennwert von 500 000 Reichsmark oder Goldmark, bei den übrigen Börsen ein Gesamtnennwert von 250 000 Reichsmark oder Goldmark.

---

[1]) RGBl. 1910 S. 917 (Bundesrat). Änderung der §§ 1, 12, 16 durch Bekanntmachung vom 5. November 1924 RGBl. 1924 I S. 735 (Reichswirtschaftsminister).

Die Zulassungsstelle kann von diesem Erfordernis absehen,

1. wenn Wertpapiere desselben Ausstellers bereits an der Börse zum Handel zugelassen sind;
2. bei Anteilen einer Gesellschaft, deren Kapital herabgesetzt worden ist, wenn die Anteile der Gesellschaft vor der Herabsetzung an der Börse zum Handel zugelassen waren;
3. bei Anteilen einer Gesellschaft, deren Kapital auf Goldmark umgestellt worden ist, wenn die Anteile der Gesellschaft vor der Umstellung an der Börse zum Handel zugelassen waren und sofern der Gesamtnennwert der Stücke, in denen der Börsenhandel stattfinden soll, bei den Börsen zu Berlin, Frankfurt a. M. und Hamburg mindestens 200 000 Goldmark, bei den übrigen Börsen mindestens 100 000 Goldmark beträgt.

In besonderen Fällen kann die Landesregierung Ausnahmen zulassen; bei den Börsen zu Berlin, Frankfurt a. M. und Hamburg genügt die Genehmigung der Börsenaufsichtsbehörde, wenn sich der Betrag auf nicht weniger als 250 000 Reichsmark oder Goldmark beläuft.

§ 2. Wertpapiere, die nicht auf einen Geldbetrag gestellt sind (Kuxe, Genußscheine usw.), dürfen zum Börsenhandel nur zugelassen werden, wenn von den Stücken, in denen der Börsenhandel stattfinden soll, mindestens 1000 vorhanden sind. In besonderen Fällen kann die Börsenaufsichtsbehörde Ausnahmen zulassen.

§ 3. Anteile einer ausländischen Gesellschaft, die auf weniger als eintausend Mark gestellt sind, dürfen nur mit Genehmigung der Landesregierung zugelassen werden.

§ 4. Die Zulassung hat zur Voraussetzung:

1. daß die Wertpapiere vollgezahlt sind oder ihre Vollzahlung jederzeit zulässig ist; auf Aktien und Interimsscheine von Versicherungsgesellschaften findet diese Vorschrift keine Anwendung;
2. daß der Geldbetrag, auf den sie lauten, in deutscher Währung oder gleichzeitig in dieser und einer anderen Währung angegeben ist;
3. daß die Verpflichtung übernommen wird, die Auszahlung der Zinsen oder Gewinnanteile sowie verloster oder gekündigter Stücke und die Aushändigung neuer Zins- oder Gewinnanteilscheinbogen an einem deutschen Börsenplatze kostenfrei zu bewirken;
4. bei Schuldverschreibungen, daß die Verpflichtung übernommen wird, die Kündigungen und Verlosungen, sowie einmal jährlich Verzeichnisse der früher gekündigten oder verlosten, aber noch nicht eingelösten Stücke (Restantenlisten) in mindestens einer an einem deutschen Börsenplatz erscheinenden Zeitung zu veröffentlichen;
5. bei Aktien inländischer Kreditbanken, daß die Verpflichtung übernommen wird, neben der Jahresbilanz regelmäßig Bilanzübersichten zu veröffentlichen. Für die Zwischenräume, in denen die Aufstellung und die Veröffentlichung zu erfolgen hat, und für das den Übersichten zugrunde

zu legende Muster ist das Abkommen maßgebend, das eine Anzahl von Mitgliedern der Berliner Abrechnungsstelle untereinander und der Berliner Abrechnungsstelle gegenüber mit Zustimmung des Präsidenten des Reichsbankdirektoriums getroffen hat. Die diesem Abkommen entsprechenden Bestimmungen sowie spätere vom Reichskanzler genehmigte Änderungen werden im Reichsanzeiger veröffentlicht, und zwar die Änderungen unter Angabe des Zeitpunkts des Inkrafttretens.

Die Zulassungsstelle kann in geeigneten Fällen von diesen Voraussetzungen absehen. Ausnahmen von der Vorschrift unter Nr. 5 bedürfen der Zustimmung der Landesregierung. Sieht die Zulassungsstelle von der Vorschrift unter Nr. 2 ab, so hat sie den Kurs für die Umrechnung der fremden Währung in deutsche Währung für den Börsenhandel festzusetzen. Ausnahmen von den Vorschriften unter Nr. 1 bis 4 sind dem Staatskommissar unter Angabe der Gründe mitzuteilen.

Die Zulassungsstelle kann die Zulassung von der Erfüllung weiterer Voraussetzungen abhängig machen, die eine Erleichterung des Börsenverkehrs oder der Ausübung der den Erwerbern der Wertpapiere zustehenden Rechte bezwecken oder die hinsichtlich der Wertpapiere zu bewirkende Bekanntmachungen betreffen.

Werden die bei der Zulassung von Wertpapieren übernommenen Verpflichtungen (Abs. 1 Nr. 3 bis 5, Abs. 3) nicht erfüllt, so kann die Zulassungsstelle die Wertpapiere vom Börsenhandel ausschließen.

§ 5. Der Antrag auf Zulassung von Wertpapieren

zum Börsenhandel muß von einer an der Börse vertretenen öffentlichen Bankanstalt, Privatbank oder Bankfirma gestellt werden.

Der Antrag ist bei der Zulassungsstelle schriftlich einzureichen; er muß Betrag und Art der einzuführenden Wertpapiere bezeichnen (§ 38 Abs. 1 des Börsengesetzes).

Dem Antrag sind die im § 9 bezeichneten Nachweise und der Prospekt beizufügen. Der Prospekt ist von denjenigen, welche ihn erlassen, zu unterzeichnen; zu diesen muß der Antragsteller gehören. Die Unterschrift des Antragstellers kann unter eine Nachschrift gesetzt werden.

Die Landesregierung kann anordnen, daß die Vorschrift des Abs. 1 auf bestimmte Arten von inländischen Wertpapieren nicht zur Anwendung kommen soll. In Einzelfällen kann die Zulassungsstelle Ausnahmen zulassen. Der Beschluß der Zulassungsstelle ist dem Staatskommissar mitzuteilen.

§ 6. Der Prospekt muß angeben:

1. das Gemeinwesen, die Gesellschaft oder Person, deren Werte zugelassen werden sollen;
2. den für den Ertrag der Emission vorgesehenen besonderen Verwendungszweck;
3. den Nennbetrag der zugelassenen Werte, und zwar sowohl den Betrag, der bereits vorhanden ist, wie den Betrag, der erst später ausgegeben werden soll, und den Zeitpunkt, zu dem die Ausgabe voraussichtlich erfolgen wird;
4. die Merkmale (Betrag, Reihen, Nummern) der Stücke, ob die Stücke auf den Inhaber, an Order

oder auf Namen lauten und ob den Stücken Zins- oder Gewinnanteilscheine beigegeben werden; auf die Angabe der Nummern kann verzichtet werden, wenn die Beschaffung unverhältnismäßig schwierig ist;

5. die Bestimmungen über Kündbarkeit oder Unkündbarkeit sowie über die Tilgung der Werte;
6. die Art der Sicherstellung für Kapital, Zinsen oder Gewinnanteile und die Umstände, die für die Beurteilung der Sicherstellung von Bedeutung sind;
7. die Vorzugsrechte, die den Werten vor früher ausgegebenen Werten, oder diesen vor jenen zustehen (bevorrechtigte Forderungen, Vorzugsaktien usw.);
8. die bei Zins-, Gewinnanteil- oder Kapitalzahlungen erfolgenden Abzüge oder Beschränkungen;
9. den Zinssatz sowie die Plätze und die Termine, an denen die Zinsen oder Gewinnanteile und die Kapitalbeträge zahlbar sind;
10. die Verjährungsfristen für die Ansprüche auf Zinsen oder Gewinnanteile und auf die Kapitalbeträge; bei inländischen Wertpapieren sind diese Angaben nur erforderlich, insoweit Abweichungen von den gesetzlichen Vorschriften vorgesehen sind;
11. den gemäß § 4 Abs. 2 Satz 3 festgesetzten Umrechnungskurs.

§ 7. Außerdem muß der Prospekt enthalten:

A. bei Schuldverschreibungen eines ausländischen

Staates, einer ausländischen kommunalen Körperschaft oder kommunalen Kreditanstalt:

1. eine Übersicht über den letzten (ordentlichen und außerordentlichen) Haushaltsetat oder die Angabe, daß ein Etat nicht veröffentlicht wird;
2. eine Übersicht über die wesentlichen Ergebnisse der drei letzten Jahreshaushaltsabschlüsse des Gemeinwesens;
3. eine Übersicht über den Schuldenbestand des Gemeinwesens;
4. sofern die Verbindlichkeiten, die das Gemeinwesen innerhalb der letzten zehn Jahre aus Anleihen nach Maßgabe der öffentlichen Anleihebedingungen durch Zins- oder Kapitalzahlung zu erfüllen hatte, bisher unerledigt geblieben sind, die Mitteilung der darauf bezüglichen Umstände;

B. bei Wertpapieren (Anteilen, Schuldverschreibungen, Genußscheinen) eines gewerblichen Unternehmens:

1. die Bezeichnung des Zweckes und des Umfanges des Unternehmens;
2. Angaben über eine dem Unternehmen erteilte Konzession (Privileg), deren Dauer und die das Unternehmen besonders belastenden Konzessionsbedingungen;
3. Angaben über Rechte eines Dritten, das Unternehmen zu erwerben;
4. Angaben über die innerhalb der letzten drei Jahre eingetretenen Bau- oder Betriebsstörun-

gen, durch welche die Ertragsfähigkeit des Unternehmens für längere Zeit wesentlich beeinträchtigt worden ist;

5. Angaben über die Befugnisse, die den Inhabern der Schuldverschreibungen gegenüber dem Aussteller eingeräumt sind;

C. bei Grundkredit-Obligationen und Pfandbriefen:

1. die Angabe der Bestände an zur Deckung der Schuldverschreibungen bestimmten Hypotheken, Grundschulden, Forderungen und Wertpapieren sowie des Gesamtbetrags der im Umlauf befindlichen Schuldverschreibungen nach ihrem Nennwert für den Schluß des letzten Kalendervierteljahrs;
2. die Angabe der wesentlichen Grundsätze, nach denen die Ermittelung des Wertes und die Beleihung der Pfandgegenstände erfolgt;
3. die Angabe des Betrags, bis zu dem Schuldverschreibungen und Pfandbriefe im Verhältnis zum Grundkapital und zu den Hypotheken ausgegeben werden dürfen;
4. die Angabe der wesentlichen Befugnisse, die den Inhabern der Schuldverschreibungen gegenüber dem Aussteller eingeräumt sind (Bestellung eines Pfandhalters, Faustpfandrechte und dergleichen);
5. die Angabe der dem Staate, der Gemeinde usw. zustehenden Aufsichtsbefugnisse.

Bei den Hypothekenpfandbriefen deutscher Hypothekenbanken (Hypothekenbankgesetz vom

13. Juli 1899, RGBl. S. 375) bedarf es der unter Nr. 2 bis 5 vorgeschriebenen Angaben nicht.

§ 8. Bei Wertpapieren einer Aktiengesellschaft oder Kommanditgesellschaft auf Aktien muß der Prospekt außer den durch §§ 6, 7 erforderten Angaben enthalten eine Angabe über:

1. den Gegenstand des Unternehmens;
2. die Höhe des Grundkapitals;
3. die Namen der Mitglieder des Aufsichtsrats und des Vorstandes;
4. die Art, wie die von der Gesellschaft ausgehenden Bekanntmachungen erfolgen;
5. das Geschäftsjahr der Gesellschaft;
6. die Bestimmungen über die Verteilung des Gewinns;
7. die zugunsten einzelner Aktionäre bedungenen besonderen Vorteile, soweit sie in fortlaufenden Bezügen oder in der Rückzahlung der Aktien bestehen;
8. wenn noch nicht zwei volle Jahre seit Eintragung der Gesellschaft in das Handelsregister verflossen sind: die zugunsten einzelner Aktionäre bedungenen, nicht unter Nr. 7 fallenden besonderen Vorteile; die von der Gesellschaft übernommenen vorhandenen oder herzustellenden Anlagen oder sonstigen Vermögensstücke; die von Aktionären auf das Grundkapital gemachten Einlagen, die nicht durch Barzahlung zu leisten sind; der Gesamtaufwand, der zu Lasten der Gesellschaft an Aktionäre oder andere als Entschädi-

gung oder Belohnung für die Gründung oder deren Vorbereitung gewährt ist;

9. die in den letzten fünf Jahren verteilten Gewinnanteile;

10. die Bilanz des letzten Geschäftsjahrs nebst Gewinn- und Verlustrechnung oder, wenn die Bilanz des letzten Geschäftsjahrs noch nicht genehmigt ist, nach Wahl der Zulassungsstelle die Bilanz des vorletzten Geschäftsjahrs, ergänzt durch Angaben über den voraussichtlichen Abschluß des letzten Geschäftsjahrs oder die von den Verwaltungsorganen aufgestellte Bilanz des letzten Geschäftsjahrs. Ist das erste Geschäftsjahr der Gesellschaft noch nicht abgelaufen, so genügt eine Gegenüberstellung der Vermögensstücke und Verbindlichkeiten;

11. die Höhe der Hypothekenschulden und Anleihen, deren Fälligkeit und Tilgungsart. Die Zulassungsstelle kann gestatten, daß diese Angaben kurz zusammengefaßt werden;

12. die Bezugsrechte der ersten Zeichner und anderer Personen;

13. die Bestimmungen des Gesellschaftsvertrags über die Art der Bestellung und Zusammensetzung des Aufsichtsrats und des Vorstandes, über die Art, wie die Berufung der Generalversammlung der Aktionäre geschieht, über die Aufstellung der Bilanz, die Ansammlung von Reservefonds, das Stimmrecht und die Bezugsrechte der Aktionäre. Bei Wertpapieren inländischer Gesellschaften genügt die Angabe derjenigen Abweichungen

von den gesetzlichen Vorschriften, welche für die Erwerber der Wertpapiere von Interesse sind.

Die Vorschriften des Abs. 1 finden bei Wertpapieren anderer Gesellschaften entsprechende Anwendung.

§ 9. Es sind beizugeben:

1. jedem Zulassungsantrag ein Nachweis über den Rechtstitel (Gesetz, staatliche Genehmigung, Gesellschaftsvertrag, Gesellschaftsbeschluß usw.), auf dem die Berechtigung zur Ausgabe der Wertpapiere beruht, sowie über das Verhältnis zu früher ausgegebenen Werten (§ 6 Nr. 7);
2. dem Antrag auf Zulassung der Anleihe eines ausländischen Staates, einer ausländischen kommunalen Körperschaft oder kommunalen Kreditanstalt: der Nachweis, daß die durch § 7A unter Nr. 1 bis 3 erforderten Übersichten auf amtlichen Feststellungen beruhen;
3. dem Antrag auf Zulassung der Werte eines Unternehmens, das auf einer Konzession beruht: die Konzessionsurkunde oder ein Auszug, der die im § 7 B unter Nr. 2 erforderten Angaben nachweist;
4. dem Antrag auf Zulassung von Wertpapieren einer Gesellschaft (§ 8):
   a) der Nachweis über die Eintragung in das Handelsregister,
   b) der Gesellschaftsvertrag,
   c) die Geschäftsberichte der letzten drei Jahre,
   d) bei inländischen Gesellschaften, wenn noch nicht zwei volle Jahre seit der Eintragung in das Handelsregister verflossen sind, der

gemäß § 193 des Handelsgesetzbuchs von besonderen Revisoren erstattete Bericht.

Die Beweisstücke sind in einer Form vorzulegen, die nach dem Ermessen der Zulassungsstelle den Inhalt glaubhaft ergibt. Beweisstücken, die nicht in deutscher, englischer oder französischer Sprache abgefaßt sind, ist eine beglaubigte Übersetzung beizufügen.

§ 10. Bei Schuldverschreibungen eines ausländischen Staates kann ausnahmsweise von den im § 7A unter Nr. 1 bis 3 geforderten Angaben abgesehen werden, wenn die Finanzverhältnisse des Staates so klar liegen und so allgemein bekannt sind, daß es einer weiteren Information des Publikums im Sinne des § 36 Abs. 3b des Börsengesetzes nicht bedarf. Das gleiche gilt bei Schuldverschreibungen einer ausländischen kommunalen Körperschaft oder kommunalen Kreditanstalt, wenn die Verzinsung und Rückzahlung von einem solchen Staate gewährleistet ist. Von den im § 7 A unter Nr. 2, 3 geforderten Angaben kann ausnahmsweise auch dann abgesehen werden, wenn die Angaben für den Staat nach Lage der Verhältnisse nicht zu beschaffen sind.

Ist die Verzinsung und Rückzahlung von Schuldverschreibungen von dem Reiche, einem Bundesstaat, einem ausländischen Staate, auf den die im Abs. 1 Satz 1 bezeichnete Voraussetzung zutrifft, oder einer inländischen kommunalen Körperschaft gewährleistet, so kann von den nach § 7 B unter Nr. 2 bis 4, § 8 unter Nr. 3 bis 8, 10 und § 9 unter Nr. 3, 4 erforderlichen Angaben und Nachweisen ausnahmsweise abgesehen werden.

Treffen auf einen ausländischen Staat die im § 7 A unter Nr. 4 bezeichneten Voraussetzungen zu, so ist die Bewilligung von Ausnahmen unzulässig.

Die bewilligten Ausnahmen sind dem Staatskommissar unter Angabe der Gründe mitzuteilen.

§ 11. Sind bereits Wertpapiere desselben Ausstellers an der Börse zugelassen, so kann die Zulassungsstelle gestatten, daß in dem Prospekt über die neu einzuführenden Wertpapiere auf den früher veröffentlichten Prospekt verwiesen wird. Sie kann ferner gestatten, daß bei der Einführung von Schuldverschreibungen, die bereits an der Börse zugelassen waren und bei denen lediglich eine Veränderung des Zinsfußes stattgefunden hat, in dem Prospekte nur die seit der ersten Zulassung der Anleihe eingetretenen Änderungen angegeben werden.

§ 12. Entspricht der Zulassungsantrag den Vorschriften des § 9, so verfügt die Zulassungsstelle die Veröffentlichung.

Die Veröffentlichung erfolgt auf Kosten des Antragstellers durch Börsenaushang sowie im Reichsanzeiger und in mindestens einer anderen von der Zulassungsstelle bestimmten inländischen Zeitung.

Die Zulassung darf erst erfolgen, wenn seit der Veröffentlichung in der von der Zulassungsstelle bestimmten Zeitung drei Tage verstrichen sind.

§ 13. Die Zulassungsstelle prüft, ob der Prospekt die vorgeschriebenen Angaben enthält. Ergeben sich Anstände, so fordert sie den Antragsteller zur Beseitigung auf.

Sie bestimmt ferner nach Maßgabe des § 36 Abs. 3a, b des Börsengesetzes, welche Urkunden ihr noch zur Prüfung vorzulegen und welche Angaben noch in dem Prospekt aufzunehmen sind.

Angaben, die in diesen Bestimmungen nicht vorgeschrieben sind und von der Zulassungsstelle nicht für nötig angesehen werden, sind zu streichen.

Die Landesregierung kann die Zulassungsstelle anweisen, bei Anträgen auf Zulassung von Wertpapieren die Aufnahme von Angaben in den Prospekt und die Vorlage von Beweisstücken dann nicht zu fordern, wenn die Geheimhaltung im Interesse der Landesverteidigung liegt.

§ 14. Der Antrag ist abzulehnen:

1. wenn die auf Grund des § 36 Abs. 3 a, b des Börsengesetzes oder dieser Bestimmungen von der Zulassungsstelle verlangten Urkunden und Angaben nicht beigebracht werden;
2. wenn der Zulassung Bedenken örtlicher Natur oder wichtige wirtschaftliche Bedenken entgegenstehen oder wenn der Zulassungsstelle Umstände bekannt sind, die eine erhebliche Benachteiligung der Erwerber der Wertpapiere oder eine Gefährdung erheblicher allgemeiner Interessen befürchten lassen.

§ 15. Der Zulassungsbeschluß ist durch dreitägigen Aushang in der Börse zu veröffentlichen.

Die Beweisstücke (§ 9) sind von der Veröffentlichung des Zulassungsbeschlusses an bis zur Einführung an der Börse öffentlich auszulegen.

§ 16. Der von der Zulassungsstelle genehmigte Prospekt ist von dem Antragsteller in denselben Zeitungen zu veröffentlichen, in denen der Antrag veröffentlicht worden ist.

§ 17. Die Wertpapiere dürfen frühestens am dritten Werktag nach dem Tage des Zulassungsbeschlusses und nach dem Tage, an dem der Prospekt zuerst veröffentlicht worden ist, an der Börse eingeführt werden.

32d. Schema der Zweimonatsbilanzen[1]).

Aktiva.

1. Nicht eingezahltes Aktienkapital . . . .
2. Kasse, fremde Geldsorten und Kupons . .
3. Guthaben bei Noten- und Abrechnungs- (Clearing-)Banken . . . .
4. Wechsel und unverzinsliche Schatzanweisungen:
   a) Wechsel (mit Ausschluß von b, c und d) und unverzinsliche Schatzanweisungen des Reichs und der Bundesstaaten . .
   b) eigene Akzepte . . . .
   c) eigene Ziehungen . . . .
   d) Solawechsel der Kunden an die Order der Bank . . . .
5. Nostroguthaben bei Banken und Bankfirmen . . . .

---

[1]) Vereinbart auf Grund der Bekanntmachungen über die Feststellung des Börsenpreises — oben Nr. 32a — § 4 Abs. 1 Ziff. 5.

6. Reports und Lombards gegen börsengängige Wertpapiere . . . .
7. Vorschüsse auf Waren und Warenverschiffungen, davon am Bilanztage gedeckt:
   a) durch Waren, Fracht- oder Lagerscheine (vor der Linie) . . . .
   b) durch andere Sicherheiten (vor der Linie)
8. Eigene Wertpapiere:
   a) Anleihen und verzinsliche Schatzanweisungen des Reichs und der Bundesstaaten . . . .
   b) sonstige bei der Reichsbank und andern Zentralnotenbanken beleihbare Wertpapiere . . . .
   c) sonstige börsengängige Wertpapiere . .
   d) sonstige Wertpapiere . . . .
9. Konsortialbeteiligungen . . . .
10. Dauernde Beteiligungen bei andern Banken und Bankfirmen . . . .
11. Debitoren in laufender Rechnung:
   a) gedeckte . . . .
   b) ungedeckte . . . .

   Außerdem:

   Aval- und Bürgschaftsdebitoren (vor der Linie) . . . .
12. Bankgebäude . . . .
13. Sonstige Immobilien . . . .
14. Sonstige Aktiva . . . .

Summe der Aktiva

Passiva.

1. Aktienkapital . . . .
2. Reserven . . . .
3. Kreditoren . . . .
   a) Nostroverpflichtungen . . . .
   b) seitens der Kundschaft bei Dritten benutzte Kredite . . . .
   c) Guthaben deutscher Banken und Bankfirmen . . . .
   d) Einlagen auf provisionsfreier Rechnung . . . .
      1. innerhalb sieben Tagen fällig . .
      2. darüber hinaus bis zu drei Monaten fällig . . . .
      3. nach drei Monaten fällig . . . .
   e) sonstige Kreditoren . . . .
      1. innerhalb sieben Tagen fällig . .
      2. darüber hinaus bis zu drei Monaten fällig . . . .
      3. nach drei Monaten fällig . . . .
4. Akzepte und Schecks . . . .
   a) Akzepte . . . .
   b) noch nicht eingelöste Schecks . . . . .

Außerdem:

Aval- und Bürgschaftsverpflichtungen (vor der Linie) . . . .

Eigene Ziehungen (vor der Linie) . . . .

Davon für Rechnung Dritter (vor der Linie) . . . .

Weiterbegebene Solawechsel der Kunden an die Order der Bank (vor der Linie) .

5. Sonstige Passiva . . . .

Summe der Passiva

32e. Zum Börsenterminhandel zugelassene Aktien und Anteile von Bergwerks- und Fabrikunternehmungen[1]).

1. Aktien der Actien-Gesellschaft für Anilin-Fabrikation in Berlin,
2. Aktien der Badischen Anilin- und Soda-Fabrik in Ludwigshafen a. Rh.,
3. Aktien der Bergmann-Elektrizitäts-Werke Aktiengesellschaft in Berlin,
4. Aktien der Berliner Maschinenbau-Actien-Gesellschaft vorm. L. Schwartzkopff in Berlin,
5. Aktien der Chemischen Fabrik Griesheim Elektron in Frankfurt a. M.,
6. Aktien der Continental-Caoutchouc- und Gutta-Percha-Compagnie in Hannover,
7. Aktien der Deutschen Continental-Gas-Gesellschaft in Dessau,
8. Aktien der Deutschen Erdöl-Aktiengesellschaft in Berlin,
9. Aktien der Deutschen Maschinenfabrik Aktiengesellschaft in Berlin,

[1]) RGBl. 1925 I S. 388. (Reichsrat). Zusätze: RGBl. 1926 I S. 156, 194, 257, 423, 481, 1927 I S. 32. Die Veränderungen durch Fusionen usw. sind in dem amtlichen Text nicht berücksichtigt.

10. Aktien der Dynamit-Actien-Gesellschaft vormals Alfred Nobel und Co. in Hamburg,
11. Aktien der Eisen- und Stahlwerk Hoesch Aktiengesellschaft in Dortmund,
12. Aktien der Farbenfabriken vorm. Friedr. Bayer und Co. in Leverkusen bei Köln a. Rh.,
13. Aktien der Farbwerke vorm. Meister Lucius und Brüning in Höchst a. M.,
14. Aktien der Ilse Bergbau-Actiengesellschaft in Grube Ilse bei Senftenberg, N.-L.,
15. Aktien des Köln-Neuessener Bergwerksverein in Essen-Altenessen,
16. Aktien der Köln-Rottweil-Aktiengesellschaft in Berlin,
17. Aktien der Linke-Hofmann-Lauchhammer Aktiengesellschaft in Berlin,
18. Aktien der Mannesmannröhren-Werke in Düsseldorf,
19. Aktien der Oberschlesischen Kokswerke und Chemische Fabriken Aktien-Gesellschaft in Berlin,
20. Aktien der Rheinischen Aktiengesellschaft für Braunkohlenbergbau und Briketfabrikation in Köln a. Rh.,
21. Aktien der Rütgerswerke-Aktiengesellschaft in Berlin und
22. Aktienanteile der Otavi Minen- und Eisenbahn-Gesellschaft in Berlin.
23. Aktien der Schultheiß-Patzenhofer Brauerei-Aktiengesellschaft in Berlin,
24. Aktien der C. A. F. Kahlbaum, Aktiengesellschaft in Berlin,

25. Aktien der Ostwerke Aktiengesellschaft in Berlin,
26. Aktien der Buderusschen Eisenwerke in Wetzlar,
27. Aktien der Nationalen Automobil-Gesellschaft, Aktiengesellschaft in Berlin,
28. Aktien der Daimler-Motoren-Gesellschaft in Berlin,
29. Aktien der Klöckner-Werke, Aktiengesellschaft in Berlin,
30. Aktien der Ludw. Loewe & Co., Aktiengesellschaft in Berlin,
31. Aktien der Leonhard Tietz, Aktiengesellschaft in Köln,
32. Aktien der A. Riebeckschen Montanwerke, Aktiengesellschaft in Halle (Saale),
33. Aktien der Consolidierten Alkaliwerke in Westeregeln,
34. Aktien der Kaliwerke Salzdetfurth, Aktiengesellschaft zu Bad Salzdetfurth,
35. Aktien der Kaliwerke Aschersleben, Aktiengesellschaft in Aschersleben,
36. Aktien der Mansfeld Aktiengesellschaft für Bergbau und Hüttenbetrieb in Eisleben,
37. Aktien der Metallbank und Metallurgischen Gesellschaft, Aktiengesellschaft in Frankfurt (Main),
38. Aktien der Metallgesellschaft in Frankfurt (Main),
39. Aktien der Deutschen Gold- und Silber-Scheideanstalt, vormals Roeßler, in Frankfurt (Main),
40. Aktien der Aktiengesellschaft für Zellstoff- und Papierfabrikation in Aschaffenburg,
41. Aktien der Felten & Guilleaume Carlswerk Actien-Gesellschaft in Köln-Mülheim,

42. Aktien der Rudolph Karstadt-Aktiengesellschaft in Hamburg,
43. Aktien der Elektrizitäts-Lieferungs-Gesellschaft in Berlin,
44. Aktien der Zellstofffabrik Waldhof in Mannheim,
45. Aktien der Portland-Cementwerke Heidelberg-Mannheim-Stuttgart, Aktiengesellschaft in Heidelberg,
46. Aktien der Hamburgischen Elektrizitäts-Werke Aktiengesellschaft, Hamburg,
47. Aktien der Philipp Holzmann Aktiengesellschaft in Frankfurt a. M.,
48. Aktien der Vereinigten Stahlwerke Aktiengesellschaft in Düsseldorf,
49. Aktien der Th. Goldschmidt Aktiengesellschaft in Essen,
50. Aktien der Rheinischen Elektrizitäts-Aktiengesellschaft in Mannheim,
51. Aktien der Schlesischen Elektrizitäts- und Gas-Aktien-Gesellschaft in Breslau,
52. Aktien der Essener Steinkohlenbergwerke Aktiengesellschaft in Essen (Ruhr),
53. Aktien der Vereinigten Glanzstoff-Fabriken, Aktiengesellschaft in Elberfeld.

---

32 f. Verordnung des Reichswirtschaftsministers über Börsentermingeschäfte in Wechseln und ausländischen Zahlungsmitteln vom 7. März 1925[1]).

§ 1. Die Vorschriften des § 58 des Börsengesetzes vom 22. Juni 1896 in der Fassung der Bekanntmachung

[1]) RGBl 1925 I S. 20.

vom 27. Mai 1908 (Reichsgesetzbl. S. 215) finden auf Börsentermingeschäfte in Wechseln und ausländischen Zahlungsmitteln, die zum Börsenterminhandel nicht zugelassen sind, Anwendung. *Die Vorschrift des § 3 der Devisenordnung vom 8. November 1924 (Reichsgesetzbl. I S. 729) bleibt unberührt*[1]).

§ 2. Die Vorschriften dieser Verordnung finden auf die seit dem 1. Januar 1924 abgeschlossenen Börsentermingeschäfte mit der Maßgabe Anwendung, daß das bisherige Recht maßgebend bleibt, soweit zur Zeit des Inkrafttretens dieser Verordnung Ansprüche aus einem solchen Geschäfte durch Erfüllung oder in sonstiger Weise erloschen sind oder über sie rechtskräftig entschieden ist.

32g. Bekanntmachung über die Geschäftsbedingungen der Produktenbörse zu Berlin für den Zeithandel in Getreide und Mehl vom 29. Mai 1908.[2])

Auf Grund des § 67 des Börsengesetzes hat der Bundesrat beschlossen, die nachstehenden Geschäftsbedingungen der Produktenbörse zu Berlin für den Kauf oder die sonstige Anschaffung von Weizen, Roggen, Hafer oder Mais in Mengen von 30 Tonnen oder einem Vielfachen davon — die Tonne zu 1000 Kilo-

---

[1]) Weggefallen durch Aufhebung der Devisenordnung.

[2]) RGBl. S. 240 (Bundesrat) abgeändert durch Bek. vom 4. Juni 1910 RGBl. 1910 S 875, vom 14. Oktober 1913 RGBl. 1913 S. 732 und Vo. des Reichswirtschaftsministers vom 5. Nov. 1924 RGBl. 1924 I S. 736. Für Hamburg Vo. vom 26. März 1927 RGBl I S. 79.

gramm — oder von Roggenmehl in Mengen von 150 Sack oder einem Vielfachen davon — der Sack zu 100 Kilogramm brutto — mit der Maßgabe zu genehmigen, daß es den Vertragschließenden gestattet ist, Vereinbarungen über die in diesen Bedingungen nicht geregelten Punkte zu treffen:

I. Zu liefern ist:

1. bei Weizen: gesunder, trockener und für Müllereizwecke gut verwendbarer Weizen, mit einem Normalgewichte von 755 Gramm für das Liter. Von der Lieferung ausgeschlossen sind: Rauhweizen, Kubanka und andere ausländische Hart-(Grieß-)Weizen, ferner künstliche Mischungen von weißem und rotem (gelbem) Weizen;
2. bei Roggen: guter, gesunder, trockener Roggen, frei von Darrgeruch mit einem Normalgewichte von 712 Gramm für das Liter;
3. bei Hafer: guter, trockener Hafer mit einem Normalgewicht von 450 Gramm für das Liter. Der Hafer muß einen gesunden, natürlichen Geruch haben, auch frei von Darrgeruch sein; er darf in auffälliger Weise weder mit anderen Getreidearten noch mit Rade, Wicken oder Unkrautsamen vermengt sein;
4. bei Mais: guter, gesunder Mais;
5. bei Roggenmehl: gutes, gesundes Roggenmehl nach den von Sachverständigen, die für Mehl von der Handelskammer zu Berlin öffentlich angestellt und beeidigt sind, festgestellten Typen. Das Mehl ist in guten, dichten, ungezeichneten Säcken, die 74 bis 80 Zentimeter breit und 116 bis 125 Zenti-

meter lang sind, zu liefern. Die Säcke sind mit Plomben zu versehen, auf denen die Firma der Mühle, die das Mehl hergestellt hat, und die Bezeichnung deutlich ausgeprägt ist.

II. Die Lieferung hat innerhalb des von den Parteien vereinbarten Monats nach Wahl des Verkäufers zu erfolgen.

III. Erfüllungsort Berlin. Der Käufer kann vom Kahne oder vom Speicher, bei Roggenmehl nur vom Speicher liefern.

Die Namen der Speicher, von denen geliefert werden kann, sind durch Beschluß des Börsenvorstandes, Abteilung Produktenbörse, festzustellen und durch Anschlag im Börsengebäude bekanntzumachen.

Bei Lieferung vom Kahne muß der Kahn innerhalb der Weichbildgrenze des alten Berlin (Verwaltungsbezirke Berlin-Mitte, Tiergarten, Wedding, Prenzlauer Tor, Friedrichshain, Hallesches Tor (vgl. Gesetz über die Bildung einer neuen Stadtgemeinde Berlin vom 27. April 1920, Preuß. Gesetzsamml. S. 123) oder an einem zugelassenen Speicher liegen.

IV. Es darf nur eine Ware geliefert werden, die vor der Erklärung der Lieferungsbereitschaft (Andienung), frühestens aber an dem der Andienung vorhergehenden Werktage von drei von der Handelskammer zu Berlin für die in Frage kommenden Waren öffentlich angestellten und beeidigten Sachverständigen untersucht und als lieferbar befunden worden ist.

Bei der Untersuchung der Ware und Festsetzung eines Mehr- oder Minderwerts sind bei Weizen, Roggen, Hafer oder Mais Beschaffenheit und Naturalgewicht, bei Roggenmehl Beschaffenheit des Mehles und Beschaffenheit der Säcke zu berücksichtigen.

Ergibt sich bei Weizen, Roggen, Hafer oder Mais auf Grund dieser Untersuchung ein Mehr- oder Minderwert bis zu 3 Reichsmark für die Tonne, so ist der Käufer zur Abnahme unter Vergütung des Mehrwerts oder Abzug des Minderwerts verpflichtet. Ein Mehrwert über 3 Reichsmark für die Tonne ist nicht zu vergüten. Bei einem Minderwerte von mehr als 3 Reichsmark für die Tonne ist die Ware nicht lieferbar.

Ergibt sich bei Roggenmehl auf Grund dieser Untersuchungen ein Mehr- oder Minderwert bis zu durchschnittlich 30 Reichspfennig für 100 Kilogramm Mehl, so ist der Käufer zur Abnahme unter Vergütung des Mehrwerts oder Abzug des Minderwerts verpflichtet. Ein Mehrwert über 30 Reichspfennig für 100 Kilogramm Mehl ist nicht zu vergüten. Bei einem Minderwerte von mehr als 30 Reichspfennig für 100 Kilogramm Mehl ist die Ware nicht lieferbar. Ergibt sich durch die Untersuchung ein Minderwert der Säcke bis zu durchschnittlich 15 Reichspfennig für das Stück, so ist der Käufer zur Abnahme unter Abzug des Minderwerts verpflichtet. Bei einem höheren Minderwerte der Säcke ist die Ware nicht lieferbar.

V. Bei Weizen, Roggen, Hafer oder Mais hat die Andienung in Posten von je 30 Tonnen schriftlich unter Beifügung einer Bescheinigung über die Lieferbarkeit zu erfolgen und muß dem Käufer an einem Werktage bis 12 Uhr mittags zugestellt sein. Endet die Lieferzeit an einem Sonn- oder Feiertage, so muß die Andienung spätestens an dem vorhergehenden Werktage erfolgen.

Die Andienung kann an Dritte weitergegeben werden. Die Weitergabe muß unverzüglich erfolgen. Die Umlaufszeit der Andienung endet am Andienungstage nachmittags fünf Uhr.

Die Ware ist innerhalb dreier Werktage einschließlich des Tages der Andienung, Zug um Zug gegen Zahlung abzunehmen.

Das Andienungsschreiben und die Bescheinigung der Sachverständigen müssen enthalten:

bei Lieferungen vom Kahn:

1. das Datum;
2. den Namen des Schiffers, die Nummer des Kahnes und den Ort der Abladung;
3. den Standort des Kahnes, vorbehaltlich einer Änderung bei polizeilicher Anordnung;

bei Lieferungen vom Speicher:

1. das Datum;
2. die genaue Bezeichnung des Postens nach Lagerraum und Menge.

Erfolgt die Lieferung von einem Speicher, der weder am schiffbaren Wasser oder der Bahn gelegen ist, so ist die Ware kostenfrei auf den Wagen zu liefern; im übrigen hat der Empfänger die Kosten der Übergabe und Abnahme der Ware zu tragen, insoweit sie die angemessenen Sätze nicht überschreiten. Etwaige Mehrkosten fallen dem Verkäufer zur Last. Über die Angemessenheit entscheidet in Streitfällen der Börsenvorstand, Abteilung Produktenbörse, zu Berlin.

Der Verkäufer hat das Recht, 5 Prozent mehr oder weniger zu liefern. Ergibt sich bei einem Posten ein

Fehlgewicht von mehr als 5 Prozent, so kann die Abnahme abgelehnt werden. Die Ablehnung muß jedoch innerhalb der vertragsmäßigen Abnahmefrist erklärt werden. Ein Mehr- oder Mindergewicht wird zum Preise des Abnahmetags, falls jedoch die Abnahme nach Ablauf der vertragsmäßigen Frist erfolgt, zum Preise des letzten Tages der Abnahmefrist berechnet.

VI. Bei Roggenmehl hat die Andienung in Posten von je 150 Sack schriftlich unter Beifügung einer Bescheinigung über die Lieferbarkeit zu erfolgen; sie muß dem Käufer an einem Werktage bis 12 Uhr mittags zugestellt sein. Endet die Lieferzeit an einem Sonn- oder Feiertage, so muß die Andienung spätestens an dem vorhergehenden Werktag erfolgen. Die Andienung kann an Dritte weitergegeben werden. Die Weitergabe muß unverzüglich erfolgen. Die Umlaufzeit der Andienung endet am Andienungstage nachmittags 5 Uhr.

Jeder angediente Posten darf nur von einer Mühle hergestellt sein. Die Ware ist innerhalb von drei Werktagen einschließlich des Tages der Andienung Zug um Zug gegen Zahlung abzunehmen.

Das Andienungsschreiben und die Bescheinigung der Sachverständigen müssen enthalten:

1. das Datum;
2. die genaue Bezeichnung des Postens nach Lagerraum und Menge.

Der Empfänger hat die Kosten der Übergabe und der Abnahme der Ware zu tragen, insoweit sie die angemessenen Sätze nicht überschreiten. Etwaige Mehrkosten fallen dem Verkäufer zur Last. Über die Angemessenheit entscheidet in Streitfällen der Börsenvorstand, Abteilung Produktenbörse, zu Berlin. Fehlen bei einem Posten von 150 Sack mehr als 2 Säcke oder befinden sich dabei mehr als 10 Säcke, die unter 99 Kilogramm wiegen, so kann die Abnahme abgelehnt werden. Die Ablehnung muß jedoch innerhalb der vertragsmäßigen Frist erklärt werden. Ein Fehlgewicht wird zum Preise des Abnahmetags, falls jedoch die Abnahme nach Ablauf der vertragsmäßigen Frist erfolgt, zum Preise des letzten Tages der Abnahmefrist berechnet. Die Kosten der Verwiegung trägt der Verkäufer, wenn das Untergewicht mehr als einhalb Prozent beträgt, sonst der Käufer. Übergewicht wird nicht vergütet.

VII. Im Falle des Verzugs darf der nicht säumige Teil die Annahme der Leistung nicht ablehnen, ohne dem säumigen Teile eine angemessene Frist zur Bewirkung der Leistung zu bestimmen.

VIII. Stellt der eine Teil seine Zahlungen ein, so hat der andere Teil, unabhängig von der bedungenen Lieferzeit, unverzüglich, spätestens aber einen Tag, nachdem er hiervon Kenntnis erhielt oder Kenntnis haben mußte, ohne vorherige Androhung die Zwangsregulierung vorzunehmen. Die Zwangsregulierung erfolgt nach seiner Wahl im ganzen oder in Teilen entweder durch Kauf oder Verkauf oder durch Verrechnung. Der Kauf oder Verkauf hat an der Börse zu Berlin für die bedungene Lieferzeit durch einen Kursmakler zu erfolgen. Die Verrechnung erfolgt auf Grund des am Tage der Zwangsregulierung für die bedungene Lieferzeit an der Börse zu Berlin amtlich festgestellten Preises oder, wenn mehrere Preise festgestellt sind, des Mittelpreises. Der bei der Zwangsregulierung sich ergebende

Preisunterschied ist sofort fällig. An Zinsen sind vom Tage der Zwangsregulierung bis zum ersten Tage der vertragsmäßigen Lieferzeit 2 vom Hundert über Reichsbankdiskont zu vergüten. Auch im Falle der Verrechnung sind die üblichen Maklergebühren und die sonstigen Unkosten zu vergüten, welche bei Kauf oder Verkauf entstanden sein würden.

IX. Als Feiertage gelten die staatlich anerkannten allgemeinen Feiertage, die beiden jüdischen Neujahrstage und der Versöhnungstag, in bezug auf die Abnahmefrist jedoch nur die staatlich anerkannten allgemeinen Feiertage.

---

33. Preußische Ausführungsbestimmungen.

a) Erlaß des Preuß. Ministers für Handel und Gewerbe vom 7. März 1897[1]).

1. Die mit der unmittelbaren Aufsicht über die Börsen betrauten Handelsorgane haben Anträge und Vorstellungen, die an die Staatsregierung gehen sollen, im allgemeinen an den für den Sitz der Börse zuständigen Regierungspräsidenten — für Berlin an den Oberpräsidenten in Potsdam — zu richten. An den Minister für Handel und Gewerbe sind Anträge und Vorstellungen nur zu richten, wenn nach den gesetzlichen oder Verwaltungsvorschriften ihm die Entscheidung obliegt, oder wenn es sich um Angelegenheiten von grund-

---

[1]) „Korrespondenz der Ältesten der Kaufmannschaft zu Berlin" 1897 S. 31.

sätzlicher oder über den einzelnen Börsenplatz hinausgehender Bedeutung handelt. Auch solche Anträge und Vorstellungen sind regelmäßig dem Regierungspräsidenten bzw. Oberpräsidenten zur Weiterbeförderung zu übersenden. Nur wenn eine besonders eilige Behandlung notwendig ist, sind Anträge und Vorstellungen unmittelbar an den Minister für Handel und Gewerbe zu senden; in solchen Fällen ist gleichzeitig dem Regierungs- bzw. Oberpräsidenten möglichst unter Mitteilung von Abschriften, Kenntnis zu geben.

2. Das unter Ziff. 1 vorgeschriebene Verfahren haben in gleicher Weise die bei den Börsen bestellten Staatskommissare in betreff ihrer nach § 2 des Börsengesetzes zu erstattenden Berichte zu beobachten.

3. Die Regierungspräsidenten, für Berlin der Oberpräsident in Potsdam, entscheiden auf die nach den Ziff. 1 und 2 an sie gerichteten Vorstellungen und Anträge der mit der Börsenaufsicht betrauten Handelsorgane und auf die Berichte der Staatskommissare, ferner über Beschwerden gegen die gedachten Handelsorgane in Börsenangelegenheiten. Es bleibt ihnen jedoch unbenommen, Fragen, die eine grundsätzliche oder über ihren Verwaltungsbezirk hinausgreifende Bedeutung haben, dem Minister für Handel und Gewerbe vorzulegen.

Die an den Minister für Handel und Gewerbe gerichteten Anträge, Vorstellungen und Berichte sind von dem Regierungs- oder dem Oberpräsidenten, bei dem sie eingehen, nach vollständiger Instruierung unter Beifügung der etwa entstandenen Verhandlungen mit gutachtlicher Äußerung dem Handelsminister vorzulegen.

Bei Anträgen der Handelsorgane ist regelmäßig den Staatskommissaren, bei Anträgen der Staatskommissare den Handelsorganen vorher zur Äußerung Gelegenheit zu geben.

---

b. Erlaß des Preuß. Ministers für Handel und Gewerbe vom 14. November 1896[1]).

§ 1. Die Kursmakler (§ 30 des Reichsbörsengesetzes) werden für die Börse in Berlin durch den Oberpräsidenten der Provinz Brandenburg und der Stadt Berlin und für die übrigen Börsen, wo solche bestellt werden, durch den Regierungspräsidenten, in dessen Verwaltungsbezirk die Börse belegen ist, bestellt und in seinem Auftrage darauf vereidigt, daß sie die ihnen obliegenden Pflichten getreu erfüllen werden (§ 30 Abs. 1 a. a. O.).

§ 2. Vor der Bestellung sind die Handelsorgane, denen die unmittelbare Aufsicht über die Börse übertragen ist (§ 1 Abs. 2 des Reichsbörsengesetzes), und wo eine Vertretung der Kursmakler (§ 30 Abs. 2 a. a. O.) besteht, auch diese zu hören.

§ 3. Der zum Kursmakler Bestellte erhält nach seiner Vereidigung eine von der ihn bestellenden Behörde ausgefertigte Bestallung.

§ 4. Die Entlassung eines Kursmaklers kann erfolgen, wenn er sich einer groben Verletzung der ihm obliegenden Pflichten schuldig macht, oder sich durch

---

[1]) Deutscher Reichsanzeiger vom 19. November 1896.

sein Verhalten in oder außer dem Amt der Achtung, des Ansehens und des Vertrauens, die sein Beruf erfordert, unwürdig zeigt, oder zur Erfüllung seiner Amtspflicht dauernd unfähig wird. Die Entlassung erfolgt durch dieselbe Behörde, welche die Bestellung vorgenommen hat. Vor der Entlassung sind die in § 2 bezeichneten Organe zu hören.

§ 5. Die vorstehenden Bestimmungen finden auf die bei eintretendem Bedürfnis zu bestellenden Vertreter von Kursmaklern mit der Maßgabe Anwendung, daß solche auch für eine im voraus bestimmte Zeit bestellt werden können.

Die Stellvertreter haben für die Dauer der Stellvertretung die Rechte und Pflichten von Kursmaklern.

§ 6. Die für die Börsenbesucher geltenden Vorschriften des Reichsbörsengesetzes und der Börsenordnung, insbesondere in betreff des ehrengerichtlichen Verfahrens, der Zulassung und der Ausschließung vom Börsenbesuche und der Handhabung der Ordnung in den Börsenräumen finden auch auf die Kursmakler Anwendung.

§ 7. Über die Pflichten der Kursmakler, über die Organisation ihrer Vertretung, über ihr Verhältnis zu den Staatskommissaren und den Börsenorganen, sowie darüber, in welcher Weise die Beobachtung der Vorschrift des § 32 Abs. 1 des Reichsbörsengesetzes zu überwachen ist, bleibt der Erlaß von Bestimmungen für die einzelnen Börsen vorbehalten.

34a. Bestimmungen des Kapitalverkehrsteuergesetzes vom 8. April 1922[1]) über die Börsenumsatzsteuer.

§ 35. Der Börsenumsatzsteuer unterliegen Anschaffungsgeschäfte, die sich beziehen auf

a) Reichsbankanteile, Anteile an inländischen Kolonialgesellschaften, Aktien inländischer Gesellschaften, Aktienanteile, Anteile an Gesellschaften mit beschränkter Haftung, Anteile an bergrechtlichen Gewerkschaften und anderen inländischen Kapitalgesellschaften, Aktien ausländischer Gesellschaften, Zertifikate über Shares und Anteile an ausländischen Gesellschaften, die den Kapitalgesellschaften im Sinne des § 3 entsprechen, Genußscheine sowie Bezugsrechte über Aktien und Anteile der genannten Art,

---

[1]) RGBl. 1922 I S. 885. Aufhebung der §§ 35 Abs. 1 c, 37, 42 Ziff. a durch die Verordnung vom 28. Dez. 1925 (RGBl. 1925 I S 476), des § 53 Abs. 2 durch die Zweite Steuernotverordnung vom 19. Dez. 1923 (RGBl. 1923 I S. 1205) Art V, des § 61 durch die Verordnung vom 29. April 1926 (RGBl. 1926 I S. 215) Art. 2, des § 62 durch Gesetz vom 15. Juli 1926 (RGBl 1926 I S. 415), der §§ 78—82 durch die Dritte Steuernotverordnung vom 14. Febr. 1924 (RGBl. 1924 I S. 74) § 57 Abs. 2 Ziff. 3. Ferner Abänderung der §§ 45, 58, 68 durch die Zweite Steuernotverordnung Art. V, der §§ 50, 59, 60 durch die Verordnung vom 2. April 1924 (RGBl. 1924 I S. 399), der §§ 53, 55, durch Gesetz vom 10. Aug. 1925 (RGBl. 1925 I S. 241) Art. I und der §§ 52 und 57 durch Verordnung vom 29. April 1926 (RGBl. 1926 I S. 215).

b) Schuld- und Rentenverschreibungen im Sinne des § 25,

c) *aufgehoben*,

d) Mengen von Waren, die börsenmäßig gehandelt werden.[1])

Die zu d bezeichneten Geschäfte unterliegen der Steuer nur, wenn sie unter Zugrundelegung der Geschäftsbedingungen einer Börse abgeschlossen sind. In den Fällen zu a bis c ist die Steuerpflicht hiervon unabhängig.

§ 36. Die Zuteilung von Aktien, Anteilen an Kapitalgesellschaften, Genußscheinen und Schuld- und Rentenverschreibungen an den ersten Erwerber ist nicht steuerpflichtig.

§ 37 *aufgehoben.*

§ 38. Als börsenmäßig gehandelte Waren im Sinne des § 35 Abs. 1 zu d sind solche Waren anzusehen, für welche an der Börse, deren Geschäftsbedingungen für das Geschäft maßgebend sind, Terminpreise notiert werden, und bei Waren, in denen der Börsenterminhandel untersagt ist, solche, für die an den in Betracht kommenden Börsen Preise für Zeitgeschäfte notiert werden.

§ 39. Als Anschaffungsgeschäft ist es nicht anzusehen, wenn verschiedene Abschnitte oder Stücke von Wertpapieren derselben Gattung ohne anderweite Gegenleistung Zug um Zug ausgetauscht werden, auch wenn die ausgetauschten Wertpapiere verschiedene Zinstermine haben.

---

[1]) Diese Steuer wird nach § 90 b Abs. 1 Ziff. b bis auf weiteres nicht erhoben.

Der Reichsminister der Finanzen ist ermächtigt, nähere Bestimmungen darüber zu erlassen, welche Wertpapiere als zu derselben Gattung gehörig anzusehen sind.

§ 40. Jede Vereinbarung, durch die die Erfüllung des Geschäfts unter veränderten Vertragsbestimmungen auf einen späteren Zeitpunkt verschoben wird, gilt als neues steuerpflichtiges Geschäft.

§ 41. Der Steuer unterliegen alle im Inland abgeschlossenen Geschäfte.

Im Ausland abgeschlossene Geschäfte unterliegen der Steuer, wenn wenigstens einer der Vertragsteilnehmer Inländer ist, es sei denn, daß der Inländer das Geschäft durch seine ausländische Niederlassung abgeschlossen hat. Als Inländer gelten Personen, die im Inland ihren Wohnsitz, ihren gewöhnlichen Aufenthalt, eine gewerbliche Niederlassung oder eine ständige Vertretung haben.

Als im Ausland abgeschlossen gelten auch solche Geschäfte, die durch Briefwechsel, Telegramm, Fernsprecher oder Funkspruch zwischen einem Orte des Inlandes und einem Orte des Auslandes zustande gekommen sind.

§ 42. Von der Steuer sind befreit

a) *aufgehoben;*

b) die Annahme von Schuld- und Rentenverschreibungen des Reichs oder eines Landes an Zahlungs Statt bei Begleichung öffentlicher Abgaben;

c) Anschaffungsgeschäfte, die sich auf Schatzanweisungen des Reichs oder eines Landes beziehen, falls die Schatzanweisungen längstens innerhalb dreier

Jahre nach dem Tage des Geschäftsabschlusses zur Rückzahlung fällig werden;

d) Geschäfte, nach denen an Stelle der empfangenen Wertpapiere Stücke gleicher Gattung zurückzugeben sind, falls dies innerhalb einer Woche zu geschehen hat und ein Entgelt für die Leihe der Stücke nicht zu entrichten ist;

e) Anschaffungsgeschäfte über Waren, die im Inland von einem der Vertragschließenden erzeugt oder hergestellt sind;

f) Anschaffungsgeschäfte über Aktien und Anteile an Gesellschaften mit beschränkter Haftung der im § 4 Abs. 1 zu c, d genannten Gesellschaften, wenn der Erwerbspreis den Nennbetrag der Aktien oder Anteile nicht übersteigt.

§ 43. Die Steuerschuld entsteht, sobald die Anschaffungsgeschäfte abgeschlossen sind. Die Hinzufügung von Bedingungen und Befristungen ist ohne Einfluß auf die Entstehung der Steuerschuld.

Bei den zur Versicherung von Wertpapieren gegen Verlosung geschlossenen Geschäften entsteht die Steuerschuld erst, wenn der Versicherungsfall eingetreten ist.

§ 44. Geschäfte, die vorbehaltlich der Aufgabe abgeschlossen werden, sind steuerpflichtig. Die Benennung der Aufgabe ist steuerfrei, wenn sie spätestens an einem der auf den Geschäftsabschluß folgenden zwei Werktage gemacht wird. Wird sie später gemacht, so gilt dies als neues steuerpflichtiges Geschäft.

Die Benennung der Aufgabe ist auch dann steuerfrei, wenn sie zu einem anderen Kurs als dem in dem angenommenen Auftrag bestimmten erfolgt und der Beauftragte den Unterschiedsbetrag erstattet.

Wird die Aufgabe zurückgewiesen, so bleibt auch eine weitere Aufgabe steuerfrei, wenn sie innerhalb der im Abs. 1 genannten Frist bewirkt wird.

Wenn zwei Beauftragte, von denen jeder seinen Auftrag vorbehaltlich der Aufgabe angenommen hat, zur Herbeiführung des Abschlusses des endgültigen Geschäfts zwischen den beiderseitigen Auftraggebern lediglich als Vermittler tätig sind, so entsteht zwischen ihnen ein Anschaffungsgeschäft nicht.

§ 45. Steuerschuldner sind

a) bei den als Händlergeschäft zu versteuernden Geschäften jeder Händler je zur Hälfte,

b) bei den als Kundengeschäft zu versteuernden Geschäften der Händler, im Falle des § 58 Abs. 2 der Kommissionär des Händlergeschäftes,

c) bei Privatgeschäften die Vertragsteile als Gesamtschuldner,

d) bei den im Ausland abgeschlossenen Geschäften (§ 41 Abs. 2, 3, § 55) der inländische Vertragsteil.

Neben den im Abs. 1 zu a und b bezeichneten Personen haftet jeder Vertragsteil für die Steuer.

§ 46. Als Händler sind bei den im § 35 Abs. 1 zu a bis c genannten Geschäften anzusehen

a) Kaufleute, die in das Handelsregister eingetragen sind, regelmäßig eine inländische staatlich anerkannte Börse mit der Befugnis zur Teilnahme am Börsenhandel besuchen oder durch ihre Vertreter besuchen lassen und für die der Abschluß von Geschäften der betreffenden Art an dieser Börse Gegenstand ihres Gewerbes ist; dies gilt nur, wenn die Einrichtungen der Börse für Geschäfte der betreffenden Art bestimmt sind,

b) Kaufleute, die gewerbsmäßig Bankgeschäfte betreiben, in das Handelsregister eingetragen sind und für die der Abschluß von Geschäften der betreffenden Art Gegenstand ihres Gewerbes ist.

Kaufleute, die einen Geschäftsbetrieb im Ortsgebiet einer inländischen staatlich anerkannten Börse haben, deren Einrichtungen für Geschäfte der betreffenden Art bestimmt sind, sind nur beim Vorliegen der Voraussetzungen unter a als Händler anzusehen; der Reichsminister der Finanzen kann im Einvernehmen mit der für die Börse zuständigen obersten Landesbehörde Ausnahmen bewilligen,

c) öffentliche sowie unter Staatsaufsicht stehende Sparkassen, soweit sie der Körperschaftsteuer unterliegen, im übrigen soweit es sich um Anschaffungsgeschäfte über Schuldverschreibungen der im § 52 Abs. 1 zu a, b bezeichneten Art handelt,

d) in das Genossenschaftsregister eingetragene Kreditgenossenschaften, die einem Revisionsverband angehören.

§ 47. Als Händler sind bei den im § 35 Abs. 1 zu d genannten Geschäften Kaufleute anzusehen, die in das Handelsregister oder Genossenschaftsregister eingetragen sind und für die der Abschluß von Geschäften der betreffenden Art Gegenstand ihres Gewerbes ist.

§ 48. Der Reichsminister der Finanzen ist ermächtigt, mit Zustimmung des Reichsrats die Bestimmungen über die Abgrenzung des Kreises der Händler zu ergänzen und die Ortsgebiete der Börsen für die Zwecke dieses Gesetzes abzugrenzen. Er kann bestimmen, daß als Händler nur Personen gelten, die in eine von der zuständigen Handelsvertretung geführte Liste eingetragen sind.

§ 49. Händlergeschäfte sind Geschäfte, bei denen sämtliche Vertragsteilnehmer Händler sind.

Kundengeschäfte sind Geschäfte, bei denen nur der eine Vertragsteil inländischer Händler ist.

Privatgeschäfte sind alle übrigen Geschäfte.

§ 50. Die Steuer wird von dem vereinbarten Preise und in Ermangelung eines Preises von dem mittleren Börsen- oder Marktpreis am Tage des Geschäftsabschlusses berechnet. Fehlt es auch an einem Börsen- oder Marktpreis, so tritt an seine Stelle der Wert des Gegenstandes.

In dem Preis sind die durch den Abschluß des Geschäfts entstehenden Kosten nicht einzurechnen. Soweit bei Schuld- und Rentenverschreibungen Zinsen besonders berechnet werden, bleiben sie bei Feststellung des steuerpflichtigen Betrags außer Ansatz.

Bei Stellgeschäften ist das Stellgeld bei Berechnung der Steuer als Teil des Kaufpreises mit in Ansatz zu bringen.

Ist einem Vertragschließenden ein Wahlrecht eingeräumt oder die Befugnis, innerhalb bestimmter Grenzen den Umfang der Leistung zu bestimmen, so wird die Steuer von dem höchstmöglichen Werte des Gegenstandes berechnet.

Im Falle des § 44 Abs. 2 ist die Steuer von dem zwischen dem Auftraggeber und dem Beauftragten vereinbarten Preise zu berechnen.

§ 51. Die Steuer ist für jedes Geschäft einzeln zu berechnen. Beträge, die mehrere an demselben Tage von denselben Vertragschließenden in gleicher Eigenschaft abgeschlossene Geschäfte betreffen, können zusammengerechnet werden.

§ 52. Die Steuer beträgt für je 100 Reichsmark oder einen Bruchteil dieses Betrags

	I für Händlergeschäfte Reichsmark	II für die übrigen Geschäfte Reichsmark
a) bei Schuld- und Rentenverschreibungen des Reichs, der Länder, inländischer Gemeinden (Gemeindeverbände) und inländischer Gemeindekreditanstalten	0,02	0,04
b) bei Schuld- und Rentenverschreibungen inländischer Körperschaften städtischer oder ländlicher Grundbesitzer, inländischer Grundkredit- und Hypothekenbanken, inländischer Schiffspfandbrief- und Schiffsbeleihungsbanken, inländischer Siedlungsgesellschaften sowie inländischer Eisenbahngesellschaften und inländischer Gesellschaften, die dem Bau oder Betriebe von Wasserstraßen dienen, sofern die Schuld- und Rentenverschreibungen mit staatlicher Genehmigung ausgegeben sind	0,03	0,06
c) bei nicht unter a, b fallenden inländischen Schuld- und Rentenverschreibungen sowie bei sämtlichen ausländischen Schuld- und Rentenverschreibungen	0,05	0,10
d) bei Aktien, Genußscheinen und Anteilen im Sinne des § 35 Abs. 1 zu a, soweit es sich nicht um Anteile an Gesellschaften mit beschränkter Haftung (§ 53) handelt, sowie bei Bezugsrechten	0,075	0,15
e) bei Waren	0,04	0,04

Die Steuer beträgt mindestens 10 Reichspfennig. Höhere Steuerbeträge sind auf volle 10 Reichspfennig aufzurunden.

§ 53. Die Steuer beträgt bei Anteilen an Gesellschaften mit beschränkter Haftung für je 100 Reichsmark oder einen Bruchteil dieses Betrags 0,50 Reichsmark. Sie beträgt mindestens 3 Reichsmark.

§ 54. Wie Anschaffungsgeschäfte über die in den §§ 52, 53 aufgeführten Wertpapiere sind auch Anschaffungsgeschäfte zu versteuern, die Zwischenscheine über Einzahlungen auf diese Wertpapiere zum Gegenstande haben.

§ 55. Ist bei Geschäften, die im Ausland abgeschlossen sind (§ 41 Abs. 2, 3), der eine Vertragsteil Inländer, so wird nur die Hälfte der Steuer erhoben. Die Steuer beträgt mindestens 10 Reichspfennig. Höhere Steuerbeträge sind auf volle 10 Reichspfennig aufzurunden.

§ 56. Soweit die Gegenleistung für ein steuerpflichtiges Geschäft in einer Leistung besteht, die gleichfalls unter § 35 fällt, ist die Steuer sowohl für die Leistung als auch für die Gegenleistung zu berechnen. Diese Vorschrift findet keine Anwendung, falls die Gegenleistung lediglich in der Rückgewähr von Gegenständen derselben Art und entweder desselben Betrags oder derselben Menge besteht.

§ 57. Wird bei einem Kaufgeschäfte vereinbart, daß die verkaufte Menge oder der verkaufte Betrag zurückzukaufen ist (Report-, Deport-, Kostgeschäft), so ist die Steuer nur einmal, und zwar von dem höheren Werte zu berechnen.

Die Steuer ermäßigt sich in den Fällen des Abs. 1

a) bei Gegenständen der im § 52 Abs. 1 zu d bezeichneten Art für Händler oder Kundengeschäfte auf 0,0375 Reichsmark für je 100 Reichsmark oder einen Bruchteil dieses Betrages, soweit es sich um Geschäfte handelt, die in amtlich zum Börsenterminhandel an einer inländischen Börse zugelassenen Wertpapieren nach den vom Börsenvorstande festgesetzten Bedingungen abgeschlossen werden,

b) bei Gegenständen der im § 52 Abs. 1 zu e bezeichneten Art auf die Hälfte der dort bezeichneten Sätze.

Liegt in den Fällen des Abs. 2 zwischen dem Tage, an dem der Kauf, und dem Tage, an dem der Verkauf zu erfüllen ist, ein Zeitraum von nicht mehr als einem halben Monat, so ermäßigt sich die Steuer auf die Hälfte der im Abs. 2 bezeichneten Beträge.

Die Steuer beträgt mindestens 10 Reichspfennig. Höhere Beträge sind auf volle 10 Reichspfennig aufzurunden.

§ 58. Ist das Geschäft von einem Kommissionär (§ 383 des Handelsgesetzbuchs) abgeschlossen, so ist die Steuer sowohl für das Geschäft zwischen dem Kommissionär und dem Dritten als auch für das Abwicklungsgeschäft zwischen dem Kommissionär und dem Kommittenten zu entrichten.

Erklärt bei einem an sich als Händlergeschäft zu versteuernden Kommissionsgeschäft ein auswärtiger Kommittent dem Kommissionär, daß er seinerseits als Kommissionär eines anderen handle, so unterliegt das

Händlergeschäft der für das andere Kommissionsgeschäft vorgeschriebenen Steuer. In diesem Falle ist das andere Kommissionsgeschäft steuerfrei.

Ist der Kommittent des Händlergeschäfts eine genossenschaftliche Verbandskasse, so tritt die Befreiung im Sinne des Abs. 2 Satz 2 auch dann ein, wenn die Verbandskasse ihren Sitz am Niederlassungsort des Kommissionärs des Händlergeschäfts hat. Ist Kommittent des Händlergeschäfts eine öffentliche oder unter Staatsaufsicht stehende, einer Girozentrale angeschlossene Sparkasse, so tritt die Befreiung im Sinne des Abs. 2 Satz 2 auch dann ein, wenn die Sparkasse ihren Sitz am Niederlassungsorte der Girozentrale hat, die Kommissionär des Händlergeschäfts ist.

Besteht zwischen mehreren Händlern eine Meta-Geschäftsverbindung, so sind die Abrechnungen zwischen den Metisten über die von einem von ihnen auf eigenen Namen, aber für gemeinschaftliche Rechnung der Metisten abgeschlossenen Geschäfte nicht als Abwicklungsgeschäfte zwischen Kommissionär und Kommittenten im Sinne des Abs. 1 anzusehen. Entsprechendes gilt, wenn bei Anschaffungsgeschäften, die ein Beauftragter im Namen des Auftraggebers abschließt, der erstere an dem Risiko des Geschäfts teilnimmt, von der zwischen Auftraggeber und Beauftragtem stattfindenden Abwicklung.

Ist ein Händlergeschäft von dem Händler für gemeinschaftliche Rechnung mit anderen Personen geschlossen, die nicht zu den Händlern gehören, so wird angenommen, daß der Händler mit diesen Personen Kommissionsgeschäfte abgeschlossen hat.

§ 59. Führt ein Händler an demselben Tage eine Einkaufskommission und eine Verkaufskommission über Gegenstände der im § 35 Abs. 1 zu a, b bezeichneten Art durch Selbsteintritt aus, so ist für jedes der beiden Geschäfte, soweit sie sich ausgleichen, neben der nach §§ 52, 53 zu entrichtenden Steuer eine weitere Steuer in der Höhe der Hälfte der für Händlergeschäfte vorgeschriebenen Steuer zu entrichten, es sei denn, daß der Kommissionär zur Deckung eines der beiden Aufträge ein steuerpflichtiges Geschäft mit einem Dritten abgeschlossen hat.

Hat ein Händler, der mehrere Niederlassungen im Inland unterhält, ein steuerpflichtiges Kundengeschäft, das nicht ein Kommissionsgeschäft ist, über Gegenstände der im § 35 Abs. 1 zu a, b bezeichneten Art abgeschlossen, so hat er eine weitere Steuer in Höhe der Hälfte der für Händlergeschäfte vorgeschriebenen Steuer zu entrichten, falls er das Geschäft durch Vermittlung einer anderen inländischen Niederlassung zur Ausführung bringt. Diese Vorschrift findet keine Anwendung, wenn sich die beiden Niederlassungen an Orten befinden, die nach den örtlichen und wirtschaftlichen Verhältnissen für den Verkehr als ein Ort anzusehen sind. Als Orte, auf die diese Voraussetzungen zutreffen, sind die im § 15 der Ausführungsbestimmungen zum Wechselstempelgesetze bezeichneten Orte anzusehen.

In den Fällen der Abs. 1 und 2 ist die Steuer ausschließlich von dem Händler zu entrichten.

Die weitere Steuer beträgt mindestens 10 Reichspfennig. Höhere Steuerbeträge sind auf volle 10 Reichspfennig aufzurunden.[1])

[1]) Die Steuer des § 57 wird gemäß § 90b Abs. 1 Ziff. b bis auf weiteres nicht erhoben.

§ 60. Wenn unter § 35 Abs. 1 zu a oder b fallende Gegenstände derselben Gattung im Arbitrierverkehr an einem inländischen oder ausländischen Börsenplatze gekauft und an einem anderen verkauft sind oder umgekehrt, so ermäßigt sich die auf den Arbitrageur entfallende Hälfte der Steuer auf 0,025 Reichsmark für je 1000 Reichsmark oder einen Bruchteil diesen Betrags, wenn die beiden einander gegenüberstehenden Geschäfte zu festen Kursen innerhalb vier aufeinanderfolgender Börsentage abgeschlossen sind. Die Steuer beträgt mindestens 10 Reichspfennig. Höhere Steuerbeträge sind auf volle 10 Reichspfennig aufzurunden.

§ 61, 62 *aufgehoben.*

IV. Teil

Aufsichtsratsteuer

§§ 63 bis 67 *aufgehoben.*

V. Teil

Gemeinsame Vorschriften

§ 68. Die Steuer ist binnen einer Woche nach Entstehung der Steuerschuld zu entrichten. Insoweit aus besonderen Gründen der der Besteuerung zugrunde zu legende Wert nicht unmittelbar nach Entstehung der Steuerschuld ermittelt werden kann, ist die Steuer binnen einer Woche von dem Zeitpunkt ab zu entrichten, in dem die Ungewißheit behoben wird.

§ 69. Der Reichsminister der Finanzen kann mit Zustimmung des Reichsrats für einzelne Steuerarten besondere Bestimmungen über die Zuständigkeit zur Verwaltung der Steuer, die Art der Entrichtung der

Steuer und die zur Sicherung der Steuerentrichtung erforderlichen Maßnahmen erlassen. Er kann insbesondere anordnen, daß

a) die Zahlungsfrist des § 68 verlängert wird,
b) Steuerzeichen zu verwenden sind,
c) steuerpflichtige Geschäfte auf Vordrucken niederzuschreiben sind,
d) Wertpapiere und Urkunden mit einem Vermerk über die Entrichtung der Steuer versehen sein müssen,
e) die Anwendbarkeit von Befreiungs- und Ermäßigungsvorschriften von der Innehaltung gewisser Förmlichkeiten abhängig ist,
f) Urkunden und Schriftstücke über Rechtsvorgänge, die unter dieses Gesetz fallen, soweit die zu c genannten Vordrucke zehn Jahre lang aufzubewahren und auf Verlangen dem Finanzamt vorzulegen sind.

§ 70. Das Landesfinanzamt ist ermächtigt, auf Antrag der Steuerpflichtigen von der genauen Ermittlung der Höhe der Steuer abzusehen und einen Pauschbetrag für die Steuer anzunehmen, auch die Pauschbesteuerung in solchen Fällen, in denen die Versteuerung andernfalls noch ausgesetzt werden müßte, zu gestatten.

§ 71. Ist eine Steuer, für die eine Festsetzung im Sinne der Reichsabgabenordnung nicht erfolgt ist, zu Unrecht entrichtet, so ist sie auf Antrag zu erstatten.

§ 72. Die Einforderung der nach § 6 zu a steuerpflichtigen Zahlungen und Leistungen ist binnen einer Woche seit der Einforderung dem zuständigen Finanzamt von demjenigen, der die Zahlungen oder Leistungen eingefordert hat, anzumelden.

Im übrigen sind steuerpflichtige Rechtsvorgänge vorbehaltlich besonderer Bestimmungen des Reichsministers der Finanzen (§ 69) binnen einer Woche nach Entstehung der Steuerschuld von den an dem Rechtsvorgange Beteiligten anzumelden. Ist eine Urkunde über den Rechtsvorgang aufgenommen worden, so ist sie innerhalb der im Satze 1 genannten Frist dem zuständigen Finanzamt vorzulegen. Diese Vorschriften finden keine Anwendung, insoweit nach § 73 Behörden, Beamte oder Notare zur Übersendung von Abschriften der Urkunde verpflichtet sind.

§ 73. Die Behörden, die einen unter dieses Gesetz fallenden Rechtsvorgang beurkundet haben, sind verpflichtet, dem zuständigen Finanzamt innerhalb einer Woche eine beglaubigte Abschrift der Urkunde zu übersenden. Dasselbe gilt, wenn die Behörden den Entwurf einer Urkunde über einen derartigen Rechtsvorgang angefertigt und bei der Vollziehung durch die Beteiligten mitgewirkt, insbesondere die Unterschriften oder Handzeichen beglaubigt haben.

Die Behörden dürfen den Beteiligten ohne Genehmigung des zuständigen Finanzamts die Urschrift der Urkunde oder eine Ausfertigung oder Abschrift erst aushändigen, wenn der Nachweis erbracht ist, daß die Steuer entrichtet ist.

Die gleichen Verpflichtungen gelten für Beamte und Notare.

Der Reichsminister der Finanzen kann Ausnahmen von den Vorschriften der Abs. 1 bis 3 zulassen.

§ 74. Die zur Führung des Handels-, Genossenschafts- oder Vereinsregisters zuständigen Behörden haben dem zuständigen Finanzamt von allen Eintragungen, die sich auf einen unter dieses Gesetz fallenden Rechtsvorgang beziehen, Mitteilung zu machen.

Die Eintragung eines derartigen Rechtsvorganges in das Handels-, Genossenschafts- oder Vereinsregister, in die Liste der Genossen oder in die von Gesellschaften, juristischen Personen oder Vereinen über die Gesellschafter oder Mitglieder zu führenden Register darf ohne Genehmigung des zuständigen Finanzamts nur erfolgen, wenn der Nachweis erbracht ist, daß die Steuer entrichtet ist.

Die Vorschrift des § 73 Abs. 4 findet entsprechende Anwendung.

§ 75. Die Behörden, die die Errichtung einer Kapitalgesellschaft, die Erhöhung ihres Kapitals oder Beschlüsse über die Einforderung von Zahlungen und Leistungen im Sinne des § 6 beurkundet haben, sind verpflichtet, eine beglaubigte Abschrift der Urkunde binnen einer Woche dem zuständigen Finanzamt zu übersenden.

Die Behörden dürfen den Beteiligten die Urschrift, eine Ausfertigung oder beglaubigte Abschrift der Urkunde erst aushändigen, wenn das zuständige Finanzamt den Eingang der Abschrift der Urkunde bestätigt hat.

Die Eintragung einer Kapitalgesellschaft oder der Erhöhung ihres Kapitals in das Handelsregister ist ohne Genehmigung des zuständigen Finanzamts nur zulässig, wenn der Nachweis erbracht wird, daß die vor der Eintragung erfolgten Zahlungen oder Leistungen versteuert sind.

Die Vorschriften des § 73 Abs. 3 und 4 finden entsprechende Anwendung.

§ 76. Wer an einem unter dieses Gesetz fallenden Rechtsvorgange beteiligt ist, hat sich hierüber auf Verlangen des Finanzamts zu erklären.

Die Vorschrift im § 169 Satz 2 der Reichsabgabenordnung findet entsprechende Anwendung.

§ 77. Der Nachprüfung zwecks Durchführung dieses Gesetzes unterliegen

a) Gesellschaften im Sinne des Teiles I dieses Gesetzes,

b) Personen, die gewerbsmäßig oder in Ausübung ihres Berufs unter dieses Gesetz fallende Geschäfte abschließen,

c) die im § 73 bezeichneten Behörden und Beamten in Ansehung der Rechtsvorgänge, die sie beurkundet oder bei deren Beurkundung sie mitgewirkt haben.

Der Reichsminister der Finanzen ist ermächtigt, mit Zustimmung des Reichsrats nähere Bestimmungen über die Nachprüfung zwecks Durchführung dieses Gesetzes zu erlassen.

§§ 78 bis 82 *aufgehoben.*

§ 83. Der Handel mit Steuerzeichen ist nur mit Genehmigung des zuständigen Finanzamts zulässig.

VI. Teil

Übergangs- und Schlußbestimmungen

§ 84. Im Sinne des Finanzausgleichsgesetzes gelten als Steuern, die den durch das gegenwärtige Gesetz geregelten Steuern gleichartig sind, insbesondere Steuern, die sich beziehen auf

a) Gesellschaftsverträge und Rechtsvorgänge, auf denen die in Teil I des Gesetzes genannten Gesellschaftsrechte beruhen, sowie die Überlassung von beweglichem Vermögen einer Gesellschaft an einen Gesellschafter oder dessen Erben gegen Aufgabe von Gesellschaftsrechten,

b) Urkunden über Gesellschaftsrechte im Sinne von Teil I des Gesetzes (Aktien, Kuxe usw.), die zu ihnen gehörigen Gewinnanteilscheine und Erneuerungsscheine, die auf die Urkunden gesetzten Übertragungsvermerke und die Umschreibung der Gesellschaftsrechte auf den Namen der Erwerber,

c) die auf Wertpapiere im Sinne von Teil II des Gesetzes gesetzten Übertragungsvermerke und die Umschreibung der Wertpapiere und Schuldbuchforderungen auf den Namen der Erwerber.

Soweit das gegenwärtige Gesetz Rechtsvorgänge der Versteuerung unterwirft, ist auch die Versteuerung der über die Rechtsvorgänge errichteten Urkunden durch die Länder und Gemeinden (Gemeindeverbände) ausgeschlossen.

§ 85. Die Vorschriften dieses Gesetzes sind anzuwenden, wenn die Steuerschuld nach dem Zeitpunkt des Inkrafttretens des Gesetzes entstanden ist.

§ 86. Ist ein Rechtsvorgang nach diesem Gesetze zu versteuern, der bereits nach den durch dieses Gesetz aufgehobenen Vorschriften des Reichsrechts zur Erhebung einer Abgabe von dem Rechtsvorgang oder einer über ihn aufgenommenen Urkunde Anlaß gegeben hat, so ist diese Abgabe auf die zu entrichtende Kapitalverkehrsteuer anzurechnen.

§ 87. Waren Aktien oder Gesellschaftsverträge nach dem Reichsstempelgesetze stempelfrei, so finden die Vorschriften des § 9 zu d des gegenwärtigen Gesetzes entsprechende Anwendung, wenn die Satzungen der Gesellschaft oder ihre Geschäftsgebarung in der Weise abgeändert werden, daß die Voraussetzungen der Befreiung weder nach dem Reichsstempelgesetz noch nach diesem Gesetze vorliegen.

§ 88 *aufgehoben.*

§ 89. Dieses Gesetz tritt, soweit es sich auf die von den Kapitalgesellschaften zu entrichtende Gesellschaftsteuer bezieht, mit Wirkung vom 1. September 1921 in Kraft, im übrigen bestimmt der Reichsminister der Finanzen den Zeitpunkt, zu dem das Gesetz in Kraft tritt.

Die Vorschriften des Reichsstempelgesetzes vom 3. Juli 1913 (Reichsgesetzbl. S. 639) in der Fassung des Gesetzes vom 26. Juli 1918 (Reichsgesetzbl. S. 799) und des Gesetzes vom 7. November 1921 (Reichsgesetzbl. S. 1331), die sich auf die Stempelabgaben nach Tarifnummer 1 bis 4 und 9 beziehen, treten, soweit sie die Besteuerung von Gesellschaftsverträgen der Kapitalgesellschaften im Sinne des gegenwärtigen Gesetzes (§ 2 Abs. 1 zu a) oder die Besteuerung von inländischen Kuxen und inländischen Genußscheinen betreffen, mit Wirkung vom 1. September 1921, im übrigen zu dem gemäß Abs. 1 vom Reichsminister der Finanzen bezeichneten Zeitpunkt außer Kraft.

Ist in der Zeit seit dem 1. September 1921 eine Steuerschuld nach Teil I A dieses Gesetzes entstanden und sind Reichsstempelabgaben nach Tarifnummer 1 A,

B und 3 des Reichsstempelgesetzes, die an einen entsprechenden Tatbestand oder dessen Beurkundung anknüpfen, entrichtet worden, so ist der Betrag dieser Abgaben auf die nach Teil I A dieses Gesetzes zu entrichtende Steuer von Kapitalgesellschaften anzurechnen.

Ist in der Zeit seit dem 1. September 1921 eine Steuerschuld nach Tarifnummer 4a Zusatz 3 Abs. 1 des Reichsstempelgesetzes entstanden, so wird der Betrag dieser Steuerschuld auf die nach Teil I A des gegenwärtigen Gesetzes zu entrichtende Steuer angerechnet.

In den Fällen der Abs. 3 und 4 findet eine Erstattung nicht statt.

§§ 90, 90a *aufgehoben.*

§ 90b. Bis auf weiteres werden nicht erhoben:

a) die in den §§ 16 bis 24 geregelten Steuern mit Ausnahme der Steuern, die offene Handelsgesellschaften, Kommanditgesellschaften und inländische Niederlassungen ausländischer Gesellschaften betreffen, die den offenen Handelsgesellschaften und Kommanditgesellschaften entsprechen,

b) die im § 35 Abs. 1 zu d, § 59 geregelten Steuern.

Der Reichsminister der Finanzen wird ermächtigt, mit Zustimmung des Reichsrats zu bestimmen, inwieweit und von welchem Zeitpunkt ab diese Steuern wieder zu erheben sind.

§ 91. Die Ausführungsbestimmungen zu diesem Gesetze werden von dem Reichsminister der Finanzen mit Zustimmung des Reichsrats erlassen.

34 b. Durchführungs- und Ausführungsbestimmungen zum Kapitalverkehrsteuergesetz über die Börsenumsatzsteuer vom 22. Juli 1927[1]).

A. Örtliche Zuständigkeit.

§ 55. Von den mit der Verwaltung der Börsenumsatzsteuer befaßten Finanzämtern ist örtlich zuständig

1. bei Entrichtung der Steuer im Abrechnungsverfahren:
   das Finanzamt, in dessen Zuständigkeitsbereich der Abrechner sein Geschäft betreibt. Bei Zweigniederlassungen ist das Finanzamt zuständig, in dessen Zuständigkeitsbereich die Zweigniederlassung liegt;
2. bei Abtretung von Geschäftsanteilen an inländischen Gesellschaften mit beschränkter Haftung:
   das Finanzamt, in dessen Zuständigkeitsbereich die Gesellschaft die Geschäftsleitung hat;
3. in den übrigen Fällen:
   das Finanzamt, das zuerst mit der Besteuerung befaßt wird.

B. Händler bei Wertpapiergeschäften (§§ 46, 48 d. Ges.).

I. Händlereigenschaft.

§ 56. Die unbeschränkte Händlereigenschaft besteht in der Berechtigung, als Händler Anschaffungsgeschäfte über die im § 35 Abs. 1 zu a, b des Gesetzes bezeichneten Werte (Aktien, andere Anteile an Kapitalgesellschaften, Genußscheine, Bezugsrechte auf Anteile an Kapital-

[1]) Reichsministerialblatt (Zentralblatt für das Deutsche Reich) 1927, S. 233 ff. (Reichsminister der Finanzen).

gesellschaften, Schuld- und Rentenverschreibungen) abzuschließen.

Die beschränkte Händlereigenschaft besteht in der Berechtigung, als Händler Anschaffungsgeschäfte über Schuld- und Rentenverschreibungen der im § 52 Abs. 1 zu a, b des Gesetzes bezeichneten Art (Schuldverschreibungen der öffentlichen Hand, privilegierte Schuldverschreibungen) abzuschließen.

Besitzt eine offene Handelsgesellschaft, eine Kommanditgesellschaft oder eine Kommanditgesellschaft auf Aktien die Händlereigenschaft, so haben die Gesellschafter die Händlereigenschaft nur bei Geschäften, die sie im Namen der Gesellschaft abschließen, nicht bei solchen Geschäften, die sie im eigenen Namen abschließen.

§ 57. Besucher einer inländischen Wertpapierbörse haben die unbeschränkte Händlereigenschaft, wenn sie in die Händlerliste (§ 66) eingetragen sind.

Als Börsenbesucher gelten Kaufleute, die in das Handelsregister eingetragen sind, regelmäßig eine inländische staatlich anerkannte Wertpapierbörse mit der Befugnis zur Teilnahme am Börsenhandel besuchen oder durch ihre Vertreter besuchen lassen und für die der Abschluß von Wertpapiergeschäften an dieser Börse Gegenstand ihres Gewerbes ist (§ 46 zu a d. Ges.).

Bestehen an einer Börse für einzelne Geschäftszweige besondere Abteilungen, so ist die Zugehörigkeit des Börsenbesuchers zu der Wertpapierabteilung Voraussetzung der Händlereigenschaft.

Besteht bei einer Wertpapierbörse oder bei der Wertpapierabteilung einer Börse ein besonderes Zulassungsverfahren, so gelten als Börsenbesucher nur solche Kaufleute, die zu der Wertpapierbörse oder Wertpapierabteilung mit der Befugnis zugelassen sind, am Börsenhandel teilzunehmen.

Die Händlereigenschaft von vereidigten Kursmaklern an einer Wertpapierbörse ist nicht auf Geschäfte über solche Wertpapiere beschränkt, bei deren amtlicher Kursfestsetzung sie zur Mitwirkung bestellt sind.

§ 58. Banken und Bankiers haben die unbeschränkte Händlereigenschaft. Als Banken und Bankiers gelten nur solche Kaufleute, die gewerbsmäßig Bankgeschäfte betreiben, in das Handelsregister eingetragen sind und für die der Abschluß von Geschäften über Wertpapiere Gegenstand ihres Gewerbes ist.

Banken und Bankiers, die einen Geschäftsbetrieb im Ortsgebiet einer inländischen Wertpapierbörse haben, besitzen die unbeschränkte Händlereigenschaft nur dann, wenn sie zu den Börsenbesuchern (§ 57) gehören und in die Händlerliste (§ 66) eingetragen sind.

Unterhält eine Bank oder ein Bankier Niederlassungen an verschiedenen Orten, so hat jede Niederlassung die unbeschränkte Händlereigenschaft, wenn bei ihr die Voraussetzungen für die unbeschränkte Händlereigenschaft vorliegen. Eine nicht im Ortsgebiet einer Börse befindliche Niederlassung verliert die Händlereigenschaft, wenn im Ortsgebiet einer Börse eine Niederlassung besteht, deren Eintragung in die Händlerliste abgelehnt oder nicht binnen einer Woche nach der Errichtung beantragt ist. Die Beschwerde gegen den ablehnenden Bescheid hat keine aufschiebende Wirkung.

Unterhalten Banken oder Bankiers, die die unbeschränkte Händlereigenschaft besitzen, außerhalb des

Ortsgebiets einer Wertpapierbörse im Handelsregister nicht eingetragene Niederlassungen, so haben diese ebenfalls die Händlereigenschaft.

Niederlassungen, die einer im Ortsgebiet derselben Börse befindlichen Haupt- oder Zweigniederlassung untergeordnet sind, haben die unbeschränkte Händlereigenschaft, wenn die übergeordnete Niederlassung die unbeschränkte Händlereigenschaft besitzt.

§ 59. Banken und Bankiers (§ 58 Abs. 1), die ihren Geschäftsbetrieb im Ortsgebiet einer inländischen Wertpapierbörse haben, aber nicht zu den Börsenbesuchern (§ 57) gehören, kann auf Antrag die unbeschränkte Händlereigenschaft von dem die unmittelbare Aufsicht über die Börse ausübenden Handelsorgan (Handelskammer, kaufmännische Korporation — § 1 Abs. 2 des Börsengesetzes) bewilligt werden. Diese Personen erlangen die unbeschränkte Händlereigenschaft erst mit der Eintragung in die Händlerliste (vgl. § 67 Abs. 5).

Die erteilte Bewilligung kann ohne Angabe von Gründen zurückgenommen werden. Sie muß auf Ersuchen der für die betreffende Handelskammer zuständigen obersten Landesbehörde oder der von ihr bezeichneten Stelle zurückgezogen werden.

Gegen den ablehnenden Bescheid und gegen die Rücknahme der Bewilligung ist die Beschwerde an die oberste Landesbehörde zulässig. Die Beschwerde gegen die Rücknahme hat keine aufschiebende Wirkung.

Die Erteilung der Bewilligung oder deren Rücknahme ist der die Händlerliste führenden Stelle (Börsenvorstand) und dem mit der Verwaltung der Börsenumsatzsteuer befaßten Finanzamt des Sitzes der Börse mitzuteilen.

Erstreckt sich das Ortsgebiet einer Börse (§§ 64, 65) über verschiedene Länder und wird die Händlereigenschaft für eine Niederlassung gewährt, die außerhalb des Landes liegt, in dem die Börse ihren Sitz hat, so setzt sich die für die Börse zuständige Handelskammer vor einer Entscheidung gemäß Abs. 1 bis 4 mit der Handelskammer ins Benehmen, in deren Bezirk sich der Ort der Niederlassung befindet. Entsprechendes gilt für die übergeordneten Landesbehörden.

§ 60. Ausländische Banken und Bankiers haben die unbeschränkte Händlereigenschaft für ihren im Ausland geführten Geschäftsbetrieb auch dann, wenn sie nicht in das Handelsregister eingetragen sind.

Niederlassungen ausländischer Banken im Ortsgebiet einer inländischen Wertpapierbörse haben die Händlereigenschaft auch dann, wenn sie nicht zu den Börsenbesuchern (§ 57) gehören, sofern die Banken juristische Personen sind und die für die Börse zuständige Landesregierung die Niederlassung zum Gewerbebetrieb zugelassen hat.

Ausländische Niederlassungen inländischer Banken haben die unbeschränkte Händlereigenschaft nur dann, wenn die inländische Hauptniederlassung die unbeschränkte Händlereigenschaft besitzt.

§ 61. Die unbeschränkte Händlereigenschaft steht zu

1. der Reichsbank und den Staatsbanken der Länder,
2. der Deutschen Golddiskontbank,
3. der Deutschen Rentenbank in Berlin,
4. der Deutschen Rentenbank-Kreditanstalt (Landwirtschaftliche Zentralbank) in Berlin,

5. der Bank für deutsche Industrieobligationen in Berlin,
6. der Preußischen Zentralgenossenschaftskasse in Berlin,
7. den von Körperschaften des öffentlichen Rechts gegründeten und geleiteten Banken und Kreditanstalten; für Sparkassen und Girozentralen gelten die Bestimmungen des § 63,
8. den durch staatliche Verleihung geschaffenen inländischen Körperschaften städtischer und ländlicher Grundbesitzer (Landschaften, Stadtschaften usw.),
9. der Bayerischen Landwirtschaftsbank, eingetragene Genossenschaft mit beschränkter Haftpflicht in München.

Soweit die im Abs. 1 bezeichneten Banken usw. eine Niederlassung im Ortsgebiet einer inländischen Wertpapierbörse haben, besitzt die Niederlassung die Händlereigenschaft nur dann, wenn sie in die Händlerliste (§ 66) eingetragen ist.

§ 62. Die unbeschränkte Händlereigenschaft besitzen:

1. in das Genossenschaftsregister eingetragene Kreditgenossenschaften, wenn sie einem Revisionsverband angehören (§ 46 zu d d. Ges.),
2. Zentralen der in das Genossenschaftsregister eingetragenen und einem Revisionsverband angehörigen Kreditgenossenschaften (Zentralgenossenschaften, Zentraldarlehnskassen).

Soweit die im Abs. 1 bezeichneten Genossenschaften oder Zentralen ihren Geschäftsbetrieb im Ortsgebiet einer inländischen Wertpapierbörse haben, besitzen sie die Händlereigenschaft nur dann, wenn sie in die Händlerliste (§ 66) eingetragen sind.

Der Verbandsvorstand jedes Revisionsverbandes ist verpflichtet, bis zum 1. April 1928 ein Verzeichnis der dem Verband angeschlossenen Kreditgenossenschaften dem zur Verwaltung der Börsenumsatzsteuer zuständigen Finanzamt einzureichen, in dessen Zuständigkeitsbereich die Genossenschaften ihren Sitz haben. Veränderungen in dem Bestande der angeschlossenen Kreditgenossenschaften sind alsbald nach dem Eintritt der Veränderung dem Finanzamt mitzuteilen. Soweit die Kreditgenossenschaften ihren Geschäftsbetrieb im Ortsgebiet einer inländischen Börse haben, besteht die Mitteilungspflicht auch gegenüber der die Händlerliste führenden Stelle.

§ 63. Öffentliche sowie unter Staatsaufsicht stehende Sparkassen haben,

1. wenn sie der Körperschaftsteuer unterliegen: die unbeschränkte Händlereigenschaft (§ 56 Abs. 1),
2. wenn sie der Körperschaftsteuer nicht unterliegen: die beschränkte Händlereigenschaft (§ 56 Abs. 2).

Die Girozentralen der Gemeinden, der Gemeinde- und Sparkassenverbände haben die Händlereigenschaft (§ 56) insoweit, als sie nach der Satzung, nach reichs- oder landesrechtlichen Bestimmungen befugt sind, Geschäfte über Gegenstände der im § 52 Abs. 1 zu a bis d des Gesetzes bezeichneten Art abzuschließen oder zu vermitteln.

Hat eine Sparkasse oder Girozentrale ihren Geschäftsbetrieb im Ortsgebiet einer inländischen Wertpapierbörse, so erlangt sie die Händlereigenschaft nur dann, wenn sie in die Händlerliste (§ 66) eingetragen wird.

II. Ortsgebiet der Wertpapierbörsen.

§ 64. Als Wertpapierbörsen im Sinne dieser Bestimmungen gelten inländische staatlich anerkannte Börsen, deren Einrichtungen für den Handel mit Aktien, anderen Anteilen oder Schuldverschreibungen bestimmt sind.

Als Ortsgebiet einer Wertpapierbörse gilt der Bezirk der Gemeinde, in dem die Börse ihren Sitz hat. Zum Ortsgebiet einer Börse gehören die Orte, die nach den zu Art. 91a Abs. 2 der Wechselordnung erlassenen Bestimmungen als benachbarte anzusehen sind.

Der Reichsminister der Finanzen ist ermächtigt, mit Zustimmung der für die Börse und die Orte zuständigen obersten Landesbehörden die Ortsgebiete der Börsen abweichend von den vorstehenden Bestimmungen abzugrenzen. Die Abgrenzung wird öffentlich bekanntgemacht.

§ 65. Für die nachstehend bezeichneten Wertpapierbörsen gelten als Ortsgebiet

1. für die Börse in B e r l i n :
   die Bezirke der Stadtgemeinden Berlin und Potsdam;
2. für die Börse in B r e m e n :
   das bremische Stadt- und Landgebiet;
3. für die Börsen in D ü s s e l d o r f und E s s e n :
   der Stadt- und Landkreis Essen, die Stadtkreise Mülheim-Ruhr und Oberhausen, die Stadt- und Landkreise Bochum und Gelsenkirchen, die Stadtkreise Herne und Witten, der Kreis Hattingen,

der Stadt- und Landkreis Dortmund, die Stadtkreise Hagen und Recklinghausen, der Stadt- und Landkreis Düsseldorf, die Stadtkreise Duisburg, Hamborn, Sterkrade, Homberg, Mörs und Neuß, der Stadt- und Landkreis Krefeld;

4. für die Börse in Hamburg:
das hamburgische Staatsgebiet mit Ausnahme des Amtes Ritzebüttel, die Gemeindebezirke Altona und Wandsbek;

5. für die Börse in Köln:
der Stadt- und Landkreis Köln und der Landkreis Mülheim;

6. für die Börse in Königsberg:
die Bezirke der Stadtgemeinden Königsberg und der Gemeinden Juditten, Metgethen, Fischhausen, Pillau, Cranz, Neukuhren und Rauschen;

7. für die Börse in Lübeck:
das Lübecker Staatsgebiet;

8. für die Börse in München:
die Bezirke der Stadtgemeinden München und Pasing;

9. für die Börse in Stettin:
die Bezirke der Stadtgemeinde Stettin und der Gemeinden Güstow, Scheune, Pommerensdorf, Züllchow, Frauendorf, Gotzlow, Stolzenhagen, Kratzwieck, Glienken, Cavelwisch, Altdamm, Finkenwalde und Podejuch.

III. Händlerliste.

§ 66. Für jede inländische staatlich anerkannte Wertpapierbörse wird vom Börsenvorstand im Auftrage und unter Aufsicht der für die Börse zuständigen Handelskammer eine Liste (Händlerliste) geführt. Die Händlerliste enthält die Personen (Einzelpersonen, Firmen, Personenvereinigungen, Niederlassungen, Anstalten), die einen Geschäftsbetrieb im Ortsgebiet der Börse haben und die nach den §§ 56 bis 59, 61 bis 63 die Händlereigenschaft besitzen.

Die Liste hat zwei Abteilungen. Zur ersten Abteilung gehören die Personen, die die unbeschränkte Händlereigenschaft haben, zur zweiten Abteilung gehören die Sparkassen und Girozentralen, deren Händlereigenschaft nach § 56 Abs. 2, § 63 beschränkt ist.

§ 67. Der Antrag auf Eintragung in die Händlerliste ist an den Börsenvorstand zu richten. Der Börsenvorstand entscheidet über den Antrag.

Der Börsenvorstand wacht darüber, daß Personen, bei denen die Voraussetzungen für die Eintragung in die Händlerliste weggefallen sind, in der Liste gelöscht werden. Das mit der Verwaltung der Börsenumsatzsteuer befaßte Finanzamt kann die Löschung beantragen.

In den Fällen des § 59 ist der Börsenvorstand an die Entscheidung des die unmittelbare Aufsicht über die Börse ausübenden Handelsorgans und der obersten Landesbehörde gebunden.

Gegen die Ablehnung der Eintragung oder gegen die Löschung ist Beschwerde an die für die Börse zuständige Handelskammer, gegen deren Entscheidung die weitere Beschwerde an die oberste Landesbehörde zulässig. Das gleiche Beschwerderecht steht dem Finanzamt gegen die Eintragung in die Liste oder gegen die Ablehnung eines Löschungsantrages zu.

Ist die Händlereigenschaft gemäß § 59 bewilligt worden, so nimmt der Börsenvorstand die Eintragung auf Grund der Mitteilung der Handelskammer vor. Ein besonderer Antrag des Händlers ist nicht erforderlich.

§ 68. Die Händlerliste liegt während der Dienststunden der Geschäftsstelle des Börsenvorstandes öffentlich aus. Gegen Erstattung der Auslagen kann eine Abschrift der Eintragung verlangt werden.

Der Börsenvorstand ist verpflichtet, dem mit der Verwaltung der Börsenumsatzsteuer befaßten Finanzamt des Sitzes der Börse jede Eintragung und jede Löschung unverzüglich mitzuteilen. Das Finanzamt teilt, falls die Mitteilung sich auf Niederlassungen bezieht, für die ein anderes Finanzamt zuständig ist, diesem die Eintragung oder Löschung mit.

§ 69. Ist ein Händler, der seinen Geschäftsbetrieb im Ortsgebiet einer inländischen Wertpapierbörse hat, wegen Hinterziehung von Börsenumsatzsteuer verurteilt, so benachrichtigt das Finanzamt den Börsenvorstand von dem Straferkenntnis (Urteil, Strafbescheid, Niederschrift über eine Unterwerfungsverhandlung), sobald es rechtskräftig geworden ist.

C. Entrichtung der Steuer.

I. Gemeinsame Bestimmungen.

§ 70. Werden Anschaffungsgeschäfte im Inland abgeschlossen, so sind zur Entrichtung der Steuer zunächst verpflichtet

1. bei Händlergeschäften: jeder Händler je zur Hälfte;
2. bei Geschäften, die nicht Händlergeschäfte sind:
   a) wenn ein Vertragsteil Händler ist (Kundengeschäfte): der Händler,
   b) wenn kein Vertragsteil Händler ist (Privatgeschäfte): der Veräußerer.

Werden Anschaffungsgeschäfte im Ausland abgeschlossen und sind beide Vertragsteile Inländer (§ 41 Abs. 2 Satz 2 d. Ges.), so gilt Abs. 1.

Werden Anschaffungsgelchäfte im Ausland abgeschlossen und ist nur der eine Vertragsteil Inländer, so ist der inländische Vertragsteil zur Entrichtung der Steuer verpflichtet.

In den Fällen der Abs. 1, 2 sind die übrigen Vertragsteile zur Entrichtung der Steuer in zweiter Linie verpflichtet.

§ 71. Die Steuer wird entrichtet:
1. durch Zahlung des Steuerbetrages an das Finanzamt (Finanzkasse):
   a) soweit die Versteuerung im Abrechnungsverfahren vorgeschrieben ist (§ 73),
   b) soweit Anschaffungsgeschäfte öffentlich beurkundet werden (§ 92);
2. durch Verwendung von Börsenumsatzsteuermarken zu Schlußnoten:
   in allen übrigen Fällen.

§ 72. Wird der Kaufpreis in ausländischer Währung vereinbart, so werden die in ausländischer Währung ausgedrückten Beträge zur Berechnung der Steuer nach den für die Wechselsteuer geltenden Bestimmungen in Reichswährung umgerechnet.

II. Abrechnungsverfahren.

§ 73. Personen, die nach §§ 56 bis 63 die Händlereigenschaft besitzen, müssen die Steuer im Abrechnungsverfahren entrichten. Sie dürfen die Steuer auch für einzelne Geschäfte nicht durch Verwendung von Börsenumsatzsteuermarken entrichten. Anschaffungsgeschäfte des Abrechners, die öffentlich beurkundet werden (§ 92), fallen nicht unter das Abrechnungsverfahren.

Die Abrechner sind verpflichtet, dem mit der Verwaltung der Börsenumsatzsteuer befaßten Finanzamt jede für die Überwachung der Steuerentrichtung wesentliche Änderung ihres Geschäftsbetriebes, insbesondere die Änderung der Firma, die Verlegung der Geschäftsräume usw., mitzuteilen.

Das Finanzamt trägt die Abrechner seines Zuständigkeitsbereichs in eine Liste nach Muster 8 ein und überwacht nach der Abrechnerliste den rechtzeitigen Eingang der Anmeldung (§ 77) und der Steuer.

§ 74. Als Grundlage für das Abrechnungsverfahren dienen die Geschäftsbücher des Abrechners, in denen die Geschäfte über Aktien und andere Anteile, Genußscheine, Bezugsrechte sowie Schuld- und Rentenverschreibungen verzeichnet sind.

Die Geschäftsbücher sollen fest gebunden und mit fortlaufenden Seitenzahlen versehen sein. Als Geschäftsbuch kann auch jede Einrichtung der Buchführung des Abrechners angesehen werden, die ausreichende Sicherheit gegen ein Beiseiteschaffen einzelner Bestandteile der Buchungseinrichtung oder einzelner Eintragungen und Buchungen bietet. Als eine solche Sicherheit ist insbesondere die Aufstellung einer Tagesbilanz anzusehen, die eine Übersicht über die Summe sämtlicher Buchungen dieses Tages und die Nummern der einzelnen Buchungsbogen gewährleistet.

Der Abrechner ist verpflichtet, bei Beginn der Entrichtung der Steuer im Abrechnungsverfahren dem zuständigen Finanzamt anzugeben, welche Bücher (Konten) als Grundlage für das Abrechnungsverfahren dienen sollen. Diese Bücher müssen sämtliche vom Abrechner abgeschlossenen oder vermittelten Anschaffungsgeschäfte einschließlich der steuerfreien Geschäfte enthalten.

§ 75. Die Eintragung in das Geschäftsbuch muß binnen einer Woche, vom Tage des Geschäftsabschlusses ab gerechnet, vorgenommen werden. Sie muß enthalten:

1. Namen und Wohnort (Wohnung) des anderen Vertragsteils. Sind diese Angaben aus dem Verzeichnis der Börsenbesucher oder aus einem eigens geführten Register ersichtlich, so genügt der Name oder die Nummer des Registers. Ist der Abrechner Vermittler, so muß die Eintragung die Angaben für beide Vertragsteile enthalten;
2. Gegenstand und Bedingungen des Geschäfts, insbesondere Preis und Wert des Gegenstands, bei anderen als Kassageschäften auch Zeit der Lieferung;
3. Betrag der Steuer;
4. Grund für die Steuerfreiheit oder Steuerermäßigung, sofern er sich nicht aus dem sonstigen Inhalt der Eintragung ergibt.

Ist eine Aussetzung der Versteuerung erforderlich, so wird dies bei der Buchung vermerkt. Sobald die Berechnung der Steuer möglich geworden ist, ist die Steuer durch eine besondere Buchung in dem Geschäftsbuch zu verrechnen und bei dieser auf die frühere Buchung zu verweisen. Für die Berechnung der Eintragungsfristen gilt als Tag des Geschäftsabschlusses der Tag, an dem die Berechnung der Steuer möglich geworden ist.

§ 76. Unrichtige Eintragungen können durch eine neue Buchung berichtigt werden.

Ist der eingetragene Steuerbetrag zu niedrig, so wird der Unterschied durch Eintragung in das laufende Geschäftsbuch nachträglich verrechnet. Bei jeder der beiden Buchungen ist auf die andere Buchung zu verweisen.

Ist der eingetragene Steuerbetrag zu hoch, so kann der Unterschied im laufenden Geschäftsbuch zurückgebucht werden, wenn seit dem Ende des Monats, in dem die unrichtige Eintragung vorgenommen worden ist, nicht mehr als sechs Monate verstrichen sind. Die zurückgebuchten Steuerbeträge sind besonders kenntlich zu machen. Die zurückgebuchten Posten werden für den Abrechnungszeitraum aufgerechnet, ihre Summe wird von dem Gesamtbetrag der abzuführenden Steuer abgesetzt. Bei der Rückbuchung ist auf die frühere Buchung zu verweisen.

Ist die im Abs. 3 bezeichnete Frist abgelaufen, so kann die Erstattung der Steuer nur auf Antrag des Abrechners durch das mit der Verwaltung der Börsenumsatzsteuer befaßte Finanzamt verfügt werden. Das Finanzamt kann verlangen, daß ihm die Geschäftsbücher, die die unrichtigen Eintragungen enthalten, und die sonst erforderlichen Schriftstücke und Belege vorgelegt werden. Das Finanzamt soll von der Vorlegung der Geschäftsbücher absehen, wenn auf andere Weise nachgewiesen wird, daß die Steuer entrichtet ist; in diesem Falle verfügt das Finanzamt die Erstattung unter Vorbehalt der Nachprüfung.

Die Reichsbank kann die im Abs. 3 vorgesehene Rückbuchung von Steuerbeträgen bis zum Schlusse des Jahres vornehmen, das auf das Jahr folgt, in dem das Anschaffungsgeschäft abgeschlossen ist.

§ 77. Die in den Geschäftsbüchern enthaltenen Beträge an Börsenumsatzsteuer sind für jeden Kalendermonat (Abrechnungszeitraum) aufzurechnen und bis zum 10. des auf den Abrechnungszeitraum folgenden Monats an die Kasse des mit der Verwaltung der Börsenumsatzsteuer befaßten Finanzamts abzuführen. Das Finanzamt kann den Abrechnungszeitraum für Geschäftsbetriebe, bei denen steuerpflichtige Geschäfte nur in geringem Umfange vorkommen, bis auf 6 Monate verlängern.

Die Abführung der Steuer muß dem Finanzamt bis zum 10. des auf den Abrechnungszeitraum folgenden Monats nach Muster 9 (unten Seite 428) doppelt angemeldet werden. Der Abrechner muß in der Anmeldung versichern, daß in den Geschäftsbüchern, die er dem Finanzamt als Grundlage für das Abrechnungsverfahren benannt habe (§ 74 Abs. 3), sämtliche in seinem Geschäftsbetrieb abgeschlossenen oder vermittelten Anschaffungsgeschäfte (einschließlich der steuerfreien) mit den auf ihn entfallenden Steuerbeträgen eingetragen sein und daß die Summe der einzelnen

Eingegangen am ....
Anmeldungsbuch Nr. ....
Abrechnerliste Nr. ....

Muster 9

(Ausf.- u. Durchf.-Best. § 77)

(In 2 Stücken einreichen)

Anmeldung

de .... in ....
(Firmenbezeichnung) (Ort) (Straße, Nr.)

zur Entrichtung der Börsenumsatzsteuer im Abrechnungsverfahren

Im Monat / In den Monaten .... 19...... sind in den Geschäftsbüchern, die ich / wir nach § 71 Abs. 3 der Ausf.- u. Durchf.-Best. zum Kapitalverkehrsteuergesetz als Grundlage für das Abrechnungsverfahren bezeichnet habe..., insgesamt .... *RM* .... *Rpf* Börsenumsatzsteuer eingetragen worden.

Den Gesamtbetrag der Steuer von .... *RM* .... *Rpf*, in Worten: ....,
habe ich / haben wir an das Finanzamt (Finanzkasse) in ....
am .... durch .... abgeführt.

Sämtliche von mir / uns abgeschlossenen oder vermittelten Anschaffungsgeschäfte (einschließlich der steuerfreien) sind unter Angabe des für jedes Geschäft auf mich / uns entfallenden Steuerbetrags in den obenbezeichneten Geschäftsbüchern eingetragen. Die Summe der einzelnen Steuerbeträge ergibt den angemeldeten Gesamtsteuerbetrag.

Ich versichere / Wir versichern, daß ich / wir die Angaben nach bestem Wissen und Gewissen gemacht habe / haben.

....
(Unterschrift)

Quittung

Betrag erhalten. Nr. ... des Einnahmebuchs für das .. Viertel 19.. .
...., den .... 19.... .

Finanzamt (Finanzkasse) ....

....
(Unterschriften)

Steuerbeträge den angemeldeten Gesamtbetrag ergebe. Er hat ferner zu versichern, daß er die Angaben nach bestem Wissen und Gewissen gemacht habe.

Das Finanzamt prüft die Anmeldung und leitet beide Stücke der Kasse des Finanzamts zu. Die Kasse vereinnahmt den gezahlten Steuerbetrag und bescheinigt den Empfang auf beiden Stücken der Anmeldung. Das eine Stück der Anmeldung wird dem Abrechner zurückgegeben, das andere wird Beleg zum Anmeldungsbuch. Der Abrechner hat die ihm zurückgegebenen Stücke der Anmeldungen zeitlich geordnet Jahre aufzubewahren.

Ist für einen Abrechnungszeitraum keine Börsenumsatzsteuer abzuführen, so ist der Abrechner verpflichtet, dies dem Finanzamt anzuzeigen.

§ 78. Der Abrechner ist verpflichtet, seine Geschäftsbücher mit den zugehörigen Belegen dem Finanzamt auf Verlangen vorzulegen. Auf Antrag kann das Finanzamt die Vorlegung in den Geschäftsräumen des Abrechners widerruflich zulassen. Dem Antrag soll entsprochen werden, wenn es nach den Geschäftsverhältnissen des Abrechners geboten erscheint.

III. Verwendung von Steuermarken zu Schlußnoten.

1. Börsenumsatzsteuermarken.

§ 79. Die Börsenumsatzsteuermarken lauten auf Steuerbeträge von 5, 10, 20, 50 Reichspfennig, 1, 2, 5, 10, 20, 50, 100, 200 und 500 Reichsmark.

Die Marken sind einschließlich der gezähnten weißen Ränder 24 mm hoch und 61 mm breit. Sie haben, soweit sie über Pfennigbeträge lauten, einen braunen, soweit sie über Markbeträge lauten, einen blaugrauen Untergrund und tragen in der Mitte eine Umrandung mit der Inschrift „Börsenumsatzsteuer". Die Marken zu 200 und 500 Reichsmark sind außerdem mit einer grauen Schraffur als Schutzdruck versehen. Eine Lochreihe macht die Marke in zwei gleiche Teile zerlegbar, von denen jeder auf dem oberen Rande die Wertbezeichnung, darunter den Vordruck „den" für das Datum der Verwendung, ferner in der äußeren unteren Ecke die Zahl der Pfennige oder Mark, auf welche die Marken lauten, unter Hinzufügung der Buchstaben „Pf" oder „M" und außerdem die fortlaufenden Nummern der Marken in schwarzer Farbe enthält.

Die Marken für Warengeschäfte tragen außerdem in schwarzem Aufdruck den Buchstaben „W".

§ 80. Die Börsenumsatzsteuermarken werden von der Reichsdruckerei hergestellt und zu einem von dem Reichsminister der Finanzen festgesetzten Herstellungspreis ausschließlich an das Reichsfinanzzeugamt abgegeben. Das Reichsfinanzzeugamt beliefert die Finanzämter.

Die Marken werden von den Finanzämtern, und zwar auch von den mit der Verwaltung der Börsenumsatzsteuer nicht befaßten, zum Preise der auf ihnen angegebenen Steuerbeträge verkauft. Die Präsidenten der Landesfinanzämter können einzelne Finanzämter vom Verkauf der Börsenumsatzsteuermarken ausnehmen.

Der Reichsminister der Finanzen kann den Verkauf der Marken auch anderen Behörden, Stellen und einzelnen Personen übertragen. Er bestimmt, ob und welche Vergütung für den Verkauf gewährt wird.

§ 81. Unbeschädigte Börsenumsatzsteuermarken können bei den mit dem Verkauf von Börsenumsatzsteuermarken befaßten Finanzämtern gegen Börsenumsatzsteuermarken anderer Wertbeträge umgetauscht werden. Ein Ersatz in Geld findet nur in Ausnahmefällen statt.

§ 82. Beschädigte Börsenumsatzsteuermarken oder solche Marken, mit denen beschädigte Schlußnoten versehen sind, werden von den mit dem Verkauf von Börsenumsatzsteuermarken befaßten Finanzämtern ersetzt, wenn von den Steuermarken oder Schlußnoten noch kein oder doch kein solcher Gebrauch gemacht worden ist, daß durch den Ersatz das Steuerinteresse gefährdet wird. Der Ersatz ist ausgeschlossen, wenn auf den Marken Radierungen, Durchstreichungen oder Überschreibungen vorgenommen worden sind oder wenn die Marken von den Schlußnoten abgelöst oder aus ihnen ausgeschnitten worden sind. Marken, die einen Entwertungsvermerk tragen, werden nicht ersetzt.

Der Ersatz wird in Marken geleistet. Ein Ersatz in Geld findet nur in Ausnahmefällen statt.

Die zurückgenommenen Marken werden in Gegenwart zweier Beamten des Finanzamtes vernichtet. Über die Vernichtung wird eine Verhandlung aufgenommen, die Beleg zum Börsenumsatzsteuermarkenbuch (§ 83) wird.

§ 83. Die Finanzämter führen über den Eingang und Ausgang der Börsenumsatzsteuermarken ein Börsenumsatzsteuermarkenbuch nach Muster 10. Werden beschädigte Marken ersetzt, so werden lediglich die als

Ersatz gegebenen Marken im Markenbuch als Ausgang gebucht.

Das Steuermarkenbuch wird für je ein Rechnungsjahr geführt, monatlich und vierteljährlich aufgerechnet und am Ende des Rechnungsjahrs abgeschlossen. Der Bestand wird in das Steuermarkenbuch für das nächste Rechnungsjahr übertragen.

Das Börsenumsatzsteuermarkenbuch wird alsbald nach seinem Abschluß mit den Belegen dem Präsidenten des Landesfinanzamts zur Prüfung vorgelegt.

2. Schlußnoten.

§ 84. Die Schlußnote besteht aus zwei übereinstimmenden Hälften. Für jeden Vertragsteil ist eine Hälfte bestimmt.

Jede Schlußnotenhälfte muß den Namen und Wohnort der beiden Vertragsteile sowie des Vermittlers, den Gegenstand und die Bedingungen des Geschäfts, insbesondere den Preis, den Wert des Gegenstandes und die sonstigen für die Steuerberechnung maßgebenden Angaben, bei anderen als Kassageschäften auch die Zeit der Lieferung enthalten. Die Unterschrift des Ausstellers ist nicht erforderlich. Die Schlußnote soll an dem oberen Teile der Vorderseite einen über beide Schlußnotenhälften greifenden Vordruck haben, durch den die für die Aufnahme der Marken bestimmte Stelle bezeichnet wird. Als Vorbild dient Muster 11. (Unten S. 433.)

Die Schlußnote muß in deutscher Sprache und, sofern es sich nicht um Geschäfte über ausländische Werte handelt, in deutscher Währung ausgestellt wer-

Muster 11

(Ausf.- u. Durchf.-Best. § 84)

Schlußnote Nr. ....

.........., den .... 19..

Von ....

in ....

An ....

in ....

Gegenstand des Geschäfts:

Lieferungstermin:

Preis oder Kurs:

Wert des Gegenstands:

Sonstige Bemerkungen*):

Vermittelt durch: ....

in ....

Ra um

für die Verw endung von

Steuer marken

durchlocht

Schlußnote Nr. ....

.........., den .... 19..

Von ....

in ....

An ....

in ....

Gegenstand des Geschäfts:

Lieferungstermin:

Preis oder Kurs:

Wert des Gegenstands:

Sonstige Bemerkungen*):

Vermittelt durch: ....

in ....

*) Sonstige für die Steuerberechnung maßgebende Angaben.

den. Der Wert des Gegenstandes des Geschäfts ist stets in deutscher Währung anzugeben.

In der Schlußnote dürfen Radierungen und Überschreibungen nicht vorgenommen werden. Bei Durchstreichungen darf das ursprünglich Geschriebene nicht unleserlich gemacht werden.

§ 85. Die Marken müssen, soweit in § 87 Abs. 3, § 88 Abs. 3, § 89 Abs. 2 Nr. 2 nichts anderes bestimmt ist, derart aufgeklebt werden, daß jede Hälfte einer Schlußnote eine Hälfte derselben Marke trägt. Die auf der einen Schlußnotenhälfte befindliche Markenhälfte muß die gleiche Nummer haben wie die auf der anderen Schlußnotenhälfte.

Zur Entwertung ist an der durch den Vordruck bezeichneten Stelle jeder Markenhälfte der Tag der Entwertung, und zwar der Tag und das Jahr mit arabischen Ziffern, der Monat mit Buchstaben einzutragen. Allgemein übliche und verständliche Abkürzungen der Monatsangabe mit Buchstaben sowie die Weglassung der beiden ersten Zahlen der Jahresbezeichnung sind zulässig (z. B. 15. Sept. 27). Dem Entwertungsvermerk darf die Firma oder der Name des Ausstellers der Schlußnote hinzugefügt werden.

Der Tag der Entwertung ist mit Tinte einzutragen. Die Eintragung darf ganz oder teilweise mit Schreibmaschine oder durch Stempelaufdruck hergestellt werden; in diesem Falle muß der Vermerk in seinem ganzen Umfang auf jeder Markenhälfte enthalten sein, braucht aber nicht an der durch den Vordruck bezeichneten Stelle zu stehen. Radierungen, Durchstreichungen und Überschreibungen auf der Marke sind unzulässig.

Marken, die nicht richtig entwertet sind, gelten als nicht verwendet. Die Entwertung kann dadurch richtiggestellt werden, daß die Schlußnoten einem mit dem Verkauf von Börsenumsatzsteuermarken befaßten Finanzamt vorgelegt und die Marken mit einem Abdruck des Dienststempels des Finanzamts versehen werden. Das Finanzamt kann die Entwertung ablehnen, wenn der Verdacht der Steuerhinterziehung oder Steuergefährdung vorliegt.

IV. Verfahren bei den einzelnen Arten von Geschäften.

§ 86. Bei den im Inland abgeschlossenen Händlergeschäften muß jeder Händler binnen einer Woche, vom Tage des Geschäftsabschlusses ab gerechnet, die auf ihn entfallende Steuer in seinen Büchern verrechnen. Der auf jeden Händler entfallende Steuerteil beträgt mindestens 5 Reichspfennig, höhere Steuerteilbeträge sind auf 5 Reichspfennig aufzurunden.

Der Händler, der die im Bankverkehr übliche Abrechnung erteilt, ist verpflichtet, auf die Abrechnung und das bei ihm verbleibende Doppel (Durchschlag) der Abrechnung den Vermerk „Händlergeschäft" zu setzen. Wird eine Schlußnote ausgestellt, so ist der Vermerk in die Schlußnote aufzunehmen.

Geht dem anderen Händler eine Abrechnung nicht zu oder fehlt der vorgeschriebene Vermerk, so muß er binnen zwei Wochen, vom Tage des Geschäftsabschlusses ab gerechnet, auch die auf seinen Vertragsgegner entfallende Steuer in seinen Büchern verrechnen und ihm dies mitteilen.

Die nach Abs. 3 entrichtete Steuer wird nach § 76 Abs. 3 bis 5 zurückgebucht oder erstattet, wenn nachgewiesen wird, daß der erste Händler die auf ihn entfallende Steuer entrichtet hat.

§ 87. Schließt ein Händler im Inland Geschäfte mit Personen ab, die nicht Händler sind (Kundengeschäfte), so ist er verpflichtet, spätestens binnen einer Woche, vom Tage des Geschäftsabschlusses ab gerechnet, dem anderen Vertragsteil schriftlich den Betrag der Steuer mitzuteilen und anzuzeigen, daß er die Steuer in seinen Geschäftsbüchern mit dem Finanzamt verrechnet habe (Verrechnungsanzeige). Wird eine Abrechnung oder eine Schlußnote erteilt, so ist der Inhalt der Verrechnungsanzeige in die Abrechnung oder Schlußnote aufzunehmen. In diesem Falle genügt folgender Wortlaut:

.... RM ..... RPf
Börsenumsatzsteuer verrechnet.

Der Abrechner ist verpflichtet, ein Doppel (Durchschlag) der Verrechnungsanzeige zurückzubehalten.

Geht dem anderen Vertragsteil eine Verrechnungsanzeige nicht zu, so ist er verpflichtet, binnen zwei Wochen, vom Tage des Geschäftsabschlusses ab gerechnet, eine Schlußnote auszustellen, zum vollen Betrage zu versteuern und die eine Hälfte der Schlußnote an den Händler abzusenden.

Geht dem anderen Vertragsteil eine Verrechnungsanzeige zu, aus der sich ergibt, daß eine zu niedrige Steuer verrechnet ist, so ist er verpflichtet, binnen zwei Wochen, vom Tage des Geschäftsabschlusses ab gerechnet, entweder eine Schlußnote auszustellen, zum fehlenden Betrage zu versteuern und die eine Hälfte der Schlußnote an den Händler abzusenden oder den fehlenden Steuerbetrag in ungeteilten Börsenumsatzsteuermarken zu der Verrechnungsanzeige zu verwenden.

Die nach Abs. 2, 3 entrichtete Steuer wird auf Antrag erstattet, wenn nachgewiesen wird, daß der Abrechner seine Verpflichtungen im vollen Umfang erfüllt hat.

§ 88. Bei im Inland abgeschlossenen Privatgeschäften ist der Veräußerer verpflichtet, spätestens binnen einer Woche, vom Tage des Geschäftsabschlusses ab gerechnet, eine Schlußnote auszustellen, zu ihr die erforderlichen Steuermarken gemäß § 85 zu verwenden und eine mit einer Markenhälfte versehene Schlußnotenhälfte an den anderen Vertragsteil abzusenden. Die Schlußnote darf von dem Aussteller nicht unversteuert aus der Hand gegeben werden, es sei denn, daß es sich um steuerfreie Geschäfte handelt.

Ist dem Erwerber eine versteuerte Schlußnote nicht zugegangen, so ist er verpflichtet, binnen zwei Wochen, vom Tage des Geschäftsabschlusses ab gerechnet, eine Schlußnote auszustellen, zu versteuern und die eine Hälfte an den Veräußerer abzusenden.

Ist dem Erwerber eine zu niedrig versteuerte Schlußnotenhälfte zugegangen, so ist er verpflichtet, binnen zwei Wochen, vom Tage des Geschäftsabschlusses ab gerechnet, den fehlenden Steuerbetrag zu seiner Schlußnotenhälfte zu verwenden. In diesem Falle sind die Börsenumsatzsteuermarken ungeteilt auf der Schlußnotenhälfte aufzukleben und zu entwerten.

Die nach Abs. 2, 3 entrichtete Steuer wird auf Antrag erstattet, wenn nachgewiesen wird, daß der Veräußerer seine Verpflichtungen im vollen Umfang erfüllt hat.

§ 89. Sind bei im Ausland abgeschlossenen Geschäften beide Vertragsteile Inländer, so gelten die Bestimmungen, die für die im Inland abgeschlossenen Geschäfte vorgesehen sind (§§ 86 bis 88).

Ist bei im Ausland abgeschlossenen Geschäften nur ein Vertragsteil Inländer, so muß er die volle Steuer für Auslandsgeschäfte (§ 55, § 41 Abs. 2, 3 d. Ges.) entrichten. Er ist verpflichtet:

1. wenn er Händler ist: die Steuer binnen einer Woche, vom Tage des Geschäftsabschlusses ab gerechnet, in seinen Geschäftsbüchern zu verrechnen,
2. wenn er nicht Händler ist: binnen einer Woche, vom Tage des Geschäftsabschlusses ab gerechnet, eine Schlußnote auszustellen und Börsenumsatzsteuermarken in Höhe der fälligen Steuer ungeteilt zu seiner Schlußnotenhälfte zu verwenden.

§ 90. Ist ein Anschaffungsgeschäft durch briefliche oder fernschriftliche Annahmeerklärung abgeschlossen, so gilt für den Beginn der in §§ 75, 86 bis 89 bezeichneten Fristen als Tag des Geschäftsabschlusses

1. für den annehmenden Vertragsteil: der Tag, an dem er die Annahmeerklärung absendet,
2. für den anderen Vertragsteil: der Tag, an dem ihm die Annahmeerklärung zugeht.

Befindet sich bei im Ausland abgeschlossenen Geschäften ein Vertragsteil zur Zeit des Geschäftsabschlusses im Ausland, so beginnen für ihn die Fristen nicht vor dem Tage nach seiner Rückkehr ins Inland.

Wird die Abrechnung über ein Anschaffungsgeschäft nach den allgemeinen Geschäftsgepflogenheiten der Banken zur Zeit des Geschäftsabschlusses deshalb nicht erteilt, weil die Wertpapiere erst später geliefert werden, so beginnen die Fristen der §§ 75, 86, 87, 89 bei Termingeschäften an dem Tage, zu dem das Geschäft zu erfüllen ist, bei anderen Geschäften am Tage der Lieferung der Stücke. Wird über das Geschäft oder einen Teil des Geschäfts schon vorher abgerechnet, so beginnen die Fristen an dem Tage der Abrechnung.

§ 91. Die Schlußnoten müssen nach der Zeitfolge numeriert von den Personen (Einzelpersonen, Personenvereinigungen und Anstalten), die gewerbsmäßig der Börsenumsatzsteuer unterliegende Geschäfte abschließen oder vermitteln, zehn Jahre, von den anderen Personen fünf Jahre aufbewahrt werden.

Die Finanzämter können auf Antrag zulassen, daß die Schlußnoten anders als nach der Zeitfolge geordnet aufbewahrt werden, falls der Eingang der Steuer hinreichend gesichert erscheint und die Steuerprüfung nicht unverhältnismäßig erschwert wird.

Für die Verrechnungsanzeigen gelten die Fristen des Abs. 1 entsprechend. Die Verrechnungsanzeigen sind vom Händler so aufzubewahren, daß sie bei einer Nachprüfung ohne Verzögerung vorgelegt werden können.

V. Öffentliche Urkunden über Anschaffungsgeschäfte.

§ 92. Die Steuer für Anschaffungsgeschäfte, die öffentlich beurkundet werden, wird von dem mit der Verwaltung der Börsenumsatzsteuer befaßten Finanzamt festgesetzt und durch Zahlung des Steuerbetrags an die Kasse des Finanzamts entrichtet.

Für die Festsetzung der Steuer und das weitere Verfahren gelten die §§ 18, 19 entsprechend.

Die Bestimmungen der §§ 73 bis 91 werden nicht angewendet.

§ 93. Behörden, Beamte und Notare (Urkundspersonen), die eine Urkunde über ein der Börsenumsatzsteuer unterliegendes Anschaffungsgeschäft aufgenommen haben, sind verpflichtet, binnen einer Woche, von der Aufnahme der Urkunde ab gerechnet, dem mit der Verwaltung der Börsenumsatzsteuer befaßten Finanzamt eine für das Finanzamt bestimmte beglaubigte Abschrift der Urkunde zu übersenden. Die Absendung der beglaubigten Abschrift an das Finanzamt ist auf der Urschrift der Urkunde unter Angabe des Datums und des Finanzamts, dem die Abschrift übersandt ist, von der Urkundsperson zu bescheinigen. Das Finanzamt bestätigt unverzüglich den Eingang der Abschrift. Das Bestätigungsschreiben ist von der Urkundsperson mit der Urschrift der Urkunde zu verbinden.

Die Urkundspersonen dürfen den Beteiligten eine Ausfertigung oder beglaubigte Abschrift der Urkunde erst aushändigen, wenn das zuständige Finanzamt den Eingang der beglaubigten Abschrift bestätigt oder seine Zustimmung zur Aushändigung der Urkunde erteilt hat.

D. Steuerbefreiungen.

§ 94. Im Sinne des § 39 des Gesetzes gehören Wertpapiere zu derselben Gattung, wenn sie von demselben Aussteller ausgegeben sind und in ihnen eine dem Inhalt nach gleiche Berechtigung verbrieft ist.

Stückelung und Zinstermine der ausgetauschten Wertpapiere brauchen nicht übereinzustimmen.

Unter den von demselben Aussteller ausgegebenen Wertpapieren gehören insbesondere nicht zu derselben Gattung

1. Wertpapiere verschiedener Währung,
2. Aktien, Kuxe, Genußscheine und verzinsliche Wertpapiere,
3. Aktien, für die verschiedene Rechte in Betreff der Verteilung des Gewinns oder des Gesellschaftsvermögens (Stammaktien, Vorzugsaktien) oder des Stimmrechts festgesetzt sind oder für die eine verschiedene Art der Einziehung vorgeschrieben ist (§§ 185, 227, 252 HGB.). Inhaberaktien und Namensaktien gehören nicht zu derselben Gattung,
4. verzinsliche Wertpapiere mit verschiedenem Zinsfuß, verschiedener Sicherheit oder verschiedenen Rückzahlungsbedingungen (verlosbare, unverlosbare Wertpapiere, Wertpapiere mit verschiedener Kündigungszeit und Rückzahlungszeit, verschiedenem Rückzahlungsbetrag),
5. Genußscheine, die verschiedene Rechte gewähren.

Sind die Wertpapiere zu verschiedenen Zeiten ausgegeben, so werden sie als zu derselben Gattung gehörig angesehen, falls die übrigen Voraussetzungen für die Zugehörigkeit zur selben Gattung vorliegen, z. B. Stammaktien verschiedener Ausgaben, die einander gleichgestellt sind, Pfandbriefe verschiedener Emissionen mit demselben Zinsfuß, denselben Kündigungs- oder Rückzahlungsbedingungen und Sicherheiten.

§ 95. Geschäfte „an Aufgabe“ sind Geschäfte, bei denen der eine Vertragsteil eine Schlußnote annimmt, in der sich der Handelsmakler die Bezeichnung des anderen Vertragsteiles (der Aufgabe) vorbehalten hat, oder bei denen der eine Vertragsteil in den Abschluß eines durch den Handelsmakler abgeschlossenen Geschäfts einwilligt, ohne den anderen Vertragsteil (die Aufgabe) zu kennen (§§ 94, 95 HGB.). Bei Aufgabegeschäften ist, soweit es sich nicht um die Fälle der Abs. 2, 3 handelt, sowohl das vorbehaltlich der Aufgabe abgeschlossene Geschäft als auch die Benennung der Aufgabe als ein steuerpflichtiges Anschaffungsgeschäft zu behandeln.

Wird bei Aufgabegeschäften die Aufgabe spätestens an einem der auf den Geschäftsabschluß folgenden zwei Werktage zum gleichen Kurse benannt, zu dem das Geschäft „vorbehaltlich der Aufgabe“ abgeschlossen ist, so müssen der Auftraggeber und der als Aufgabe benannte Vertragsteil je die Hälfte der Steuer gemäß § 86 in ihren Geschäftsbüchern verrechnen. Der die Schlußnote ausstellende Makler hat jedem der beiden Vertragsteile eine mit dem Vermerk „Händlergeschäft“ versehene Schlußnotenhälfte zu übersenden.

B e i s p i e l : Makler X hat von A 6000 RM Aktien zu 100% vorbehaltlich der Aufgabe gekauft. Er findet in B einen Käufer zu 100%. X übersendet A und B rechtzeitig je eine Schlußnotenhälfte zum Kurse von 100%. A und B verrechnen je die Hälfte der Steuer nach dem Kurse von 100%.

Wird bei Aufgabegeschäften die Aufgabe spätestens an einem der auf den Geschäftsabschluß folgenden zwei

Werktage zu einem gegenüber dem Geschäft „vorbehaltlich der Aufgabe“ für den Makler ungünstigeren Kurs benannt, erstattet jedoch der Makler den Unterschiedsbetrag (Geschäfte mit Minusdifferenz), so muß der Auftraggeber und der als Aufgabe benannte Vertragsteil je die Hälfte der Steuer gemäß § 86 in seinen Geschäftsbüchern verrechnen. Für die Berechnung der Steuer jedes dieser Vertragsteile ist der Kurs maßgebend, zu dem er das Geschäft mit dem Makler abgeschlossen hat. Der Makler ist verpflichtet, jedem der beiden Vertragsteile eine mit dem Vermerk „Händlergeschäft“ versehene Schlußnotenhälfte zu dem niedrigeren Kurse zu übersenden. In der Schlußnotenhälfte, die der Makler dem Vertragsteil übersendet, für den der höhere Kurs maßgebend ist, ist auch der höhere Kurs und der Wert des Gegenstandes nach diesem Kurs anzugeben. Der Steuerfehlbetrag, der sich durch die Berechnung der einen Steuerhälfte nach dem niedrigeren Kurse ergibt, wird auf Grund des § 108 Abs. 2 der Reichsabgabenordnung erlassen.

Beispiel: Makler X hat von A 6000 RM Aktien zu 100% vorbehaltlich der Aufgabe gekauft. Er findet in B einen Käufer zu 99%. Wenn X an A den Kursunterschied von 1% zahlt, so hat A die Hälfte der Steuer nach dem Kurse von 100%, B die Hälfte der Steuer nach dem Kurse von 99% zu verrechnen. Jeder Vertragsteil erhält von X eine Schlußnotenhälfte zu 99%. Auf der für A bestimmten Hälfte wird beim Wert des Gegenstandes angegeben: „6000 RM, da zu 100% gehandelt“.

Wird bei Aufgabegeschäften die Aufgabe zu einem Kurs benannt, der für den Makler günstiger ist als der Kurs des vorbehaltlich der Aufgabe abgeschlossenen Geschäfts (Geschäfte mit Plusdifferenz), so müssen

1. für das vorbehaltlich der Aufgabe abgeschlossene Geschäft:

   der Auftraggeber und der Makler,

2. für die Benennung der Aufgabe:

   der als Aufgabe benannte Vertragsteil und der Makler

je die Hälfte der Steuer gemäß § 86 in ihren Geschäftsbüchern verrechnen. Bei Geschäften mit Plusdifferenzen ist der Makler verpflichtet, zwei Schlußnoten auszustellen: Für das vorbehaltlich der Aufgabe abgeschlossene Geschäft muß er eine mit dem Vermerk „Händlergeschäft" versehene Schlußnote „von Aufgabe" oder „an Aufgabe" ausstellen, die eine Hälfte seinem Auftraggeber übersenden und die andere Hälfte zurückbehalten. Bei der Benennung der Aufgabe muß er eine mit dem Vermerk „Händlergeschäft" versehene Schlußnote zum Benennungskurs ausstellen und seinem Auftraggeber sowie der Aufgabe je eine Hälfte der Schlußnote übersenden. Die für den Auftraggeber bestimmte Hälfte dieser Schlußnote muß zum Zeichen dafür, daß von ihm für die Benennung der Aufgabe eine Steuer nicht mehr zu entrichten ist, mit dem Vermerk „Lieferung" und einem Zusatz über die Höhe der vom Makler verrechneten Steuer versehen werden.

Beispiel: Makler X hat von A 6000 RM Aktien zu 100% vorbehaltlich der Aufgabe gekauft. Er findet in B einen Käufer zu 102%. A verrechnet die Hälfte der Steuer nach dem Kurse von 100%, X die Hälfte der Steuer zu 100% und die Hälfte der Steuer zu 102%, B die Hälfte der Steuer zu 102%. X stellt zwei Schlußnoten aus: eine von A an Aufgabe zum Kurse von 100% und eine von A an B zum Kurse von 102%. Die für A bestimmte Hälfte der Benennungsschlußnote trägt den Vermerk „Lieferung" mit dem Zusatz: „2,35 RM Börsenumsatzsteuer werden von mir mit dem Finanzamt verrechnet".

Übersteigt der Gesamtbetrag der nach Abs. 4 auf den Makler entfallenden Steuerhälften (für das Geschäft vorbehaltlich der Aufgabe und die Benennung der Aufgabe) den Unterschiedsbetrag, der sich zu seinen Gunsten ergibt, so wird die Steuer auf Grund von § 108 Abs. 2 der Reichsabgabenordnung auf den Unterschiedsbetrag ermäßigt.

Beispiel: Makler X hat an C 30 000 RM Aktien zu 280% vorbehaltlich der Aufgabe verkauft. Er findet in D einen Verkäufer zu $279^7/_8$%. Die Steuer für das Geschäft zwischen X und C beträgt 0,075 v. H. von 84 000 RM = 63 RM. Davon hat C 31,50 RM und X 31,50 RM zu verrechnen. Die Steuer für das Geschäft zwischen X und D beträgt 0,075 v. H. von 83 962,50 RM = 63 RM. Davon hat D 31,50 RM und X 31,50 RM zu verrechnen. Die von dem Makler X zu verrechnende Steuer wird demnach 31,50 + 31,50 = 63 RM betragen. Der Kursunterschied zu seinen Gunsten beträgt $^1/_8$% von 30 000 RM. = 37,50 RM. Die von ihm zu entrichtende Steuer ermäßigt sich daher auf 37,50 RM.

§ 96. Bei Kommissionsgeschäften ist die Steuer sowohl für das Geschäft zwischen dem Kommissionär und dem Kommittenten (Abwicklungsgeschäft) als auch für das Geschäft zu entrichten, das der Kommissionär in Ausführung des Kommissionsauftrages mit einem Dritten abschließt.

Beispiel:

1. Privatmann Meier in Berlin (Kommittent),
2. Deutsche Bank in Berlin (Kommissionär),
3. Diskontogesellschaft in Berlin (Dritter).

Für das Geschäft zwischen 1 und 2 verrechnet die Deutsche Bank die volle Steuer für Kundengeschäfte. Für das Geschäft zwischen 2 und 3 verrechnen die Deutsche Bank und die Diskontogesellschaft je die halbe Steuer für Händlergeschäfte.

Schließt ein Kommissionär (Zwischenkommissionär) zur Ausführung des Kommissionsauftrages ein Geschäft mit einem auswärtigen Kommissionär (Hauptkommissionär) ab und sind beide Kommissionäre Händler, so ist das Abwicklungsgeschäft zwischen dem Zwischenkommissionär und seinem Kommittenten von der Besteuerung ausgenommen, wenn

1. das Geschäft zwischen Haupt- und Zwischenkommissionär mit der für das Abwicklungsgeschäft an sich vorgeschriebenen Steuer versteuert ist und
2. der Zwischenkommissionär dem Hauptkommissionär bei Weitergabe des Auftrags erklärt hat, daß er als Kommissionär eines anderen handele. Er kann dem Hauptkommissionär ein für allemal erklären, daß er als Zwischenkommissionär handele, falls er im einzelnen Falle nichts Gegenteiliges mitteile.

Der Zwischenkommissionär ist verpflichtet, bei der Weitergabe der Aufträge an den Hauptkommissionär die Aufträge eines Kommittenten von den Aufträgen anderer Kommittenten zu trennen.

Der Hauptkommissionär ist zunächst verpflichtet, von der geschuldeten Steuer (§ 58 Abs. 2 d. Ges.) einen Teilbetrag in Höhe der halben Steuer für Händlergeschäfte in seinen Büchern zu verrechnen. Dabei wird die Steuer für die Geschäfte jedes Kommittenten des Zwischenkommissionärs besonders berechnet. Der Hauptkommissionär ist ferner verpflichtet, in die Abrechnung und das bei ihm verbleibende Doppel (Durchschlag) der Abrechnung an Stelle des im § 86 Abs. 2 bezeichneten Vermerks „Händlergeschäft" einen Vermerk über die Höhe der von ihm verrechneten Steuer aufzunehmen. Stellt er eine Schlußnote aus, so ist der Vermerk auf die Schlußnote zu setzen. Folgender Vermerk genügt:

.... RM .... RPf
Börsenumsatzsteuer verrechnet.

Die vom Hauptkommissionär zu erteilende Abrechnung (Schlußnote) ist für jeden dem Zwischenkommissionär erteilten Auftrag getrennt aufzustellen.

Der Zwischenkommissionär ist verpflichtet, den Unterschiedsbetrag zwischen der geschuldeten Steuer (§ 58 Abs. 2 d. Ges.) und der vom Hauptkommissionär verrechneten Hälfte der Steuer für Händlergeschäfte in seinen Büchern zu verrechnen. Er kann, statt den Unterschied zu verrechnen, die volle Steuer des § 58 Abs. 2 des Gesetzes bei der Buchung des Abwicklungsgeschäftes verrechnen und die abzuziehende Hälfte der

Steuer für Händlergeschäfte bei der Buchung des Geschäfts mit dem Hauptkommissionär zurückbuchen; die zurückgebuchten Beträge sind besonders kenntlich zu machen. Der Zwischenkommissionär darf während des Abrechnungszeitraums nur nach einer Verrechnungsart einheitlich verfahren. Will er von der einen Verrechnungsart zur anderen übergehen, so muß er dies bei Beginn des Abrechnungszeitraums dem Finanzamt mitteilen.

Bei der Abwicklung von Kommissionsgeschäften ist auf der vom Zwischenkommissionär dem Kommittenten nach § 87 zu erteilenden Verrechnungsanzeige oder auf der nach § 86 zu erteilenden Abrechnung und deren Doppel der Vermerk „Abwicklungsgeschäft" hinzuzufügen.

Der Zwischenkommissionär ist verpflichtet, die Kommissionsgeschäfte in seinen Büchern als solche kenntlich zu machen. Bei der Buchung des Abwicklungsgeschäfts und bei der Buchung des Geschäfts mit dem Hauptkommissionär muß auf das Gegengeschäft verwiesen werden. Das Finanzamt kann von dem Erfordernis der Verweisung absehen. Es soll davon absehen, wenn aus den Geschäftsbüchern des Zwischenkommissionärs die Gegengeschäfte ohne Schwierigkeit festgestellt werden können.

Wenn die in Abs. 2 bis 6 bezeichneten Förmlichkeiten nicht bis zu dem Tage erfüllt sind, bis zu dem die Geschäfte in die Geschäftsbücher des Zwischenkommissionärs spätestens eingetragen werden müssen, so ist das Abwicklungsgeschäft nicht steuerfrei. Der Zwischenkommissionär hat in diesem Falle außer dem nach Abs. 4 verrechneten Unterschiedsbetrag noch eine volle Steuer für Händlergeschäfte zu verrechnen.

Für den Zwischenkommissionär beginnen die Fristen für die Ausstellung und Absendung der Verrechnungsanzeigen oder Abrechnungen sowie für die Eintragungen in das Geschäftsbuch mit dem Tage nach dem Eintreffen der Ausführungsanzeige des Hauptkommissionärs.

Ein Zwischenkommissionär gilt als auswärtig, wenn die Niederlassung des Zwischenkommissionärs, die den Auftrag angenommen hat und das Geschäft mit dem Kommittenten abwickelt, sich an einem anderen Orte befindet als die Niederlassung des Hauptkommissionärs, die das Geschäft ausführt. Der Zwischenkommissionär gilt nicht als auswärtig, wenn sich seine Niederlassung und die Niederlassung des Hauptkommissionärs innerhalb des Ortsgebiets derselben Wertpapierbörse (§§ 64, 65) befinden.

Befindet sich die Niederlassung des Zwischenkommissionärs und die des Hauptkommissionärs innerhalb des Ortsgebiets derselben Wertpapierbörse und ist dem Zwischenkommissionär die unbeschränkte Händlereigenschaft gemäß § 59 bewilligt, so gilt er als auswärtig, wenn er seine Niederlassung außerhalb des Bezirks der Gemeinde betreibt, in der der Hauptkommissionär seine Niederlassung hat.

B e i s p i e l e :

A. Dreigliedrige Geschäfte.

Das Abwicklungsgeschäft des auswärtigen Zwischenkommissionärs mit seinem Kommittenten kann sein

I. Ein im Inland abgeschlossenes Kundengeschäft.

1. Privatmann Müller in Kassel (Kommittent),
2. Provinzbankier Krause in Kassel (Zwischenkommissionär),
3. Börsenbankier Deutsche Bank in Berlin (Hauptkommissionär).

Das Geschäft zwischen 2 und 3 wird wie ein Kundengeschäft versteuert; die Deutsche Bank verrechnet die halbe Händlersteuer, Bankier Krause die Kundensteuer abzüglich der halben Händlersteuer. Das Geschäft zwischen 1 und 2 ist steuerfrei.

II. Ein im Inland abgeschlossenes Händlergeschäft.

1. Bankier Krause in Kassel (Kommittent),
2. Bankier Fischer in Frankfurt a. M. (Zwischenkommissionär),
3. Deutsche Bank in Berlin (Hauptkommissionär).

Das Geschäft zwischen 2 und 3 wird als Händlergeschäft versteuert; Bankier Fischer und Deutsche Bank verrechnen je die Hälfte der Händlersteuer. Das Geschäft zwischen 1 und 2 ist steuerfrei.

III. Ein im Ausland abgeschlossenes Kundengeschäft.

1. Privatmann Wägelin in Zürich (Kommittent),
2. Bankier Krause in Kassel (Zwischenkommissionär),
3. Deutsche Bank in Berlin (Hauptkommissionär).

Das Geschäft zwischen 2 und 3 unterliegt der halben Kundensteuer; die Deutsche Bank in Berlin verrechnet die halbe Händlersteuer, Bankier Krause die halbe Kundensteuer abzüglich der halben Händlersteuer. Das Geschäft zwischen 1 und 2 ist steuerfrei.

IV. Ein im Ausland abgeschlossenes Händlergeschäft.

1. Schweizer Bank in Bern (Kommittent),
2. Bankier Krause in Kassel (Zwischenkommissionär),
3. Deutsche Bank in Berlin (Hauptkommissionär).

Das Geschäft zwischen 2 und 3 unterliegt der halben Händlersteuer, die von der Deutschen Bank verrechnet wird. Bankier Krause braucht keine Steuer zu verrechnen. Das Geschäft zwischen 1 und 2 ist steuerfrei.

B. Viergliedriges Geschäft.

1. Privatmann Müller in Kassel (Kommittent),
2. Bankier Krause in Kassel (I. Zwischenkommissionär),
3. Bankier Fischer in Frankfurt a. M. (I. Haupt- und II. Zwischenkommissionär),
4. Deutsche Bank in Berlin (II. Hauptkommissionär).

Das Geschäft zwischen 3 und 4 wird als Händlergeschäft versteuert; die Deutsche Bank und Fischer verrechnen je die Hälfte der Händlersteuer. Das Geschäft zwischen 2 und 3 wird wie ein Kundengeschäft versteuert; Fischer verrechnet die halbe Händlersteuer, Krause die Kundensteuer abzüglich der halben Händlersteuer. Das Geschäft zwischen 1 und 2 ist steuerfrei.

E. Steuerermäßigungen.

§ 97. Bei Report-, Deport-, Kostgeschäften, für die die Vergünstigung des § 57 des Gesetzes in Anspruch genommen wird, muß auf der Abrechnung, Verrechnungsanzeige oder Schlußnote je nach der Art des Geschäfts der Vermerk „Reportgeschäft", „Deportgeschäft", „Kostgeschäft" angebracht werden. In den Geschäftsbüchern des Händlers sind die Report-, Deport-, Kostgeschäfte als solche kenntlich zu machen.

Die Bestimmungen des Abs. 1 gelten auch für Geschäfte über solche Wertpapiere, in denen nach den §§ 63, 64 des Börsengesetzes Termingeschäfte mit der Wirkung verboten sind, daß eine Verbindlichkeit durch sie nicht begründet wird, das auf Grund des Geschäfts Geleistete aber nicht zurückgefordert werden kann.

§ 98. Arbitragegeschäfte, für die die Steuerermäßigung nach § 60 des Gesetzes in Anspruch genommen wird, müssen in ein besonderes Arbitragebuch (Muster 12) eingetragen werden. Die einander gegenüberstehenden Geschäfte sind unter derselben Nummer aufzuführen.

Das mit der Verwaltung der Börsenumsatzsteuer befaßte Finanzamt kann auf Antrag Abweichungen vom Muster genehmigen. Es kann insbesondere unter Vorbehalt jederzeitigen Widerrufs als Arbitragebuch ein Konto der Buchführung des Steuerpflichtigen zulassen, falls aus diesem die Voraussetzungen für die steuerlichen Vergünstigungen hervorgehen und die Nachprüfung nicht unverhältnismäßig erschwert wird. Die

Ablehnung des Antrags und den Widerruf der Genehmigung braucht das Finanzamt nicht zu begründen.

Der Arbitrageur ist verpflichtet, das Arbitragebuch sowie alle darauf bezüglichen Schriftstücke (Schlußnoten, Abrechnungen, Verrechnungsanzeigen, Briefe, Depeschen usw.) dem Finanzamt auf Verlangen vorzulegen. Auf Verlangen des Finanzamts ist ferner der Nachweis zu führen, daß die den Gegenstand der Arbitrage bildenden Wertpapiere an den Börsenplätzen, an denen sie gekauft und verkauft sind, zum Börsenhandel zugelassen sind und daß der Abschluß der Arbitragegeschäfte zu den börsenmäßig notierten Kursen erfolgt ist.

In den Fällen, in denen das Vorliegen einer Metageschäftsverbindung behauptet wird, muß der Arbitrageur diese Tatsache auf Verlangen durch Vorlegung des Vertrages über den Abschluß der Verbindung und des Schriftwechsels über das einzelne Geschäft nachweisen.

F. Zusatzsteuer.

§ 99. Führt ein Händler an demselben Tage eine Einkaufskommission und eine Verkaufskommission durch Selbsteintritt aus, so ist er verpflichtet, die im § 59 Abs. 1 des Gesetzes vorgesehene Zusatzsteuer binnen einer Woche, vom Tage des Geschäftsabschlusses ab gerechnet, gesondert in seinen Geschäftsbüchern zu verrechnen. Bei der Buchung jedes Geschäfts, für das die Zusatzsteuer zu entrichten ist, ist auf die Buchung der Zusatzsteuer zu verweisen; der Vermerk „Kompensation" ist hinzuzufügen. Das Finanzamt kann auf Antrag Abweichungen von dem Verfahren zulassen.

Die Bestimmungen des Abs. 1 gelten nicht, solange die im § 59 Abs. 1 des Gesetzes geregelte Zusatzsteuer nach § 90b des Gesetzes nicht erhoben wird.

§ 100. Bei Filialeigengeschäften (§ 59 Abs. 2 des Gesetzes) ist die Niederlassung des Händlers, die das Geschäft abschließt, verpflichtet, binnen einer Woche, vom Tage des Geschäftsabschlusses ab gerechnet, die Zusatzsteuer gesondert in ihren Geschäftsbüchern zu verrechnen. Bei der Buchung des Geschäfts, für das die Zusatzsteuer zu entrichten ist, ist auf die Buchung der Zusatzsteuer zu verweisen; der Vermerk „Filialeigengeschäfte" ist hinzuzufügen. Das Finanzamt kann auf Antrag Abweichungen von dem Verfahren zulassen.

Die Bestimmungen des Abs. 1 gelten nicht, solange die im § 59 Abs. 2 des Gesetzes geregelte Zusatzsteuer nach § 90b des Gesetzes nicht erhoben wird.

G. Erstattung der Steuer.

§ 101. Wird Börsenumsatzsteuer, die durch Verwendung von Börsenumsatzsteuermarken zu Schlußnoten entrichtet ist, erstattet, so vermerkt das Finanzamt auf der Schlußnote den erstatteten Betrag unter Angabe des Datums und durchstreicht die Marken mit Tinte.

---

35. Börsenordnung für Berlin vom 1. Juli 1927.

I. Geschäftszweige an der Berliner Börse.

§ 1. Die Börse zu Berlin zerfällt in folgende Abteilungen:

1. Wertpapierbörse;

2. Produktenbörse;
3. Metallbörse.

Die Wertpapierbörse dient dem Abschlusse von Handelsgeschäften in Wertpapieren, in- und ausländischen Wechseln und ausländischen Zahlungsmitteln jeder Art,

die Produktenbörse dem Abschlusse von Großhandelsgeschäften in landwirtschaftlichen Erzeugnissen und anderen Produkten und Waren außer Metallen,

die Metallbörse dem Abschlusse von Großhandelsgeschäften in edlen und unedlen Metallen.

Außerdem ist in den Börsenräumen der Verkehr in kaufmännischen Hilfsleistungen (Versicherungsgeschäft, Frachtgeschäft, Lagereigeschäft u. dgl.) gestattet.

Der Börsenvorstand kann verbieten, daß in Wertpapieren und ausländischen Zahlungsmitteln, für die eine amtliche Preisfeststellung nicht erfolgt, sowie in sonstigen, nach seinem Ermessen zum Börsenhandel nicht geeigneten Gegenständen Geschäfte an der Börse abgeschlossen werden.

II. Börsenleitung.

§ 2. Die Börsenleitung steht dem Börsenvorstande zu.

Zusammensetzung und Gliederung des Börsenvorstandes.

§ 3. Der Börsenvorstand (Gesamtbörsenvorstand) setzt sich zusammen aus:

1. dem Börsenvorstand, Abteilung Wertpapierbörse;
2. dem Börsenvorstand, Abteilung Produktenbörse;
3. dem Börsenvorstand, Abteilung Metallbörse.

Der Börsenvorstand, Abteilung Wertpapierbörse, besteht aus 29 Mitgliedern, die von den der Abteilung Wertpapierbörse,

der Börsenvorstand, Abteilung Produktenbörse, aus 16 Mitgliedern, die von den der Abteilung Produktenbörse,

der Börsenvorstand, Abteilung Metallbörse, aus 5 Mitgliedern, die von den der Abteilung Metallbörse zugerechneten, dauernd und mit der Befugnis zur Teilnahme am Börsenhandel zum Börsenbesuche zugelassenen Personen (vgl. § 07) aus ihrer Mitte gewählt werden, wobei jedoch Mitglieder der Handelskammer nicht wählbar sind. Von diesen Mitgliedern scheiden aus dem Börsenvorstand, Abteilung Wertpapierbörse, alljährlich 10, jedoch in jedem dritten Jahre 9, aus dem Börsenvorstand, Abteilung Produktenbörse, alljährlich 5, jedoch in jedem dritten Jahre 6, und aus dem Börsenvorstand, Abteilung Metallbörse, alljährlich 2 Mitglieder, jedoch in jedem dritten Jahre ein Mitglied aus.

Außerdem wählt die Industrie- und Handelskammer in den Börsenvorstand, Abteilung Wertpapierbörse, 7, in den Börsenvorstand, Abteilung Produktenbörse, 4, in den Börsenvorstand, Abteilung Metallbörse, 2 Mitglieder aus ihrer Mitte.

Für die Mitwirkung an der Handhabung der Ordnung in den Börsenräumen, der äußeren Regelung des Geschäftsverkehrs (Festsetzung der Börsenzeit, Beschlußfassung über Ausfall von Börsenversammlungen usw.), der Ausübung der Disziplinargewalt gegenüber Angestellten und an allen sonstigen die Angestellten berührenden Angelegenheiten werden zu dem Börsenvorstand als Mitglieder 2 Vertreter der kaufmännischen Angestellten von den gemäß

§ 19 zum Börsenbesuche zugelassenen Personen aus ihrer Mitte hinzugewählt.

Für die den Handel mit landwirtschaftlichen Erzeugnissen betreffenden Angelegenheiten werden zu dem Börsenvorstand, Abteilung Produktenbörse, als Mitglieder 6 Vertreter der Landwirtschaft und der landwirtschaftlichen Nebengewerbe von den der Abteilung Produktenbörse zugerechneten, dauernd und mit der Befugnis zur Teilnahme am Börsenhandel zugelassenen Börsenbesuchern aus einer von der Preußischen Hauptlandwirtschaftskammer aufgestellten Vorschlagsliste von 12 Personen hinzugewählt; diese sind auch zu Sitzungen des Gesamtbörsenvorstandes, in denen Angelegenheiten der bezeichneten Art erörtert werden, hinzuzuziehen.

Für die den Handel mit Metallen betreffenden Angelegenheiten werden zu dem Börsenvorstand, Abteilung Metallbörse, als Mitglieder 2 Vertreter der Industrie von den der Abteilung Metallbörse zugerechneten, dauernd und mit der Befugnis zur Teilnahme am Börsenhandel zugelassenen Börsenbesuchern hinzugewählt. Diese brauchen weder Börsenbesucher noch in Berlin oder einem seiner Vororte wohnhaft zu sein. Sie sind auch zu solchen Sitzungen des Gesamtbörsenvorstandes hinzuzuziehen, in denen Angelegenheiten der bezeichneten Art verhandelt werden.

Wahl des Börsenvorstandes.

§ 4. Die Mitglieder des Börsenvorstandes werden im Dezember auf drei Kalenderjahre gewählt.

§ 5. Für die von den Börsenbesuchern vorzunehmenden Wahlen gelten folgende Vorschriften:

Die Industrie- und Handelskammer ernennt die Wahlleiter und ihre Vertreter.

Die Wahlleiter bestimmen Tag und Stunde der Wahl und berufen die Wähler. Die Berufung ist durch Aushang in den Börsensälen zwei Wochen hindurch bekanntzumachen.

Bei der Wahl der Vertreter der kaufmännischen Angestellten (vgl. § 3 Abs. 4) haben sich die Wahlberechtigten durch die Börseneintrittskarte auszuweisen. Im übrigen ist wahlberechtigt, wer in der Wählerliste steht.

Die Wählerlisten werden in der Börsenregistratur sechs Börsentage hindurch zur Einsicht ausgelegt. Die Auslegung beginnt spätestens mit der Berufung der Wähler; sie ist durch Aushang in den Börsensälen bekanntzumachen. Einsprüche gegen die Wählerlisten werden nur innerhalb der Auslegungszeit berücksichtigt. Über die Einsprüche entscheidet endgültig ein Ausschuß, der sich aus dem Wahlleiter, seinem Vertreter und dem Syndikus des Börsenvorstandes zusammensetzt.

Die Wahlen erfolgen durch Stimmzettel, die dem Wahlleiter verdeckt oder gefaltet zu überreichen sind.

Gewählt ist, wer die einfache Mehrheit der abgegebenen Stimmen erhält. Bei Stimmengleichheit entscheidet das Los.

Gegen das vom Wahlleiter verkündete Ergebnis kann binnen einer Woche Einspruch erhoben werden. Über den Einspruch entscheidet die Industrie- und Handelskammer.

§ 6. Die Wahl der gemäß § 3 Abs. 2 zu wählenden Mitglieder des Börsenvorstandes wird für jede der drei Abteilungen getrennt von den der Abteilung zugerechneten Börsenbesuchern (vgl. § 18) vorgenommen.

Für die Abteilung Wertpapierbörse sind in je einem Wahlgange zu wählen:

21 Mitglieder von den zwecks Abschlusses von Bankiergeschäften zugelassenen Personen;

6 Mitglieder von den zwecks Betriebs des Maklergewerbes zugelassenen Personen;

2 Mitglieder von den Kursmaklern der Wertpapierbörse.

Für die Abteilung Produktenbörse sind in einem besonderen Wahlgange 2 Mitglieder, die das Müllereigewerbe betreiben, zu wählen.

Die Industrie- und Handelskammer bestimmt bei den alljährlichen Ergänzungswahlen unter Berücksichtigung der jeweiligen Zusammensetzung der Abteilungen die Zahl der in den getrennten Wahlgängen zu wählenden Mitglieder.

§ 7. Scheiden während der Wahldauer gemäß § 3 Abs. 2 gewählte Mitglieder des Börsenvorstandes aus, so ergänzt sich die Abteilung bis zum Ende des Kalenderjahres durch Zuwahl; die dann etwa noch erforderliche Ersatzwahl für den Rest der Wahldauer findet gleichzeitig mit den Ergänzungswahlen statt.

Scheiden während der Wahldauer gemäß § 3 Abs. 4 gewählte Mitglieder aus, so ist für den Rest der Wahldauer eine Ersatzwahl vorzunehmen.

Scheiden während der Wahldauer gemäß § 3 Abs. 5 oder 6 gewählte Mitglieder aus, so ergänzt sich die Abteilung für den Rest der Wahldauer durch Zuwahl. Für die Zuwahl von Vertretern der Landwirtschaft oder der landwirtschaftlichen Nebengewerbe wird von der Preußischen Hauptlandwirtschaftskammer eine Vorschlagsliste in

Höhe der doppelten Zahl der zu Wählenden, mindestens aber von fünf Personen, aufgestellt.

§ 8. Das Verfahren für die Wahl der von der Industrie- und Handelskammer zu wählenden Mitglieder des Börsenvorstandes (vgl. § 3 Abs. 3) bestimmt die Industrie- und Handelskammer.

Die Industrie- und Handelskammer ist berechtigt, für den Fall, daß ein von ihr gewähltes Mitglied im Laufe eines Kalenderjahres ausscheidet und sie selbst die Ersatzwahl nicht alsbald vornehmen will, der zuständigen Abteilung des Börsenvorstandes die Wahl eines Ersatzmannes für den Rest des Kalenderjahrs durch Zuwahl zu übertragen.

Beschlußfähigkeit.

§ 9. Zur Beschlußfähigkeit des Gesamtbörsenvorstandes ist die Anwesenheit von 24, des Börsenvorstandes, Abteilung Wertpapierbörse, von 14, des Börsenvorstandes, Abteilung Produktenbörse, von 10 und in Angelegenheiten des Handels mit landwirtschaftlichen Produkten und Nebenprodukten von 13, des Börsenvorstandes, Abteilung Metallbörse, von 4 Mitgliedern erforderlich.

Aufgaben des Börsenvorstandes.

§ 10. Dem Börsenvorstande liegt es ob, nach Maßgabe der Börsenordnung

1. Personen zum Börsenbesuche zuzulassen;
2. die Ordnungs- und Disziplinargewalt an der Börse auszuüben;
3. Waren, Wertpapiere und ausländische Zahlungsmittel zum Börsenterminhandel zuzulassen;
4. die amtlichen Börsenpreise festzustellen und zu veröffentlichen.

Außerdem hat der Börsenvorstand insbesondere folgende Aufgaben:

5. die Überwachung der Befolgung der in bezug auf die Börse erlassenen Gesetze, Verordnungen und Verwaltungsbestimmungen;
6. die äußere Regelung des Geschäftsverkehrs an der Börse;
7. die Ausübung des Vorschlagsrechts für die Wahl der Mitglieder des Börsenausschusses (vgl. § 3 BörsG.);
8. die Feststellung der Börsengeschäftsbedingungen;
9. die Entscheidung von Streitigkeiten aus Börsengeschäften nach Maßgabe der Geschäftsordnung;
10. die Erteilung von Auskünften und Gutachten an Behörden über Angelegenheiten, die unmittelbar mit dem amtlichen Verkehr an der Börse zusammenhängen.

Insoweit sich die Aufgaben auf die Geschäfte oder den Verkehr an einer Abteilung der Börse beziehen, steht ihre Erledigung den Abteilungen des Börsenvorstandes selbständig zu.

Geschäftsordnung.

§ 11. Der Börsenvorstand und seine Abteilungen wählen alljährlich aus ihrer Mitte je einen Vorsitzenden und je zwei stellvertretende Vorsitzende. Die Wahlen bedürfen der Bestätigung der Industrie- und Handelskammer.

Im übrigen erlassen der Börsenvorstand und seine Abteilungen ihre Geschäftsordnungen selbst. Diese bedürfen der Genehmigung der Industrie- und Handelskammer.

Ständige Ausschüsse des Börsenvorstandes.

§ 12. Der Börsenvorstand wählt alljährlich aus seiner Mitte folgende ständige Ausschüsse:

1. den Ausschuß zur Prüfung der Anträge auf Zulassung zum Börsenbesuche gemäß §§ 17 und 20 (Aufnahmeausschuß);
2. den Ausschuß zur Prüfung der Anträge auf Zulassung zum Börsenbesuche gemäß § 19;
3. den Ausschuß zur schiedsgerichtlichen Entscheidung von Streitigkeiten aus Börsengeschäften.

Der zu 1 genannte Ausschuß ist zugleich als Untersuchungsausschuß zuständig zur Prüfung von Tatbeständen, wegen deren ein Einschreiten gegen Börsenbesucher nach der Börsenordnung in Betracht kommt.

Die näheren Bestimmungen über die Zusammensetzung und das Verfahren dieser Ausschüsse werden durch die Geschäftsordnung getroffen.

§ 13. Der Börsenvorstand wählt alljährlich aus der Zahl der zum Besuche der Börse zugelassenen Berichterstatter einen aus drei Sachverständigen für Presseangelegenheiten und zwei Stellvertretern bestehenden Presseausschuß. Der Presseausschuß ist vor der Entscheidung über Anträge auf Zulassung zum Börsenbesuch als Berichterstatter der Presse, über die Zurücknahme einer solchen Zulassung sowie in einem gemäß § 28 gegen einen Berichterstatter eingeleiteten Verfahren gutachtlich zu hören.

III. Börsenaufsicht.

§ 14. Die unmittelbare Aufsicht über die Börse steht der Industrie- und Handelskammer zu Berlin zu.

Der Aufsicht unterliegen auch die auf den Börsenverkehr bezüglichen Einrichtungen der Liquidationskassen, Liquidationsvereine und ähnlicher Anstalten. Die Satzungen sowie die auf den Börsenverkehr bezüglichen Ordnungen dieser Anstalten bedürfen der Genehmigung der Industrie- und Handelskammer.

§ 15. Bei Beschwerden über eine Abteilung des Börsenvorstandes nehmen die der Abteilung angehörigen Mitglieder der Industrie- und Handelskammer, bei Beschwerden über den Gesamtvorstand sämtliche ihm angehörige Mitglieder der Industrie- und Handelskammer an der Abstimmung nicht teil. Die Teilnahme an der Beratung ist zulässig.

IV. Zulassung zum Börsenbesuch.

Erwerb des Rechtes zum Börsenbesuch.

§ 16. Das Recht zum Börsenbesuche wird durch Zulassung erworben.

Die nicht am Börsenhandel teilnehmenden Mitglieder der Industrie- und Handelskammer und alle Personen, die, ohne am Börsenhandel oder an den Kursmaklergeschäften teilzunehmen, vermöge ihres Amtes den Börsenversammlungen beizuwohnen berechtigt sind, haben ohne besondere Zulassung Zutritt zur Börse.

Über die Voraussetzungen, unter denen Gäste in die Börse eingeführt werden dürfen, entscheidet der Börsenvorstand.

§ 17. Dauernd und mit der Befugnis zur Teilnahme am Börsenhandel können zum Börsenbesuche zugelassen werden geeignete volljährige Personen, die als Einzelkaufleute, persönlich haftende Gesellschafter einer offenen

Handelsgesellschaft oder Kommanditgesellschaft oder gesetzliche Vertreter einer juristischen Person in ein Handels- oder Genossenschaftsregister Berlins oder eines in der Nähe Berlins gelegenen Ortes eingetragen sind, sofern sie wegen des von ihnen geführten Unternehmens auf die Teilnahme am Börsenhandel angewiesen sind, sowie die Vorstandsmitglieder der in Berlin ansässigen öffentlichen Bankanstalten.

Statt dieser Personen können in besonderen Fällen auch Prokuristen oder Bevollmächtigte desselben Betriebes als Börsenbesucher dauernd und mit der Befugnis zur Teilnahme am Börsenhandel zugelassen werden.

Die Zulassung der in Abs. 1 und 2 genannten Personen kann zurückgenommen werden, wenn sich herausstellt, daß sie in Unkenntnis von Tatsachen erfolgt ist, bei deren Kenntnis der Antrag auf Zulassung abgelehnt worden wäre, ferner, wenn der Zugelassene wegen eines gemeinen Vergehens rechtskräftig verurteilt oder ihm die Erlaubnis zum Betriebe seines Gewerbes entzogen wird.

Personen, die früher dem in Abs. 1 und 2 bezeichneten Personenkreis angehört haben, können vom Börsenvorstande nach freiem Ermessen dauernd und mit der Befugnis zur Teilnahme am Börsenhandel zugelassen werden; eine derartige Zulassung kann der Börsenvorstand nach freiem Ermessen zurücknehmen.

§ 18. Die Zulassung gemäß § 17 erstreckt sich nur auf die Abteilung oder Abteilungen der Börse, für die sie bewilligt wird. Doch sind die gemäß § 17 zum Besuche der Wertpapierbörse zugelassenen Personen berechtigt, auch am Börsenhandel mit Edelmetallen teilzunehmen, ohne daß es hierfür einer Zulassung zur Abteilung Metallbörse bedarf.

Die Zulassung für die Abteilung Wertpapierbörse erfolgt mit der Maßgabe, daß der Antragsteller zwecks Abschlusses von Bankiergeschäften oder zwecks Betriebs des Maklergewerbes oder als Makleragent zugelassen wird. Personen die zwecks Betriebs des Maklergewerbes zugelassen werden, kann fernerhin die Beschränkung auferlegt werden, daß sie ausschließlich Geschäfte zwischen anderen Börsenbesuchern ermitteln und sich nicht selbst als Vertragspartei bezeichnen dürfen. Makleragenten dürfen Geschäfte nur im Namen ihres Geschäftsherrn abschließen.

Die Zulassung für die Abteilung Produktenbörse erfolgt mit der Maßgabe, daß der Antragsteller zwecks Abschlusses von Geschäften auf eigene Rechnung oder zwecks Betriebs des Makler- oder Agentengewerbes oder als Makleragent zugelassen wird. Personen, die zwecks Betriebs des Makler- oder Agentengewerbes zugelassen werden, kann fernerhin die Beschränkung auferlegt werden, daß sie ausschließlich Geschäfte vermitteln und sich nicht selbst als Vertragspartei bezeichnen dürfen. Makleragenten dürfen Geschäfte nur im Namen ihres Geschäftsherrn abschließen. Die zwecks Betriebs des Makler- oder Agentengewerbes oder als Makleragenten zur Abteilung Produktenbörse zugelassenen Personen dürfen als Makler Geschäfte im Sinne des § 67 des Börsengesetzes nur mit Personen abschließen oder nur für Personen vermitteln, die gemäß § 17 Abs. 1 und 2 der Börsenordnung zur Abteilung Produktenbörse zugelassen sind und ihre gewerbliche Niederlassung in Berlin haben.

Die Zulassung für die Abteilung Metallbörse erfolgt mit der Maßgabe, daß der Antragsteller zwecks Abschlusses von Geschäften auf eigene Rechnung oder zwecks Betriebs des Makler- oder Agentengewerbes zugelassen wird. Personen, die zwecks Betriebs des Makler- oder Agentengewerbes zugelassen werden, dürfen ausschließlich Geschäfte vermitteln und sich nicht selbst als Vertragspartei bezeichnen. Unter die letztere Beschränkung fallen nicht die Geschäfte der amtlichen Agenten der Metallbörse, zu denen diese auf Grund des Regulativs für Zeitgeschäfte in Kupfer und Blei an der Metallbörse befugt sind.

Wollen sich Besucher einer Abteilung der Börse mit dem Abschlusse von Geschäften befassen, zu denen sie nach Maßgabe ihrer Zulassung nicht berechtigt sind, so bedarf es hierfür einer neuen Zulassung, sofern nicht der Börsenvorstand beschließt, die frühere Zulassung abzuändern. Die Zulassung von Makleragenten erlischt, sobald der Agent aus dem Agentenverhältnis zu seinem Geschäftsherrn ausscheidet; doch kann in diesem Falle der Börsenvorstand die Zulassung aufrechterhalten, wenn der Agent zu einem anderen gemäß § 17 zugelassenen Makler in ein Agentenverhältnis tritt.

Überschreiten gemäß § 17 zugelassene Börsenbesucher die ihnen durch die Zulassung gezogenen Grenzen der Teilnahme am Börsenhandel, so kann ihre Zulassung zurückgenommen werden.

§ 19. Mit der Befugnis, im Namen und für Rechnung des Dienstherrn am Börsenhandel teilzunehmen, können auf die Dauer eines Jahres zum Börsenbesuche zugelassen werden kaufmännische Angestellte (Prokuristen, Handlungsgehilfen, Volontäre, Lehrlinge) eines gemäß

§ 17 Abs. 1 und 2 zugelassenen Börsenbesuchers, einer durch einen solchen Börsenbesucher vertretenen Gesellschaft, Genossenschaft oder öffentlichen Bankanstalt oder eines Kursmaklers.

Die Angestellten von Maklern an der Produktenbörse sind nicht berechtigt, für ihre Geschäftsherren Geschäfte im Sinne des § 67 des Börsengesetzes zu vermitteln.

Der Börsenvorstand kann die Zulassung nach freiem Ermessen zurücknehmen; er muß sie zurücknehmen, wenn der Zugelassene im eigenen Namen oder auf eigene Rechnung am Börsenhandel teilnimmt.

§ 20. Ohne Befugnis zur Teilnahme am Börsenhandel können zum Börsenbesuche zugelassen werden:

1. Berichterstatter der Presse;
2. Personen, die ein dem Börsenhandel dienendes Hilfsgewerbe betreiben;
3. Boten der im § 17 Abs. 1 und 2 genannten Personen;
4. ausnahmsweise andere in Berlin oder einem in der Nähe Berlins belegenen Orte wohnhafte Personen;
5. außerhalb Berlins und der in der Nähe Berlins belegenen Orte wohnhafte Kaufleute und Prokuristen, die durch einen gemäß § 17 zugelassenen Börsenbesucher empfohlen werden.

Die unter Ziff. 1, 2 und 4 genannten Personen werden ohne beschränkte Zeitdauer, die unter Ziff. 3 genannten auf ein Jahr zugelassen. Über die Zeitdauer der Zulassung der unter Ziff. 5 genannten Personen entscheidet der Börsenvorstand (vgl. § 16 Abs. 3).

Der Börsenvorstand kann die Zulassung nach freiem Ermessen zurücknehmen. Er muß sie zurücknehmen, wenn der Zugelassene am Börsenhandel teilnimmt.

Antrag auf Zulassung zum Börsenbesuch.

§ 21. Der Antrag auf Zulassung ist in den Fällen der §§ 19 und 20 Abs. 1 Ziff. 3 vom Dienstherrn, im übrigen von demjenigen, der sie für sich erstrebt, schriftlich zu stellen. Die ihre Zulassung gemäß § 17 beantragenden Personen haben in dem Antrage zu erklären, für welche Abteilung oder Abteilungen der Börse und für welche Tätigkeit (vgl. § 18) die Zulassung erstrebt wird.

Der Börsenvorstand kann das persönliche Erscheinen der Personen, deren Zulassung beantragt wird, in den Fällen der §§ 19 und 20 Abs. 1 Ziff. 3 auch der Antragsteller anordnen.

Börsenbesucher, die auf eine kalendermäßig bestimmte Frist durch ehrengerichtliche Entscheidung oder Beschluß des Börsenvorstandes vom Börsenbesuch ausgeschlossen worden sind, sind nach Ablauf der Frist wieder zum Börsenbesuche berechtigt, ohne daß es eines Antrags bedarf.

Die Ablehnung von Zulassungsanträgen erfolgt ohne Angabe von Gründen.

Ein endgültig abgelehnter Zulassungsantrag darf innerhalb von sechs Monaten nicht wiederholt werden.

§ 22. In den Fällen der §§ 17 und 20 Abs. 1 Ziff. 1 und 2 bedarf der Antrag der Unterstützung durch drei Gewährsmänner, die seit mindestens drei Jahren gemäß § 17 zu den einschlägigen Abteilungen der Börse oder auch, soweit es sich um Berichterstatter der Presse handelt, als solche, soweit es sich um die im § 20 Abs. 1 Ziff. 2 genannten Gewerbetreibenden handelt, als solche zum Börsenbesuche zugelassen sind. Der Antrag ist mit Angabe der Gewährsmänner durch Aushang in den Börsensälen während acht Börsentagen bekanntzumachen. Nach Ablauf dieser Frist ist von den Gewährsmännern zu Protokoll die Erklärung abzugeben, daß sie nach sorgfältiger Prüfung den Antragsteller für einen Mann halten, der — in den Fällen des § 17 — der Achtung seiner Berufsgenossen und der dauernden Zulassung zum Börsenbesuche mit der Befugnis zur Teilnahme am Börsenhandel, — in den Fällen des § 20 Abs. 1 Ziff. 1 und 2 — der Achtung der Börsenbesucher und der Zulassung zum Börsenbesuche würdig ist. Darüber hinaus können von den Gewährsmännern auch sonstige Auskünfte über die Person und die Vermögensverhältnisse des Antragstellers gefordert werden. Der Börsenvorstand ist berechtigt, Gewährsmänner ohne Angabe von Gründen abzulehnen.

Insoweit es sich um Anträge auf Zulassung zur Abteilung Wertpapierbörse handelt, muß jeder Gewährsmann gleichzeitig mit der Stellung des Antrags eine Sicherheit in Höhe von 5000 RM. in barem Gelde oder in börsengängigen Wertpapieren durch Hinterlegung bei der Industrie- und Handelskammer leisten. Im Falle der Sicherheitsleistung durch Wertpapiere bestimmt der Börsenvorstand, ob die angebotenen Wertpapiere zur Sicherheitsleistung geeignet sind. Die Industrie- und Handelskammer ist berechtigt, über die Sicherheiten nach freiem Ermessen zu verfügen, wenn innerhalb dreier Jahre nach der Zulassung diese gemäß § 25 Abs. 1 Ziff. 3 bis 5 und Abs. 2 zurückgenommen wird oder der Zugelassene, nachdem er im Sinne des § 25 Abs. 3 in den Zustand der Zahlungsunfähigkeit geraten ist, auf die Zulassung verzichtet. Sie soll darüber tunlichst zugunsten geschädigter Gläubiger des Antragstellers innerhalb des Kreises der Börsenbesucher oder zu Wohlfahrtszwecken, die mit der Börse in Verbindung stehen, verfügen. Die Sicherheiten werden zurückgegeben, wenn die Zulassung rechtskräftig abgelehnt wird, oder wenn aus anderen als den erwähnten Gründen die Zulassung entfällt oder wenn sich innerhalb dreier Jahre nach der Zulassung kein Anlaß zur Inanspruchnahme der Gewährsmänner ergeben hat. Bei Sicherheitsleistung durch Wertpapiere kann der Börsenvorstand von jedem Gewährsmann einen Nachschuß fordern; wird der Nachschuß weder von dem Gewährsmanne noch von dem Zugelassenen geleistet, so kann die Zulassung zurückgenommen werden.

Die Vorstandsmitglieder öffentlicher Bankanstalten sind von der Stellung von Gewährsmännern befreit.

Personen, die bereits gemäß § 17 oder § 20 Ziff. 1 oder 2 zugelassen waren und der Zulassung später verlustig gegangen sind, können beim Nachsuchen der Wiederzulassung vom Börsenvorstande von der Stellung von Gewährsmännern befreit werden.

§ 23. Den Bestimmungen der §§ 21 und 22 unterliegen auch Anträge von gemäß § 17 zugelassenen Börsenbesuchern auf Ausdehnung ihrer Zulassung auf eine weitere Abteilung.

Ausweiskarten.

§ 24. Als Ausweis über die Zulassung erhalten gegen Zahlung der Gebühr die dauernd und mit der Befugnis zur Teilnahme am Börsenhandel zugelassenen Börsenbesucher (vgl. § 17) eine Börsenkarte, die übrigen eine Eintrittskarte. Die Karten werden, sofern nicht ein anderes bestimmt ist, für die Dauer eines Kalenderjahres ausgestellt und sind nur für die Person gültig, auf deren Namen sie lauten.

Die in § 16 Abs. 2 genannten Personen erhalten kostenfrei eine Eintrittskarte. Die Kursmakler sind jedoch von der Verpflichtung, eine Börsenkarte gegen Zahlung der Gebühr zu lösen, nicht befreit.

Die Karten müssen nach näherer Vorschrift des Börsenvorstandes mit einem Lichtbild des Berechtigten versehen sein. Dies gilt nicht für Gastkarten und Zwischenausweise, die für einen Zeitraum von höchstens zwei Wochen ausgestellt werden.

Unfähigkeit zum Börsenbesuch.

§ 25. Die Zulassung zum Börsenbesuche muß, insoweit nicht die Landesregierung gemäß § 7 Abs. 4 BörsG. Ausnahmen gestattet, versagt werden:

1. Personen, die sich nicht im Besitz der bürgerlichen Ehrenrechte befinden;
2. Personen, die infolge gerichtlicher Anordnung in der Verfügung über ihr Vermögen beschränkt sind;
3. Personen, die wegen betrügerischen Bankrotts rechtskräftig verurteilt sind;
4. Personen, die wegen einfachen Bankrotts rechtskräftig verurteilt sind;
5. Personen, die sich im Zustande der Zahlungsunfähigkeit befinden oder Vertreter einer juristischen Person sind, die sich im Zustande der Zahlungsunfähigkeit befindet. Als zahlungsunfähig im Sinne dieser Vorschrift gilt schon, wer Gläubigern über unstreitige Schuldverbindlichkeiten Vergleichsvorschläge macht oder eine unstreitige und fällige Schuld-

verbindlichkeit unberichtigt läßt. Unstreitigen Schuldverbindlichkeiten stehen solche gleich, die durch rechtskräftiges Urteil oder den Schiedsspruch eines Börsenschiedsgerichts oder für vollstreckbar erklärten Schiedsspruch eines anderen Schiedsgerichts festgestellt sind;

6. Personen, die durch rechtskräftige oder für sofort wirksam erklärte ehrengerichtliche Entscheidung von dem Besuch einer Börse ausgeschlossen sind;

7. Personen, die an einer die übrigen Börsenbesucher oder den Verkehr an der Börse gefährdenden Krankheit leiden.

Tritt einer der zu 1 bis 5 und 7 gedachten Fälle erst nach der Zulassung ein, so ist die Zulassung mittels Beschlusses des Börsenvorstandes zurückzunehmen. Die Zulassung kann ferner zurückgenommen werden, wenn der Zugelassene in Vermögensverfall gerät, ohne daß die Voraussetzungen des Abs. 1 Ziff. 3 gegeben sind.

Die Zulassung oder Wiederzulassung zum Börsenbesuche kann in den Fällen des Abs. 1 Ziff. 1 und 2 nicht vor der Beseitigung des Ausschließungsgrundes, in dem Falle des Abs. 1 Ziff. 4 nicht vor Ablauf von sechs Monaten, nachdem die Strafe verbüßt, verjährt oder erlassen ist, erfolgen; sie darf in den Fällen des Abs. 1 Ziff. 4 und 5 nur stattfinden, wenn der Börsenvorstand den Nachweis für geführt erachtet, daß die Schuldverhältnisse sämtlichen Gläubigern gegenüber durch Zahlung, Erlaß oder Stundung geregelt sind. Einer Person, die im Wiederholungsfall in Zahlungsunfähigkeit oder in Konkurs geraten ist, muß die Zulassung oder Wiederzulassung mindestens für die Dauer eines Jahres verweigert werden. In dem Falle des Abs. 1 Ziff. 3 ist der Ausschluß dauernd. In dem Falle des Abs. 1 Ziff. 5 kann der Börsenvorstand eine Mindestdauer der Ausschlußfrist feststellen.

Verlust des Rechtes zum Börsenbesuch.

§ 26. Das Recht zum Börsenbesuche geht verloren:

1. durch Verzichterklärung gegenüber dem Börsenvorstand;
2. durch Fortfall der für die Zulassung vorausgesetzten Eigenschaften (vgl. auch § 8 Abs. 5 Satz 2);
3. durch Ausschließung vermöge ehrengerichtlicher Entscheidung oder vermöge Beschlusses des Börsenvorstandes (vgl. §§ 28 und 33);
4. durch Zurücknahme der Zulassung (vgl. §§ 17 Abs. 3 und 4; 18 Abs. 6; 19 Abs. 3; 20 Abs. 3; 22 Abs. 2, letzten Satz; 25 Abs. 2; 27).

§ 27. Verliert ein Gesellschafter einer offenen Handelsgesellschaft oder Kommanditgesellschaft oder einer von mehreren gesetzlichen Vertretern einer juristischen Person gemäß § 26 Ziff. 3 oder 4 das Recht zum Börsenbesuche, so kann der Börsenvorstand auch die Zulassung der übrigen zum Börsenbesuche zugelassenen Gesellschafter oder Vertreter der Gesellschaft oder Person zurücknehmen.

Das gleiche gilt, wenn hinsichtlich der Gesellschafter und Vertretungsberechtigten einer Firma, die zur Börse zugelassen ist, eine Änderung eintritt.

§ 28. Wird innerhalb dreier Jahre nach der Zulassung gegen einen gemäß § 17 oder § 20 Abs. 1 Ziff. 1 und 2 zugelassenen Börsenbesucher auf Ausschließung für die Dauer von drei Monaten oder länger erkannt, oder wird die Zulassung eines solchen Börsenbesuchers zurückgenommen, so ist zu prüfen, ob die Gewährsmänner bei der Empfehlung Tatsachen gekannt haben oder bei ernster Erfüllung der ihnen durch die Empfehlung auferlegten Pflicht hätten kennen müssen, die mit der von ihnen abgegebenen Erklärung im Widerspruch standen. Ein Gewährsmann, der hierbei nicht nachweisen kann, daß er jede mögliche Sorgfalt angewandt hat, ist mit dem zeitweiligen oder dauernden Verluste des Rechtes, Gewährsmann zu sein, sowie mit Ausschluß vom Börsenbesuche bis auf die Dauer eines Jahres zu bestrafen. Statt oder neben letzterer Strafe kann ihm eine Geldstrafe bis zur Höhe von 1500 RM. auferlegt werden, unbeschadet der Geltendmachung etwaiger zivilrechtlicher Schadensersatzansprüche geschädigter Börsenbesucher gegen ihn.

Wird die Zulassung von kaufmännischen Angestellten oder Boten wegen unbefugter Teilnahme am Börsenhandel zurückgenommen, so ist zu prüfen, ob der Dienstherr bei der Beantragung der Zulassung wußte oder wissen mußte, daß sie derartige Handlungen vornehmen würden, oder ob er die Vornahme wissentlich oder fahrlässig geduldet hat. Ein hierbei als schuldig befundener Dienstherr wird mit Ausschluß vom Börsenbesuch bis auf die Dauer eines Jahres bestraft; statt oder neben dieser Strafe kann ihm eine Geldstrafe bis zu 1500 RM. auferlegt werden, unbeschadet der Geltendmachung etwaiger zivilrechtlicher Schadensersatzansprüche geschädigter Börsenbesucher gegen ihn. Ist der Dienstherr eine Gesellschaft oder Genossenschaft, so trifft die Strafe den oder die mit der Befugnis zur Teilnahme am Börsenhandel zugelassenen Vertreter.

§ 29. Bei Beschlüssen auf Zurücknahme der Zulassung und auf Bestrafung gemäß § 28 kann der Börsenvorstand die Veröffentlichung durch Aushang in den Börsensälen anordnen.

Ruhen des Rechtes auf Börsenbesuch.

§ 30. Ist gegen einen Börsenbesucher ein gerichtliches Hauptverfahren wegen des Verdachtes eines gemeinen Vergehens oder ein ehrengerichtliches Hauptverfahren eingeleitet, so kann der Börsenvorstand beschließen, daß bis zu dessen Beendigung sein Recht zum Börsenbesuche ruht.

Verfahrensvorschriften.

§ 31. Bevor Beschlüsse auf Zurücknahme der Zulassung, Bestrafung gemäß § 28 und Ruhen des Rechtes zum Börsenbesuche gefaßt werden, ist der Betroffene zu seiner Vernehmung vor den Untersuchungsausschuß zu laden. Der Ladung bedarf es nicht, wenn nach Ausschließung oder Zurücknahme der Zulassung eines Börsenbesuchers die Zulassung seiner Angestellten zurückgenommen wird.

Die Beschlüsse auf Ablehnung eines Zulassungsantrags, Zurücknahme der Zulassung, Bestrafung gemäß § 28 und Ruhen des Rechtes zum Börsenbesuch sind den Betroffenen zuzustellen.

Bei unbekanntem Aufenthalte des Empfangsberechtigten werden Ladungen und Beschlüsse durch Aushang in den Börsensälen während acht Börsentagen zugestellt.

Handelt es sich bei den in Abs. 1 und Abs. 2 bezeichneten Beschlüssen um einen kaufmännischen Angestellten oder Boten, so gilt als Betroffener der Dienstherr.

Gegen die im Abs. 2 bezeichneten Beschlüsse sowie gegen den Beschluß auf Veröffentlichung (vgl. § 29) ist binnen einer Woche nach der Zustellung die Beschwerde an die Industrie- und Handelskammer zulässig. Der Börsenvorstand kann jedoch bei diesen Beschlüssen anordnen, daß die Wirkung sofort eintritt.

V. Ordnungs- und Disziplinargewalt.

§ 32. Sämtliche Börsenbesucher unterstehen den Anordnungen des Börsenvorstandes.

§ 33. Mit Ausschließung vom Börsenbesuch auf mindestens drei Tage und höchstens ein Jahr oder, beim Vorliegen mildernder Umstände, mit einem Verweise wird bestraft, wer

1. in den Börsensälen oder den zugehörigen Nebenräumen von dem Zeitpunkte der Öffnung bis zu dem der Schließung der Eingangstüren
   a) Anordnungen des Börsenvorstandes oder eines seiner Mitglieder (vgl. § 34) zuwiderhandelt;
   b) einen Börsenbesucher oder eine an der Börse amtlich beschäftigte Person beleidigt;
   c) unwahre Gerüchte verbreitet, die darauf berechnet oder geeignet sind, das Ansehen oder den Kredit anderer zu beeinträchtigen oder das Börsengeschäft zu beeinflussen;
   d) Lärm erregt, den Anstand verletzt, die Ordnung oder den Geschäftsverkehr an der Börse stört;
   e) der Aufforderung eines Börsenbeamten zum Verlassen der Börse nach Börsenschluß nicht Folge leistet;
2. in zur Zuständigkeit des Börsenvorstandes gehörigen Sachen als Zeuge, in Disziplinarsachen auch als Anzeigender oder Beschuldigter auf Ladungen des Börsenvorstandes oder seiner Ausschüsse unent-

schuldigt ausbleibt oder unbefugt das Zeugnis verweigert oder ein unwahres Zeugnis ablegt.

Statt der eingangs erwähnten Strafen oder neben diesen kann auch auf eine Geldstrafe bis zu 1500 RM. erkannt werden.

Der Börsenvorstand kann die Veröffentlichung der Bestrafung durch Aushang in den Börsensälen während acht Börsentagen anordnen.

Auf das Verfahren findet § 31 sinngemäß Anwendung. Doch bedarf es bei Bestrafungen gemäß Abs. 1 Ziff. 2 keiner Ladung vor den Untersuchungsausschuß.

§ 34. Die Mitglieder des Börsenvorstandes haben für die Erhaltung der Ruhe, des Anstandes und der Ordnung in den Börsensälen und den zugehörigen Nebenräumen zu sorgen.

Jedes gemäß § 3 Abs. 2 und 3 gewählte Mitglied des Börsenvorstandes ist befugt, Börsenbesucher, welche die Ruhe, den Anstand oder die Ordnung in den Börsensälen oder den zugehörigen Nebenräumen verletzen oder der in dieser Beziehung ergehenden Anordnung eines Mitglieds des Börsenvorstandes nicht ungesäumt Folge leisten, sofort und ohne Erörterung der Ursache von der Börse entfernen zu lassen. Das Mitglied des Börsenvorstandes muß in diesem Falle spätestens am folgenden Tage dem Vorsitzenden des Börsenvorstandes schriftlichen Bericht erstatten.

Der Vorsitzende ist nach Anhörung des Börsenbesuchers berechtigt, diesem den Zutritt zu den Börsenversammlungen bis zur Beendigung des nach § 33 einzuleitenden Verfahrens zu versagen.

VI. Zulassung von Waren, Wertpapieren und ausländischen Zahlungsmitteln zum Börsenterminhandel.

§ 35. Vor Zulassung von Waren, Wertpapieren oder ausländischen Zahlungsmitteln zum Börsenterminhandel ist, sofern sie nicht von Amts wegen erfolgt, der Antrag auf Zulassung durch Aushang in den Börsensälen während zwei Wochen bekanntzumachen.

Das Ergebnis der gemäß § 50 Abs. 3 BörsG. vor der Zulassung von Waren zum Börsenterminhandel vorgenommenen Ermittlungen ist dem Reichskanzler durch die Hand des Ministers für Handel und Gewerbe mitzuteilen.

Die Zulassung zum Börsenterminhandel ist dem Minister für Handel und Gewerbe anzuzeigen.

Endlich sind ihm die Geschäftsbedingungen für die im § 67 BörsG. bezeichneten Geschäfte behufs Herbeiführung der Genehmigung einzureichen.

VII. Feststellung der Kurse und Preise.

§ 36. Die amtliche Feststellung der Kurse und Preise erfolgt namens des Börsenvorstandes durch ein Mitglied oder mehrere Mitglieder des Börsenvorstandes.

Die Namen der damit beauftragten Mitglieder sind durch Aushang in den Börsensälen bekanntzumachen. Für den Fall der Verhinderung können andere Mitglieder des Börsenvorstandes eintreten.

Bei der Preisfeststellung für landwirtschaftliche Erzeugnisse sind mindestens zwei der als Vertreter der Landwirtschaft, der landwirtschaftlichen Nebengewerbe oder anderen Berufszweige gewählten Mitglieder des Börsenvorstandes zur Mitwirkung zu berufen. Die Leitung der Feststellung steht in allen Fällen einem gemäß § 3 Abs. 2

oder 3 gewählten Mitgliede des Börsenvorstandes zu. Wirken mehrere solcher Mitglieder mit, so übernimmt das an Lebensalter älteste die Leitung. Bei Meinungsverschiedenheiten entscheidet die Mehrheit. Bei Stimmengleichheit gibt die Stimme des die Feststellung leitenden Vorstandsmitglieds den Ausschlag.

§ 37. Der Börsenvorstand bestimmt, an welchen Tagen, in welchen Zwischenräumen und zu welchen Zeiten die Kurse und Preise festgestellt werden. Die Beschlüsse sind durch Aushang in den Börsensälen bekanntzumachen.

§ 38. Die Kursmakler und die von der Industrie- und Handelskammer für die Metallbörse bestellten Agenten, die in Wertpapieren oder Waren Geschäfte vermitteln, haben an den Tagen und zu den Zeiten, wo für ihren Geschäftszweig Kurse oder Preise festzustellen sind, in den dafür bestimmten Räumen zu erscheinen und, soweit es die amtierenden Mitglieder des Börsenvorstandes für erforderlich halten, anwesend zu bleiben. Diesen haben sie alle zur Feststellung der Kurse und Preise von ihnen erforderten Erklärungen nach bestem Wissen der Wahrheit gemäß abzugeben.

Ergeben sich Zweifel oder Streitigkeiten über die Feststellung der Kurse oder Preise, so ist das die Feststellung leitende Mitglied des Börsenvorstandes befugt, eine ausdrückliche protokollarische Erklärung der Kursmakler oder der von der Industrie- und Handelskammer für die Metallbörse bestellten Agenten, der ersteren unter Hinweis auf den geleisteten Eid, der letzteren auf ihre Dienstvorschrift, zu erfordern und nach seinem Ermessen auch die Richtigkeit durch Einsicht der Tagebücher der Kursmakler oder in anderer Weise zu prüfen. Die Kursmakler und die Agenten sind befugt, bei Vorlegung der Tagebücher die Namen der Auftraggeber zu verdecken.

Die Entscheidung über die Höhe der festzustellenden Kurse oder Preise steht den Mitgliedern des Börsenvorstandes allein zu, und es bleibt ihnen überlassen, auf welchem Wege sie sich die zu ihrer Entscheidung erforderliche Kenntnis, abgesehen von den Angaben der Kursmakler oder der von der Industrie- und Handelskammer für die Metallbörse bestellten Agenten, auf Grund börsenmäßig abgeschlossener Geschäfte oder hervorgetretener Angebote oder Nachfragen verschaffen wollen.

Für nach der bestimmten Zeit abgeschlossene Geschäfte werden Kurse und Preise nicht amtlich festgestellt.

§ 39. In den zur Veröffentlichung gelangenden amtlichen Preisnotierungen sind die bei den verschiedenen Getreidegattungen (Weizen, Roggen, Gerste usw.) nach Lage des Geschäftsverkehrs an der Börse hauptsächlich in Betracht kommenden Sorten mit Unterscheidung nach Ursprung (inländisch und ausländisch), nach Qualitätsgewicht, nach Beschaffenheit in Farbe, Geruch und Trockenheit, nach alter und neuer Ernte zu bezeichnen, soweit diese Unterscheidungsmerkmale festzustellen sind.

§ 40. Für jede einzelne der gemäß § 39 zur Notierung gelangenden Getreidesorten sind die dafür wirklich gezahlten Preise zu notieren, soweit dies festzustellen ist.

Wenn sich Notierungen auf Abschlüsse über besonders geringe Mengen beziehen oder sonst besondere Verhältnisse vorliegen, ist das bei der Notierung kenntlich zu machen.

§ 41. Das „Amtliche Kursblatt der Berliner Wertpapierbörse" und der „Amtliche Bericht für Waren", die mit den Protokollen übereinstimmen müssen, werden sofort nach Feststellung der Kurse und Preise gedruckt, mit dem Stempel der zuständigen Abteilung des Börsenvorstandes beglaubigt und noch an demselben Nachmittag ausgegeben.

Ob und bejahendenfalls in welcher Weise außerdem amtliche Bekanntmachungen über Kurse und Preise vom Börsenvorstande zu erlassen sind, bestimmt dieser selbst.

§ 42. Die Maklergebühren werden vom Börsenvorstande nach Anhörung der Maklerkammer festgesetzt. Die Festsetzung erstreckt sich sowohl auf die Höhe der Gebühren, als auch auf die Art ihrer Einziehung.

VIII. Ehrengericht.

§ 43. Das Ehrengericht an der Börse zu Berlin besteht aus 5 ordentlichen und mindestens 7 stellvertretenden Mitgliedern, die im Dezember aus der Zahl der Mitglieder der Industrie- und Handelskammer auf drei Kalenderjahre durch die Industrie- und Handelskammer gewählt werden. Das Wahlverfahren bestimmt die Industrie- und Handelskammer. Für ein Mitglied, das während der Wahldauer ausscheidet, wählt die Industrie- und Handelskammer einen Ersatzmann für den Rest der Wahldauer. Außerdem gehört dem Ehrengericht ein Syndikus der Industrie- und Handelskammer als Mitglied mit beratender Stimme an.

Das Ehrengericht entscheidet in Hauptverhandlungen in einer Besetzung von 5 stimmberechtigten Mitgliedern. Zu Beschlüssen außerhalb der Hauptverhandlung ist die Mitwirkung von 3 stimmberechtigten Mitgliedern ausreichend.

Die rechtskräftigen oder gemäß § 16 Abs. 4 BörsG. für sofort wirksam erklärten Urteile sind dem Börsenvorstande mitzuteilen.

Bei zeitweiliger Ausschließung bestimmt, sofern das Ehrengericht nicht von dem ihm gemäß § 16 Abs. 4 BörsG. zustehenden Rechte Gebrauch gemacht hat, der Börsenvorstand den Beginn der Ausschließungsfrist.

IX. Zulassungsstelle.

§ 44. Die Zulassungsstelle an der Börse zu Berlin besteht aus nicht mehr als 28 und nicht weniger als 22 ordentlichen, sowie nicht mehr als 10 und nicht weniger als 8 stellvertretenden Mitgliedern, von denen mindestens je die Hälfte sich nicht berufsmäßig am Börsenhandel mit Wertpapieren beteiligt. Unter den ordentlichen Mitgliedern können 8 Mitglieder der Industrie- und Handelskammer gewählt werden.

Die Mitglieder werden auf drei Kalenderjahre durch die Industrie- und Handelskammer gewählt. Für ein Mitglied, das während der Wahldauer ausscheidet, wählt die Industrie- und Handelskammer einen Ersatzmann für den Rest der Wahldauer.

§ 45. Die Zulassungsstelle ist beschlußfähig, wenn neun Mitglieder anwesend sind.

§ 46. Die Zulassungsstelle wählt alljährlich aus ihrer Mitte einen Vorsitzenden und zwei Stellvertreter. Die Wahlen bedürfen der Bestätigung der Industrie- und Handelskammer.

Im übrigen erläßt die Zulassungsstelle ihre Geschäftsordnung selbst. Diese bedarf der Genehmigung der Industrie- und Handelskammer.

§ 47. Der Antrag auf Zulassung von Wertpapieren zum Börsenhandel muß von einer an der Börse vertretenen öffentlichen Bankanstalt, Privatbank oder Bankfirma gestellt werden.

§ 48. Dem Antragsteller steht gegen jede Entscheidung der Zulassungsstelle, durch die dem Antrag auf Zulassung nicht stattgegeben wird, binnen zweier Wochen nach Bekanntgabe die Beschwerde an die Industrie- und Handelskammer zu. Die Industrie- und Handelskammer erteilt der Zulassungsstelle Abschrift der Beschwerdeschrift zur Kenntnisnahme.

§ 49. Bei Beschwerden über die Zulassungsstelle nehmen die der Zulassungsstelle angehörigen Mitglieder der Industrie- und Handelskammer an der Abstimmung nicht teil. Die Teilnahme an der Beratung ist zulässig.

X. Allgemeine Vorschriften.

§ 50. Die Mitglieder des Börsenvorstandes und der Zulassungsstelle üben ihr Amt ehrenamtlich aus.

§ 51. Die Mitglieder und Beamten des Börsenvorstandes und der Zulassungsstelle sind verpflichtet, über den Gang der Verhandlungen und über das Stimmenverhältnis bei Abstimmungen Amtsverschwiegenheit zu bewahren, ebenso, insoweit nicht im Einzelfalle die Vertraulichkeit aufgehoben worden ist, über die gefaßten Beschlüsse.

§ 52. Die finanzielle Verwaltung der Börse steht der Industrie- und Handelskammer nach Maßgabe ihres Statuts zu. Sie bestellt auch die zur Erledigung der Geschäfte des Börsenvorstandes, des Ehrengerichts und der Zulassungsstelle erforderlichen Beamten.

Die von Börsenbesuchern gezahlten Geldstrafen sind für die Unterstützung bedürftiger Börsenbesucher zu verwenden.

§ 53. Die Börsenversammlungen finden in dem der Industrie- und Handelskammer gehörigen Börsengebäude statt. Bei Änderungen wird der Versammlungsort von der Industrie- und Handelskammer mit Genehmigung des Ministers für Handel und Gewerbe bestimmt.

§ 54. Die Börsenversammlungen finden täglich, mit Ausnahme der Sonn- und Festtage, statt. Die Börsenzeit bestimmt der Börsenvorstand.

Der Börsenvorstand ist befugt, Börsenversammlungen ausfallen zu lassen.

§ 55. Das Ende jeder Börsenversammlung wird durch ein Glockenzeichen kundgemacht.

Ist nach Börsenbrauch die Zulässigkeit der Kündigungen oder die Abgabe von Erklärungen von der Innehaltung einer in die Zeit der Börsenversammlung fallenden Frist abhängig, so kann auf Anordnung des Börsenvorstandes der Ablauf der Frist durch ein Glockenzeichen verkündet werden.

§ 56. Außer den Bekanntmachungen der Industrie- und Handelskammer, des Börsenvorstandes und der Zulassungsstelle können durch Aushang in den Börsensälen auch andere Bekanntmachungen veröffentlicht werden, wenn der Börsenvorstand sie nach Form und Inhalt für zur Veröffentlichung geeignet und dem Zwecke des Börsenverkehrs oder dem Interesse des Handelsstandes entsprechend findet.

Bei amtlichen Bekanntmachungen ist die erfolgte Veröffentlichung von einem Börsenbeamten zu bescheinigen.

§ 57. Zu allen Sitzungen des Börsenvorstandes, seiner Abteilungen und der Zulassungsstelle ist der Staatskommissar einzuladen.

§ 58. Diese Börsenordnung tritt am 1. August 1927 in Kraft.

36. Bedingungen für die Geschäfte an der Berliner Fondsbörse vom 1. April 1914[1]).

Vorbemerkung.

In den „Bedingungen" sind in vielen Fällen Fristen festgesetzt, an welche die Geltendmachung gewisser Ansprüche gebunden ist. Der Börsenvorstand steht auf dem Standpunkt, daß die Fristen zwar noch grundsätzlich Geltung haben, aber mit Rücksicht auf die seit Abfassung der „Bedingungen" (1. April 1914) geänderten Verhältnisse nicht mehr im buchstäblichen Sinne maßgebend sein können. Es ist daher in jedem einzelnen Falle zu prüfen, welche Fristen unter Berücksichtigung der heute maßgebenden Umstände angemessen erscheinen (Plenarbeschluß 11. 9. 22 — Bekanntmachung 12. 9. 22 —).

Alle an der Berliner Wertpapierbörse geschlossenen Handelsgeschäfte in den in § 12 Ziffer I der Börsenordnung bezeichneten Werten gelten, insofern nicht ein anderes verabredet ist, als nach Berliner Börsenusancen und unter nachfolgenden Bedingungen geschlossen:

A. Allgemeine Bedingungen.

Erfüllungsort, Gerichtsstand.

§ 1. Erfüllungsort der Geschäfte ist Berlin, Gerichtsstand für entstehende Streitigkeiten, sofern sich nicht aus § 7 ein anderes ergibt, je nach dem Werte des Streitgegenstandes das Amtsgericht Berlin-Mitte oder Landgericht I zu Berlin.

---

[1]) Unter Berücksichtigung zahlreicher Änderungen auf Grund eines bisher nicht veröffentlichten amtlichen Textes.

Erfüllungsart.

§ 2. Die Erfüllung erfolgt in der Art, daß der Verkäufer die verkauften Werte dem Käufer oder derjenigen hiesigen Firma, die der Käufer bei Abschluß des Geschäfts oder spätestens am Tage vor der Lieferung aufgegeben hat, liefert oder liefern läßt.

Die Lieferung muß in usancemäßig gangbaren Stücken geleistet und darf in Abschnitten von bestimmter Art und Höhe nur dann gefordert werden, wenn dies bei Abschluß des Geschäfts bedungen war.

Zahlung.

§ 3. Die Zahlung des Kaufpreises muß bei der Lieferung in deutscher Reichswährung erfolgen.

Im Platzverkehr dürfen Rechnungsbeträge in der Pfennigreihe nur auf Zahlen lauten, die durch 5 teilbar sind. Beträge unter 5 Pf. fallen fort, Beträge über 5 Pf. werden für 10 Pf. gerechnet.

Überweisung.

§ 4. Die Vertragsparteien sind berechtigt, die Lieferung oder die Abnahme der verschlossenen Werte, Wechsel ausgenommen, für ihre Rechnung und Gefahr an eine andere an der Börse vertretene Firma zu überweisen.

Auszahlungen auf das Ausland können überwiesen werden, wenn sie nach Berliner Börsenusance behandelt worden sind. Die Überweisung muß bis nachmittags 5 Uhr des Tages, an dem die Auszahlung gehandelt ist, schriftlich der Gegenpartei angezeigt werden, widrigenfalls diese sie nicht anzunehmen braucht.

Debetdifferenzen sind am nächsten Vormittage fällig. Die Dauer der Haftung der überweisenden Partei für die

Erfüllung beträgt 4 Wochen. Hat die überweisende Partei telegraphische Eingangsanzeige auf ihre Kosten verlangt, so endet ihre Haftung mit deren Mitteilung. Wenn innerhalb der Haftungsdauer die Partei, an welche die Auszahlung überwiesen worden ist, die überweisende Partei an die Erfüllung erinnert, so wird hierdurch die Haftungsdauer unterbrochen mit der Wirkung, daß sie vom Zeitpunkte der Erinnerung ab erneut zu laufen beginnt.

Erfüllungszeit.

§ 5. Fällt der Zeitpunkt der Erfüllung auf einen Tag, an dem keine Börsenversammlung in Berlin stattfindet, so gilt als Erfüllungstag bei per Medio, Ultimo und per Erscheinen geschlossenen Geschäften, deren Erfüllungstag auf einen Medio- oder Ultimo-Lieferungstag fällt, der nächstvorhergehende Börsentag, sonst der nächstfolgende Börsentag.

Bei allen Zeitgeschäften werden die beiden Tage des jüdischen Neujahrsfestes und das jüdische Versöhnungsfest den Tagen, an denen keine Börsenversammlung stattfindet, gleich geachtet. Zwangsweise Abwicklungen im Sinne der §§ 14 und 19 werden durch diese jüdischen Feiertage nicht gehemmt, wenn das Recht zur Vornahme der Abwicklung schon vorher begründet war.

Festsetzungen für einzelne Fälle.

§ 6. Trifft der Börsenvorstand oder eine von ihm mit dem Rechte der Entscheidung hierüber eingesetzte Kommission infolge der Abtrennung eines fälligen Zins- oder Gewinnanteilscheins, eintretender Bezugs- oder anderer Rechte, oder aus anderen Gründen, die nach ihrem Ermessen im allgemeinen Interesse eine einheitliche Regelung erheischen, besondere Festsetzungen, so gelten diese Festsetzungen für alle Geschäfte in dem betreffenden Werte, deren Fälligkeit noch nicht eingetreten ist, ebenso, als wären sie schon zur Zeit des Geschäftsabschlusses in Kraft gewesen.

Streitigkeiten.

§ 7. Streitigkeiten aus einem Geschäfte, welche die Lieferbarkeit der Werte oder die Auslegung oder Anwendung dieser Bedingungen oder bestehender Usancen betreffen, werden von der gemäß § 8 der Geschäftsordnung des Börsenvorstands, Abteilung Wertpapierbörse gebildeten Dreimännerkommission endgültig und unter Ausschluß jedes Rechtsmittels mündlich entschieden. Die Kommission entscheidet auch selbst über ihre Zuständigkeit; sie ist berechtigt, ihre Entscheidung abzugeben, auch wenn einer Partei in dem Verfahren das rechtliche Gehör nicht gewährt war, und ist nicht verpflichtet, die Entscheidung mit Gründen zu versehen. Im übrigen finden auf das Verfahren die Vorschriften des § 9 der erwähnten Geschäftsordnung Anwendung.

Einwendungen gegen die Lieferbarkeit der Werte müssen bei dieser Kommission innerhalb der nächsten 4 Börsentage nach dem Tage, an welchem die Lieferung erfolgt ist, angebracht werden, widrigenfalls die gelieferten Werte für genehmigt gelten. Sind Papiere zwar derselben Gattung, aber einer an hiesiger Börse nicht zugelassenen Emission geliefert worden, so erstreckt sich die Einwendungsfrist auf die Zeit von 8 Börsentagen nach dem Lieferungstage.

Der Umtausch eines für unlieferbar erklärten Stückes gegen ein umlaufsfähiges muß bis 12 Uhr mittags des auf die Entscheidung der Kommission folgenden Börsentages gefordert werden, widrigenfalls das Recht auf den Umtausch erlischt.

Für alle anderen Streitigkeiten ist nach Wahl des Klägers die schiedsrichterliche Kommission des Börsenvorstandes von Berlin oder das ordentliche Gericht (vgl. § 1) zuständig. Die Klage muß innerhalb einer Ausschlußfrist von 3 Monaten nach Fälligkeit des streitigen Anspruchs erhoben sein, widrigenfalls das Klagerecht erloschen ist.

Wenn die Klage innerhalb der Ausschlußfrist bei der schiedsrichterlichen Kommission des Börsenvorstands angebracht ist, diese aber aus irgendeinem Grunde die Entscheidung ablehnt, so steht den Parteien die Beschreitung des ordentlichen Rechtsweges offen, wobei sich die dreimonatliche Ausschlußfrist um die durch das schiedsrichterliche Verfahren in Anspruch genommene Zeit verlängert.

Die dreimonatliche Ausschlußfrist findet keine Anwendung auf Forderungen, die

a) ihrer Höhe nach schriftlich oder mündlich anerkannt sind,

b) in laufender Rechnung gebucht sind, oder aus Geschäften sich ergeben, deren Erfüllung durch Unterpfand sichergestellt ist.

Schlußnoten.

§ 8. Über jedes Geschäft hat, wenn der Abschluß durch einen Vermittler erfolgt ist, dieser den Parteien, wenn der Abschluß aber ohne Vermittler erfolgte, der Verkäufer dem Käufer spätestens am Vormittage des nächsten Börsentages eine Schlußnote oder eine schriftliche Bestätigung zuzustellen. Erinnerungen wegen Unterlassung der Zustellung oder gegen den Inhalt der zugestellten Urkunde sind bei Geschäften in Wertpapieren, für die neben dem Einheitskurs fortlaufende Notierung der tatsächlichen Umsätze erfolgt, bis 12 Uhr mittags, bei Geschäften in anderen Wertpapieren bis 12½ Uhr nachmittags des dem Abschluß folgenden Börsentages geltend zu machen.

Strittige Geschäfte.

§ 9. Wenn das Zustandekommen eines nach der Behauptung einer Partei an der Wertpapierbörse abgeschlossenen Geschäftes von der anderen Partei bestritten wird, so ist die erstere berechtigt und auf Verlangen des anderen Teiles verpflichtet, behufs Feststellung der Differenz sofort zur Zwangsregulierung zu schreiten.

Geschäfte mit Aufgabe.

§ 10. Als Aufgabe kann nur eine an der Börse vertretene Firma benannt werden, welche gewerbsmäßig Bank- oder Bankiergeschäfte betreibt, oder in die gemäß § 149 der Ausführungsbestimmungen zum Kapitalverkehrsteuergesetz vom 27. November 1922 vom Börsenvorstand geführte Händlerliste eingetragen ist.

Bei Zeitgeschäften kann nur eine an der Börse vertretene Firma, die Mitglied des Liquidationsvereins für Zeitgeschäfte an der Berliner Wertpapierbörse E. V. ist, benannt werden.

Hat bei Abschluß eines Geschäftes die eine Vertragspartei oder der als Vertragspartei auftretende Vermittler ausdrücklich oder stillschweigend die Verpflichtung übernommen, einen Dritten als Aufgabe zu benennen, so muß die Aufgabe am nächsten Börsentage bis 11 Uhr vormittags schriftlich in das Geschäftslokal der anderen Vertragspartei gemeldet werden. Wird die Aufgabe zu einem anderen als dem ursprünglich verabredeten Kurse gemacht, so hat der Aufgabepflichtige eine zu seinen Ungunsten entstehende Differenz sofort zu zahlen. Ist keine Aufgabe gemacht worden, oder eine solche, die der ausdrücklichen Verabredung oder stillschweigenden Voraussetzung nicht entspricht, worüber in streitigen Fällen die Dreimännerkommission endgültig entscheidet, so ist der nichtsäumige Teil berechtigt, unverzüglich zur Zwangsregulierung zu schreiten.

Will der nichtsäumige Teil eine andere Frist zur Benennung der Aufgabe gewähren, so hat er dem säumigen Teil an dem Tage, an dem die Aufgabe zu benennen war, mündlich oder schriftlich davon Mitteilung zu machen und gleichzeitig einen bestimmten Endtermin für die Frist festzusetzen. Die Zwangsregulierung (vgl. §§ 14 und 19) ist alsdann an dem Börsentage vorzunehmen, bis zu dem die Frist läuft, wenn nicht an diesem Tage bis 11 Uhr vormittags die Aufgabe gemacht ist. Hat der nichtsäumige Teil weder eine Nachfrist gewährt, noch von dem Rechte der Zwangsregulierung Gebrauch gemacht, so gilt dies als Verzicht auf die Aufgabe. Das Geschäft bleibt dann als von den beiden Vertragsparteien miteinander abgeschlossen bestehen.

Nicht zustandegekommene Geschäfte.

§ 11. Sind Geschäfte zur amtlichen Notiz abgeschlossen und ist ein Kurs amtlich nicht notiert worden, so sind solche Geschäfte als nicht zustandegekommen zu betrachten.

Mit Unrecht zurückgewiesene Posten.

§ 12. Wer nach dem Ausspruche der Dreimännerkommission einen ihm gelieferten Posten zu Unrecht zurückgewiesen oder über abzunehmende Werte nicht oder nicht rechtzeitig Aufgabe gemacht hat, hat den Zinsverlust zum jeweiligen Lombardzinsfuß der Reichsbank zuzüglich der von der Dreimännerkommission auf Antrag etwa festgesetzten Entschädigung zu vergüten.

Unbeschadet der aus Abs. 1 sich ergebenden Rechte ist in allen Fällen, in denen, sei es beim Kauf, sei es beim Verkauf, der die Aufgabe enthaltende Schlußschein nicht spätestens an dem dem Geschäftsabschluß folgenden Börsentage abgesandt wird, der andere Teil berechtigt, ein Mindeststrafgeld von 0,25% des ausmachenden Betrages zu fordern.

Nachverstempelung.

§ 12a. Wird bei einem Geschäfte die gemäß der Ermäßigungsvorschrift Nr. 1 zu Tarifnummer 4a des Reichsstempelgesetzes vorgenommene Verstempelung beanstandet, weil eine Vertragspartei nicht als zum Genusse des ermäßigten Stempels berechtigt anerkannt wird (vgl. § 10 Abs. 1), so haftet diese den übrigen an dem Geschäft Beteiligten für die ihnen hierdurch erwachsenden Mehrkosten und etwaigen sonstigen Nachteile.

B. Besondere Bedingungen bei Kassegeschäften.

Allgemeines.

§ 13. Als Kassegeschäfte gelten auch diejenigen Geschäfte, bei denen die Zeit der Erfüllung nicht ausdrücklich oder nicht bestimmt vereinbart ist, falls nicht aus der Gattung der Werte, der Zahl der verschlossenen Stücke oder der Höhe der verschlossenen Summe oder aus anderen Umständen mit Sicherheit zu entnehmen ist, daß die Absicht der Vertragsparteien auf ein Zeitgeschäft gerichtet war.

Der Zinsberechnung ist bei allen Kassegeschäften, sofern nicht eine anderweite Abrede getroffen ist, der Abschlußtag zugrunde zu legen.

Kassegeschäfte in Wertpapieren, Zins- und Gewinnanteilscheinen sind an dem dem Abschlußtage folgenden zweiten Werktage zu erfüllen; der Erfüllungstag für per Erscheinen abgeschlossenen Geschäfte wird von der Dreimännerkommission auf Antrag festgesetzt. Die Lieferung hat, soweit sie nicht durch die Bank des Berliner Kassenvereins erfolgt, vormittags zwischen 9 und 11 Uhr stattzufinden. Die Bezahlung solcher Lieferungen hat am gleichen Tage bis spätestens 12 ¼ Uhr zu erfolgen, widrigenfalls der Lieferer berechtigt ist, Verzugszinsen zu berechnen; außerdem kann die Dreimännerkommission auf Antrag ein vom säumigen Teil zu zahlendes Strafgeld festsetzen.

Kassegeschäfte in Münzen, Noten oder auf deutsche Reichswährung lautende Wechsel sind an dem auf den Abschlußtag folgenden Börsentag vormittags bis 11 Uhr, Münzen und Noten Sonnabends bis 10 Uhr zu erfüllen.

Kassegeschäfte in auf ausländische Währung lautenden Wechseln und Schecks sind an dem dem Abschlußtage folgenden Börsentage vormittags zwischen 9 und 12 Uhr zu erfüllen; doch steht dem Käufer das Recht zu, die Wechsel oder Schecks schon am Abschlußtage bis 4, Sonnabends bis 3 Uhr nachmittags vom Verkäufer gegen Zahlung abholen zu lassen.

Ist Auszahlung an einem ausländischen Platze gehandelt, so hat der Käufer dem Verkäufer den Gegenwert in Berlin an dem dem Abschlußtage folgenden Werktage, auch wenn an diesem keine Börsenversammlung stattfindet, vormittags zwischen 9 und 12 Uhr zu zahlen.

Zwangsregulierung.

§ 14. Gerät ein Teil mit der Erfüllung in Verzug, so hat ihn der andere Teil mündlich oder schriftlich zu erfüllen aufzufordern. Falls die Aufforderung das Recht zur Zwangsregulierung begründen soll, so muß diese unter Stellung einer Frist zur Nachholung der Erfüllung angedroht werden. Die Frist muß, falls die Aufforderung bis 12 Uhr mittags im Geschäftslokal des säumigen Teils oder bis 1 Uhr an der Börse erfolgt, bis zum nächsten Börsentage mittags 11 Uhr, andernfalls bis zum zweitfolgenden Börsentage mittags 11 Uhr erstreckt werden.

Hat bis zum achten Börsentage einschließlich nach dem Abschlußtage keine Partei die Erfüllung angeboten oder gefordert, oder in anderer Weise der Gegenpartei die Absicht, an dem Geschäft festzuhalten, zum Ausdruck gebracht, so gilt das Geschäft als aufgehoben.

Hat der nichtsäumige Teil innerhalb von 8 Börsentagen nach dem Abschlußtage schriftlich erinnert, ohne eine Nachfrist zu setzen, so hat er sich alle Rechte auf einen vom Tage des Erinnerungsschreibens ab laufenden Zeitraum von 4 Wochen gewahrt; er kann also innerhalb dieses Zeitraumes dem säumigen Teil jederzeit die Zwangsregulierung unter Setzung der in Abs. 1 dieses Paragraphen bezeichneten Nachfrist wirksam androhen.

Nach fruchtlosem Ablauf der gestellten Nachfrist ist der nichtsäumige Teil verpflichtet, an der nächsten Börse zur Zwangsregulierung zu schreiten.

Hat der säumige Teil erklärt, nicht erfüllen zu können oder nicht erfüllen zu wollen, so ist der nichtsäumige Teil verpflichtet, unverzüglich zur Zwangsregulierung zu schreiten.

Hat ein Teil die Zahlungen eingestellt, so ist der andere Teil verpflichtet, an der Börse, an der ihm die Zahlungseinstellung bekannt geworden, oder an der unmittelbar darauffolgenden die Zwangsregulierung vorzunehmen. Die Stellung einer Nachfrist findet nicht statt. Die Zahlungseinstellung gilt schon dann als eingetreten, wenn Umstände vorliegen, aus welchen erhellt, daß der Verpflichtete sich im Zustande der Zahlungsunfähigkeit befindet, oder wenn fällige Zahlungsverpflichtungen von ihm nicht erfüllt sind. Über die Zulässigkeit einer solchen Zwangsregulierung entscheidet auf Anruf einer Partei die Dreimännerkommission endgültig. Eine nach Vornahme der Zwangsregulierung erfolgende Eröffnung des Konkurses über das Vermögen des Teiles, gegen den die Zwangsregulierung stattgefunden hat, macht diese nicht unwirksam. Ist aber der Konkurs bereits vor Vornahme der Zwangsregulierung eröffnet worden, so kann nach § 18 der Konkursordnung der andere Teil nur eine Forderung wegen Nichterfüllung geltend machen, deren Betrag sich durch den Unterschied zwischen dem Kaufpreise und dem Preise am 2. Werktage nach Eröffnung des Konkurses bestimmt: Es ist mithin in diesem Falle der am zweiten Werktage nach Eröffnung des Konkurses notierte Kurs auch dann maßgebend, wenn etwa die Zwangsregulierung nach der Eröffnung des Konkurses am Tage der Eröffnung, oder wenn sie am ersten Werktage nach der Eröffnung vorgenommen worden ist.

Die Zwangsregulierung kann unter Zugrundelegung des am Zwangsregulierungstage notierten Einheitskurses nach Wahl des nichtsäumigen Teiles entweder durch den unter Vermittlung eines Kursmaklers zu bewirkenden An- oder Verkauf der verschlossenen Werte, durch Selbsteintritt oder auch zum Teil in der einen, zum Teil in der anderen Art erfolgen. Der Unterschied zwischen dem Zwangsregulierungskurse und dem Vertragskurse ist dem Teil, zu dessen Gunsten er sich herausstellt, von dem anderen Teil sofort zu zahlen. Der säumige Teil hat dem anderen Teil die übliche Maklergebühr, und zwar diese selbst dann, wenn die Zwangsregulierung ohne An- oder Verkauf bewirkt worden ist, und außerdem Portoauslagen und Stempel sowie den zum jeweiligen Lombardzinsfuß der Reichsbank zu berechnenden Zinsverlust zu erstatten.

Der die Zwangsregulierung vornehmende Teil ist verpflichtet, den säumigen Teil von der erfolgten Zwangsregulierung durch einen spätestens am Tage nach der Zwangsregulierung bis 12 Uhr mittags abzusendenden Brief unter Aufgabe des Zwangsregulierungskurses Mitteilung zu machen. Daß diese Mitteilung erfolgt ist, kann durch Vorlegung eines Postscheines über die rechtzeitige Absendung eines eingeschriebenen Briefes an den säumigen Teil bewiesen werden. Bei Unterlassung der Mitteilung oder nicht rechtzeitiger Mitteilung braucht der säumige Teil die Zwangsregulierung nicht gegen sich gelten zu lassen.

Wird nach angedrohter Zwangsregulierung von der säumigen Partei eine Teillieferung geleistet mit dem Zusatz: „Rest folgt", so ist die nichtsäumige Partei berechtigt, aber ohne ausdrückliche Verständigung mit der säumigen Partei nicht verpflichtet, die Zwangsregulierung hinauszuschieben.

Ist die Zwangsregulierung einen Börsentag zu früh oder einen Börsentag zu spät bewirkt worden, so ist sie für den säumigen Teil nur insoweit verbindlich, als ihm dadurch ein Nachteil nicht erwächst; es darf also in diesem Falle dem säumigen Teile kein ungünstigerer Kurs berechnet werden, als der Einheitskurs des Börsentages, an dem die Zwangsregulierung hätte vorgenommen werden müssen.

Ist die Zwangsregulierung an dem für sie festgesetzten Tage nicht ausführbar, so hat sie am ersten Tage zu erfolgen, an dem eine Notiz zustandekommt, falls bis dahin der säumige Teil nicht erfüllt hat.

Eine einmal angedrohte Zwangsregulierung bleibt bis zur Erledigung bestehen, doch ist sie dem betreffenden Kursmakler nach Ablauf des Monats, während welchem sie ihm aufgegeben wurde, von neuem aufzugeben.

Wird durch den säumigen Teil die für seine Rechnung vorzunehmende Zwangsregulierung oder die Erfüllung des zum Zwecke der Zwangsregulierung geschlossenen Geschäfts vorsätzlich erschwert, verzögert oder vereitelt, so kann die Dreimännerkommission auf Antrag des nichtsäumigen Teils ein ihm von dem säumigen Teil zu zahlendes Strafgeld endgültig festsetzen. Die Dreimännerkommission kann den nichtsäumigen Teil auf seinen Antrag ermächtigen, die Zwangsregulierung an einem von ihr zu bestimmenden Börsentage auch zu einem anderen als dem Einheitskurse vorzunehmen; sie kann ferner den nichtsäumigen Teil auf seinen innerhalb dreier Tage nach Lieferung oder Zwangsregulierung zu stellenden Antrag als Entgelt für einen ihm durch verspätete Lieferung entstandenen Nachteil eine von dem säumigen Teil zu zahlende Entschädigung endgültig zusprechen. Endlich kann sie ihn auf seinen Antrag ermächtigen, dem säumigen Teil an Stelle der Zwangsregulierung den Rücktritt vom Geschäft anzudrohen und demgemäß nach fruchtlosem Ablauf der gestellten Frist (vgl. Abs. 1) vom Geschäft zurückzutreten.

In den Fällen, in denen die Dreimännerkommission in Betracht kommt, muß der säumige Vertragsteil mittels eingeschriebenen Briefes von dem Antrag in Kenntnis gesetzt und zur Verhandlung darüber vor die Dreimänner-kommission geladen werden.

Bei Geschäften über Münzen und Noten ist der nicht-säumige Teil befugt, ohne vorherige Aufforderung zur Erfüllung sofort von dem Geschäft zurückzutreten, oder dasselbe anderweit, auch außerhalb der Börse, für Rechnung des säumigen Teils abzuwickeln. Wird dem säumigen Teil nicht vor Beginn der Börsenversammlung des Tages, an dem die Erfüllung fällig geworden ist, der Rücktritt erklärt, oder von der erfolgten Abwicklung Kenntnis gegeben, so verbleibt es auch für diese Geschäfte bei den sonstigen Bestimmungen über Zwangsregulierung (29. 4. 26).

Bei Geschäften in Zins- und Gewinnanteilscheinen finden die Bestimmungen dieses Paragraphen gleichfalls Anwendung, jedoch ist bei diesen Geschäften die zwangsweise Abwicklung ausgeschlossen.

Zwangsregulierung per Erscheinen.

§ 15. Die Zwangsregulierung von Geschäften, die per Erscheinen geschlossen sind, erfolgt, sofern die gehandelten Werte vom Liquidationsverein für Zeitgeschäfte an der Berliner Wertpapierbörse E. V. skontriert worden sind, nach den für Zeitgeschäfte, im anderen Falle nach den für Kassegeschäfte festgesetzten Bedingungen.

C. Besondere Bedingungen bei Zeitgeschäften.

Allgemeines.

16. Zeitgeschäfte gelten in Ermangelung einer besonderen Verabredung als fix geschlossen. Der im Vertrage festgesetzte Tag gilt als Erfüllungstag.

Bei Zeitgeschäften gelten als usancemäßige Nennbeträge:

in inländischen Wertpapieren, welche in Reichsmark gehandelt werden . . 6000 RM.
in Stück 25

und ein Mehrfaches dieser Beträge, insoweit der Börsenvorstand, Abteilung Wertpapierbörse, nicht ein anderes bestimmt.

Prämien und Stellagen.

§ 17. Ist auf Prämie, Stellage oder mit dem Rechte der Nachlieferung oder Nachforderung gehandelt, so läuft die Frist zur Erklärung am Erklärungstage nachmittags 1 Uhr, und wenn der Erklärungstag auf einen Sonnabend fällt, mittags 12 Uhr ab.

Bei per Medio oder per Ultimo geschlossenen Geschäften ist der drittletzte Börsentag vor dem Medio- oder Ultimo-Lieferungstag, bei Geschäften, die zur Erklärung an einem anderen Tage geschlossen sind, der im Vertrage festgesetzte Tag, oder wenn dieser kein Börsentag ist, der ihm vorhergehende Börsentag der Erklärungstag. Erfüllungstag ist in allen Fällen der dem Erklärungstag folgende für Zeitgeschäfte festgesetzte Lieferungstag.

Macht der zur Erklärungszeit bestehende Kurs es zweifellos, in welcher Weise die Erfüllung eines auf Prämie, auf Stellage oder mit dem Rechte der Nachforderung oder Nachlieferung geschlossenen Geschäfte gewählt wird, so bedarf es einer Erklärung seitens des dazu Berechtigten nicht; in streitigen Fällen entscheidet hierüber die Dreimännerkommission endgültig.

Der Prämienbetrag ist am Zahltage durch das Differenzenskontro der Liquidationskasse zu regulieren.

Abwicklung von Zeitgeschäften zwischen Mitgliedern des Liquidationsvereins für Zeitgeschäfte an der Berliner Wertpapierbörse E. V.

§ 18. Sind die Parteien eines Zeitgeschäfts Mitglieder des Liquidationsvereins für Zeitgeschäfte an der Berliner Wertpapierbörse E. V. und betrifft das Geschäft solche Werte, die durch die Liquidationskasse A. G. skontriert werden, so hat die Regulierung des Geschäfts durch Skontrierung, und zwar gemäß der Bestimmungen der Liquidationskasse Aktiengesellschaft zu erfolgen. Dieses Verfahren findet auch auf Zeitgeschäfte Anwendung, die zwischen Vereinsmitgliedern erst an dem für Einreichung der Skontrobogen bestimmten Tage geschlossen sind.

§ 18a. Die Liquidationskasse Aktiengesellschaft ist berechtigt, falls ihren Anforderungen nach Sicherstellung nicht unverzüglich nachgekommen wird, schwebende Termingeschäfte der säumigen Partei sofort ganz oder teilweise glattzustellen und gestellte Sicherheiten sofort ganz oder teilweise zu verwerten, ohne daß es einer Fristsetzung bedarf.

Abwicklung von Liquidationskursen und Lieferungen.

§ 18b. Ist für die verschlossenen Werte vom Börsenvorstand, Abteilung Wertpapierbörse, ein Liquidationskurs festgesetzt, so ist die Lieferung zu diesem zu bewirken. Andernfalls gilt als Liquidationskurs der Kurs, der am Tage der Feststellung der Liquidationskurse im Amtlichen Kursblatt als Einheitskurs notiert wird.

Die Lieferung hat am Erfüllungstage vormittags zwischen 9 und 12 Uhr, die Zahlung der Differenz zwischen dem Liquidationskurse und dem Vertragspreise am gleichen Tage vormittags zwischen 9 und 12 Uhr zu geschehen.

Zwangsregulierung.

§ 19. Wenn der eine Teil nicht erfüllt, so hat, falls die Erfüllung vermittels Skontrierung durch den Liquidationsverein für Zeitgeschäfte an der Berliner Wertpapierbörse E. V. zu erfolgen hatte, der andere Teil nach den Bestimmungen der Liquidationskasse Aktiengesellschaft zu verfahren. In allen anderen Fällen hat der nichtsäumige Teil das Recht, auf Erfüllung zu bestehen oder Zwangsregulierung vorzunehmen. Will er auf Erfüllung bestehen, so hat er bei Verlust dieses Anspruchs dem säumigen Teil in einem spätestens am nächsten Börsentage nach dem Erfüllungstage zur Post zu gebenden eingeschriebenen Briefe davon Mitteilung zu machen. Wählt er dagegen die Zwangsregulierung, so muß er diese, ohne daß es einer vorgängigen Anzeige oder der Stellung einer Nachfrist bedarf, an der nächsten Börse nach dem Erfüllungstage bewirken.

Die Zwangsregulierung kann unter Zugrundelegung des am Zwangsregulierungstage notierten Einheitskurses nach Wahl des nichtsäumigen Teiles entweder durch den mittels eines Kursmaklers zu bewirkenden An- oder Verkauf der verschlossenen Werte, durch Selbsteintritt oder auch zum Teil in der einen, zum Teil in der andern Art erfolgen. Der Unterschied zwischen dem Zwangsregulierungskurse und dem Vertragskurse ist dem Teil, zu dessen Gunsten er sich herausstellt, von dem anderen Teil unverzüglich zu zahlen. Der säumige Teil hat dem anderen Teil die übliche Maklergebühr, und zwar diese selbst dann, wenn die Zwangsregulierung ohne An- oder Verkauf bewirkt worden ist, und außerdem Portoauslagen und Stempel und den zum jeweiligen Lombardzinsfuß der Reichsbank zu berechnenden Zinsverlust sowie das von der Dreimännerkommission etwa festgesetzte Strafgeld zu erstatten.

Der die Zwangsregulierung vornehmende Teil ist verpflichtet, dem säumigen Teil von der erfolgten Zwangsregulierung durch einen spätestens am Tage nach der Zwangsregulierung bis 12 Uhr mittags abzusendenden Einschreibbrief unter Aufgabe des Zwangsregulierungskurses Mitteilung zu machen. Daß diese Mitteilung erfolgt ist, kann durch Vorlegung eines Postscheines über die rechtzeitige Absendung eines eingeschriebenen Briefes an den säumigen Teil bewiesen werden. Bei Unterlassung der Mitteilung oder nicht rechtzeitiger Mitteilung braucht der säumige Teil die Zwangsregulierung nicht gegen sich gelten zu lassen.

Ist die Zwangsregulierung einen Börsentag zu früh oder einen Börsentag zu spät bewirkt worden, so ist sie für den säumigen Teil insoweit verbindlich, als ihm dadurch ein Nachteil nicht erwächst; es darf also in diesem Falle dem säumigen Teile kein ungünstigerer Kurs berechnet werden, als der Einheitskurs des Börsentages, an dem die Zwangsregulierung hätte vorgenommen werden müssen.

Wird durch den säumigen Teil die für seine Rechnung vorzunehmende Zwangsregulierung oder die Erfüllung des zu ihrem Zweck geschlossenen Geschäfts vorsätzlich erschwert, verzögert oder vereitelt, so kann die Dreimännerkommission auf Antrag des nicht säumigen Teils ein ihm von dem säumigen Teil zu zahlendes Strafgeld endgültig festsetzen.

Zahlungseinstellung.

§ 20. Stellt vor Eintritt des Erfüllungstages ein Teil die Zahlungen ein, so ist der andere Teil berechtigt, an der Börse, an dem ihm die Zahlungseinstellung bekanntgeworden ist, oder an der unmittelbar darauffolgenden die zwangsweise Regulierung des Erfüllungsgeschäftes durch ein gleichartiges Geschäft auf dieselbe Zeit zu bewirken. Die Zahlungseinstellung gilt schon dann als eingetreten, wenn Umstände vorliegen, aus welchen erhellt, daß der Verpflichtete sich im Zustande der Zahlungsunfähigkeit befindet, oder wenn fällige und unstreitige Zahlungsverpflichtungen von ihm nicht erfüllt sind. Über die Zulässigkeit einer solchen Zwangsregulierung entscheidet auf Anruf einer Partei die Dreimännerkommission endgültig. Eine nach Vornahme der Zwangsregulierung erfolgende Eröffnung des Konkurses über das Vermögen des Teils, gegen den die Zwangsregulierung stattgefunden hat, macht diese nicht unwirksam. Ist aber der Konkurs bereits vor Vornahme der Zwangsregulierung eröffnet worden, so kann nach § 18 der Konkursordnung der andere Teil nur eine Forderung wegen Nichterfüllung geltend machen, deren Betrag sich durch den Unterschied zwischen dem Kaufpreise und dem Preise am zweiten Werktage nach Eröffnung des Konkurses bestimmt: Es ist mithin in diesem Falle der am zweiten Werktage nach Eröffnung des Konkurses notierte Kurs auch dann maßgebend, wenn etwa die Zwangsregulierung nach der Eröffnung des Konkurses am Tage der Eröffnung, oder wenn sie am ersten Werktage nach der Eröffnung vorgenommen worden ist.

Wird durch eine solche Zwangsregulierung ein Geschäft auf Prämie, eine Stellage oder ein Nochgeschäft betroffen, und ist nach dem Ausspruche der Dreimännerkommission die Regulierung durch ein gleichartiges, auf die nämliche Erfüllungszeit und gleiche Kurslage gestelltes Geschäft nicht ausführbar gewesen, so kann der zur Zwangsregulierung berechtigte Teil das Geschäft sofort für fällig erklären.

Die Zwangsregulierung kann nach Wahl des nicht säumigen Teiles entweder durch den unter Vermittlung eines Kursmaklers zu bewirkenden An- oder Verkauf der verschlossenen Werte, durch Selbsteintritt, oder auch zum Teil in der einen, zum Teil in der anderen Art erfolgen. Im übrigen finden die Vorschriften des § 19 Abs. 2 und 3 sinngemäße Anwendung.

Alle aus der Zwangsregulierung entspringenden Forderungen sind sofort zahlbar; indessen können später fällige Forderungen aus bereits abgewickelten Zeitgeschäften dagegen aufgerechnet werden.

Gekündigte Wertpapiere.

§ 21. Engagements in einem zur Rückzahlung gekündigten Wertpapiere werden an dem Tage fällig, an dem die Rückzahlung beginnt, auch wenn sie ursprünglich auf einen späteren Termin geschlossen war. Der Verkäufer hat alsdann die Wahl, das Engagement durch Lieferung der Stücke, oder durch Verrechnung zum Einlösungswerte, der in streitigen Fällen von der Dreimännerkommission festzusetzen ist, zu regulieren.

Bezugsrechte.

§ 22. Tritt für die verschlossenen Werte während der Dauer des Vertrages die Ausübung eines Bezugsrechtes ein und wird dies nicht gemäß § 6 durch Festsetzung eines

Kursabschlages geregelt, so hat der Käufer, wenn er das Bezugsrecht ausüben will, spätestens 48 Stunden vor Ablauf der zur Ausübung des Bezugsrechtes am hiesigen Platze gestellten Frist den Verkäufer in den Besitz einer schriftlichen Aufforderung zu setzen, die Bezugsstücke zu erheben. Die Lieferung der neu bezogenen Stücke gegen Erstattung aller Auslagen nebst Zinsen zum Reichsbankdiskont hat nach Wahl des Verkäufers entweder innerhalb 8 Tagen nach Ablauf der Bezugsfrist nach vorhergegangener 2tägiger Ankündigung des Verkäufers an den Käufer oder zusammen mit den alten Werten am Erfüllungstage des ursprünglichen Geschäftes zu erfolgen.

Tritt bei Prämien-, Stellage- und Nochgeschäften während der Dauer des Vertrages ein Bezugsrecht ein, welches nicht gemäß § 6 durch Festsetzung eines Kursabschlages seine Erledigung findet, so ist, falls die Erfüllung durch Lieferung der Stücke erfolgt, der Verkäufer verpflichtet, die Bezugsstücke gegen Erstattung der dafür geleisteten Zahlung nebst Zinsen zum Reichsbankdiskont mitzuliefern, während der Käufer die Pflicht hat, solche mitabzunehmen. Ohne die Bezugsstücke kann die Lieferung weder geleistet noch verlangt werden. Auf die Höhe der Prämie ist ein eintretendes Bezugsrecht ohne Einfluß.

Konvertierung oder teilweise Kündigung.

§ 23. Wenn während der Dauer eines Engagements das verschlossene Wertpapier zur Konvertierung gelangt, derart, daß entweder unter Abstempelung der Stücke eine Zinsveränderung eintritt oder gegen Einlieferung des Wertpapiers ein anderes ausgegeben wird, so hat spätestens 24 Stunden vor Ablauf der zur Ausübung des Konvertierungsrechtes am hiesigen Platze gestellten Frist der Käufer den Verkäufer in den Besitz einer schriftlichen Erklärung zu setzen darüber, ob er die Konvertierung annehmen und konvertierte oder neue Stücke den Konvertierungsbedingungen gemäß empfangen will, oder ob die Erfüllung in den ursprünglich verabredeten Stücken erfolgen soll. Unterläßt Käufer die Erklärung, so hat es bei dem ursprünglichen Engagement sein Bewenden.

Bei Engagements in Wertpapieren, die nur zum Teil, d. h. in bestimmten Jahrgängen oder Serien zur Rückzahlung gekündigt oder zur Konvertierung gestellt sind, hat der Verkäufer spätestens 6 Tage nach erfolgter Kündigung oder 3 Tage bevor die Frist zur Konvertierung am hiesigen Platze abläuft, den Käufer in den Besitz einer schriftlichen Erklärung darüber zu setzen, in welchen Stücken er, der Verkäufer, erfüllen will. Erklärt er, die Erfüllung in den zur Rückzahlung gekündigten oder zur Konvertierung gestellten Stücken leisten zu wollen, so hat im letzteren Falle wiederum der Käufer den Verkäufer spätestens 24 Stunden vor Ablauf der zur Konvertierung gestellten Frist in den Besitz einer Erklärung darüber zu setzen, ob er die Stücke, zu deren Lieferung der Verkäufer sich erklärt hat oder statt deren den entsprechenden Betrag konvertierter Stücke den Konvertierungsbedingungen gemäß empfangen will. Unterbleibt die Erklärung des Verkäufers, so hat er in den nicht zur Rückzahlung oder Konvertierung gelangenden Stücken zu erfüllen. Unterbleibt die Erklärung des Käufers, so erfolgt die Erfüllung in Stücken der vom Verkäufer gewählten Art. In allen Fällen hat derjenige, für dessen Rechnung vom Rechte zur Konvertierung Gebrauch gemacht wird, alle daraus entstehenden Auslagen und Zinsen darauf zum jeweiligen Reichsbankdiskont dem anderen Teile zu erstatten. Tritt während der Dauer eines auf Prämie, Stellage oder mit dem Rechte der Nachforderung oder Nachlieferung geschlossenen Engagements eine gänzliche oder teilweise Konvertierung oder eine gänzliche oder teilweise Rückzahlung der verschlossenen Werte ein, so kommen die in § 21 und vorstehend für auf feste Lieferung geschlossene Geschäfte festgesetzten Bedingungen gleichfalls in Anwendung. Auf die Höhe der Prämie bleibt ein eintretendes Konvertierungsrecht ohne Einfluß.

Spitzen bei Bezugsrechten und Konvertierungen.

§ 24. Enthält in allen in den §§ 22 und 23 erwähnten Fällen die Vertragssumme Beträge, welche zur Ausübung des Bezugs- oder Konvertierungsrechts nicht geeignet sind, so bleiben diese bei der Verrechnung außer Betracht, soweit in bezug auf sie nicht Festsetzungen im Sinne des § 6 getroffen sind.

In allen vorstehend erwähnten Fällen wird jeder einzelne Schluß als ein selbständiges Geschäft angesehen.

Der vom Börsenvorstand, Abteilung Wertpapierbörse, als Entschädigung für das Bezugsrecht oder eines Teiles desselben gemäß § 6 festgesetzte Wert des Bezugsrechtes ist bei Fälligkeit des Engagements zu verrechnen.

Besondere Bedingungen bei Zeitgeschäften zwischen Kommissionär und Kunden.

§ 24a. Bei schwebenden Börsentermingeschäften hat der Kunde spätestens am drittletzten Tage vor dem Fälligkeitstage bzw. dem Liquidationstage bis 11 Uhr vormittags dem Kommissionär mitzuteilen, ob er die Abnahme oder Lieferung der Werte oder die Verlängerung des Geschäfts wünscht. Kommt eine Einigung über die Verlängerung nicht zustande, so ist das Geschäft durch Abnahme oder Lieferung zu lösen. Geht die Mitteilung des Kunden nicht oder nicht rechtzeitig ein, so kann der Kommissionär das Geschäft nach seinem Ermessen verlängern oder durch Abnahme oder Lieferung der gehandelten Werte lösen.

Der Kommissionär ist berechtigt, auf schwebende Börsentermingeschäfte Sicherheitsleistungen den gesetzlichen Bestimmungen entsprechend zu verlangen. Die Sicherheit ist bei telegraphischer Anforderung spätestens an dem der Absendung des Telegramms folgenden zweiten Werktage, bei schriftlicher Anforderung an dem der Absendung des Schreibens folgenden dritten Werktage zu leisten, sofern nicht eine andere angemessene Frist bestimmt wird. Eine kürzere Frist ist angemessen, wenn infolge beträchtlicher Kursveränderungen eine ausreichende Sicherheit nicht mehr vorhanden ist; insbesondere kann der „Kommissionär" die sofortige Leistung oder Erhöhung verlangen, wenn er selbst aus gleichem Grund an anderer Stelle Sicherheit zu leisten oder zu erhöhen hat. Wird die Sicherheit nicht oder nicht rechtzeitig geleistet, ist der Kommissionär berechtigt, das Geschäft auch vor dem Stichtage sofort ganz oder in Teilbeträgen glattzustellen.

D. Handel mit Bezugsrechten.

§ 25. Beim Handel mit Bezugsrechten hat der Verkäufer dem Käufer die zur Ausübung des Bezugsrechtes berechtigenden Stücke bis zum letzten Börsentage vor Ablauf der für die Ausübung in Berlin gestellten Frist, und, wenn erst an diesem Tage der Verkauf abgeschlossen worden ist, am Ablaufstage bis 10 Uhr vormittags zu liefern. Der

Käufer hat die Stücke innerhalb von drei Tagen nach Ablauf des Bezugsrechts dem Verkäufer zurückzustellen.

Bei Geschäften mit Bezugsrechten aus laufenden Engagements ist der für das Bezugsrecht verabredete Kaufpreis dem Verkäufer zu dem Zeitpunkt zu zahlen, zu dem dem Käufer die auf Grund des Bezugsrechtes bezogenen Aktien geliefert werden, spätestens jedoch an dem Tage, an dem das Engagement zu erfüllen ist.

E. Gelddarlehen.

Gelddarlehen.

§ 26. Gelddarlehen mit täglicher Kündigung (tägliches Geld) sind zu verzinsen und gegenseitig bis 1 Uhr an der Börse kündbar. Die Rückzahlung hat an dem auf die Kündigung folgenden Börsentage bis 12 Uhr mittags zu erfolgen. Die Zinsen werden bis zum Rückzahlungstage nach Kalendertagen gerechnet.

Hat eine Kündigung nicht stattgefunden, so ist das Darlehn am Ultimolieferungstage fällig.

Bei Gelddarlehen auf festen Termin sind 30 Tage für den Monat zu rechnen ohne Rücksicht auf die Zahl der Kalendertage. Fällt der Rückzahlungstag auf einen Tag, an welchem eine Börsenversammlung nicht stattfindet, so hat die Rückzahlung am darauffolgenden Börsentage bis 12 Uhr mittags zu erfolgen, auch sind die Zinsen bis zu diesem Tage zu vergüten.

Bei Darlehen, deren Rückzahlung auf einen Ultimo festgestellt ist, werden Zinsen ebenso gerechnet, wie bei Zeitgeschäften in festverzinslichen Wertpapieren.

Das ursprüngliche Verhältnis zwischen Darlehn und Deckung muß bis zur Fälligkeit des Darlehns aufrecht erhalten werden. Ändert sich das Verhältnis zuungunsten des Geldgebers, so ist der Geldnehmer verpflichtet, binnen 3 Kalendertagen nach erfolgter Aufforderung entweder die Deckung zu erhöhen oder eine verhältnismäßige Rückzahlung zu leisten, widrigenfalls der Geldgeber die Pfandschuld sofort als fällig erklären und das Pfand nach vorangegangener Androhung und fruchtlosem Ablauf einer weiteren dreitägigen Frist gemäß §§ 1235 ff. BGB. verkaufen kann.

Bei Zahlungseinstellung des Geldnehmers wird das Darlehen fällig und der Geldgeber ist nach vorangegangener Benachrichtigung vom nächsten Börsentage an berechtigt, das Pfand ohne Innehaltung einer weiteren Frist gemäß §§ 1235 ff. BGB. zu verkaufen. Von dem Verkauf ist dem Geldnehmer an demselben Tage schriftliche Mitteilung zu machen; daß diese Mitteilung erfolgt ist, kann durch Vorlegung eines Postscheines über die rechtzeitige Absendung eines eingeschriebenen Briefes an den Geldnehmer bewiesen werden.

Bei Darlehnsgeschäften, die zu einem festen Zinssatz abgeschlossen sind und bei denen Unterpfand durch Hineinlieferung von Wertpapieren bestellt wird, hat der Geldgeber lediglich Anspruch auf den vereinbarten Zins von der Darlehnssumme, während alle aus Abtrennung von Zins- oder Gewinnanteilscheinen, Verlosungen oder aus anderen Umständen erwachsende Vorteile oder Nachteile auf den Geldnehmer fallen. Der Geldgeber hat den Geldnehmer die nach Lieferung fällig gewordenen Zins- oder Gewinnanteilscheine spätestens am dritten Börsentage nach Fälligkeit gegen Erstattung ihres Wertes zu liefern, auch ihm auf seine rechtzeitige Aufforderung die Nummern verlosbarer Wertpapiere vor der Verlosung mitzuteilen.

Die Darlehnssumme ist in ihrem ursprünglichen Umfange zu verzinsen, auch wenn der Betrag fällig gewordener Zins- oder Gewinnanteilscheine bar dem Geldgeber zugeflossen ist.

F. Börsenpreis.

§ 27. In allen Fällen, in welchen es auf den Beweis der Kursnotierung ankommt, kann er durch das „Amtliche Kursblatt der Berliner Wertpapierbörse" geführt werden.

Wenn bei Beginn der Börse den Kursmaklern keine Aufträge vorliegen, erfolgt eine „Strichnotiz".

Unter „Anfangs-" oder „Erstem" Kurs ist sowohl im Verkehr zu fortlaufenden Kursen, wie im Terminhandel der Kurs zu verstehen, der auf Grund der bei Beginn der Börse den Kursmaklern vorliegenden Aufträge festgestellt wird, nicht jedoch der Kurs, der, wenn eine Strichnotiz erfolgt ist, sodann als erster zur Notiz gelangt („Erste Notiz" oder „Erste Notierung").

Unter „Schluß-" oder „Letztem Kurs" ist der Kurs zu verstehen, der um 2 Uhr, Sonnabends um 1 Uhr, festgestellt wird.

Auf die Feststellung des „Anfangs-" oder „ersten Kurses", sowie des „Schluß-" oder „letzten Kurses" finden die gleichen Grundsätze wie auf die Feststellung des Einheitskurses Anwendung.

Ist eine Strichnotiz erfolgt, so lautet bei späterem Abschluß von Geschäften, die durch die Kursmakler vermittelt oder im freien Verkehr getätigt sind und gemäß § 31 Abs. 2 Börsengesetz berücksichtigt werden, die Gesamtnotiz: — à 100, à 100¼ usw. In diesen Fällen gelten die zum Anfangs- oder ersten Kurs erteilten Aufträge als erloschen, während Aufträge zur ersten Notiz oder ersten Notierung zu dem ersten nach dem Striche notierten Kurs auszuführen sind.

G. Besondere Bedingungen für Wertpapiere.

Allgemeines.

§ 28. Wertpapiere gelten als in dem Zustande verschlossen, in dem sie sich zur Zeit des Vertragsabschlusses befunden haben, dergestalt, daß Vorteile und Nachteile aus nach dem Tage des Abschlusses abzutrennenden Zins- und Gewinnanteilscheinen, Bezugsrechten, Kündigungen, Konvertierungen und dergleichen den Käufer treffen.

Verrechnungen des Mehr- oder Minderwertes eines während der Dauer eines Zeitgeschäftes fällig gewordenen Zinsscheines gegenüber den laufenden Stückzinsen finden jedoch nur statt, wenn die Dreimännerkommission hierüber gemäß § 6 eine Festsetzung trifft.

Auf Widerruf erteilte Limite für Dividendenpapiere ermäßigen sich von dem Börsentage ab, an dem die Wertpapiere ausschließlich des Gewinnanteilscheins gehandelt werden, bis auf weiteres um den Betrag des Gewinnanteilscheins abzüglich Kapitalertragssteuer, also um die Nettodividende.

Das Limit erlischt bei Zeitgeschäften am Tage der letzten Notiz per laufenden Termin, bei Kassegeschäften am Ultimo.

Sind Kaufaufträge auf Wertpapiere, von denen Stücke verschiedenen Nennwertes ausgegeben sind, zu einem Betrage erteilt, der auf Grund der vorliegenden Verkaufsaufträge nicht herzustellen ist, so ist der nächst niedrigere Betrag auszuführen, sofern nicht ausdrücklich die Beschaffung bestimmter Stücke vorgeschrieben ist.

Äußere Beschaffenheit.

§ 29. Wertpapiere sind nicht lieferbar, wenn ihnen oder ihren Zins- oder Gewinnanteilscheinen nötige Erfordernisse, z. B. Nummer oder Unterschriften fehlen, oder die Nummern der Stücke oder einzelne Zins- oder Gewinnanteilscheine undeutlich sind, oder wenn die Wertpapiere oder einzelne Zins- oder Gewinnanteilscheine erheblich beschädigt sind.

Ausländische Wertpapiere, bei denen der deutsche Reichsstempel entwertet ist, müssen mit einem weiteren deutschen Reichsstempel versehen sein.

In- und ausländische Wertpapiere, ausgenommen amerikanische Bonds, die nur mit einem Namen beschrieben sind, ohne daß weiteres hinzugefügt ist, sind lieferbar. Farbige und trockene Firmenstempel werden in dieser Hinsicht einem Namen gleich erachtet.

Prämienanleihe und Lospapiere.

§ 30. Fällt bei Geschäften in Prämienanleihen und Lospapieren der Zeitpunkt der Erfüllung auf den Tag der Ziehung, so muß die Lieferung am vorhergehenden Börsentage, auch wenn das Geschäft erst am letztgenannten Tage geschlossen ist, bis nachmittags 5 Uhr, am Sonnabend bis nachmittags 3 Uhr erfolgen, bei Vermeidung eines Strafgeldes, dessen Festsetzung innerhalb der zwei nächsten Börsentage bei der Dreimännerkommission zu beantragen ist, widrigenfalls der Anspruch darauf erlischt.

Ausländische Lospapiere, ausgenommen Raab-Grazer Lose, sind nur lieferbar, wenn sie mit dem deutschen Kontrollstempel versehen sind, und wenn die betr. Nummer in der vom Reichsschatzamt herausgegebenen Liste enthalten ist.

Geschäfte in verlosbaren und kündbaren Wertpapieren.

§ 31. Bei Kassegeschäften und verlosbaren und kündbaren Wertpapieren treffen Vorteile oder Nachteile aus bis zum Abschlußtage einschließlich erfolgter Verlosung oder Kündigung den Verkäufer. Demnach steht, wenn Stücke geliefert wurden, die in einer bis einschließlich des Abschlußtages stattgehabten Verlosung oder Kündigung verlost oder gekündigt waren, sowohl dem Käufer wie dem Verkäufer das Recht zu, binnen 6 Monaten nach dem Tage der Lieferung deren Umtausch gegen umlaufsfähige Stücke zu beanspruchen.

Sind Stücke geliefert worden, die in einer nach dem Abschlußtage bis zum Tage vor der Lieferung einschließlich stattgehabten Verlosung oder Kündigung verlost oder gekündigt wurden, so steht nur dem Käufer (nicht auch dem Verkäufer) das Recht zu, binnen 3 Monaten nach dem Tage der Lieferung deren Umtausch gegen umlaufsfähige Stücke zu beanspruchen.

Hat der Verkäufer ungeachtet schriftlicher Aufforderung weder rechtzeitig die Stücke geliefert, noch Nummernaufgabe erteilt, und ist dem Käufer dadurch der Vorteil der Verlosung oder Kündigung entgangen, so finden die Bestimmungen des § 14 Abs. 10 Anwendung.

Bei Verlosungen ausländischer Wertpapiere, die vom Reich zur sofortigen Übernahme aufgerufen sind, kann der Umtausch gegen unverloste Stücke nicht verlangt werden.

Soweit verloste Stücke zurückgeliefert werden, ist für diese der Gegenwert in der gleichen Höhe und zu dem gleichen Termine zu entrichten, wie die Auszahlung unverloster gleichartiger Wertpapiere seitens des Reiches erfolgt.

Sind Stücke geliefert worden, deren Verlosung erst erkannt wird, nachdem sie dem Reich überlassen wurden, so findet zwischen den Parteien die Verrechnung des Unterschiedes statt, der sich aus den vom Reich bezahlten Preisen für verloste und unverloste gleichartige Wertpapiere ergibt.

Zeitgeschäfte in verlosbaren oder kündbaren Wertpapieren sind in Stücken zu erfüllen, die vor dem Erfüllungstage nicht verlost oder gekündigt waren. Sind Stücke geliefert worden, die in einer vor dem Erfüllungstage stattgehabten Verlosung gezogen wurden, oder vor diesem Zeitpunkt gekündigt waren, so steht sowohl dem Lieferer, als auch dem Empfänger innerhalb 6 Monaten das Recht zu, deren Umtausch in umlaufsfähige Stücke zu beanspruchen. Tritt während der Vertragsdauer bei verlosbaren Wertpapieren oder Lospapieren eine Verlosung ein, so steht dem Käufer das Recht, Nummernaufgabe zu verlangen, nur dann zu, wenn dies beim Abschluß des Vertrages vereinbart worden ist.

Der Anspruch auf Umtausch erlischt in allen Fällen, wenn er nicht innerhalb der gesetzten Fristen geltend gemacht wird. Einen seit dem Tage der Lieferung bis zu dem Tage, an dem der Umtausch verlangt wird, entstandenen Zinsverlust hat in allen Fällen der Empfänger zu tragen.

Ist der gesamte umlaufende Betrag einer Emission gekündigt, so sind alle seit dem Tage der Kündigung abgeschlossenen Geschäfte hinfällig. Als Tag der Kündigung gilt bei Stadtanleihen der Tag, an welchem die Kündigung beschlossen wurde.

Bei Geschäften in deutschen festverzinslichen Wertpapieren, deren Gesamtkündigung oder Gesamtverlosung erst nach dem Abschlußtage bekanntgegeben ist, steht dem Käufer das Recht zu, vom Vertrage zurückzutreten, oder Erfüllung in verlosten bzw. gekündigten Stücken zu verlangen. Wird dieses Recht nicht innerhalb einer Frist von 4 Wochen nach Abschluß des Geschäftes geltend gemacht, so verbleibt es bei den Bestimmungen des § 31 letzter Abs. der „Bedingungen für die Geschäfte an der Berliner Wertpapierbörse".

Die Erörterung im Börsenvorstand ergab, daß der vorstehende Beschluß einer Übung entspricht, die seit dem 5. Juli 1923 herrscht.

Aufgerufene Wertpapiere.

§ 32. Wertpapiere, die am Tage der Lieferung in der letzterschienenen Nummer der von der Bank des Berliner Kassenvereins herausgegebenen „Sammelliste aufgerufener Wertpapiere" verzeichnet stehen, sind nicht lieferbar. Sind Wertpapiere geliefert, die zur Zeit der Lieferung als gestohlen, verlorengegangen oder abhanden gekommen von einer öffentlichen Behörde oder im Reichsanzeiger von dem auf der Urkunde Verpflichteten gemäß § 367 HGB. bekanntgemacht sind oder bezgl. deren glaubhaft gemacht wird, daß sie zur Zeit der Lieferung im Auslande mit Opposition belegt waren, so ist der Lieferer verpflichtet, sie gegen umlaufsfähige Stücke umzutauschen. Der Anspruch auf Umtausch kann bei der Dreimännerkommission, die darüber endgültig entscheidet, innerhalb 10 Börsentagen nach der Lieferung geltend gemacht werden. Nach Ablauf der 10tägigen Frist hat die Dreimännerkommission die Entscheidung über die Umtauschverpflichtung abzulehnen; es bleibt jedoch dem Empfänger vorbehalten, die schiedsrichterliche Kommission des Börsenvorstands oder das ordentliche Gericht gemäß § 7 Abs. 5 und 6 anzurufen.

Zins- und Gewinnanteilscheine, gekündigte und verloste Stücke.

§ 33. Geschäfte in solchen Zins- und Gewinnanteilscheinen und gekündigten oder verlosten Stücken, die in Europa keine Zahlstelle haben, gelten als unter Gewährleistung des Einganges abgeschlossen. Zins- und Gewinnanteilscheine dieser Art sind mit dem Firmenstempel des Verkäufers zu versehen.

Bei sämtlichen Geschäften in Zins- oder Gewinnanteilscheinen, gekündigten oder verlosten Wertpapieren, haftet der Verkäufer für deren Eingang nur dann, wenn dies beim Abschluß ausdrücklich vereinbart worden ist; er haftet aber für deren Echtheit und für richtige Angabe und Berechnung des Einlösungswertes, wie er am Tage des Verkaufes feststeht.

Haftet der Verkäufer für den richtigen Eingang verkaufter Zins- oder Gewinnanteilscheine, oder gekündigter oder verloster Stücke, so ist er verpflichtet, unbezahlt gebliebene, in Europa zahlbare Scheine oder Stücke innerhalb zweier Monate, unbezahlt gebliebene außerhalb Europas zahlbare Scheine oder Stücke innerhalb 4 Monaten nach dem Fälligkeitstermin gegen Rückerstattung des empfangenen Betrages zurückzunehmen. Diese Fristen laufen, falls das Geschäft erst nach dem Fälligkeitstermine abgeschlossen ist, vom Tage des Abschlusses ab.

Werden bestimmte Stücke von Zins- oder Gewinnanteilscheinen, verlosten oder gekündigten Wertpapieren von der Zahlstelle nicht eingelöst, so ist der Verkäufer verpflichtet, sie innerhalb 4 Monaten nach dem Verkaufstage gegen Rückerstattung des empfangenen Betrages zurückzunehmen.

Sind verkaufte Zins- oder Gewinnanteilscheine, gekündigte oder verloste Wertpapiere von der Zahlstelle aus irgendeinem besonderen Grunde zurückbehalten worden, so hat Verkäufer, wenn ihm innerhalb der in Abs. 3 dieses Paragraphen festgesetzten Fristen der Nachweis erbracht wird, daß diese Werte von ihm geliefert wurden, den empfangenen Betrag an den Käufer gegen Abtretung der diesem aus den zurückbehaltenen Werten zustehenden Rechte zurückzuzahlen.

Zollkupons.

§ 34. Russische Zollkupons sind 6 Monate vor ihrer Fälligkeit bis 3 Monate vor ihrer Verjährung lieferbar. Sie müssen von tadelloser Beschaffenheit sein, d. h. sie dürfen nicht eingerissen, zusammengeklebt oder ausgebessert und der schwarze Rand muß unverletzt vorhanden sein.

Ausgeloste zur Zollzahlung geeignete Stücke sind statt der Kupons nur nach besonderer Vereinbarung zu liefern.

Abtrennung der Zins- und Gewinnanteilscheine.

§ 35. Bei allen deutschen Wertpapieren darf der nächstfolgende Zins- oder Gewinnanteilschein durch einen eine andere Nummer tragenden auf den gleichen Termin fälligen

Zins- oder Gewinnanteilschein gleicher Gattung ersetzt werden.

Ausländische Wertpapiere sind nur lieferbar, wenn sämtliche dazugehörigen Zins- oder Gewinnanteilscheine die gleiche Nummer, wie das Wertpapier selbst, tragen.

Umschreibung und Zessionen.

§ 36. Bei Wertpapieren, deren Besitzübertragung durch getrennte Anlage stattfindet, muß für jedes einzelne Stück ein besonderer Umschreibungsantrag oder eine besondere Zession beigefügt sein.

Bei auf Namen lautenden Wertpapieren, ausgenommen Reichsbankanteile, darf nach der letzten Eintragung nicht mehr als ein Blankogiro vorhanden sein.

Bei Umschreibungsanträgen oder Zessionen seitens einer Ehefrau ist die Genehmigung des Ehemannes beizufügen. Der Genehmigung bedarf es nicht, wenn sich aus der Unterschrift ergibt, daß die Ehefrau in Gütertrennung lebt (z. B. durch den Zusatz „in Gütertrennung lebend", oder wenn durch Beifügung einer gerichtlichen oder notariellen Bescheinigung glaubhaft gemacht wird, daß die Ehefrau in Gütertrennung lebt, oder daß das umzuschreibende oder zedierte Wertpapier zum Vorbehaltsgute der Ehefrau gehört. Bei Umschreibungsanträgen oder Zessionen seitens einer Witwe oder einer geschiedenen Frau ist eine polizeiliche, gerichtliche oder notarielle Bescheinigung beizufügen, daß die Antragstellerin oder Zedentin verwitwet oder geschieden ist, es sei denn, daß sich das aus der Unterschrift ergibt. Bei Umschreibungsanträgen oder Zessionen seitens einer ledigen Frau, die sich in der Unterschrift des Zusatzes „Frau" bedient, ist eine polizeiliche, gerichtliche oder notarielle Bescheinigung beizufügen, daß die Antragstellerin oder

Zedentin ledig ist, es sei denn, daß sich das aus der Unterschrift (z. B. den weiteren Zusatz „ledig“ oder „unverheiratet“) ergibt.

Interimsscheine und Ersatzstücke.

§ 37. Interimsscheine (Zwischenscheine) über Wertpapiere, von denen bereits Originalstücke sich im Umlauf befinden, sind nicht lieferbar, es sei denn, daß ihre Lieferbarkeit von der Dreimännerkommission ausdrücklich festgesetzt ist.

Ersatzstücke sind nur lieferbar, wenn auf der Vorderseite des neuen Stückes mit rechtsverbindlicher Unterschrift des Ausstellers das Stück als Ersatzstück anerkannt ist.

Neue Kuponbogen.

§ 38. Ist nach Ablauf aller einem Stücke beigegebenen Zins- oder Gewinnanteilscheine die Ausgabe der neuen Bogen angekündigt, oder erfolgt sie ohne besondere Ankündigung, so sind von einem Monat nach dem Ausgabetermin bei inländischen Wertpapieren und von zwei Monaten bei ausländischen Wertpapieren ab die Stücke nur noch mit den neuen Bogen lieferbar, insofern die Dreimännerkommission nicht einen anderen Termin festgesetzt hat. In allen Fällen, in denen von der die neuen Bogen im Auslande ausgebenden Stelle Gebühren erhoben werden, sind diese vom Tage der Ausgabe ab vom Verkäufer zu vergüten, falls er nicht mit neuen Bogen liefert.

Wird die Ausgabe neuer Bogen angekündigt zu einer Zeit, zu welcher noch ein Zins- oder Gewinnanteilschein am Stücke haftet, so tritt der Termin, von dem ab die Stücke nur mit dem neuen Bogen lieferbar sind, nicht früher ein, als zur Zeit der Abtrennung des letzten Zins- oder Gewinnanteilscheines.

37a. Bestimmungen des Liquidationsvereins für Zeitgeschäfte an der Berliner Fondsbörse und der Liquidationskasse.

§ 1. Zweck.

Der Liquidationsverein für Zeitgeschäfte an der Berliner Wertpapierbörse E. V. hat seinen Sitz in Berlin. Der Verein soll in das Vereinsregister eingetragen werden.

Er bezweckt, unter Zuhilfenahme der Liquidationskasse Aktiengesellschaft, die Zeitgeschäfte seiner Mitglieder im Rahmen der Bestimmungen dieser Satzung zu sichern und das Liquidationsgeschäft an den Stichtagen der Berliner Wertpapierbörse dadurch zu erleichtern und zu beschleunigen, daß die Mitglieder die Skontrierung und Regelung ihrer per medio oder per ultimo eines jeden Monats abgeschlossenen Zeitgeschäfte in den vom Verwaltungsrate bezeichneten Wertpapieren durch die Liquidationskasse A.-G. bewirken lassen. Sein Zweck ist nicht auf einen wirtschaftlichen Geschäftsbetrieb gerichtet.

§ 2. Tätigkeitsgebiet.

Für die Tätigkeit des Vereins kommen alle Zeitgeschäfte in Frage, die in amtlich zum Börsenterminhandel an der Berliner Börse zugelassenen Wertpapieren nach den vom Börsenvorstand festgesetzten Bedingungen abgeschlossen werden.

§ 3. Dauer.

Die Dauer des Vereins ist bis zum 30. Juni 1926 befristet. Sie verlängert sich jeweils um ein Jahr, wenn nicht eine der drei Gruppen, die Gruppe A oder die Gruppe B der Berliner Bedingungsgemeinschaft für den Wertpapierverkehr oder die Makler-Gemeinschaft, spätestens am 15. Mai des jeweiligen Jahres der Verlängerung widerspricht.

§ 4. Geschäftsjahr.

Das Geschäftsjahr des Vereins läuft vom 1. Juli bis 30. Juni des nachfolgenden Jahres.

§ 5. Organe.

Organe des Vereins sind:

1. der Verwaltungsrat,
2. der Vorstand,
3. der Beirat,
4. die Mitgliederversammlung.

§ 6. Verwaltungsrat.

Der Verwaltungsrat besteht aus dem Vorsitzenden, welcher nicht einer Mitgliedsfirma angehören darf, und mindestens 30 Personen. Jedes Verwaltungsratsmitglied darf einen Sozius oder Kollegen aus der Zahl der Direktoren oder stellvertretenden Direktoren oder Einzel-Prokuristen seiner Firma als seinen dauernden Stellvertreter benennen. Kursmakler der Berliner Börse sind befugt, zu diesem Zwecke einen anderen Kursmakler, der Mitglied des Liquidationsvereins für Zeitgeschäfte an der Berliner Wertpapierbörse E. V. ist, Mitglieder der Makler-Gemeinschaft einen anderen freien Makler, der Mitglied des genannten Vereins ist, zu benennen. Die Stellvertreter sind dem Vorsitzenden des Verwaltungsrats namhaft zu machen. Der Verwaltungsrat hat das Recht, einen benannten Stellvertreter als nicht genehm ohne Angabe von Gründen abzulehnen. Die Stellvertreter dürfen bei Abwesenheit des betreffenden ordentlichen

Verwaltungsratsmitgliedes ohne Stimm- und Rederecht in den Sitzungen zugegen sein. Bei Abwesenheit des betreffenden ordentlichen Mitgliedes haben sie dessen volle Rechte. Als ordentliche Mitglieder dürfen dem Verwaltungsrat nicht gleichzeitig mehrere Vorstandsmitglieder oder Inhaber derselben Firma angehören.

Der Verwaltungsrat wählt seinen Vorsitzenden selbst; den ersten und zweiten stellvertretenden Vorsitzenden wählt der Verwaltungsrat aus seiner Mitte. Die Wahl des Verwaltungsrats erfolgt durch die ordentliche Mitgliederversammlung des Liquidationsvereins nach Kopfstimmen, und zwar wählen die den Gruppen A und B der Berliner Bedingungsgemeinschaft für den Wertpapierverkehr angehörenden Vereinsmitglieder je zwölf, die der Makler-Gemeinschaft (E. V.) angehörenden Vereinsmitglieder fünf Verwaltungsratsmitglieder und die Kursmakler der Berliner Börse, welche dem Liquidationsverein angehören, ein Verwaltungsratsmitglied. Ein weiteres Verwaltungsratsmitglied kann auf Vorschlag des Verwaltungsrats aus dem Kreise derjenigen Firmen gewählt werden, die keiner der genannten Gruppen angehören.

§ 7.

Der Verwaltungsrat wird auf ein Jahr gewählt; eine Amtsniederlegung vor Ablauf der Wahlzeit ist statthaft. Seine Tätigkeit ist ehrenamtlich.

§ 8.

Der Verwaltungsrat ist beschlußfähig, wenn mindestens zehn seiner Mitglieder oder deren Stellvertreter anwesend sind. Er entscheidet nach Köpfen mit einfacher Mehrhei der Anwesenden. Bei Stimmengleichheit entscheidet die Stimme des Vorsitzenden. Erheben gegen eine Entscheidung mindestens vier Mitglieder vor Schluß der Sitzung Einspruch, so muß die Abstimmung in einer neuen, frühestens tags darauf, spätestens am vierten folgenden Börsentage stattfindenden Sitzung des Verwaltungsrats wiederholt werden. Die dann gefällte Entscheidung ist endgültig.

§ 9. Vorstand.

Vorstand im Sinne des § 26 des Bürgerlichen Gesetzbuches ist der Vorsitzende des Verwaltungsrats und seine beiden Stellvertreter.

§ 10. Aufnahmeverfahren.

Der Verwaltungsrat hat über die einlaufenden Anträge von Berliner Börsenfirmen um Aufnahme in den Verein zu entscheiden. Die Aufnahme ist schriftlich zu beantragen. Die Aufnahme setzt die Mitgliedschaft in Gruppe A oder Gruppe B der Berliner Bedingungsgemeinschaft für den Wertpapierverkehr oder in der Makler-Gemeinschaft oder die Eigenschaft als Kursmakler der Berliner Börse voraus. Der Verwaltungsrat darf jedoch in besonderen Fällen auch Berliner Börsenfirmen, welche keiner dieser Gruppen angehören, durch einen Dreiviertelmehrheit erfordernden Beschluß aufnehmen und bei der Aufnahme eines solchen Vereinsmitgliedes ihm besondere Bedingungen auferlegen.

Eine ablehnende Entscheidung bedarf keiner Begründung.

Der Verwaltungsrat ist berechtigt, die hier vorgesehene Entscheidung einem aus seiner Mitte gebildeten Aufnahme-Ausschuß zu übertragen und dessen Geschäftsordnung festzusetzen.

Der Verwaltungsrat ist berechtigt, von Firmen, welche erst nach Ablauf eines Monats nach Geschäftsbeginn des Liquidationsvereins ihre Aufnahme beantragen, eine an die Liquidationskasse A.-G. zu entrichtende und von dieser zu fordernde Eintrittsgebühr nach Maßgabe der Absätze 5 und 6 zu erheben.

Die Gebühr soll in der Regel mindestens den Anteil an den seit Bestehen des Vereins bei der Liquidationskasse A.-G. angesammelten Reserven umfassen, der dem neueintretenden Mitgliede gemäß § 27 Abs. 3 der Satzung der Liquidationskasse A.-G. zufallen würde, wenn diese im Zeitpunkte des Eintretens des Mitgliedes aufgelöst würde. Die Gebühr soll mindestens 3000 RM., bei Stellung des Antrages innerhalb der ersten drei Monate seit Geschäftsbeginn des Liquidationsvereins mindestens 1000 RM. betragen.

Der Verwaltungsrat kann auf Grund besonderer Verhältnisse in jedem Einzelfalle die Höhe der vorstehenden Gebühren abändern, er kann insbesondere bei nachträglicher Aufnahme von Mitgliedern der Makler-Gemeinschaft und der Kursmakler der Berliner Börse von der Erhebung einer Eintrittsgebühr ganz absehen oder die Mindestgebühr ermäßigen. Kursmakler der Berliner Börse kann der Verwaltungsrat auch später noch aufnehmen, ohne irgendeine besondere Eintrittsgebühr zu erheben.

§ 11. **Beirat.**

Gegen die Ablehnung der Aufnahme steht dem Antragsteller das Recht der Berufung an den Beirat zu.

Die Berufung muß dem Vorsitzenden des Verwaltungsrats binnen zwei Wochen nach Bekanntgabe des Beschlusses schriftlich zugestellt werden.

Beabsichtigt der Beirat, von der Entscheidung des Verwaltungsrats oder dessen Aufnahmeausschusses abzuweichen, so bedarf es dazu einer Mehrheit von drei Vierteln der anwesenden Mitglieder.

´§ 12.

Der Beirat besteht aus dem jeweiligen Vorsitzenden des Börsenvorstandes und dessen nächsten Stellvertreter in der Abteilung Wertpapierbörse, sowie weiteren sechs Personen. Die letzteren werden von der Mitgliederversammlung auf 1 Jahr gewählt, und zwar sollen die den Gruppen A und B der Berliner Bedingungsgemeinschaft für den Wertpapierverkehr angehörenden Vereinsmitglieder je zwei, und die der Makler-Gemeinschaft angehörenden Vereinsmitglieder sowie die Kursmakler der Berliner Börse, welche dem Liquidationsverein angehören, je ein Beiratsmitglied wählen. Der Vorsitzende des Beirats und dessen Stellvertreter haben zusammen eine Stimme und können ihr Stimmrecht nur gemeinsam ausüben. Die Tätigkeit des Beirats ist ehrenamtlich; er gibt sich seine Geschäftsordnung selbst.

Zur Beschlußfähigkeit des Beirats ist die Anwesenheit von vier Beiratsmitgliedern erforderlich.

§ 13.

Die Beiratsmitglieder dürfen nicht dem Verwaltungsrat angehören.

§ 14.

Der Beirat entscheidet auch über Beschwerden gegen die Verletzung von Einzelrechten der Vereinsmitglieder durch den Verwaltungsrat. Hierfür gelten ebenfalls die Vorschriften der §§ 11 bis 13 mit der Maßgabe, daß die

Beschlußfassung auf Abänderung oder Aufhebung der angegriffenen Entscheidung des Verwaltungsrats Dreiviertelmehrheit erfordert.

Die Entscheidung ist endgültig und hat die Wirkung eines schiedsrichterlichen Urteils. Eine Berufung gegen die Entscheidung des Beirats an die Mitgliederversammlung findet nicht statt.

§ 15. Mitgliederversammlung.

Die Mitgliederversammlung tritt alljährlich mindestens einmal zusammen, und zwar in den ersten drei Monaten des Geschäftsjahres. Sie wird von dem Vorsitzenden des Verwaltungsrats, bei dessen Behinderung von einem seiner Stellvertreter geleitet.

Außerordentliche Mitgliederversammlungen werden auf Beschluß des Verwaltungsrats oder auf Antrag von einem Fünftel der Mitglieder, der schriftlich und unter Angabe des Zwecks und der Gründe zu stellen ist, berufen.

§ 16.

Die Einladung zur Mitgliederversammlung ergeht durch den Vorsitzenden des Verwaltungsrats schriftlich mit einwöchiger Frist unter Mitteilung der Tagesordnung. In dringenden Fällen kann die Frist auf drei Tage abgekürzt werden.

§ 17.

Die Mitgliederversammlung entscheidet in allen Angelegenheiten, welche nicht zur Zuständigkeit des Verwaltungsrats gehören. Sie hat insbesondere den Bericht des Verwaltungsrats über die Tätigkeit des Vereins im Laufe des verflossenen Geschäftsjahres entgegenzunehmen, die Jahresrechnung zu genehmigen sowie dem Verwaltungsrat Entlastung zu erteilen.

§ 18.

Die Mitgliederversammlung beschließt mit einfacher Mehrheit. Bei Stimmengleichheit entscheidet die Stimme des Vorsitzenden, der für diesen Fall stimmberechtigt wird. Die Stimmenabgabe ist mündlich, muß aber auf Antrag von mindestens zwölf Mitgliedern schriftlich mittels Abgabe von Stimmzetteln geheim erfolgen. Bevollmächtigung von Mitgliedern ist zugelassen.

Jedes Mitglied hat eine Stimme. Bei Wahlen zum Verwaltungsrat gilt § 6 Abs. 2.

Zu einem Beschluß, welcher einen Verwaltungsratsbeschluß abändert oder aufhebt oder die Satzung ändert oder den Verein auflöst, bedarf es neben dem Beschluß der Mitgliederversammlung eines in gesonderter Abstimmung gefaßten Beschlusses der jeweiligen dem Liquidationsverein angehörenden Mitglieder der Vereinigung von Berliner Banken und Bankiers (Stempelvereinigung), der Interessengemeinschaft der Berliner Privatbankfirmen (Gruppe A der Berliner Bedingungsgemeinschaft für den Wertpapierverkehr) und der Makler-Gemeinschaft gemeinsam mit den Kursmaklern der Berliner Börse zu Berlin.

§ 19.

Über die Verhandlung in der Mitgliederversammlung ist ein Protokoll aufzunehmen, welches von dem Schriftführer und dem Vorsitzenden zu unterzeichnen ist.

§ 20. **Ausscheiden von Vereinsmitgliedern.**

Der Austritt aus dem Verein erfolgt durch schriftliche Erklärung an den Vorsitzenden des Verwaltungsrats zum Ende eines Kalender-Vierteljahrs unter Einhaltung einer einmonatigen Kündigungsfrist. Hat ein Vereinsmitglied ordnungsmäßig gekündigt, so kann es die Erklärung abgeben, bereits alsbald den Verein nicht mehr in Anspruch zu nehmen. Das ausscheidende Vereinsmitglied wird dadurch nach Erledigung der zwei nächsten Liquidationstermine von der Verpflichtung aus § 23 frei, nicht aber von der Haftung für die eigenen Engagements gemäß § 33 dieser Satzung. Zugleich hört seine Haftung für die nach den nächsten zwei Liquidationsterminen entstehenden Engagements auf und beschränkt sich von da ab auf die von der Liquidationskasse A.-G. zu fordernden Spesen des Kalender-Vierteljahrs, zu dessen Ablauf die Kündigung wirksam wird. Die gemäß § 29 eingezahlte Garantiesumme erhält das ausscheidende Vereinsmitglied mit dem Saldo am Schlusse des Kalender-Vierteljahrs von der Liquidationskasse A.-G. zurück. Der Verwaltungsrat ist befugt, Mitgliedern der Makler-Gemeinschaft oder den Kursmaklern der Berliner Börse, welche als Vereinsmitglied ausscheiden wollen und ordnungsmäßig gekündigt sowie erklärt haben, bereits alsbald den Verein nicht mehr in Anspruch zu nehmen, Erleichterungen derart zu gewähren, daß sie nach Abwicklung ihrer Engagements und Entrichtung ihres zu schätzenden Anteils an den Spesen des laufenden Kalender-Vierteljahrs, zu dessen Ablauf ihre Kündigung wirksam wird, bereits zum nächsten Liquidationstermin von ihrer Verpflichtung aus § 23 frei werden und den ihnen als Guthaben verbleibenden Saldo ihrer Garantiesumme bereits vor Schluß des Kalender-Vierteljahrs von der Liquidationskasse A.-G. ausgezahlt erhalten.

Als Anfang und Ende des Kalendervierteljahres im Sinne dieser Satzung gelten die entsprechenden Liquidationszahltage.

§ 21.

Ein Vereinsmitglied kann aus dem Liquidationsverein durch einen mit Dreiviertelmehrheit zu fassenden Beschluß des Verwaltungsrats ausgeschlossen werden, wenn ein wichtiger Grund dafür vorliegt. Als wichtiger Grund ist es außer anderen solchen anzusehen, wenn der Verwaltungsrat dies Vereinsmitglied nach der Art seiner Geschäftsführung als für die Teilnahme am Liquidationsgeschäft ungeeignet bezeichnet oder wenn das Vereinsmitglied die ihm bei seiner Aufnahme gemäß § 10 Abs. 1 Satz 3 auferlegten Bedingungen nicht innehält.

In dringenden Fällen, insbesondere bei nicht rechtzeitiger Leistung der gemäß § 30 angeforderten Sicherheit oder bei Bekanntwerden der Zahlungsunfähigkeit, kann der Vorsitzende des Verwaltungsrats auf Erfordern des Überwachungs-Ausschusses der Liquidationskasse A.-G. einem Vereinsmitgliede die Rechte aus der Vereinsmitgliedschaft vorläufig entziehen. Eine endgültige Beschlußfassung durch den Verwaltungsrat muß in solchem Falle spätestens innerhalb einer Woche erfolgen. Die Haftung des ausgeschlossenen Vereinsmitgliedes und sein Anspruch auf Rückgabe des nicht beanspruchten Teils seiner Garantiesumme bestimmt sich nach der Vorschrift in § 20.

§ 22. **Pflichten der Vereinsmitglieder.**

Als Aufgabe für Zeitgeschäfte in solchen Wertpapieren, welche laut Bekanntgabe des Verwaltungsrats mit Hilfe der Liquidationskasse A.-G. geregelt werden, dürfen ausschließlich Vereinsmitglieder gegeben und genommen werden. Jedes Vereinsmitglied muß vorbehaltlich des § 21 Abs. 2 von jedem anderen als Aufgabe genommen werden.

Ein Terminhandel mit Firmen, welche dem Liquidationsverein nicht angehören, ist nur in der Form zugelassen, daß diese Firmen bei der Provisions- oder Nettokurs-Berechnung als Kunden behandelt werden.

Indessen dürfen Vereinsmitglieder, welche Mitglieder der Makler-Gemeinschaft sind, und welche am Schlusse einer Börsenversammlung noch unausgeglichene Termingeschäftsverpflichtungen haben, diese mit anderen Maklern, die Mitglieder der Makler-Gemeinschaft sind, ohne Vereinsmitglied zu sein, nach den zwischen der Makler-Gemeinschaft und den Gruppen A und B der Berliner Bedingungsgemeinschaft für den Wertpapierverkehr vereinbarten Bedingungen ohne Provisionsberechnung ausgleichen.

§ 23.

Die Vereinsmitglieder sind verpflichtet, alle Zeitgeschäfte in den vom Verein geregelten Wertpapieren durch die Liquidationskasse A.-G. zur Abwicklung zu bringen, welche die Skontrierung vornimmt. Die Vereinbarung, daß die Abwicklung außerhalb der Liquidationskasse A.-G. erfolgen solle, ist unzulässig.

Für die abgeschlossenen Zeitgeschäfte der Vereinsmitglieder übernimmt die Liquidationskasse A.-G. nach Maßgabe des anliegenden mit dem Verein geschlossenen Vertrages und der Geschäftsbedingungen der Liquidationskasse A.-G. die Haftung. Sie bestätigt jedem Vereinsmitglied nach den Vorschriften ihrer Geschäftsbedingungen die Vormerkung des angemeldeten Geschäfts.

Die vorstehenden Bestimmungen gelten nicht für Kommissionsaufträge, die ein Mitglied einem anderen Mitglied erteilt, soweit es sich um die Abwicklung zwischen Kommissionär und Kommittenten handelt; dagegen unterliegt der zur Ausführung des Auftrages notwendige börsenmäßige Abschluß der Skontrierung.

§ 24.

Jedes Vereinsmitglied ist, auch wenn es per Saldo keine Wertpapiere abzunehmen oder zu liefern hat, verpflichtet, einen Saldoauszug (Skontro) seiner mit den Mitgliedern des Vereins in den einzelnen Wertpapieren per medio oder per ultimo des laufenden Monats abgeschlossenen Geschäfte der Liquidationskasse A.-G. einzureichen, und zwar an dem dem jeweiligen Prämien-Erklärungstage folgenden Börsentage zu der von der Liquidationskasse A.-G. bestimmten Zeit. Eine Verantwortlichkeit für die Aufbewahrung der Skontri nach beendeter Liquidation liegt der Liquidationskasse A.-G. nicht ob.

§ 25.

Die Lieferung erfolgt zum Liquidationskurse. Die Differenz zwischen diesem und dem vereinbarten Kurse wird durch die Liquidationskasse A.-G. reguliert.

Die Liquidationskasse A.-G. berechnet für jeden einzelnen Schluß eine mit dem Liquidationsverein zu vereinbarende Gebühr, die bei jedem Einzelschluß nicht mehr als 0,50 RM. für jede Partei betragen darf.

§ 26.

Jedes Vereinsmitglied, welches die Einreichung seiner Skontrobogen, wenn auch kein effektiver Saldo vorhanden ist, nicht rechtzeitig bewirkt oder ganz oder teilweise unterläßt, verfällt in eine Geldstrafe, welche vom Vorstande der Liquidationskasse A.-G. mit höchstens 300 RM. für jeden fehlenden oder nicht rechtzeitig eingereichten Bogen festgesetzt wird. Außerdem hat das betreffende Vereinsmitglied die durch die unterlassene oder verspätete Einreichung verursachten Kosten der Liquidationskasse A.-G. zu vergüten.

Jedes Vereinsmitglied, in dessen Skontro Unrichtigkeiten enthalten sind, verfällt für jeden Fehler in eine Strafe von 6 RM. und hat außerdem die dadurch verursachten Kosten und Zinsverluste der Liquidationskasse A.-G. zu erstatten.

§ 27.

Sind die einzelnen Skontri der Vereinsmitglieder nicht stimmend miteinander, so daß der Liquidationskasse A.-G. schließlich ein Saldo, sei es abzunehmen, sei es zu liefern, verbleibt, so versucht sie, durch Verzleichung der einzelnen Skontri miteinander die Fehler zu ermitteln.

Ist dies bis zu der der Einlieferung der Skontri nächstfolgenden Börse gelungen, und hat der schuldige Teil sofort andere Ausgaben gemacht, so trifft ihn lediglich die in § 26 für Unrichtigkeiten festgesetzte Geldstrafe.

Erklärt sich der schließlich als schuldig ermittelte Teil zur sofortigen Abnahme der von der Liquidationskasse A.-G. einstweilen abgenommenen Stücke bzw. zur Lieferung der fehlenden bereit, so hat er die Geldstrafe, die entstandenen Kosten und den Zinsverlust zu tragen.

Erfolgt die Abnahme bzw. Lieferung seitens des Verpflichteten aber nicht rechtzeitig, so werden an der nächstfolgenden Börse die von der Liquidationskasse A.-G.

abgenommenen Wertpapiere bestmöglich durch einen Kursmakler verkauft bzw. die fehlenden für Rechnung des Verpflichteten angekauft. Die Liquidationskasse A.-G. ist indessen auch berechtigt, ohne einen solchen Kauf bzw. Verkauf durch einen Kursmakler zu bewirken, lediglich die sofortige Vergütung des Interesses von dem Verpflichteten zu verlangen, welche sich ergibt aus dem Unterschiede des Liquidationskurses und der Durchschnittsnotiz des auf den Lieferungstag folgenden Börsentages.

In beiden Fällen hat der Verpflichtete der Liquidationskasse A.-G., außer für die Kursdifferenz, für alle entstandenen Nachteile zu haften, auch die übliche Maklergebühr zu zahlen.

§ 28.

Gibt ein Vereinsmitglied vor oder am Lieferungstage selbst die Erklärung dem Vorstande der Liquidationskasse A.-G. ab, daß es außerstande sei, den aus seinem Skontri sich ergebenden Saldo von Wertpapieren abzunehmen bzw. zu liefern, so ist der Vorstand der Liquidationskasse A.-G. zur sofortigen Exekution berechtigt.

Wird aus vorstehendem oder einem anderen Grunde eine Exekution erforderlich, so ist nur die Liquidationskasse A.-G., nicht aber der jeweilige Kontrahent selbst, zur Exekution berechtigt oder verpflichtet.

§ 29. **Deckungsbestimmungen.**

Jedes Vereinsmitglied hat bei seinem Eintritt in den Verein an die Liquidationskasse A.-G. eine Einlage in barem Gelde als Garantiesumme zu leisten, welche der Liquidationskasse A.-G. als Sicherheitsleistung für seine Verbindlichkeiten und Haftpflichten dient und ihm gutgeschrieben wird. Ein Anspruch auf Rückgabe der Garantiesumme hat das Vereinsmitglied erst bei seinem Ausscheiden nach Maßgabe der §§ 20, 21 und 35. Die Liquidationskasse A.-G. wird den aus diesen Garantiesummen der Vereinsmitglieder gebildeten Garantiefonds, soweit tunlich, als Lombardgeld an Vereinsmitglieder ausleihen und dabei möglichst das Beteiligungsverhältnis der Bankiers und der Makler unter den Vereinsmitgliedern berücksichtigen.

Die Höhe der Einlage wird für jedes Vereinsmitglied bei der Aufnahme von dem Verwaltungsrat in der Weise bestimmt, daß die Vereinsmitglieder in fünf Klassen eingeordnet werden, für deren erste eine Einlage von 250000 RM., für deren zweite eine solche von 100000 RM., für deren dritte eine solche von 50000 RM., für deren vierte eine solche von 30000 RM. und für deren fünfte eine solche von 20000 RM. gilt. Die Vereinsmitglieder sind verpflichtet, dem Verwaltungsrat eine Selbsteinschätzung einzureichen. Der Verwaltungsrat kann diese Selbsteinschätzung nach seinem Ermessen abändern oder auch später auf Grund veränderter Verhältnisse Änderungen beschließen.

Gegen die auf Grund dieses Absatzes vom Verwaltungsrat gefaßten Beschlüsse ist Beschwerde beim Beirat statthaft.

Die Liquidationskasse A.-G. vergütet den Vereinsmitgliedern am Schlusse jedes Kalender-Vierteljahres auf ihre Garantiesummen Zinsen in der Höhe, die der Aufsichtsrat der Liquidationskasse A.-G. jeweilig beschließt. Der Aufsichtsrat soll die Zinsenhöhe tunlichst auf 2 v. H. unter dem Zinserlös der Liquidationskasse A.-G. bemessen.

§ 30.

Jedes Vereinsmitglied hat die von ihm abgeschlossenen Termingeschäfte, insoweit sie mehr als 100000 RM. effektiv ausmachen, in Höhe von 5 v. H. des ausmachenden Betrages durch Hinterlegung von Wertpapieren bei der Liquidationskasse A.-G. sicherzustellen, ohne daß es einer Aufforderung von seiten des Vorstandes der Liquidationskasse A.-G. oder des Gegenkontrahenten bedarf. Jedoch ist jedes Vereinsmitglied der 5. Klasse mit 20000 RM. Garantiesumme verpflichtet, die von ihm abgeschlossenen Termingeschäfte bereits insoweit, als sie mehr als 50000 RM. effektiv ausmachen, in Höhe von 10 v. H. des ausmachenden Betrages in der vorerwähnten Weise sicherzustellen. Zur Sicherstellung geeignet sind nur diejenigen Wertpapiere, welche der Aufsichtsrat der Liquidationskasse A.-G. zur Sicherstellung zugelassen hat; der Vorstand der Liquidationskasse A.-G. hat die zu dieser Sicherstellung zugelassenen Wertpapiere sowie die Höhe des Prozentsatzes ihres jeweiligen Kurswertes oder sonstigen Wertes, bis zu welchem sie als Deckung angenommen werden, fortlaufend bekanntzumachen. Bei Kurssenkungen sind unverzüglich entsprechende Nachschüsse ohne Aufforderung zu leisten. Das gleiche gilt für die Sicherstellung von entliehenem Lombardgeld.

Bei Käufen und Verkäufen in ein und demselben Wertpapier beschränkt sich die Verpflichtung zur Sicherheitsleistung auf den Saldo, unbeschadet des nach Abs. 3 dem Vorstand und Überwachungs-Ausschuß der Liquidationskasse A.-G. gegebenen Rechtes, für den Saldo eine höhere Deckung, als im Abs. 1 vorgesehen, zu verlangen.

Der Vorstand der Liquidationskasse A.-G. hat das Recht, jederzeit von einem Vereinsmitglied eine größere Sicherstellung als 5 — bei Vereinsmitgliedern der 5. Klasse mit 20000 RM. Garantiesumme 10 v. H. des ausmachenden Betrages und auch die Sicherstellung der ersten schwebenden Verbindlichkeiten bis zu der freigelassenen Höhe von 100000 RM. — bei Vereinsmitgliedern der 5. Klasse mit 20000 RM. Garantiesumme 50000 RM. — zu verlangen. Von diesem Recht ist insbesondere dann Gebrauch zu machen, wenn es sich um Termingeschäfte handelt, die auf längere Termine als auf den nächsten Ultimo abgeschlossen sind.

Wenn dem Verlangen nach größerer Sicherstellung für die Termingeschäfte oder die entliehenen Lombardgelder nicht unverzüglich nachgekommen wird, ist der Vorstand der Liquidationskasse A.-G. mit Genehmigung des Überwachungsausschusses berechtigt, die Exekution der schwebenden Termingeschäfte des betreffenden Vereinsmitgliedes vorzunehmen, auch seine Ausschließung gemäß § 21 beim Verwaltungsrat zu beantragen. Die Vereinsmitglieder sind verpflichtet, die Tätigkeit des Vorstandes der Liquidationskasse A.-G. bei der Prüfung, ob höhere Sicherheitsleistung, als zunächst vorgeschrieben, für die schwebenden Engagements erforderlich ist, dadurch zu unterstützen, daß sie gegebenenfalls den Vorstand der Liquidationskasse A.-G. auf die Notwendigkeit, eine höhere Sicherheitsstellung für ihre als Aufgabe bezeichneten Gegenkontrahenten zu fordern, besonders hinweisen.

Der Vorstand der Liquidationskasse A.-G. hat das Recht, mit Genehmigung des Überwachungsausschusses einem Vereinsmitglied auf dessen Antrag in besonderen Fällen nach Prüfung der darzulegenden Verhältnisse die Stellung der vorgeschriebenen mindesten Sicherheit zu erlassen, sofern daraus keine Schädigung der Liquidationskasse A.-G. zu erwarten steht.

Verbindlichkeiten aus Prämien-, Noch- und Stellagengeschäften sind wie gewöhnliche Geschäfte zu behandeln; jedoch hat der Wahlberechtigte keine höhere Sicherheit als die Hälfte der in Frage kommenden Prämie oder als ein Viertel des Stellgeldes, der Stillhalter dagegen die vorgeschriebene Sicherheit zu stellen, und zwar so, daß bei einer längeren Laufzeit als bis zum zweitfolgenden Monatsschluß eine zusätzliche Sicherheit in halber Höhe für jeden angefangenen Monat, für den Zahler begrenzt bis zur vollen Prämie, zu stellen ist. Hierbei hat Abs. 2 sinngemäß und insofern Anwendung zu finden, als unter Berücksichtigung der Gegengeschäfte nur der Saldo deckungspflichtig wird; bei der Deckung kann ein in den ausgeglichenen Geschäften enthaltener Gewinn angerechnet werden. Abs. 1 letzter Satz findet dabei Anwendung.

§ 31.

Bei nachweislichen Arbitragegeschäften beträgt der für jedes Termingeschäft in Wertpapieren zu leistende Deckungsbetrag statt 5 v. H. nur 2 v. H.

§ 32.

Der Verwaltungsrat kann ein Vereinsmitglied, welches den Verpflichtungen des § 30 Abs. 4 Satz 2 grob fahrlässig zuwidergehandelt hat, zum Ersatze des dadurch der Liquidationskasse A.-G. entstandenen Schadens ganz oder teilweise verpflichten. Gegen diesen Beschluß findet Beschwerde an den Beirat statt.

§ 33. Haftung.

Jedes Vereinsmitglied haftet für die Erfüllung seiner eigenen Lieferungs- und Zahlungs-Verpflichtungen aus Zeitgeschäften der Liquidationskasse A.-G. mit seinem gesamten Vermögen.

Die Vereinsmitglieder sind berechtigt, die Erfüllung ihrer Ansprüche aus den von ihnen geschlossenen Zeitgeschäften von der Liquidationskasse A.-G. zu verlangen und sind verpflichtet, die ihnen aus diesen Geschäften obliegenden Leistungen an die Liquidationskasse A.-G. zu bewirken. Forderungen aus Geschäften der Vereinsmitglieder, die durch die Liquidationskasse A.-G. abzuwickeln sind, gehen mit dem Abschluß des Geschäfts auf die Liquidationskasse A.-G. über und unterliegen ausschließlich ihrem Verfügungsrecht.

Zur Deckung des sich aus der Nichterfüllung der Zeitgeschäfte eines Vereinsmitgliedes ergebenden Verlustes sind in erster Linie die statutenmäßig angelegten Rücklagen der Liquidationskasse A.-G. zu verwenden. Nach deren Erschöpfung sind die im Garantiefonds vereinigten gemäß § 29 Abs. 1 und 2 von den Vereinsmitgliedern hinterlegten Garantiesummen heranzuziehen. Auf diese Garantiesummen der einzelnen Vereinsmitglieder ist ein Drittel des Verlustes gleichmäßig nach Kopfteilen umzulegen, ein zweites Drittel nach Verhältnis der Höhe der nach § 29 Abs. 1 und 2 hinterlegten Garantiesummen, das letzte Drittel nach Verhältnis der von den einzelnen Mitgliedern per medio und ultimo der letzten drei abgeschlossenen Kalendermonate gemachten Gesamt-Effektenumsätze.

Ergibt sich bei dieser Umlegung durch Aufzehrung der Garantiesumme eines oder mehrerer Vereinsmitglieder ein Fehlbetrag, so ist dieser wiederum nach vorstehendem Drittelungsschlüssel von neuem umzulegen und so fortzufahren, bis der Gesamtverlust aus dem Garantiefonds gedeckt ist.

Über die hinterlegten Garantiesummen hinaus haftet unbeschadet der Bestimmung des Abs. 1 kein Mitglied.

Wenn die hinterlegten Garantiesummen teilweise oder völlig zur Deckung von Verlusten herangezogen worden sind, so kann der Verwaltungsrat die Vereinsmitglieder zur Wiederauffüllung ihrer Garantiesummen bis zur ursprünglichen Höhe innerhalb Monatsfrist auffordern. Wenn zwei Verwaltungsratsmitglieder oder zehn Vereinsmitglieder der Durchführung des Beschlusses schriftlich widersprechen, oder wenn zur Deckung der Verluste mehr als ein Viertel des Garantiefonds hat herangezogen werden müssen, so hat die Mitgliederversammlung über die Wiederauffüllung der Garantiesummen zu beschließen. Ihr mit einfacher Mehrheit gefaßter Beschluß ist auch für die in der Minderheit gebliebenen Vereinsmitglieder verbindlich, sofern er lediglich die Wiederauffüllung der durch die Verlustdeckung in Anspruch genommenen Garantiesummen der Vereinsmitglieder bis zur ursprünglichen Höhe festsetzt. Bei dieser Beschlußfassung der Mitgliederversammlung bedarf es eines in gesonderter Abstimmung gefaßten Beschlusses der jeweiligen dem Liquidationsverein angehörenden Mitglieder der Vereinigung von Berliner Banken und Bankiers (Stempelvereinigung), der Interessengemeinschaft der Berliner Privatbankfirmen (Gruppe A der Berliner Bedingungsgemeinschaft für den Wertpapierverkehr) und der Makler-Gemeinschaft gemeinsam mit den Kursmaklern der Berliner Börse zu Berlin.

Nach einem Beschlusse der Mitgliederversammlung, welcher die Wiederaufhöhung der alten Garantiesummen anordnet, ist jedes Vereinsmitglied, welches in der Minderheit dagegen gestimmt hat, berechtigt, seinen Austritt zu erklären und wird damit von der Pflicht der Wiederaufhöhung seiner Garantiesumme befreit. Für seine weitere Haftung mit dem etwaigen Reste seiner Garantiesumme und für seinen Anspruch auf deren Auszahlung gelten die Vorschriften in den §§ 20 und 21.

§ 34. **Heranziehung der Vereinsmitglieder zu Kostenbeiträgen für die Liquidationskasse A.-G.**

Die Kosten der Liquidationskasse A.-G. sind zu decken aus dem Zinsengewinn, der bei der Anlegung der vorhandenen Gelder gemacht wird, ferner aus den gemäß § 25 Abs. 2 erhobenen Gebühren für jeden einzelnen Schluß und endlich aus den Strafgeldern. Soweit die Einnahmen zur Deckung der Unkosten beim vierteljährlichen Vorabschluß nicht benötigt worden sind, sind sie seitens der Liquidationskasse A.-G. einer Deckungsrücklage zuzuführen, deren Bestände besonders zu verbuchen und zu verwalten und nach näherer Bestimmung des Aufsichtsrats der Liquidationskasse A.-G. tunlichst als Lombardgeld mit dauernd aufrechtzuerhaltendem angemessenen Einschuß an die Mitglieder auszuleihen sind. Wenn die Unkosten nach dem vierteljährlichen Vorabschluß indessen mehr als drei Viertel der gesamten Einnahmen betragen, so ist der Mehrbetrag durch eine vom Verwaltungsrat des Liquidationsvereins zu beschließende Umlage bei den Vereinsmitgliedern zu decken. Die Mitglieder sind verpflichtet, den auf sie entfallenden Betrag unverzüglich an die Liquidationskasse A.-G. zu entrichten. Der Verwaltungsrat soll dem für die Umlage aufzustellenden Schlüssel den Geschäftsumfang der Vereinsmitglieder in dem betreffenden Kalendervierteljahr zugrunde legen.

Die Kosten der Liquidationskasse A.-G. können voll aus den Einnahmen entnommen werden, wenn die Deckungsrücklage eine Höhe erreicht, welche durch die Zahl der Mitglieder des Liquidationsvereins geteilt, 20000 RM. ergibt.

§ 35. **Auflösung.**

Über die Auflösung des Vereins beschließt die Mitgliederversammlung mit Dreiviertelmehrheit gemäß § 18 Abs. 3. Die Liquidation des aufgelösten Vereins erfolgt durch den Vorstand als Liquidatoren. Anspruch auf Auszahlung der Garantiesumme, soweit sie nicht durch Haftungen beansprucht sind, steht den Mitgliedern gegen die Liquidationskasse A.-G. erst nach Abdeckung aller Verbindlichkeiten und Haftungen der Liquidationskasse A.-G. zu.

§ 36. **Bekanntmachungen.**

Die Bekanntmachungen des Liquidationsvereins werden im Berliner Börsen-Courier und in der Berliner Börsen-Zeitung veröffentlicht.

§ 37.

Vorstehende Satzung tritt am 1. Juli 1925 in Kraft.

37b. Allgemeine Geschäftsbedingungen der Liquidationskasse Aktiengesellschaft.

Die Liquidationskasse A.-G. gewährleistet die Erfüllung der von Mitgliedern des Liquidationsvereins für Zeitgeschäfte an der Berliner Wertpapierbörse E. V. abgeschlossenen Effektentermingeschäfte nach Maßgabe der folgenden Bestimmungen:

I. (§ 22 der Satzung des Liquidationsvereins.)

Als Aufgabe für Zeitgeschäfte in solchen Wertpapieren, welche laut Bekanntgabe des Verwaltungsrats mit Hilfe der Liquidationskasse A.-G. geregelt werden, dürfen ausschließlich Vereinsmitglieder gegeben und genommen werden. Jedes Vereinsmitglied muß vorbehaltlich des § 21 Abs. 2 der Satzung des Liquidationsvereins von jedem anderen als Aufgabe genommen werden.

Ein Terminhandel mit Firmen, welche dem Liquidationsverein nicht angehören, ist nur in der Form zugelassen, daß diese Firmen bei der Provisions- oder Nettokurs-Berechnung als Kunden behandelt werden.

Indessen dürfen Vereinsmitglieder, welche Mitglieder der Makler-Gemeinschaft sind, und welche am Schlusse einer Börsenversammlung noch unausgeglichene Termingeschäftsverpflichtungen haben, diese mit anderen Maklern, die Mitglieder der Makler-Gemeinschaft sind, ohne Vereinsmitglied zu sein, nach den zwischen der Makler-Gemeinschaft und den Gruppen A und B der Berliner Bedingungsgemeinschaft für den Wertpapierverkehr vereinbarten Bedingungen ohne Provisionsberechnung ausgleichen.

II. (§ 23 der Vereinssatzung.)

Die Vereinsmitglieder sind verpflichtet, alle Zeitgeschäfte in den vom Verein geregelten Wertpapieren durch die Liquidationskasse A.-G. zur Abwicklung zu bringen, welche die Skontrierung vornimmt. Die Vereinbarung, daß die Abwicklung außerhalb der Liquidationskasse A.-G. erfolgen solle, ist unzulässig.

Für die abgeschlossenen Zeitgeschäfte der Vereinsmitglieder übernimmt die Liquidationskasse A.-G. nach Maßgabe des anliegenden mit dem Verein geschlossenen Vertrages und der Geschäftsbedingungen der Liquidationskasse A.-G. die Haftung. Sie bestätigt jedem Vereinsmitglied nach den Vorschriften ihrer Geschäftsbedingungen die Vormerkung des angemeldeten Geschäfts.

Die vorstehenden Bestimmungen gelten nicht für Kommissionsaufträge, die ein Mitglied einem anderen Mitglied erteilt, soweit es sich um die Abwicklung zwischen Kommissionär und Kommittenten handelt; dagegen unterliegt der zur Ausführung des Auftrages notwendige börsenmäßige Abschluß der Skontrierung.

III. (§ 24 der Vereinssatzung.)

Jedes Vereinsmitglied ist, auch wenn es per Saldo keine Wertpapiere abzunehmen oder zu liefern hat, verpflichtet, einen Saldoauszug (Skontro) seiner mit den Mitgliedern des Vereins in den einzelnen Wertpapieren per medio oder per ultimo des laufenden Monats abgeschlossenen Geschäfte der Liquidationskasse A.-G. einzureichen, und zwar an dem dem jeweiligen Prämien-Erklärungstage folgenden Börsentage zu der von der Liquidationskasse A.-G. bestimmten Zeit. Eine Verantwortlichkeit für die Aufbewahrung der Skontri nach beendeter Liquidation liegt der Liquidationskasse A.-G. nicht ob.

IV. (§ 25 der Vereinssatzung.)

Die Lieferung erfolgt zum Liquidationskurse. Die Differenz zwischen diesem und dem vereinbarten Kurse wird durch die Liquidationskasse A.-G. reguliert.

Die Liquidationskasse A.-G. berechnet für jeden einzelnen Schluß eine mit dem Liquidationsverein zu vereinbarende Gebühr, die bei jedem Einzelschluß nicht mehr als 0,50 RM. für jede Partei betragen darf.

V. (§ 26 der Vereinssatzung.)

Jedes Vereinsmitglied, welches die Einreichung seiner Skontrobogen, wenn auch kein effektiver Saldo vorhanden ist, nicht rechtzeitig bewirkt, oder ganz oder teilweise unterläßt, verfällt in eine Geldstrafe, welche vom Vorstande der Liquidationskasse A.-G. mit höchstens 300 RM. für jeden fehlenden oder nicht rechtzeitig eingereichten Bogen festgesetzt wird. Außerdem hat das betreffende Vereinsmitglied die durch die unterlassene oder verspätete Einreichung verursachten Kosten der Liquidationskasse A.-G. zu vergüten.

Jedes Vereinsmitglied, in dessen Skontro Unrichtigkeiten enthalten sind, verfällt für jeden Fehler in eine Strafe von 6 RM. und hat außerdem die dadurch verursachten Kosten und Zinsverluste der Liquidationskasse A.-G. zu erstatten.

VI. (§ 27 der Vereinssatzung.)

Sind die einzelnen Skontri der Vereinsmitglieder nicht stimmend miteinander, so daß der Liquidationskasse A.-G. schließlich ein Saldo, sei es abzunehmen, sei es zu liefern, verbleibt, so versucht sie, durch Vergleichung der einzelnen Skontri miteinander, die Fehler zu ermitteln.

Ist dies zu der der Einlieferung der Skontri nächstfolgenden Börse gelungen, und hat der schuldige Teil sofort andere Aufgaben gemacht, so trifft ihn lediglich die in § 26 für Unrichtigkeiten festgesetzte Geldstrafe.

Erklärt sich der schließlich als schuldig ermittelte Teil zur sofortigen Abnahme der von der Liquidationskasse A.-G. einstweilen abgenommenen Stücke bzw. zur Lieferung der fehlenden bereit, so hat er die Geldstrafe, die entstandenen Kosten und den Zinsverlust zu tragen.

Erfolgt die Abnahme bzw. Lieferung seitens des Verpflichteten aber nicht rechtzeitig, so werden an der nächstfolgenden Börse die von der Liquidationskasse A.-G. abgenommenen Wertpapiere bestmöglich durch einen Kursmakler verkauft bzw. die fehlenden für Rechnung des Verpflichteten angekauft. Die Liquidationskasse A.-G. ist indessen auch berechtigt, ohne einen solchen Kauf bzw. Verkauf durch einen Kursmakler zu bewirken, lediglich die sofortige Vergütung des Interesses von dem Verpflichteten zu verlangen, welche sich ergibt aus dem Unterschiede des Liquidationskurses und der Durchschnittsnotiz des auf den Lieferungstag folgenden Börsentages.

In beiden Fällen hat der Verpflichtete der Liquidationskasse A.-G., außer für die Kursdifferenz, für alle entstandenen Nachteile zu haften, auch die übliche Maklergebühr zu zahlen.

VII. (§ 28 der Vereinssatzung.)

Gibt ein Vereinsmitglied vor oder am Lieferungstage selbst die Erklärung dem Vorstande der Liquidationskasse A.-G. ab, daß es außerstande sei, den aus seinen Skontri sich ergebenden Saldo von Wertpapieren abzunehmen bzw. zu liefern, so ist der Vorstand der Liquidationskasse A.-G. zur sofortigen Exekution berechtigt.

Wird aus vorstehendem oder einem anderen Grunde eine Exekution erforderlich, so ist nur die Liquidationskasse A.-G., nicht aber der jeweilige Kontrahent selbst, zur Exekution berechtigt oder verpflichtet.

VIII. (§ 29 der Vereinssatzung.)

Jedes Vereinsmitglied hat bei seinem Eintritt in den Verein an die Liquidationskasse A.-G. eine Einlage in barem Gelde als Garantiesumme zu leisten, welche der Liquidationskasse A.-G. als Sicherheitsleistung für seine Verbindlichkeiten und Haftpflichten dient und ihm gutgeschrieben wird. Einen Anspruch auf Rückgabe der Garantiesumme hat das Vereinsmitglied erst bei seinem Ausscheiden nach Maßgabe der §§ 20, 21 und 35 der Vereinssatzung. Die Liquidationskasse A.-G. wird den aus diesen Garantiesummen der Vereinsmitglieder gebildeten Garantiefonds, soweit tunlich, als Lombardgeld an Vereinsmitglieder ausleihen und dabei möglichst das Beteiligungsverhältnis der Bankiers und der Makler unter den Vereinsmitgliedern berücksichtigen.

Die Höhe der Einlage wird für jedes Vereinsmitglied bei der Aufnahme von dem Verwaltungsrat in der Weise bestimmt, daß die Vereinsmitglieder in fünf Klassen eingeordnet werden, für deren erste eine Einlage von 250000 RM., für deren zweite eine solche von 100000 RM., für deren dritte eine solche von 50000 RM., für deren vierte eine solche von 30000 RM. und für deren fünfte eine solche von 20000 RM. gilt. Die Vereinsmitglieder sind verpflichtet, dem Verwaltungsrat eine Selbsteinschätzung einzureichen. Der Verwaltungsrat kann die Selbsteinschätzung nach seinem Ermessen abändern oder auch später auf Grund veränderter Verhältnisse Änderungen beschließen.

Gegen die auf Grund dieses Absatzes vom Verwaltungsrat gefaßten Beschlüsse ist Beschwerde beim Beirat statthaft.

Die Liquidationskasse A.-G. vergütet den Vereinsmitgliedern am Schlusse jedes Kalender-Vierteljahrs auf ihre Garantiesummen Zinsen in der Höhe, die der Aufsichtsrat der Liquidationskasse A.-G. jeweilig beschließt. Der Aufsichtsrat soll die Zinsenhöhe tunlichst auf 2 v. H. unter dem Zinserlös der Liquidationskasse A.-G. bemessen.

IX. (§ 30 der Vereinssatzung.)

Jedes Vereinsmitglied hat die von ihm abgeschlossenen Termingeschäfte, insoweit sie mehr als 100000 RM. effektiv ausmachen, in Höhe von 5 v. H. des ausmachenden Betrages durch Hinterlegung von Wertpapieren bei der Liquidationskasse A.-G. sicherzustellen, ohne daß es einer Aufforderung von seiten des Vorstandes der Liquidationskasse A.-G. oder des Gegenkontrahenten bedarf. Jedoch ist jedes Vereinsmitglied der 5. Klasse mit 20000 RM. Garantiesumme verpflichtet, die von ihm abgeschlossenen Termingeschäfte bereits insoweit, als sie mehr als 50000 RM. effektiv ausmachen, in Höhe von 10 v. H. des ausmachenden Betrages in der vorerwähnten Weise sicherzustellen. Zur Sicherstellung geeignet sind nur diejenigen Wertpapiere, welche der Aufsichtsrat der Liquidationskasse A.-G. zur Sicherstellung zugelassen hat; der Vorstand der Liquidationskasse A.-G. hat die zu dieser Sicherstellung zugelassenen Wertpapiere sowie die Höhe des Prozentsatzes ihres jeweiligen Kurswertes oder sonstigen Wertes, bis zu welchem sie als Deckung angenommen werden, fortlaufend bekanntzumachen. Bei Kurssenkungen sind unverzüglich entsprechende Nachschüsse ohne Aufforderung zu leisten. Das gleiche gilt für die Sicherstellung von entliehenem Lombardgeld.

Bei Käufen und Verkäufen in ein und demselben Wertpapier beschränkt sich die Verpflichtung zur Sicherheitsleistung auf den Saldo, unbeschadet des nach Abs. 3 dem Vorstand und Überwachungs-Ausschuß der Liquidationskasse A.-G. gegebenen Rechtes, für den Saldo eine höhere Deckung, als im Abs. 1 vorgesehen, zu verlangen.

Der Vorstand der Liquidationskasse A.-G. hat das Recht, jederzeit von einem Vereinsmitglied eine größere Sicherstellung als 5 — bei Vereinsmitgliedern der 5. Klasse mit 20000 RM. Garantiesumme 10 — v. H. des ausmachenden Betrages und auch die Sicherstellung der ersten schwebenden Verbindlichkeiten bis zu der freigelassenen Höhe von 100000 RM. — bei Vereinsmitgliedern der 5. Klasse mit 20000 RM. Garantiesumme 50000 RM. — zu verlangen. Von diesem Recht ist insbesondere dann Gebrauch zu machen, wenn es sich um Termingeschäfte handelt, die auf längere Termine als auf den nächsten Ultimo abgeschlossen sind.

Wenn dem Verlangen nach größerer Sicherstellung für die Termingeschäfte oder die entliehenen Lombardgelder nicht unverzüglich nachgekommen wird, ist der Vorstand der Liquidationskasse A.-G. mit Genehmigung des Überwachungsausschusses berechtigt, die Exekution der schwebenden Termingeschäfte des betreffenden Vereinsmitgliedes vorzunehmen, auch seine Ausschließung gemäß

§ 21 beim Verwaltungsrat zu beantragen. Die Vereinsmitglieder sind verpflichtet, die Tätigkeit des Vorstandes der Liquidationskasse A.-G. bei der Prüfung, ob höhere Sicherheitsstellung, als zunächst vorgeschrieben, für die schwebenden Engagements erforderlich ist, dadurch zu unterstützen, daß sie gegebenenfalls den Vorstand der Liquidationskasse A.-G. auf die Notwendigkeit, eine höhere Sicherheitsstellung für ihre als Aufgabe bezeichneten Gegenkontrahenten zu fordern, besonders hinweisen.

Der Vorstand der Liquidationskasse A.-G. hat das Recht, mit Genehmigung des Überwachungs-Ausschusses einem Vereinsmitglied auf dessen Antrag in besonderen Fällen nach Prüfung der darzulegenden Verhältnisse die Stellung der vorgeschriebenen mindesten Sicherheit zu erlassen, sofern daraus keine Schädigung der Liquidationskasse A.-G. zu erwarten steht.

Verbindlichkeiten aus Prämien-, Noch- und Stellagengeschäften sind wie gewöhnliche Geschäfte zu behandeln; jedoch hat der Wahlberechtigte keine höhere Sicherheit als die Hälfte der in Frage kommenden Prämie oder als ein Viertel des Stellgeldes, der Stillhalter dagegen die vorgeschriebene Sicherheit zu stellen, und zwar so, daß bei einer längeren Laufzeit als bis zum zweitfolgenden Monatsschluß eine zusätzliche Sicherheit in halber Höhe für jeden angefangenen Monat, für den Zahler begrenzt bis zur vollen Prämie, zu stellen ist. Hierbei hat Abs. 2 sinngemäß und insofern Anwendung zu finden, als unter Berücksichtigung der Gegengeschäfte nur der Saldo deckungspflichtig wird; bei der Deckung kann ein in den ausgeglichenen Geschäften enthaltener Gewinn angerechnet werden. Abs. 1 letzter Satz findet dabei Anwendung.

X. (§ 31 der Vereinssatzung.)

Bei nachweislichen Arbitragegeschäften beträgt der für jedes Termingeschäft in Wertpapieren zu leistende Deckungsbetrag statt 5 v. H. nur 2 v. H.

XI. (§ 32 der Vereinssatzung.)

Der Verwaltungsrat kann ein Vereinsmitglied, welches den Verpflichtungen des § 30 Abs. 4 Satz 2 grob fahrlässig zuwidergehandelt hat, zum Ersatze des dadurch der Liquidationskasse A.-G. entstandenen Schadens ganz oder teilweise verpflichten. Gegen diesen Beschluß findet Beschwerde an den Beirat statt.

XII. (§ 33 der Vereinssatzung.)

Jedes Vereinsmitglied haftet für die Erfüllung seiner eigenen Lieferungs- und Zahlungsverpflichtungen aus Zeitgeschäften der Liquidationskasse A.-G. mit seinem gesamten Vermögen.

Die Vereinsmitglieder sind berechtigt, die Erfüllung ihrer Ansprüche aus den von ihnen geschlossenen Zeitgeschäften von der Liquidationskasse A.-G. zu verlangen und sind verpflichtet, die ihnen aus diesen Geschäften obliegenden Leistungen an die Liquidationskasse A.-G. zu bewirken. Forderungen aus Geschäften der Vereinsmitglieder, die durch die Liquidationskasse A.-G. abzuwickeln sind, gehen mit dem Abschluß des Geschäfts auf die Liquidationskasse A.-G. über und unterliegen ausschließlich ihrem Verfügungsrecht.

Zur Deckung des sich aus der Nichterfüllung der Zeitgeschäfte eines Vereinsmitgliedes ergebenden Verlustes sind in erster Linie die statutenmäßig angelegten Rücklagen der Liquidationskasse A.-G. zu verwenden. Nach deren

Erschöpfung sind die im Garantiefonds vereinigten gemäß § 29 Abs. 1 und 2 von den Vereinsmitgliedern hinterlegten Garantiesummen heranzuziehen. Auf diese Garantiesummen der einzelnen Vereinsmitglieder ist ein Drittel des Verlustes gleichmäßig nach Kopfteilen umzulegen, ein zweites Drittel nach Verhältnis der Höhe der nach § 29 Abs. 1 und 2 hinterlegten Garantiesummen, das letzte Drittel nach Verhältnis der von den einzelnen Mitgliedern per medio und ultimo der letzten drei abgeschlossenen Kalendermonate gemachten Gesamt-Effektenumsätze.

Ergibt sich bei dieser Umlegung durch Aufzehrung der Garantiesumme eines oder mehrerer Vereinsmitglieder ein Fehlbetrag, so ist dieser wiederum nach vorstehendem Drittelungsschlüssel von neuem umzulegen und so fortzufahren, bis der Gesamtverlust aus dem Garantiefonds gedeckt ist.

Über die hinterlegten Garantiesummen hinaus haftet unbeschadet der Bestimmungen des Abs. 1 kein Mitglied.

Wenn die hinterlegten Garantiesummen teilweise oder völlig zur Deckung von Verlusten herangezogen worden sind, so kann der Verwaltungsrat die Vereinsmitglieder zur Wiederauffüllung ihrer Garantiesummen bis zur ursprünglichen Höhe innerhalb Monatsfrist auffordern. Wenn zwei Verwaltungsratsmitglieder oder zehn Vereinsmitglieder der Durchführung des Beschlusses schriftlich widersprechen, oder wenn zur Deckung des Verlustes mehr als ein Viertel des Garantiefonds hat herangezogen werden müssen, so hat die Mitgliederversammlung über die Wiederauffüllung der Garantiesummen zu beschließen. Ihr mit einfacher Mehrheit gefaßter Beschluß ist auch für die in der Minderheit gebliebenen Vereinsmitglieder verbindlich, sofern er lediglich die Wiederauffüllung der durch die Verlustdeckung in Anspruch genommenen Garantiesummen der Vereinsmitglieder bis zur ursprünglichen Höhe festsetzt. Bei dieser Beschlußfassung der Mitgliederversammlung bedarf es eines in gesonderter Abstimmung gefaßten Beschlusses der jeweiligen dem Liquidationsverein angehörenden Mitglieder der Vereinigung von Berliner Banken und Bankiers (Stempelvereinigung), der Interessengemeinschaft der Berliner Privatbankfirmen (Gruppe A der Berliner Bedingungsgemeinschaft für den Wertpapierverkehr) und der Makler-Gemeinschaft gemeinsam mit den Kursmaklern der Berliner Börse zu Berlin.

Nach einem Beschlusse der Mitgliederversammlung, welcher die Wiederaufhöhung der alten Garantiesumme anordnet, ist jedes Vereinsmitglied, welches in der Minderheit dagegen gestimmt hat, berechtigt, seinen Austritt zu erklären und wird damit von der Pflicht der Wiederaufhöhung seiner Garantiesumme befreit. Für seine weitere Haftung mit dem etwaigen Reste seiner Garantiesumme und für seinen Anspruch auf deren Auszahlung gelten die Vorschriften in den §§ 20, 21 der Vereinssatzung.

37c. Ergänzungen zu den Allgemeinen Geschäftsbedingungen der Liquidationskasse Aktiengesellschaft.

Geschäftsmeldung. (1. Meldung.)

§ 1. Jedes Mitglied hat die von ihm abgeschlossenen Zeitgeschäfte der Liquidationskasse A.-G. noch am Tage des Abschlusses bis spätestens 5 Uhr, Sonnabends 4 Uhr nachmittags auf einem vorgeschriebenen Formular zu melden (Formular I), welches der Liquidationskasse A.-G. als Unterlage zur Berechnung des Obligos und der erforderlichen Leistungen der einzelnen Mitglieder dient. Diese Meldungen haben getrennt nach Kauf und Verkauf auf besonderen Formularen, geordnet nach Effektenmärkten (Bank-, Verkehrs- und Instustrieaktien) und innerhalb dieser nach Effektengattungen alphabetisch zu erfolgen.

Im allseitigen Interesse ist es erforderlich, daß die Meldungen frühzeitig, soweit angängig, bereits an der Börse in die Hände der Liquidationskasse A.-G. gelangen. Es wird zu diesem Zwecke am Börsenplatz der Liquidationskasse A.-G. ein empfangsberechtigter Angestellter anwesend sein.

Die Auflieferung der Meldungsformulare erfolgt mit einem Quittungsbuch (Formular II), in welchem die Liquidationskasse A.-G. durch Stempel quittiert.

Auf den Meldungen sind sämtliche Einzelschlüsse, auch wenn sich Kauf und Verkauf stückemäßig kompensieren, aufzuführen.

Für Prämien-, Stellagen-, Noch- und Arbitragegeschäfte sowie für Abschlüsse auf verschiedene Termine sind die gleichen Formulare zu verwenden, die Meldung hat jedoch jeweils auf besonderen Bogen unter deutlicher Kennzeichnung der Art des Geschäftes zu erfolgen.

Noch-Geschäfte sind getrennt als Geschäfte in festen Stücken und Prämien dont 0% zu melden.

Prolongationsgeschäfte sind auf besonderen Formularen zu melden.

Nach Börsenschluß gehandelte Posten sind als per dato abgeschlossen zu betrachten und der Liquidationskasse A.-G. noch am gleichen Tage zu melden. Diese Meldungen sind durch deutliche Überschrift als Nachtrag zu kennzeichnen und werden auch nach den im ersten Absatz festgesetzten Zeiten entgegengenommen. In Ausnahmefällen können genannte Meldungen bis 9½ Uhr morgens des darauf folgenden Tages eingeliefert werden.

Für Geschäfte, welche nicht unter demselben Tage, an dem sie abgeschlossen sind, gemeldet werden, kann die Liquidationskasse A.-G. eine Garantie erst dann übernehmen, wenn dieselben durch Rückgabe der zweiten Meldung anerkannt werden.

Aufgabemeldung. (2. Meldung.)

§ 2. An dem dem Geschäftsabschlusse folgenden Werktage ist der erste Durchschlag des Meldeformularblocks I, der die inzwischen eingegangenen Aufgaben enthalten muß, bis spätestens ½12 Uhr mit Quittungsbuch (Formular II) einzureichen. Die etwa noch fehlenden Aufgaben sind schnellstens im Laufe des Nachmittags zu ergänzen.

Diese zweiten Meldungen werden nach Prüfung von der Liquidationskasse A.-G. abgestempelt den Mitgliedern zurückgegeben.

Gibt der der Liquidationskasse A.-G. angehörige Makler dem Mitgliede Mitteilung „Schein folgt", so hat das Mitglied lediglich auf der zweiten Meldung unter Bemerkungen einen Hinweis „Aufgabe folgt" zu machen. Eine Meldung seitens des Mitgliedes über die nachträglich erteilten Aufgaben erfolgt **nicht**.

In diesen Fällen hat der Vermittler (Makler) der Liquidationskasse A.-G. eine Meldung (Formular Va Schein folgt) entsprechend den Zeitvorschriften des § 1 einzureichen. Die am nächsten Börsentag zu erteilende Aufgabe ist alsdann von dem Vermittler (Makler) auf Formular Vb (Erledigung von Schein folgt) zu melden. Diese Meldungen dienen der Liquidationskasse A.-G. als Ergänzung zu den Aufgabenmeldungen der Mitglieder (Formular Ib). Aufgabeschein von Nichtmitgliedern ist abzulehnen, dagegen ist vorbörslich Aufgabe zu verlangen.

Tagesdifferenzen (Differenzen zwischen gehandeltem und aufgegebenem Kurs) sind sofort fällig und auch sofort direkt einzuziehen. Die Haftung der Liquidationskasse A.-G. erlischt spätestens am vierten Werktage nach Abschluß des Geschäftes.

Die Meldeformulare sind so eingerichtet, daß die den Mitgliedern verbleibenden Durchschläge als Unterlage für den eigenen Geschäftsbetrieb gebraucht werden können.

Deckung.

§ 3. Die Mitglieder sind verpflichtet, die von ihnen abgeschlossenen Zeitgeschäfte nach den Deckungsbestimmungen des § 30 der Satzungen des Liquidationsvereins (Abs. IX der „Allgemeinen Geschäftsbedingungen der Liquidationskasse A.-G.") ohne Aufforderung sicherzustellen. Bei der Errechnung der erforderlichen Deckung sind auch Differenzen, die durch Ausgleich von Engagements entstanden sind, oder auf schwebenden Engagements ruhen, zu berücksichtigen. Die Einlieferung dieser Sicherstellungen in Effekten oder die Einzahlung in bar hat bei der Bank des Berliner Kassen-Vereins zugunsten der Liquidationskasse A.-G. mit zweifachem Einlieferungs- bzw. Einzahlungsbeleg an dem dem Abschlußtage der Zeitgeschäfte folgenden Werktage bis spätestens 10 Uhr vormittags zu erfolgen.

Desgleichen werden Rückgaben freigewordener Sicherstellungen sowie sonstige Zahlungen der Liquidationskasse A.-G. an die Mitglieder nach vorheriger Vereinbarung mit der Liquidationskasse A.-G. durch den Kassen-Verein ausgeführt.

Bekanntgabe der zur Sicherstellung zugelassenen Wertpapiere.

§ 4. Die für die Sicherstellung von Zeitgeschäften geeigneten Wertpapiere werden vom Aufsichtsrat der Liquidationskasse A.-G. bestimmt. Die zur Sicherstellung zugelassenen Wertpapiere und die Höhe des Prozentsatzes ihres jeweiligen Kurswertes oder sonstigen Wertes, bis zu welcher sie als Deckung angenommen werden, werden von der Liquidationskasse A.-G. fortlaufend bekanntgegeben.

Bis auf weiteres gelten folgende Bestimmungen:

Als Deckungsunterlage werden sämtliche amtlich notierten Wertpapiere sowie nachstehend bezeichnete amtlich nicht notierten Werte angenommen:

Adler Kohle Akt.	Krügershall Kali Akt.
Benz Motoren Akt.	Hallesche Kali Akt.
Deutsche Petroleum Akt.	Hannover Kali Akt.
Hochfrequenz Akt.	Adler Kali Akt.
Kabel Rheydt Akt.	Kaliindustrie Akt.
Sloman Salpeter Akt.	Wittekind Bergbau Akt.
Ufa Film Akt.	Chade Bonds und Aktien

Ronnenberg Alkali Akt.	Cons. Diamond shares
Heldburg Bergbau Akt.	Salitrera
Niedersachsen Kali Akt.	Südsee-Phosphat.

Als Deckung für schwebende Engagements werden oben genannte Werte mit 90% des Kurswertes berechnet.

Für Lombarddarlehn ist folgende Überdeckung erforderlich:

a) Wertbeständige Anleihen und Vorkriegs-Pfandbriefe sowie terminfähige Wertpapiere 25%
b) Variable gehandelte Werte 33⅓%
c) Sonstige Werte 50%

jedoch mit der Maßgabe, daß das Depot gemischt sein muß.

In jedem Falle ist Nachschußleistung erforderlich. Ausnahmen von vorstehenden Deckungsbestimmungen bleiben dem Vorstande der Liquidationskasse A.-G. vorbehalten.

Strafen.

§ 5. Die Liquidationskasse A.-G. ist berechtigt, Strafgelder in Fällen einzuziehen, in denen Mitglieder durch Nichtbeachtung der Vorschriften über Meldung und Sicherstellung ihrer Engagements den Geschäftsbetrieb erschweren.

Exekution.

§ 6. Die Liquidationskasse A.-G. ist berechtigt, bei Unterlassung der Sicherstellung mit Genehmigung des Überwachungsausschusses schwebende Termingeschäfte des betreffenden säumigen Mitgliedes zu exekutieren. Gegebenenfalls kann der Verwaltungsrat auf Antrag der Liquidationskasse A.-G. die Ausschließung des Mitgliedes beschließen.

Prämienerklärung.

§ 7. Am Prämienerklärungstage melden die Mitglieder entsprechend den Zeitvorschriften des § 1, wie sie sich hinsichtlich der abgeschlossenen Prämien-, Stellagen-Geschäfte entschieden haben, unter Benutzung der im § 9 Nr. 3 erwähnten Formulare.

Abandonnierte Prämien werden einen Tag nach der Prämienerklärung direkt erledigt.

Effekten-Skontrierung.

§ 8. Die Skontrierung der bei der Liquidationskasse A.-G. verbuchten Zeitgeschäfte findet jeweils zu den von dem Börsenvorstande festgesetzten Stichtagen statt.

§ 9. Für jede Skontrierung werden den Mitgliedern seitens der Liquidationskasse A.-G. folgende Formulare zugestellt:

1. Für jedes zu skontrierende Effekt ein besonderes Skontroformular, in welchem die Namen bzw. Firmen sämtlicher derzeitiger Vereinsmitglieder in alphabetischer Reihenfolge benannt sind.

   Jedes Mitglied erhält eine feststehende Ordnungsnummer.
2. Ein Zirkular, in welches die näheren Bestimmungen und Fristen der Regulierung aufgenommen werden.
3. Ein Formular, auf welchem die Mitglieder melden, wie sie sich jeweils bei ihren Prämien-, Stellagen-Geschäften erklären (Formular IV u. IVa).
4. Ein Briefumschlag für die Einreichung der Skontrobogen.

Besondere Bestimmungen für einzelne Effekten werden tunlichst auf den betreffenden Skontrobogen selbst vermerkt.

Derartige Vermerke sowie etwa anhängende Fähnchen sind genau zu beachten.

§ 10. Die im § 9 genannten Drucksachen werden regelmäßig spätestens am 3. Tage vor der Skontrierung ausgegeben.

§ 11. Jedes Mitglied erhält von den im § 9 genannten Drucksachen ein Exemplar. Einzelne weitere Skontrobogen werden, soweit der Vorrat reicht, unentgeltlich ausgegeben.

§ 12. In jedem Skontrobogen ist **nur** der **Saldo**, den ein Mitglied mit einem anderen Mitgliede in dem betreffenden Effekt hat, in die für jedes Mitglied bestimmte Linie einzutragen, und zwar dergestalt, daß, wenn der Saldo zu beziehen, die Eintragung links, und wenn derselbe zu liefern ist, die Eintragung rechts erfolgt.

Jedes Skontro muß aufgerechnet und bis zum Schlusse übertragen sein. Die Firma des Mitgliedes muß an jedem Kopfe und am Schlusse des Skontrobogens ersichtlich gemacht werden, wozu ein deutlicher Stempel genügt. Ferner ist an den Köpfen auch die Ordnungsnummer der Firma einzutragen.

Am Schlusse eines jeden Skontros ist der Gesamtsaldo zu ziehen und gemäß der daselbst befindlichen Anleitung auszuwerfen.

Alle Eintragungen in die Skontrobogen sind nicht nur unbedingt korrekt, sondern auch deutlich erkennbar zu machen. Jede Ungenauigkeit muß im Interesse der Ordnung und eines prompten Geschäftsganges unnachsichtlich mit der für Fehler festgesetzten Strafe von 6 RM. belegt werden.

§ 13. Auch wenn ein Mitglied von einem Effekt **per Saldo** weder Stücke abzunehmen noch zu liefern hat, ist dasselbe, falls es in dem betreffenden Effekt überhaupt Engagements gehabt hat, doch verpflichtet, das betreffende Skontro einzureichen.

Abnahme und Lieferung.

§ 14. Die Abnahme und Lieferung der Stücke erfolgt zu den jeweils festgesetzten Liquidationskursen durch die Liquidationskasse A.-G. Im übrigen gelten hierfür folgende Bestimmungen:

1. Empfangsbelege sind den Skontrobogen nicht beizufügen.
2. Über per Saldo zu liefernde Wertpapiere ist eine Rechnung an die Liquidationskasse A.-G. auszustellen und bei der Bank des Berliner Kassen-Vereins in üblicher Weise einzuliefern bzw. innerhalb der usancemäßigen Zeit zur Zahlung vorzulegen. Die Rechnung hat den Vermerk zu enthalten:
   „Saldo unseres Skontrobogens zur Weiterlieferung aus der laufenden Liquidation."
3. Der Rechnung sind die betreffenden Wertpapiere beizufügen. Ist der Lieferer Mitglied des Giro-Effekten-Depots der Bank des Berliner Kassen-Vereins, so genügt die Ausschreibung eines roten Effektenschecks.
4. Die per Saldo abzunehmenden Wertpapiere werden dem Empfänger durch die Bank des Berliner Kassen-Vereins mit Rechnung der Liquidationskasse A.-G. im üblichen Inkasso- bzw. Abrechnungsverfahren geliefert.
5. An die Mitglieder des Giro-Effekten-Depots der Bank des Berliner Kassen-Vereins erfolgt die Liefe-

rung vorbehaltlich der Leistung des Gegenwertes durch Gutschrift.

§ 15. Jedes Mitglied hat die von ihm ausgefüllten Skontrobogen in den den Drucksachen beigefügten Umschlag zu tun, denselben zu verschließen und ihn an den jeweils festgesetzten Skontrierungstagen bis spätestens 5 Uhr nachmittags der Liquidationskasse A.-G. einzureichen.

Die übrigen Skontrobogen zu Effekten, in welchen das Mitglied zu der betreffenden Skontrierung keine Geschäfte gemacht hat, sind von diesem zurückzubehalten.

§ 16. Die Einlieferung der Skontrobogen hat im geschlossenen Kuvert zu erfolgen. Auf diesem muß die Zahl der darin befindlichen Bogen angegeben sein.

§ 17. In den Skontrobogen sind nur die von den Mitgliedern der Liquidationskasse A.-G. gemeldeten Engagements aufzunehmen. Andere Posten dürfen in den Skontrobogen, auch nicht nach vorheriger Vereinbarung mit der Gegenpartei, aufgenommen werden.

§ 18. Es wird daran erinnert, daß jedes Mitglied, welches die Einreichung seiner Skontrobogen nicht rechtzeitig bewirkt, ganz oder teilweise unterläßt, in eine Geldstrafe verfällt, welche mit höchstens 300 RM. für jeden fehlenden oder nicht rechtzeitig eingereichten Bogen festgesetzt wird. Außerdem hat das betreffende Mitglied der Liquidationskasse A.-G. die durch die unterlassene oder verspätete Einreichung verursachten Kosten zu vergüten.

§ 19. Erinnerungen wegen nicht gelieferter oder nicht abgenommener Wertpapiere müssen bei Vermeidung der Nichtberücksichtigung bis zu dem auf den Lieferungstag folgenden Börsentage um 1 Uhr bei dem alsdann an der

Börse anwesenden Vorstandsmitgliede der Liquidationskasse A.-G. angebracht werden.

Regulierung der Differenzen.

§ 20. Die Regulierung der Differenzen erfolgt ebenfalls im Wege der Skontrierung. Jedes Mitglied erhält einen Skontrobogen (Formular) entsprechend den Skontrobogen für Effektenskontrierung. Auf diesen Bogen hat es den Endsaldo seiner Differenzen mit den übrigen Mitgliedern aus sämtlichen Effektengeschäften einzutragen, und zwar „zu empfangen" links, „zu zahlen" rechts. Beide Seiten sind aufzurechnen und bis zum Schlusse zu übertragen. Am Schlusse jeden Skontros ist der Gesamtsaldo zu ziehen und gemäß der daselbst befindlichen Anleitung auszuwerfen. Diese Bogen sind am Tage vor dem Zahltage bis nachmittags 1 Uhr einzureichen.

Die Mitglieder haben sich die Beträge, die sie als Endsaldo zu empfangen haben, von der Liquidationskasse A.-G. durch den Kassen-Verein einzuziehen, dagegen wird die Liquidationskasse A.-G. die Beträge, die als Endsaldo von den Mitgliedern zu zahlen sind, ihrerseits durch den Kassen-Verein einziehen.

Abstimmung der Differenzen.

§ 21. Differenzen sind in der Weise vor Einreichung der Skontrobogen zu klären, daß der **empfangende Teil** mit seiner Gegenpartei abstimmt.

Unterschriften und Adressen.

§ 22. Jedes Mitglied hat der Liquidationskasse A.-G. ein Verzeichnis der für seine Firma rechtsverbindlichen Unterschriften einzureichen und von Veränderungen stets schriftlich Anzeige zu machen. Alle der Liquidationskasse A.-G. mitgeteilten Unterschriften sind dieser gegenüber solange gültig, bis ihr schriftlich angezeigt ist, daß sie außer Kraft gesetzt sind.

Die Drucksachen werden den Mitgliedern, sofern sie nicht abgeholt werden, an die von ihnen angegebene Adresse gesandt.

Veränderungen in der Adresse sind daher der Liquidationskasse A.-G. rechtzeitig anzuzeigen.

Abänderungen.

§ 23. Abänderungen dieser Ergänzungen zu den „Allgemeinen Geschäftsbedingungen der Liquidationskasse A.-G." behält sich die Direktion vor; hiervon wird jedem Mitglied rechtzeitig durch besondere Bekanntmachung Kenntnis gegeben.

Bestätigung.

§ 24. Ein jedes neu eintretende Mitglied erhält ein Exemplar dieser Ausführungsbestimmungen zugestellt und ist verpflichtet, unter Benutzung der Anlage sein Einverständnis mit deren Inhalt zu bestätigen.

---

38. Berliner Handelsgebräuche für Getreide, Hülsenfrüchte, Ölsaaten usw.[1]).

I. Allgemeine Bestimmungen

§ 1. Die Zahlung hat bar Zug um Zug zu erfolgen.

---

[1]) Besondere Gebräuche gelten für Malz, landwirtschaftliche Sämereien und Futtermittel.

§ 2. Bei Verkäufen von größeren Mengen sind Teillieferungen gestattet, sofern diese, von Restmengen abgesehen, mindestens 15 Tonnen betragen. Liefert der Verkäufer dennoch kleinere Mengen, so hat er den Frachtunterschied zu tragen.

§ 3. Der Verkäufer hat das Recht, bis 5% mehr oder weniger zu liefern, wovon 1% zum Vertragspreise und der Rest zum Tagespreise der Lieferung der Ware oder des Ladescheins zu verrechnen sind.

Bei Minderlieferungen über 1% trägt der Verkäufer bei Bahnware auch den dadurch entstandenen Frachtverlust.

Vorstehende Bestimmungen kommen nur dann zur Anwendung, wenn der Vertrag durch Lieferung erfüllt ist.

§ 4. Bei Abschlüssen, die sich innerhalb zweier bestimmter Mengen bewegen (z. B. 3—400 Ztr.), steht dem Verkäufer das Recht der Mehr- oder Minderlieferung nicht zu. Für den Fall der Nichtlieferung gilt die mittlere Menge als Grundlage.

§ 5. Jede Teillieferung gilt als ein besonderer Vertrag.

§ 6. Wenn Parität einer als Versandort zu betrachtenden Station verkauft ist, so sind etwaige durch Lieferung von einer anderen Station entstehenden Frachtvorteile zugunsten des Verkäufers.

Ist Parität einer als Empfangsort zu betrachtenden Station verkauft, so fallen etwaige durch Versendung nach einem anderen Orte entstehenden Frachtvorteile dem Käufer zu.

§ 7. Die Vereinbarung „Berliner Schiedsgericht“ oder „Berliner Arbitrage“ hat die Bedeutung, daß alle aus dem Vertrage entstehenden Streitigkeiten unter Ausschluß der ordentlichen Gerichte durch das Schiedsgericht und im Berufungsverfahren durch das Oberschiedsgericht des Vereins Berliner Getreide- und Produktenhändler E. V. entschieden werden. Das schiedsgerichtliche Verfahren richtet sich nach den dafür festgesetzten Bestimmungen (Schiedsgerichtsordnung).

§ 8. Ist Berliner Schiedsgericht vereinbart, so erlischt der Anspruch auf Vergütung, bei Qualitätsstreitigkeiten, falls nicht innerhalb vier Wochen nach erhobener Mängelrüge, in anderen Fällen, falls nicht innerhalb zweier Jahre nach Ablauf der vereinbarten Lieferfrist, Anträge auf Entscheidung beim Schiedsgericht des Vereins Berliner Getreide- und Produktenhändler E. V. gestellt werden.

§ 9. Als Erfüllungsort im Sinne des § 29 ZPO. gilt Berlin.

§ 10. Wird die Abladung durch Aufruhr, Streik oder elementare Ereignisse vorübergehend behindert, so hat die Lieferung nach Beseitigung des Hindernisses innerhalb der Zeit zu erfolgen, die dem Verkäufer bei Eintritt der Behinderung für die Lieferung noch zur Verfügung stand zuzüglich weiterer 8 Werktage.

§ 11. Wird die Lieferung durch Ausfuhrverbot, Maßnahmen von hoher Hand im In- oder Auslande, sowie sonstige vom Verkäufer nicht zu vertretenden Umstände verhindert oder derart erschwert, daß dem Verkäufer die Erfüllung billigerweise nicht zugemutet werden kann, so ist der Vertrag oder dessen unerfüllter Teil aufgehoben.

§ 12. Ist bei Abschlüssen auf Zeit die Frist abgelaufen, und hat weder der Verkäufer den Käufer zur Empfangnahme der Ware, noch der Käufer den Verkäufer zur Lieferung veranlaßt, so gilt das Geschäft nicht als aufgehoben, sondern als stillschweigend verlängert, bis eine Partei die andere unter Stellung einer angemessenen Nachfrist zur Empfangnahme oder Lieferung schriftlich auffordert.

Haben beide Parteien zwei Monate, vom Ablauf der Frist an gerechnet, geschwiegen, so gilt das Geschäft als aufgehoben, ohne daß Käufer oder Verkäufer Ansprüche gegeneinander herleiten können.

§ 13. Stellt einer der Vertragschließenden seine Zahlungen ein, oder liegen Tatsachen vor, die einer Zahlungseinstellung gleich zu erachten sind, so hat der andere Teil unabhängig von der bedungenen Lieferzeit, spätestens am zweiten Werktage, nachdem er hiervon Kenntnis erhielt oder Kenntnis haben mußte, ohne vorherige Anzeige die Glattstellung vorzunehmen. Die Glattstellung erfolgt nach seiner Wahl durch Kauf oder Verkauf oder durch Feststellung des Marktwertes. Der sich ergebende Preisunterschied ist mit dem Ablauf der vereinbarten Lieferfrist zur Zahlung fällig.

§ 14. Als Feiertage gelten die staatlich anerkannten allgemeinen Feiertage, die beiden jüdischen Neujahrstage und der Versöhnungstag. In bezug auf die Abnahmefrist jedoch nur die staatlich anerkannten Feiertage.

II. Handel „loco".

§ 15. Ware, welche unter der Bezeichnung „loco" gehandelt wird, muß zur sofortigen Abnahme bereit liegen; die Überweisung hat an den Käufer unverzüglich zu erfolgen.

Abnahmefrist.

§ 16. „Ab Bahn" gekaufte Ware hat der Käufer:

a) wenn das Geschäft bis 12 Uhr mittags abgeschlossen ist, im Laufe desselben Tages,

b) wenn das Geschäft nach 12 Uhr mittags abgeschlossen ist, im Laufe des nächsten Werktages abzunehmen.

Ware, welche „ab Kahn“ oder „ab Speicher“ oder „frei Wagen“ oder „frei Eisenbahnwagen“ gehandelt ist, muß bis zum Ablauf des auf den Geschäftsabschluß folgenden Werktages abgenommen werden.

Für die aus einem Kahn gekaufte Ware gilt die ergänzende Bestimmung, daß der Käufer Mengen, welche 10 Tonnen übersteigen, innerhalb desjenigen Teils der dem Verkäufer zustehenden freien Liegezeit abnehmen muß, welcher dem Verhältnis der betreffenden Menge zu der Gesamtmenge entspricht; jedoch ist mindestens die im vorstehenden Absatze erwähnte Abnahmefrist zu gewähren.

Gewichtsfeststellung.

§ 17. Die Gewichtsfeststellung geschieht am Lagerorte oder, wenn die Ware im Eisenbahnwagen überwiesen ist, auf einem der Wahl des Käufers überlassenen Bahnhofe Groß-Berlins oder an einem am Bahnstrange gelegenen Speicher, bahnamtlich, durch vereidete Wäger, durch die Speicherverwaltung oder durch andere unparteiische, glaubwürdige Personen.

§ 18. Der Käufer hat das Recht, die in Säcken gelieferte Ware am Lagerorte in andere Säcke umschütten zu lassen und die Gewichtsfeststellung auch nach der Umschüttung zu bewirken; jedoch ist eine Bearbeitung der Ware unzulässig.

Kostenverteilung.

§ 19. Die Kosten der Ablieferung trägt bei „ab Bahn“ gekaufter Ware der Käufer, wenn keine Verwiegung stattfindet. Findet eine Verwiegung statt, so sind die Kosten von beiden Teilen zur Hälfte zu tragen.

Beim Kaufe „ab Kahn" oder „ab Speicher" trägt der Käufer, beim Kaufe „frei Wagen" oder „frei Eisenbahnwagen" der Verkäufer die Kosten.

Die durch das Umschütten (§ 18) entstehenden Kosten trägt der Käufer.

§ 20. Die Abnahme ohne vorherige Gewichtsfeststellung am Lagerort berechtigt den Verkäufer,

die Bezahlung der Menge zu verlangen, welche ausweislich eines Frachtbriefes oder einer anderen glaubwürdigen Bescheinigung vorhanden war,

oder das Gewicht nachträglich auf Kosten des Käufers in glaubhafter Weise feststellen zu lassen.

Verzug in der Abnahme.

§ 21. Wenn der Käufer die Abnahme von „Bahnware" nicht in der ortsüblichen oder vereinbarten Frist bewirkt hat, so ist der Verkäufer berechtigt, nach Ablauf einer gestellten eintägigen Nachfrist gemäß § 20 zu verfahren. Unterläßt der Verkäufer diese Aufforderung, so muß er das später festgestellte Gewicht anerkennen.

Wenn der Käufer die Abnahme von „Speicherware" nicht in der ortsüblichen oder vereinbarten Frist bewirkt hat, so ist der Verkäufer berechtigt, nach Ablauf einer gestellten zweitägigen Nachfrist die Ware auf Kosten des Käufers umwiegen zu lassen. Unterläßt der Verkäufer die Aufforderung und die Umwiegung, so ist das bei der späteren Abnahme festgestellte Gewicht maßgebend.

Bemängelung.

§ 22. Einwendungen gegen die Beschaffenheit der Ware sind dem Verkäufer unter Angabe der Gründe zur Kenntnis zu bringen:

a) bei den vormittags erfolgten Überweisungen bis 5 Uhr nachmittags desselben Tages,

b) bei den nachmittags erfolgten Überweisungen bis 11 Uhr vormittags des nächsten Werktages.

§ 23. Die Begutachtung geschieht durch die von der Handelskammer zu Berlin für den Berliner Verkehr vereideten Sachverständigen. Der Antrag auf Begutachtung ist vom Käufer unter Benachrichtigung des Verkäufers

im Falle des § 22a bis 1 Uhr des dem Tage der Bemängelung folgenden Werktages,

im Falle des § 22b am Tage der Bemängelung bis nachmittags 1 Uhr

an den dem Lebensalter nach ältesten Sachverständigen oder dessen Vertreter zu richten.

Dieser bestimmt für jeden Streitfall die drei Sachverständigen, welche die Begutachtung vorzunehmen haben. Die Sachverständigen dürfen diese Tätigkeit nicht ausüben, wenn sie ein Interesse an der Sache haben oder mit den Parteien bis zum 4. Grade verwandt oder verschwägert sind.

Wird der Antrag auf Begutachtung nicht innerhalb der vorgeschriebenen Zeit gestellt, so sind die Einwendungen als nicht geschehen zu betrachten.

§ 24. Wird auf einen Minderwert bis zu 1% erkannt, so ist der Käufer zur Abnahme der Ware verpflichtet. Bei einem höheren Minderwert ist das Geschäft aufgehoben;

weder Käufer noch Verkäufer können daraus Ansprüche gegeneinander herleiten.

§ 25. Die Kosten der durch die Begutachtung verzögerten Abnahme trägt der unterliegende Teil.

§ 26. Findet der Käufer nach der Abnahme eines Teils der in Säcken gelieferten Ware am Orte der Lagerung Mängel, die er bei sorgsamer Prüfung nicht feststellen konnte, so soll er berechtigt sein, die Abnahme des nicht übernommenen Teils unter Angabe der Gründe zu beanstanden. Bezüglich dieses Teils ist dann das gleiche Verfahren zu beobachten, wie es bei Beanstandung des ganzen Postens vorgeschrieben ist.

Die nachträgliche Beanstandung ist nur innerhalb eines Werktages nach Ablauf der ortsüblichen oder vereinbarten Abnahmefrist zulässig.

Rücklieferung der Säcke.

§ 27. Die Säcke sind in den nächsten auf den Geschäftsabschluß folgenden zehn Tagen dem Verkäufer zurückzuliefern. Bei späterer Rücklieferung hat der Käufer das ortsübliche Leihgeld zu bezahlen. Ist die Rücklieferung der Säcke innerhalb vier Wochen nicht erfolgt, so kann der Verkäufer dem Käufer eine Frist für die Rücklieferung mit der Erklärung bestimmen, daß er die Abnahme der Säcke nach Ablauf dieser Frist ablehne. Nach Ablauf der Frist, welche mindestens eine Woche betragen muß, ist der Verkäufer berechtigt, die Bezahlung des Wertes der Säcke nebst dem bis dahin entstandenen Leihgelde zu verlangen.

Eine Berechnung von Leihgeld über die Dauer von acht Wochen hinaus ist unzulässig.

III. Handel „auf Abladung" und „auf Lieferung".

Lieferfristen für Bahnverladung.

§ 28. Ware, welche als „abgeladen" verkauft ist, muß zur Zeit des Verkaufs der Eisenbahn zur Beförderung übergeben sein.

§ 29. Ware, welche „auf Abladung" verkauft ist, ist innerhalb der vereinbarten Abladefrist der Eisenbahn zur Beförderung zu übergeben. Die rechtzeitig geschehene Verladung hat der Verkäufer auf Verlangen des Käufers in angemessener Frist durch behnamtliche Bescheinigung nachzuweisen.

Ware, welche auf „prompte Abladung" verkauft ist, ist innerhalb der auf den Geschäftsabschluß folgenden zehn Werktage zu verladen, wenn der Verkäufer die Säcke zu stellen hat. Hat der Käufer die Säcke zu stellen, so muß er diese innerhalb fünf dem Geschäftsabschluß folgender Werktage an die vom Verkäufer bestimmte Stelle absenden. Nach Eintreffen der Säcke hat die Verladung innerhalb zehn Werktagen zu erfolgen. Unterläßt der Käufer die rechtzeitige Absendung der Säcke, so ist der Verkäufer berechtigt, andere Säcke für Rechnung des Käufers zu benutzen.

Ist über die Abladefrist nichts vereinbart, so soll „prompte Abladung" als bedungen gelten.

§ 30. Ware, welche ‚auf Lieferung" verkauft ist, hat der Verkäufer spätestens am letzten Werktage der bedungenen Frist bis 5 Uhr nachmittags dem Käufer am Erfüllungsorte zur Verfügung zu stellen.

Wenn „prompte Lieferung" bedungen ist, so hat diese innerhalb der auf den Geschäftsabschluß folgenden zehn Werktage stattzufinden.

§ 31. Ist die Lieferung oder Abladung innerhalb eines bestimmten Zeitraumes vereinbart, so hat der Verkäufer das Recht zu wählen, wann er innerhalb dieses Zeitraumes liefern will. Er ist berechtigt, jederzeit innerhalb der vereinbarten Lieferfrist Verfügung vom Käufer zu verlangen. Dieser hat jedoch zur Erteilung der Verladeverfügung eine angemessene Frist zu beanspruchen, die in keinem Falle drei Werktage überschreiten darf.

Verladeverfügung.

§ 32. Wird vom Käufer die Verladeverfügung abgeändert, so ist der Verkäufer verpflichtet, der Abänderung zu entsprechen, soweit eine solche Möglichkeit besteht.

§ 33. Bei einem Kaufe „ab Station" (Verladestelle) oder „frei Station" (Empfangsstelle) haftet der Verkäufer für die vertragsmäßige Lieferung bis zum Bestimmungsorte. Bei einem Kaufe „ab Station" (Verladestelle) trägt indessen der Käufer die Gefahr des Transports.

Die Kosten der Verladung trägt der Verkäufer, die Kosten der Entladung der Käufer.

Bei einem Kaufe „ab Station" hat der Verkäufer die Verladung von einer tarifierten Vollbahnstation zu bewirken, im anderen Falle trägt er die Mehrfracht.

Gewichtsfeststellung.

§ 34. Bei einem Kaufe „ab Station" (Verladestelle) hat der Verkäufer das Gewicht bahnamtlich oder durch vereidete Wäger oder durch andere glaubwürdige, unparteiische Personen bei der Einladung feststellen zu lassen. Unterläßt er dies, so muß er das Gewicht anerkennen, das der Käufer bahnamtlich oder durch vereidete Wäger oder durch andere glaubwürdige, unparteiische Personen auf dem Ankunftsbahnhof feststellen läßt.

Bei einem Kaufe „frei Station" (Empfangsstelle) ist das Gewicht maßgebend, das der Käufer auf dem Ankunftsbahnhof bahnamtlich oder durch vereidete Wäger oder durch andere glaubwürdige, unparteiische Personen feststellen läßt. Ist die Abnahme ohne Gewichtsfeststellung erfolgt, so finden die Bestimmungen des § 20 entsprechende Anwendung.

Lieferfristen für Wasserverladung.

§ 35. Ware, welche als „schwimmend" verkauft ist, muß zur Zeit des Verkaufs den Abladeort verlassen haben.

§ 36. Wenn Ware „cif" verkauft ist, so hat der Verkäufer sämtliche über die verkaufte Ware ausgestellten Ladescheine mit Ausnahme des beim Frachtführer befindlichen, der als Frachtbrief gilt, eine Versicherungsurkunde und drei ordnungsmäßige vom Frachtführer versiegelte Proben an den Käufer zu liefern.

Dem Käufer ist vor Abfertigung der Ladung Gelegenheit zu geben, die Ware im Kahn besichtigen zu lassen, wenn er dieses Verlangen vor Beginn der Lieferfrist stellt.

Ist ausländische Ware unverzollt gehandelt, so hat der Verkäufer den Zollbetrag mitzuversichern.

Die Versicherungsurkunde muß den Rechnungsbetrag ohne Abzug der Fracht um 3 % übersteigen und von einer als erstklassig bekannten Gesellschaft ausgestellt sein.

Ordnungsmäßige Proben müssen den Durchschnitt der gelieferten Ware darstellen und einen Inhalt von je ungefähr ½ Kilogramm haben.

§ 37. Bei Geschäften auf Lieferung „kahnfrei" hat der Verkäufer die Ware spätestens am letzten Werktage der vereinbarten Frist bis 5 Uhr nachmittags dem Käufer am Erfüllungsorte zur Verfügung zu stellen.

Wenn „prompte Abladung oder Lieferung" bedungen ist, so hat diese innerhalb der auf den Geschäftsabschluß folgenden vierzehn Tage zu erfolgen.

Ist über die Abladefrist nichts vereinbart, so soll „prompte Abladung" als bedungen gelten.

§ 38. Bezüglich der Abnahmefrist gelten die Bestimmungen des § 16 letzter Absatz.

Sind mehrere Posten in einem Fahrzeuge, so entfällt auf jeden Empfänger von der Gesamtliegezeit ein Anteil im Verhältnis seiner Menge, und zwar in der Reihenfolge, wie der Schiffer die Ware nach ihrer Lage im Fahrzeug herausgeben kann. Wer diese Bestimmungen nicht innehält, hat den anderen Empfängern den etwaigen Schaden zu ersetzen.

Bemängelung bei Bahnverladung und Lieferung „kahnfrei".

§ 39. Mängel hat der Empfänger drahtlich, und zwar bei „Bahnverladung" innerhalb 24 Stunden nach der bahnamtlichen Überweisung am Ankunftsort, bei Lieferung „kahnfrei" innerhalb 24 Stunden nach Ankunft der Ware unter Angabe der Gründe dem Verkäufer anzuzeigen.

Zwischenverkäufer haben die Mängelrüge unverzüglich drahtlich weiterzugeben.

Nach Ablauf von drei Werktagen nach der bahnamtlichen Überweisung bzw. nach Ankunft der Ware ist das Recht auf Bemängelung erloschen.

Der Käufer hat unverzüglich zwei beglaubigte und versiegelte Proben von ungefähr je ½ Kilogramm vorzulegen. Werden Proben luftdicht verschlossen vorgelegt, so ist die gleiche Anzahl Proben in nicht luftdichter Verpackung einzureichen. Dem Verkäufer steht das Recht zu, sich an der Probenahme zu beteiligen.

Die Entscheidung über solche Einwendungen wird gemäß § 23 herbeigeführt.

Falls jedoch zwischen den Vertragschließenden „Berliner Schiedsgericht" oder „Berliner Arbitrage" vereinbart ist, erfolgt die Entscheidung durch das Schiedsgericht des Vereins Berliner Getreide- und Produktenhändler E. V. gemäß den hierfür festgesetzten Bestimmungen.

Bemängelung bei „cif"-Geschäften.

§ 40. Einwendungen gegen die Beschaffenheit der „cif" gekauften Ware sind bei Vorlegung der versiegelten Schifferproben unter Angabe der Gründe zu erheben.

Hat der Käufer vor Abfertigung der Ladung die Ware im Kahn besichtigt — § 36 Abs. 2 —, so muß er die Mängel innerhalb 24 Stunden nach vorgenommener Besichtigung drahtlich unter Angabe der Gründe dem Verkäufer anzeigen.

Zwischenverkäufer haben die Mängelrüge unverzüglich drahtlich weiterzugeben. Das Recht der Mängelrüge ist nach Ablauf von zwei Werktagen nach der Besichtigung erloschen. Der Käufer hat unverzüglich zwei beglaubigte und versiegelte Proben von ungefähr je ½ Kilogramm vorzulegen.

Die Entscheidung über solche Einwendungen wird gemäß § 23 herbeigeführt. Falls jedoch „Berliner Schiedsgericht" oder „Berliner Arbitrage" vereinbart ist, erfolgt die Entscheidung durch das Schiedsgericht des Vereins Berliner Getreide- und Produktenhändler E. V. gemäß den dafür festgesetzten Bestimmungen.

Verfügungsrecht des Käufers.

§ 41. Nach erfolgter Probenahme hat der Käufer auch in Streitfällen freie Verfügung über die beanstandete Ware, ohne sich des Rechts gegen den Verkäufer wegen der abweichenden Beschaffenheit zu begeben; jedoch beschränkt es sich in solchem Falle auf Erstattung des festgesetzten Minderwertes.

Minderwert.

§ 42. Im Falle die Ware als nicht vertragsmäßig befunden und der Minderwert nicht über 5% des Vertragspreises festgesetzt wird, hat die Abnahme unter Abzug des Minderwerts zu erfolgen.

Wird auf einen höheren Minderwert erkannt, so ist der Käufer berechtigt:

a) die Ware unter Abzug des festgesetzten Minderwerts abzunehmen, oder

b) die Übernahme abzulehnen.

Käufer hat dem Verkäufer unverzüglich anzuzeigen, von welchem Rechte er Gebrauch machen will. Unterläßt der Käufer die Anzeige, so wird angenommen, daß er die Ware unter Abzug des festgesetzten Minderwerts übernimmt.

Ersatzlieferung.

Wird die Übernahme abgelehnt, so ist die Lieferung als nicht geschehen zu betrachten, und es bleibt der Verkäufer aus dem Kaufvertrage verpflichtet. Er ist berechtigt, eine einmalige Ersatzlieferung innerhalb der vereinbarten Frist zu bewirken. Eine Verlängerung durch eine Nachfrist ist ausgeschlossen.

Wird ein höherer Minderwert, als in Abs. 1 bestimmt, festgesetzt, und ist eine Ersatzlieferung nicht zulässig, so ist der Käufer berechtigt:

a) die Ware unter Abzug des festgesetzten Minderwerts abzunehmen, oder
b) vom Vertrage zurückzutreten, oder
c) Schadenersatz wegen Nichterfüllung (auch durch Preisfestsetzung) zu verlangen.

Der Käufer hat dem Verkäufer unverzüglich anzuzeigen, von welchem Rechte er Gebrauch machen will. Unterläßt er die Anzeige, so wird angenommen, daß er die Ware unter Abzug des festgesetzten Minderwerts abnimmt.

Soll der Schadenersatz auf Grund eines Deckungskaufes geltend gemacht werden, so hat dieser innerhalb der drei nächsten Werktage zu erfolgen, unbeschadet des Rechts des Käufers, Schadenersatz durch Preisfeststellung zu verlangen, falls der Deckungskauf unausführbar war. Käufer hat dem Verkäufer von der Absicht eines etwaigen Deckungskaufs und dessen Ausführung unverzüglich Kenntnis zu geben.

Verzug des Verkäufers.

§ 43. Ist der Verkäufer mit einer ihm aus dem Vertrage obliegenden Verpflichtung im Verzuge, so ist der Käufer berechtigt, nach Setzung und Ablauf einer angemessenen Nachfrist entweder

a) ohne Entschädigungsanspruch vom Vertrage zurückzutreten, oder
b) Schadenersatz wegen Nichterfüllung (auch durch Preisfeststellung) geltend zu machen.

Nach Ablauf der Nachfrist hat der Käufer dem Verkäufer unverzüglich anzuzeigen, von welchem Rechte er Gebrauch machen will.

Soll Schadenersatz auf Grund eines Deckungskaufs geltend gemacht werden, so muß der Ankauf innerhalb der drei nächsten Werktage nach Ablauf der Nachfrist erfolgen, unbeschadet des Rechts des Käufers, Schadenersatz durch Preisfeststellung zu verlangen, falls der Deckungskauf nicht ausführbar war.

Käufer hat dem Verkäufer von der Absicht eines etwaigen Deckungskaufes und dessen Ausführung unverzüglich Kenntnis zu geben.

Nachfrist.

Eine längere Nachfrist als sechs Werktage bei bahnwärts und acht Werktage bei wasserwärts gehandelter Ware hat der Verkäufer nicht zu beanspruchen. Bei Berechnung der Nachfrist zählt der Tag nicht mit, an welchem die Mitteilung dem Verkäufer zugeht.

Verzug des Käufers.

§ 44. Wenn der Käufer mit der Empfangnahme oder Bezahlung der Ware im Verzuge ist, so kann der Verkäufer:

a) vom Vertrage zurücktreten ohne Entschädigungsanspruch, oder
b) die Ware für Rechnung und auf Kosten des Käufers an einem dritten Orte einlagern oder

c) die Ware bestmöglich für Rechnung und auf Kosten des Käufers innerhalb dreier Werktage verkaufen lassen. Der Verkäufer hat das Recht, mitzubieten. Ort und Zeit des bevorstehenden Verkaufs ist dem Käufer anzuzeigen.

Welche Wahl der Verkäufer trifft, hat er im Falle a) drei Werktage, in den Fällen b) und c) einen Werktag vor Ausübung der erwähnten Rechte zur Kenntnis des Käufers zu bringen. Dem Käufer ist es gestattet, während der bezeichneten Fristen das Versäumte nachzuholen; doch hat er die durch die Versäumnis entstandenen Kosten zu tragen.

§ 45. Für die Rücklieferung der Säcke kommt § 27 zur Anwendung, jedoch ist der Tag der Ankunft der Ware am Bestimmungsorte für die Rücklieferfrist maßgebend.

39. Geschäftsgebräuche der Börse Essen-Düsseldorf.

A. Allgemeine Bestimmungen.

Der Handel mit Wertpapieren beginnt an den vom Börsenvorstand festgesetzten Tagen zu der von ihm bestimmten Zeit und schließt mit der Beendigung der Festsetzung der Kurse. Beginn und Schluß des amtlichen Verkehrs werden durch Glockenzeichen bekanntgemacht.

B. Kuxen- und Wertpapier-Geschäft.

Die Kurse sämtlicher Kuxen und Versicherungsaktien werden je für den Anteil — die Kurse der übrigen Aktien und der Obligationen in Prozenten ausgedrückt.

Sofern keine besonderen Vereinbarungen zwischen den Beteiligten getroffen sind, gelten folgende Bestimmungen:

I. Berechnung der Zinsen usw.

1. Beim Handel mit Kuxen:

a) Sämtliche Kuxen werden zinsfrei gehandelt.

b) Ausbeuten und Zubußen, welche am Tage des Geschäftsabschlusses oder später fällig sind, gehen auf den Käufer über.

Bei Kuxen von Gewerkschaften, welche regelmäßig für bestimmte Zeitabschnitte Ausbeute verteilen, steht die Ausbeute des betreffenden Zeitabschnittes innerhalb desselben dem Käufer zu.

Bei denjenigen Gewerkschaften, welche im vierten Vierteljahr außer der regelmäßigen Ausbeute eine Weihnachtsausbeute verteilen, gilt die gesamte zur Verteilung gelangte Ausbeute als Einheitsausbeute, deren Fälligkeitstermin der 31. Dezember ist.

Als Fälligkeitstag der unregelmäßig verteilten Ausbeute gilt der Tag, an welchem die Gewerkschaft die Verteilung der Ausbeute anzeigt — es sei denn, daß die Gewerkschaft in der Anzeige einen anderen Fälligkeitstag bestimmt. — Ist eine Anzeige nicht erfolgt, so gilt als Fälligkeitstag der Tag, an welchem die Gewerkschaft mit der Ausbeuteverteilung beginnt.

2. Beim Handel mit sonstigen Wertpapieren:

a) Bei allen Wertpapieren mit festen Zinsen werden, sofern nicht abweichende Bestimmungen getroffen sind, Stückzinsen gemäß den festgesetzten Zinsterminen und dem Zinsfuß berechnet, mit welchem das Wertpapier zu verzinsen ist.

Bei Berechnung der Stückzinsen wird das Jahr mit 360 Tagen, der Monat mit 30 Tagen angesetzt. Jedoch ist der Monat Februar mit 28, in Schaltjahren mit 29 Tagen anzusetzen, wenn der Endpunkt der Zinsberechnung in den Februar fällt.

Bei allen nach dem 15. März 1920 getätigten Geschäften in inländischen festverzinslichen Wertpapieren hat der Verkäufer bei Berechnung der Stückzinsen die Kapitalertragsteuer von 10% in Abzug zu bringen.

b) Bei den übrigen Wertpapieren findet eine Berechnung von Stückzinsen nicht statt. Aktien inländischer Gesellschaften werden vom zweiten Werktag ab nach dem Tage, an welchem die Generalversammlung den Wert des Gewinnanteilscheines für das abgelaufene Geschäftsjahr festgestellt hat, ohne diesen Gewinnanteilschein gehandelt. Ausnahmen für bestimmt zu bezeichnende Wertpapiere sind zulässig.

II. Ordnungsmäßige Erfüllung.

1. Die Lieferung hat spätestens am fünften Tage zu erfolgen, den Tag des Geschäftsabschlusses sowie Sonn- und Feiertage nicht mit eingerechnet.

Die ordnungsmäßige Lieferung von Wertpapieren wird durch die Übergabe an der Essener und Düsseldorfer Börse an den zur Entgegennahme von Wertpapieren ermächtigten Vertreter der zu beliefernden Firma bewirkt.

Als ordnungsmäßig gilt eine Lieferung für Mitglieder des Kassen-Vereins auch dann, wenn dem Käufer die Wertpapiere bei dem Rheinisch-Westfälischen Kassen-Verein A.-G., Essen, zur Verfügung stehen.

a) Bei beweglichen Kuxen erfolgt die Lieferung durch Behändigung des Kuxscheines und der Abtretungsurkunde oder durch Überweisung derselben bei der das Gewerkenbuch führenden Stelle unter Nachweis des Besitzes. Die Lieferung gilt nur dann als erfolgt, wenn sämtliche bis zum Tage des Geschäftsabschlusses fälligen Zubußen bezahlt sind. — Die Umschreibung der Kuxen ist spätestens innerhalb zweier Wochen nach erfolgter Lieferung vom Käufer zu beantragen.

b) Bei unbeweglichen Kuxen hat die Lieferung längstens in vier Wochen durch Auflassung beim Grundbuchamte zu erfolgen.

c) Vom 1. Januar 1926 ab sind alle auf Papiermark lautenden Schuldverschreibungen deutscher industrieller Gesellschaften, die laut amtlichem Kursblatt unserer Börse bis einschließlich 31. Dezember 1917 ausgegeben sind, mit nach dem 2. Januar 1926 fälligen Zinsscheinen an hiesiger Börse zu liefern. Soweit die Stücke keine Zinsscheine mehr haben, auf die die am 2. Januar 1926 fälligen Zinsen gezahlt werden, sind sie mit abgestempeltem Talon (Zinsen für 1925 bezahlt) zu liefern.

Schuldverschreibungen, die laut amtlichem Kurszettel 1918 und später ausgegeben sind, sind bis auf weiteres nur mit Zinsscheinen, die nach dem 1. Juli 1925 fällig werden, an hiesiger Börse lieferbar.

Sämtliche auf Papiermark lautenden Schuldverschreibungen deutscher industrieller Gesellschaften werden nach wie vor an hiesiger Börse franko Zinsen gehandelt und notiert.

2. Bei allen auf Grund vorliegender Usancen abgeschlossenen Geschäften gilt als Erfüllungsort für beide Teile:
   a) bei Nettogeschäften zwischen zwei Bankfirmen der Niederlassungsort des Käufers,
   b) bei Nettogeschäften zwischen einer Bankfirma und einem Nichtbankier der Niederlassungsort der Bankfirma,
   c) sofern es sich um Geschäfte mit Kommissionsberechnung handelt, der Niederlassungsort des Kommissionärs.

3. Die Zahlung des Kaufpreises hat Zug um Zug zu erfolgen. Tritt eine Verzögerung in der Zahlung des Kaufpreises ein, so hat der Käufer von dem Tage des Empfanges der Stücke an bis zu dem Tage der Absendung des Kaufpreises dem Verkäufer an Verzugszinsen 1 v. H. über Bankdiskont, mindestens aber 5 v. H. zu vergüten, sofern nicht andere Zinssätze vom Börsenvorstand festgesetzt sind. Die gleiche Verpflichtung trifft den Käufer im Fall seines Annahmeverzuges.

4. a) Wird die Umschreibung nicht rechtzeitig vorgenommen und der eingetragene Gewerke von der Gewerkschaft zur Zahlung fälliger Zubuße aufgefordert, so ist er nach vorheriger Aufforderung an seinen Nachmann berechtigt, die Zubuße an die Gewerkschaft zu zahlen. Der gegenüber dieser Aufforderung säumig gebliebene Erwerber des Kuxes ist verpflichtet, den Betrag der Zubuße

seinem Vormann zu ersetzen. In gleicher Weise ist jeder weitere Nachmann verpflichtet, seinem Vormann auf dessen Aufforderung den Betrag der vorgelegten Zubuße zu ersetzen. Der letzte Verpflichtete ist derjenige, welcher zur Zeit der Fälligkeit der Zubuße Inhaber des Kuxes war.

b) Der Erwerber eines Kuxes, der mit rückständiger Zubuße behaftet ist, ist nach vorhergegangener Aufforderung an seinen Vormann berechtigt, die Zubuße auf diesen Kux zu zahlen und den verauslagten Betrag von seinem Vormann zurückzufordern. In gleicher Weise ist jeder weitere Vormann, der an seinen Nachmann auf Aufforderung den Betrag der Zubuße bezahlt hat, berechtigt, dieselbe von seinem Vormann zurückzufordern. Der letzte Verpflichtete ist derjenige, welcher zur Zeit der Fälligkeit der Zubuße Inhaber des Kuxes war.

III. Verzögerte Erfüllung.

Ist einer der Beteiligten mit der Erfüllung des Geschäftes im Verzuge, so kann der andere Teil nach vorgängiger Androhung:

1. die betreffenden Kuxen oder Wertpapiere durch einen Kursmakler:
   a) bei verzögerter Abnahme verkaufen —
   b) bei verzögerter Lieferung ankaufen —

   lassen oder
2. vom Geschäfte zurücktreten.

In der Androhung ist der säumige Teil zur Erfüllung des Geschäftes innerhalb einer bestimmten Frist aufzufordern. Diese Frist muß mindestens drei Tage — Sonntage und Feiertage nicht eingerechnet — betragen und läuft von vormittags 10 Uhr des Tages an, an welchem die Aufforderung bei dem säumigen Teil eingetroffen ist. Gleichzeitig hat der nichtsäumige Teil anzuzeigen, in welcher Weise er nach dem Ablaufe der Frist von dem ihm zustehenden Wahlrechte (1 oder 2) Gebrauch machen will. — Der vorgängigen Androhung und Fristbestimmung bedarf es auch dann, wenn die Erfüllung des Vertrages infolge des Verzuges für den nichtsäumigen Teil kein Interesse mehr hat.

Das gesetzliche Recht des nichtsäumigen Teiles auf Erfüllung des Vertrages bleibt unberührt.

Der Selbsthilfeverkauf muß an der Börse durch öffentliche Versteigerung geschehen. Der Selbsthilfeankauf kann sowohl an der Börse, als auch im freien Verkehr erfolgen. Beim Selbsthilfeankauf kann Lieferung innerhalb des nächsten Werktages verlangt werden.

Im Falle der öffentlichen Versteigerung ist der säumige Teil von der Zeit und dem Orte der Versteigerung vorher zu benachrichtigen; auch ist ihm von der vollzogenen Versteigerung nach erhaltener Makleraufgabe unverzüglich Nachricht zu geben.

Der Unterschied zwischen dem erzielten Erlöse und dem vereinbarten Kaufpreise ist dem Teile, zu dessen Gunsten er ausfällt, sofort zu zahlen.

Der säumige Teil hat die infolge des Verzuges dem anderen Teile entstandenen Kosten nebst Verzugszinsen zu ersetzen.

IV. Übertragungskosten.

Soweit mit der Übertragung von Wertpapieren Kosten verbunden sind, werden

a) die Kosten der Abtretung, wie Giro, Zession, Abtretungserklärung usw., vom Verkäufer,

b) die Kosten einer etwaigen Annahmeerklärung sowie etwaige seitens der Gewerkschaft für die Übertragung zur Berechnung gelangende Unkosten vom Käufer getragen.

Bei Eigengeschäften wird im Verkehr mit Privatkunden diesen der ganze Stempel in Anrechnung gebracht.

Ausgenommen sind die Kosten, die dem Erwerber eines Kuxes für eine notwendig werdende Versteuerung von Kuxscheinen (erstmalige Ausfertigung) entstehen. Solche Kosten trägt der Verkäufer.

V. Feiertage.

Als Feiertage im Sinne dieser Börsengebräuche gelten für die Rheinprovinz und die Provinz Westfalen folgende Tage: Der Neujahrstag, beide Oster-, beide Pfingst- und beide Weihnachtsfeiertage, der vom Preußischen Staat eingesetzte Bußtag, der Karfreitag, der Himmelfahrtstag, Fronleichnam und Allerheiligen.

VI. Schlußbestimmung.

In allen oben nicht vorgesehenen Fällen ist der Berliner Börsengebrauch maßgebend.

C. Warengeschäft.

a) Kohlen, Koks und Briketts.

I. Der Verkauf von Kohlen, Koks und Briketts erfolgt ab Zeche bzw. Kokerei oder Brikettanlage frei auf den Wagen in Tonnen zu je 1000 Kilogramm und in Goldmark.

II. Die Lieferung der verkauften Menge geschieht in möglichst gleichmäßigen Teilmengen innerhalb der vereinbarten Lieferungsfrist.

III. Die Zahlung hat für Lieferungen in der ersten Hälfte eines Monats bis zum Monatsschluß, für Lieferungen in der zweiten Monatshälfte bis zum fünfzehnten Tage des der Lieferung folgenden Monats in bar zu erfolgen.

b) Erze. (Bedingungen des Siegerländer Eisensteinvereins, die von Zeit zu Zeit, je nachdem es die Verhältnisse erfordern, neu festgesetzt werden. Für April 1924 sind es folgende:

I. Die Preise verstehen sich für 1000 Kilogramm frei Waggon Verladestation Grube, Anschlußfracht und sonstige Unkosten zu Lasten des Empfängers.

II. Die Lieferung und Abnahme hat in ungefähr gleichmäßigen monatlichen bzw. auf die einzelnen Arbeitstage des Vertrages entfallenden Mengen zu erfolgen, wobei indes eine Gewähr für tägliche Gleichmäßigkeit der Lieferungen nicht übernommen werden kann.

III. Die Lieferungen vom 1. bis 15. April sind zahlbar bis zum 30. April; die Lieferungen vom 16. bis 30. April sind zahlbar bis zum 15. Mai.

D. Maklergebühren.

Sofern keine besonderen Vereinbarungen zwischen den Maklern und den Parteien getroffen sind, gelten für die Geschäftsvermittlung durch die Makler folgende Sätze:

I. Bei Wechseln, Aktien, Obligationen und Grundschuldbriefen: ½ v. H. bei einem Mindestsatz von 2 Goldmark zu Lasten jeden Teiles. Dieser Satz wird bei nicht vollgezahlten Aktien vom Nennwerte, in allen anderen Fällen vom ausmachenden Werte berechnet.

Ausgenommen hiervon sind diejenigen Wertpapiere, welche an der Berliner Börse gehandelt werden; für diese gelten die Gebräuche der Berliner Börse.

II. Bei Kuxen: ½ v. H. — mindestens 2 Goldmark für jeden Abschluß — zu Lasten eines jeden Teiles.

III. Bei anderen unbeweglichen Vermögensstücken: 1 v. H. zu Lasten eines jeden Teiles.

IV. Bei Produkten: 1 v. H. zu Lasten des Verkäufers.

Vorstehende Börsengebräuche treten mit dem 21. Februar 1924 in Kraft.

---

40. Bestimmungen des Centralverbandes des Deutschen Bank- und Bankiergewerbes für den Handel in nicht notierten Werten.[1])

§ 1. Nachfolgende Bestimmungen gelten für alle Geschäfte in amtlich nicht notierten Werten, welche auf Grund der vom Centralverband des Deutschen Bank- und Bankiergewerbes festgesetzten Usancen abgeschlossen werden. Auf Geschäfte in Werten ausländischen Rechts, welche im Auslande börsenmäßig gehandelt werden, finden diese Usancen

---

[1]) Festgestellt durch die Ständige Kommission des Centralverbandes des Deutschen Bank- und Bankiergewerbes (E. V.) für Angelegenheiten des Handels in amtlich nicht notierten Werten am 11. Dezember 1912 (unter Berücksichtigung späterer Änderungen).

nur insoweit Anwendung, als dies durch besonderen Beschluß (vgl. §§ 25, 26 dieser Usancen) vorgeschrieben wird.

A. Kuxe.

§ 2. Auf Geschäfte in Kuxen finden, soweit nichts anderes vereinbart ist, in Ansehung der Kursberechnung, der Berechnung von Zinsen, des Übergangs von Ausbeuten und Zubußen, der Lieferung, in Ansehung der Umschreibungsverpflichtung, des Erfüllungsverzuges sowie des Begriffs der Feiertage die Börsengebräuche für die Stadt Essen und die Börse in Düsseldorf Anwendung. Die Berechnung erfolgt stets in Mark pro Stück und franko Zinsen.

Für Geschäfte in Kuxen, deren Markt im wesentlichen außerhalb des rheinisch-westfälischen und hannoverschen Wirtschaftsgebietes liegt, gelten die Essen-Düsseldorfer Börsengebräuche nur insoweit, als sich nicht aus besonderen lokalen Handelsbräuchen Abweichungen ergeben. Der Kommission bleibt es vorbehalten, in der im § 25 dieser Usancen angegebenen Weise nähere Festsetzung zu treffen, für welche Kuxe und nach welcher Richtung hiernach besondere Bestimmungen gelten.

§ 3. Die für Kuxe geltenden Bestimmungen finden auch auf Anteile von Bergwerks- und Bohrunternehmungen Anwendung, sofern diese Unternehmungen in der Form der Gesellschaft des Bürgerlichen Rechts betrieben werden.

B. Sonstige Werte.

I. Berechnung.

1. Aktien, Anteile deutscher Kolonialgesellschaften, Anteile von Gesellschaften mit beschränkter Haftung, Genußscheine.

§ 4. a) Die Kurse der Versicherungsaktien und der Genußscheine werden in Mark pro Stück ausgedrückt. Das gleiche gilt für Aktien und Anteile in Liquidation befindlicher Gesellschaften.

b) Für andere Aktien und Anteile erfolgt die Kursberechnung nach Prozenten des Nennwerts. Eine für solche Werte noch bestehende Einzahlungsverpflichtung geht auf den Käufer über, gleichviel ob die Einzahlung bereits einberufen ist oder nicht. Der Betrag der fehlenden Einzahlung wird vom Kurswert in Abzug gebracht; soweit er den letzteren übersteigt, hat ihn der Verkäufer dem Käufer zu vergüten. Soweit fehlende Einzahlungen zur Zeit des Geschäftsabschlusses noch nicht fällig sind, aber bereits bewirkt werden können, ist die Lieferung vollbezahlter Stücke unter Berechnung des entsprechenden Kaufpreises nur dann zulässig, wenn dies zwischen Käufer und Verkäufer besonders vereinbart ist.

§ 5. Bei sämtlichen in der Überschrift unter 1 bezeichneten Werten findet, soweit nicht für einzelne von ihnen anderweitige Bestimmungen getroffen sind (vgl. die Bestimmungen unter §§ 25, 26 dieser Usancen), eine Berechnung von Stückzinsen nicht statt.

Die genannten Werte werden vom zweiten Werktag ab nach dem Tage, an welchem der Wert des Gewinnanteilscheins für das abgelaufene Geschäftsjahr festgestellt worden ist, ohne diesen Gewinnanteilschein gehandelt. Wenn keine Gewinnanteilscheine vorhanden sind, gilt Entsprechendes für die Übertragung des Anspruchs auf Gewinnanteil.

Aktien und Anteile, auf welche ein Bezugsrecht auszuüben ist, werden bis zum letzten Werktage vor Ablauf des Bezugsrechts einschließlich des Bezugsrechts gehandelt.

Beim Handel in Aktien, an denen Bezugsrechte haften, liegt dem Verkäufer eine Verantwortung für die Verwertung des anhaftenden Bezugsrechts nur ob, insoweit er vom Käufer ausdrücklich hierzu beauftragt ist.

2. Wertpapiere mit festen Zinsen.

§ 6. Die Kurse sämtlicher Wertpapiere mit festen Zinsen (Obligationen, Grundschuldbriefe usw.) werden nach Prozenten des Nennwerts ausgedrückt.

§ 7. Bei allen Wertpapieren mit festen Zinsen werden, soweit nicht abweichende Bestimmungen getroffen sind (vgl. §§ 25, 26 dieser Usancen), Stückzinsen nach dem Zinsfuß, mit welchem das Wertpapier zu verzinsen ist, berechnet.

§ 8. Bei Berechnung der Stückzinsen wird das Jahr mit 360 Tagen, der Monat mit 30 Tagen angesetzt. Jedoch ist der Monat Februar mit 28, in Schaltjahren mit 29 Tagen anzusetzen, wenn der Endpunkt der Zinsberechnung in den Februar fällt.

§ 9. Bei Berechnung von Stückzinsen wird bei Kassageschäften der Kauftag, bei Zeitgeschäften der Erfüllungstag mitgerechnet.

§ 9a. Bei allen nach dem 15. März 1920 getätigten Geschäften in inländischen festverzinslichen Wertpapieren hat der Verkäufer bei der Berechnung der Stückzinsen die Kapitalertragsteuer von 10% in Abzug zu bringen.

II. Übertragungskosten.

§ 10. Soweit mit der Übertragung von Werten, die nach diesen Usançen gehandelt werden, Kosten verbunden sind, werden

a) Kosten der Abtretung, wie Giro, Zession, Abtretungserklärung usw., vom Verkäufer,

b) Kosten einer etwaigen Annahmeerklärung sowie seitens der Gesellschaft für die Übertragung berechnete Spesen vom Käufer getragen.

Werden Abtretungs- und Annahmeerklärung in einer Urkunde abgegeben, so trägt die Kosten dieser Verhandlung der Käufer. Stempelkosten für eine Abtretungsvollmacht fallen insoweit, als diese am Orte der Ausstellung stempelpflichtig ist, dem Verkäufer, anderenfalls dem Käufer zur Last.

Wird auf Verlangen des Käufers die Abtretungserklärung in besonderer Urkunde aufgenommen, so hat die dadurch entstehenden Kosten ebenfalls der Käufer zu tragen.

§ 11. Auf den Schlußnotenstempel haben die Bestimmungen des § 10 keinen Bezug.

III. Ordnungsmäßige Erfüllung

1. Erfüllungsort. § 12. Bei allen auf Grund vorliegender Usancen abgeschlossenen Geschäften gilt als Erfüllungsort für beide Teile:

a) bei Nettogeschäften zwischen zwei Bankfirmen der Niederlassungsort des Käufers,
b) bei Nettogeschäften zwischen einer Bankfirma und einem Nichtbankier der Niederlassungsort der Bankfirma,
c) sofern es sich um Geschäfte mit Kommissionsberechnung handelt: der Niederlassungsort des Kommissionärs.

2. Lieferfrist. § 13. Die Lieferung hat spätestens am 5. Tage nach Abschluß des Geschäfts zu erfolgen.

Der Tag des Geschäftsabschlusses sowie Sonn- und Feiertage werden in diese Frist nicht mit eingerechnet.

3. Geschäfte in noch nicht erschienenen Wertpapieren. § 14. Der Fälligkeitstermin für Geschäfte, welche per Erscheinen geschlossen sind, wird nach Maßgabe der in den §§ 25, 26 getroffenen Bestimmungen von Fall zu Fall festgesetzt.

Sonstige Geschäfte in noch nicht erschienenen Wertpapieren sind durch Lieferung von Interimsscheinen zu erfüllen, wenn solche vor dem Erscheinen der endgültigen Stücke ausgegeben werden. Solange weder endgültige Stücke noch Interimsscheine vorhanden sind, erfolgt die Erfüllung mangels anderweitiger Vereinbarung durch Lieferung von Kassenquittungen des Emissionshauses. Nach dem Inkrafttreten dieser Bestimmung ausgestellte Kassenquittungen sind nur lieferbar, wenn sie die ausdrückliche Verpflichtung des Emissionshauses zur Vornahme des Umtausches gegen endgültige Stücke innerhalb einer Frist von höchstens 2 Monaten enthalten, die bei Aktien mit dem Tage der Generalversammlung beginnt, durch welche die Ausgabe der Aktien beschlossen ist. Nach Ablauf der Frist hören Kassenquittungen auf, lieferbar zu sein.

Bei festverzinslichen Werten findet diese Bestimmung sinngemäße Anwendung mit der Maßgabe, daß die von dem Emissionshause abzugebende Erklärung die Verpflichtung zu enthalten hat, die endgültigen Stücke rechtzeitig vor der Fälligkeit des ersten Zinsscheines zu liefern.

4. Verzugszinsen. § 15. Der Käufer hat von dem Tage des Empfanges der Stücke an bis zu dem Tage der Absendung des Kaufpreises dem Verkäufer 1 % über Bankdiskont, mindestens aber 5 % zu vergüten. Die gleiche Verpflichtung trifft den Käufer im Fall seines Annahmeverzugs.

5. Notwendige Genehmigung der Gesellschaft. § 16. Soweit nichts anderes vereinbart ist, bleiben Geschäfte in Aktien oder anderen Anteilen, deren Übertragung einer Genehmigung der Gesellschaft bedarf, wirksam, auch wenn die Genehmigung verweigert wird.

Soweit der Verkäufer nach Verweigerung der Genehmigung über den Anteil anderweit zu verfügen in der Lage ist, ist er verpflichtet, dies nach Weisung und für Rechnung des Käufers gegen Erstattung der damit verbundenen Kosten zu tun.

6. Umschreibung. § 17. Der Käufer von Werten, deren Umschreibung erforderlich ist, muß dieselbe innerhalb einer Woche nach erfolgter Lieferung bei der Gesellschaft beantragen. Sofern die Umschreibung nicht innerhalb von zwei Monaten nach der Lieferung erfolgt ist, kann der Verkäufer vom Käufer wegen einer etwa noch fehlenden Einzahlung Sicherheitsleistung verlangen.

IV. Verzögerte Erfüllung.

§ 18. Ist eine der Vertragsparteien mit der Erfüllung des Geschäfts im Verzuge, so kann der andere Teil nach vorgängiger schriftlicher oder telegraphischer Androhung die betreffenden Werte:

a) bei verzögerter Abnahme verkaufen,

b) bei verzögerter Lieferung ankaufen lassen, und zwar durch einen zur Vornahme von Verkäufen und Käufen öffentlich ermächtigten Handelsmakler, es sei denn, daß die Parteien über eine andere Art des Verkaufs oder Ankaufs einig geworden sind.

§ 19. In der Androhung ist der säumige Teil zur Erfüllung des Geschäfts innerhalb einer bestimmten Frist aufzufordern. Diese Frist muß mindestens 3 Tage — den

Tag der Absendung der Aufforderung sowie Sonn- und Feiertage nicht eingerechnet — betragen. Gleichzeitig hat der nicht säumige Teil den Beauftragten, der den Selbsthilfeverkauf oder den Selbsthilfeankauf vornehmen, sowie den Platz und den Tag, an dem derselbe stattfinden soll, dem anderen Teile zu bezeichnen.

Hält der säumige Teil den gewählten Platz für ungeeignet, so kann er innerhalb der gesetzten Frist, unter gleichzeitiger Benachrichtigung des nicht säumigen Teils, eine Entscheidung des Vorsitzenden der Ständigen Kommission durch Vermittlung des Geschäftsführers des Centralverbands des Deutschen Bank- und Bankiergewerbes erbitten. Sofern der Vorsitzende die Beanstandung für begründet erachtet, kann er an Stelle des nicht säumigen Teils einen anderen Platz für den An- oder Verkauf sowie eine Verlängerung der Androhungsfrist bestimmen; er kann in jedem Falle die durch die Entscheidung entstandenen Kosten dem unterliegenden Teile auferlegen.

Der nichtsäumige Teil kann auf Antrag von dem Vorsitzenden der Ständigen Kommission ermächtigt werden, dem säumigen Teil an Stelle der Zwangsregulierung den Rücktritt von dem Geschäft anzudrohen und demgemäß bei fruchtlosem Ablauf der gemäß Abs. 1 gestellten Frist vom Geschäft zurückzutreten.

Im Falle der Behinderung des Vorsitzenden oder seines Stellvertreters ist der Geschäftsführer befugt, die im Abs. 2 und 3 vorgesehenen Entscheidungen unter Zuziehung eines Mitgliedes der Ständigen Kommission an Stelle des Vorsitzenden zu treffen. Haben beide Parteien ihren Wohnsitz bzw. ihre Niederlassung an ein und demselben Platz und besteht an diesem Platz ein Ortsausschuß im Sinne des § 26 der Usancen, so ist für Entscheidungen der in Abs. 2 und 3 vorgesehenen Art in jedem Falle dieser Ortsausschuß an Stelle des Vorsitzenden der Ständigen Kommission anzurufen.

§ 20. Der Unterschied zwischen dem erzielten Erlöse und dem vereinbarten Kaufpreise ist dem Teil, zu dessen Gunsten er ausfällt, sofort zu zahlen.

§ 21. Beim Selbsthilfeankauf kann Lieferung am nächsten Werktage verlangt werden.

V. Feiertage.

§ 22. Als Feiertage im Sinne dieser Usancen gelten: Der Neujahrstag, beide Oster-, beide Pfingst-, beide Weihnachtsfeiertage, der Karfreitag und der Himmelfahrtstag, ferner der Fronleichnamstag, Allerheiligen und der in Preußen geltende Bet- und Bußtag.

VI. Ab- und Zuschläge zum Limit.

§ 23. Werden in amtlich nicht notierten Werten der unter B behandelten Art Offerten, Gebote oder Aufträge mit Gültigkeit für längere Zeit erteilt, so werden Kursveränderungen, welche inzwischen durch Abtrennung von Dividendenscheinen sowie durch Ausbeuten oder Zubußen eintreten, dem jeweiligen Limit ohne weiteres ab- oder zugeschlagen. § 5 Abs. 2 Satz 2 findet Anwendung.

VII. Aushilfsweise Geltung der Essen-Düsseldorfer Börsengebräuche.

§ 24. Auch für Geschäfte in Werten der unter B behandelten Art finden in allen weder durch diese Usancen, noch auch durch die gemäß §§ 25, 26 erlassenen Spezialbeschlüsse geregelten Fällen die Essen-Düsseldorfer Börsengebräuche, sowie in den dort nicht geregelten Fällen die Bedingungen für Geschäfte an der Berliner Fondsbörse aushilfsweise Anwendung.

C. Noten, Sorten und Kupons.

§ 24a. Die Bestimmungen unter B III, IV und V (§§ 12—22) finden auf Geschäfte in amtlich nicht notierten Noten, Sorten und Kupons mit folgenden Besonderheiten Anwendung.

I. Noten und Sorten.

§ 24b. Im Falle des Verzuges einer Vertragspartei steht dem nichtsäumigen Teil, wenn die Erfüllung nicht innerhalb der Frist des § 19 erfolgt ist, lediglich das Recht der Exekution nach Maßgabe des § 18 Ziff. 1, nicht aber das Recht des Rücktritts zu. Von der vorherigen Androhung der Exekution kann in besonders gearteten Fällen mit Zustimmung des Vorsitzenden der Ständigen Kommission Abstand genommen werden.

§ 24c. Noten und Papiergeldscheine sind nur in dem Zustande lieferbar, welcher nach allgemeiner Erfahrung im Ursprungslande als Voraussetzung der Kursfähigkeit gilt.

Mängel der Lieferbarkeit müssen unverzüglich beanstandet werden.

§ 24d. Der Verkäufer von Noten und Papiergeld ist berechtigt, der Lieferung ein von ihm unterschriebenes oder unterstempeltes Nummernverzeichnis beizufügen. Liefert er ohne Nummernverzeichnis, so ist der Käufer berechtigt, unverzüglich dem Verkäufer seinerseits Nummernaufgabe zu machen, welche die Vermutung der Richtigkeit für sich hat.

§ 24e. Sofern sich im Falle des § 24d ein gelieferter Abschnitt oder ein auf ihm befindlicher Stempelvermerk oder Stempelzeichen als unecht erweist, kann der Käufer innerhalb einer Frist von 6 Monaten, gerechnet vom Tage der Lieferung, ordnungsmäßige Erfüllung verlangen. Eine Verlängerung dieser Frist für bestimmte Gattungen durch besondere Usance ist zulässig (§ 25).

Im Verhältnis zwischen Käufer und Verkäufer gilt die Unechtheit durch eine diesbezügliche Erklärung der zuständigen Amtsstelle des Ausgabestaats oder der beteiligten Notenbank als endgültig festgestellt.

§ 24f. Nach Ablauf der im § 24e bezeichneten Frist stehen dem Käufer die daselbst vorgesehenen Befugnisse nur noch zu, wenn der Verkäufer beim Verkauf Kenntnis von der Unechtheit der Abschnitte oder des Stempels oder von Tatsachen hatte, die bei verständiger Würdigung der Sachlage Bedenken gegen die Echtheit begründen mußten.

II. Kupons und ausgeloste Wertpapiere.

§ 24g. Bei Geschäften in Zins- und Gewinnanteilscheinen gekündigten oder verlosten Wertpapieren haftet der Verkäufer für richtige Angabe und Berechnung des Einlösungswertes, wie er am Tage des Verkaufs feststeht, sowie für den Eingang nur dann, wenn dies beim Abschluß vereinbart worden ist, oder aus den Umständen des Abschlusses hervorgeht. Kupons, die beiden Teilen zur Zeit des Kaufabschlusses als notleidende bekannt sind, gelten stets als ohne Regreß gehandelt.

Zins- oder Gewinnanteilscheine, welche der Verjährung unterworfen sind, verlieren ihre Lieferbarkeit, sobald bei europäischen Kupons die Frist bis zum Ablauf der

Verjährung nicht mehr als einen Monat, bei außereuropäischen Kupons nicht mehr als zwei Monate beträgt.

Haftet der Verkäufer für den richtigen Eingang verkaufter Zins- oder Gewinnanteilscheine oder gekündigter und verloster Stücke, so ist er verpflichtet,

unbezahlt gebliebene in Europa zahlbare Scheine oder Stücke innerhalb zweier Monate,

unbezahlt gebliebene außerhalb Europas zahlbare Scheine oder Stücke innerhalb vierer Monate

nach dem Fälligkeitstermin gegen Rückerstattung des empfangenen Betrags zurückzunehmen. Eine Verlängerung dieser Fristen kann für bestimmte Gattungen durch Sonderusance (§ 25) erfolgen. Bei böswilligem Verhalten ist der Verkäufer darüber hinaus zur Leistung von Schadenersatz verpflichtet.

Diese Fristen laufen, falls das Geschäft erst nach dem Fälligkeitstermin abgeschlossen ist, vom Tage des Abschlusses ab.

Werden bei Geschäften, bei denen die Haftung übernommen wird, bestimmte Stücke von Zins- oder Gewinnanteilscheinen, verlosten oder gekündigten Wertpapieren von der Zahlstelle nicht eingelöst, so ist der Verkäufer verpflichtet, sie innerhalb 6 Monaten nach dem Verkaufstage gegen Rückerstattung des empfangenen Betrages zurückzunehmen.

Sind bei Geschäften, bei denen die Haftung übernommen wird, verkaufte Zins- oder Gewinnanteilscheine, gekündigte oder verloste Wertpapiere von der Zahlstelle aus irgendeinem besonderen Grunde zurückbehalten worden, so hat der Verkäufer, wenn ihm innerhalb der im Abs. 2 dieses Paragraphen festgesetzten Fristen der Nachweis gebracht wird, daß diese Werte von ihm geliefert wurden, den empfangenen Betrag an den Käufer gegen Abtretung der diesem aus den zurückbehaltenen Werten zustehenden Rechte zurückzuzahlen.

§ 24h. Zinsscheine müssen in gutem Zustande geliefert werden und dürfen keine Rasuren und schriftlichen Vermerke mit Tinte oder Tintenstift aufweisen. Ausnahmen hiervon können durch Sonderbeschluß (§ 25) zugelassen werden. Als lieferbar gelten Zinsscheine, die kleine Verletzungen, Schnitte oder Risse aufweisen, welche die Nummer und wichtige Teile des Wortlauts unzerstört erkennen lassen, sofern nicht zu befürchten ist, daß bei der Bearbeitung der Zinsscheine das eingerissene Stück vollständig abgetrennt wird. Durch Kleben solcher Zinsscheine mit durchsichtigem Papier wird die Lieferbarkeit nicht beeinträchtigt.

Ausgeschlossen von der Lieferung sollen solche Zinsscheine sein, bei denen ein wesentliches Stück vollständig abgetrennt und durch Kleben wieder angeheftet wurde.

Einwendungen gegen die Lieferbarkeit von Zinsscheinen müssen unverzüglich erhoben werden.

§ 24i. Beim Handel in ausländischen Kupons gelten alle Beträge als circa. Die Schwankungen über oder unter den gehandelten Betrag dürfen ausmachen

bei Abschlüssen	bis 100 £ einschl.	1%
„ „	über 100 £.	½%
„ „	bis 1000 M., Frs. od. Lire einschl. . .	1%
„ „	über 1000 M., Frs. oder Lire . . .	½%

§ 24k. Bei verlosten Stücken sind fehlende Kupons auf Verlangen des Käufers durch Kupons anderer Nummern zu ersetzen. Der erstfällige Kupon nach dem Fälligkeitstermin des Stückes kann in bar ersetzt werden.

D. Spezielle Usancen.

§ 25. Der Ständigen Kommission des Centralverbands oder einer von ihr dazu ermächtigten Unterkommission steht die Befugnis zu, für einzelne Werte besondere, abweichende oder ergänzende Usancen festzusetzen. Hierüber gefaßte Beschlüsse sind im Bank-Archiv zu veröffentlichen und den wichtigsten Handelszeitungen zwecks Wiedergabe im redaktionellen Teile mitzuteilen.

§ 26. In dringenden Fällen können Spezialbeschlüsse dieser Art, soweit sie nicht grundsätzliche Abweichungen von den vorstehenden allgemeinen Usancen enthalten, von einem mit Genehmigung der Ständigen Kommission errichteten Ortsausschuß gefaßt werden, sofern es sich um Werte handelt, die für das von dem Ortsausschuß vertretene Wirtschaftsgebiet von besonderer Bedeutung sind. Bei der Beschlußfassung ist ein Mitglied der Ständigen Kommission als deren Vertrauensmann zuzuziehen. Die so gefaßten Beschlüsse sind dem Schriftführer der Ständigen Kommission zwecks Veröffentlichung in der im § 25 bezeichneten Weise mitzuteilen.

§ 27. Die gemäß §§ 25 und 26 gefaßten Beschlüsse sind am Schlusse jedes Jahres, soweit sie noch praktische Bedeutung haben, besonders zusammenzustellen und bekanntzugeben.

E. Allgemeine Bestimmungen.

§ 28. Offerten und Gebote oder Aufträge in amtlich nicht notierten Werten sind nicht an einen bestimmten Ort oder eine bestimmte Zeit, z. B. eines Börsenverkehrs, gebunden, sofern nicht ein anderes besonders bestimmt ist.

§ 28a. Offerten und Gebote oder Aufträge in amtlich nicht notierten Werten, welche bis auf Widerruf erteilt sind, erlöschen im Zweifel mit Monatsende, es sei denn, daß bei der Bestätigung zum Ausdruck gebracht ist, daß die Offerte, das Gebot oder der Auftrag bis zum ausdrücklichen Widerruf und nicht nur bis zum Monatsende in Nota genommen worden sei.

§ 28b. Einen Widerruf von Kauf- und Verkaufsanträgen in amtlich nicht notierten Werten braucht der Antragsempfänger insoweit nicht gegen sich gelten zu lassen, als er sich bereits auf Grund des Antrages einem Dritten gegenüber gebunden hat und von diesem Befreiung durch unverzüglich erklärten Widerruf nicht mehr erlangen kann. Macht der Antragsempfänger von diesem Recht Gebrauch, so hat er den Antragsteller unverzüglich nach Empfang des Widerrufs auf dem schnellsten Wege zu benachrichtigen, daß er den Antrag annimmt oder welche Frist er sich zur Erklärung vorbehält. Die Frist muß eine den Umständen nach angemessene sein.

§ 28c. Der Verkäufer amtlich nicht notierter Werte hat einen Mangel im Recht nicht zu vertreten, wenn der Mangel dem Käufer infolge Außerachtlassung der im Verkehr gebotenen Sorgfalt beim Kaufabschluß unbekannt geblieben ist. Dies gilt regelmäßig insbesondere von solchen rechtlichen Mängeln, die aus dem Inhalt amtlicher Veröffentlichungen, der Statuten oder Bekanntmachungen der Gesellschaften oder Gewerkschaften oder der Börsenhandbücher unmittelbar ersichtlich waren oder gefolgert werden konnten.

§ 28d. Ist in Offerten, Geboten oder Aufträgen in amtlich nicht notierten Werten der Kurslimitierung das Wort „circa“ oder ein gleichbedeutender Zusatz beigefügt, so ist die Annahme oder Ausführung innerhalb einer Grenze von 1% des ausmachenden Betrages zulässig.

§ 28e. Ist in Offerten, Geboten oder Aufträgen in amtlich nicht notierten Werten nicht ausdrücklich vermerkt, daß der Posten nur geschlossen gehandelt werden soll, so ist der andere Teil zur Zusage, Übernahme oder Ausführung auch in Teilbeträgen berechtigt.

§ 29. Geschäfte in amtlich nicht notierten Werten sind bei erfolgter Nettoaufgabe im Zweifel als Eigengeschäfte und nicht als Kommissionsgeschäfte anzusehen, sofern nicht der andere Teil seinen abweichenden Willen nach Empfang der Aufgabe unverzüglich zum Ausdruck gebracht hat.

§ 29a. Bei Eigenhändlergeschäften in amtlich nicht notierten Werten zwischen einer Bankfirma und einem Nichtbankier ist der volle Schlußnotenstempel von letzterem zu tragen.

F. Schlußbestimmungen.

§ 30. Die vorliegenden Usancen treten mit dem 2. Januar 1913 in Kraft.

§ 31. Schlußscheine über Geschäfte, denen die vorliegenden Usancen zugrunde gelegt werden sollen, sind mit folgendem Vermerk zu versehen:

„Abgeschlossen nach den vom Centralverband des Deutschen Bank- und Bankiergewerbes für Geschäfte in amtlich nicht notierten Werten festgesetzten Usancen, die sich, soweit Kuxe in Betracht kommen, mit den Essen-Düsseldorfer Börsengebräuchen decken."

§ 32. Für Streitigkeiten aus Geschäften in amtlich nicht notierten Werten, welche unter Zugrundelegung der vorliegenden Usancen geschlossen sind, gilt die Zuständigkeit der aus Mitgliedern der Ständigen Kommission des Centralverbandes gebildeten Schiedskommission unter Ausschluß des ordentlichen Rechtsweges als vereinbart.

Anhang.

41. Verordnung über Vermögensstrafen und Bußen vom 6. Februar 1924[1]).

Artikel I.

§ 1 Abs. 2, 3, §§ 27 bis 29, § 70 Abs. 1 und § 78 des Strafgesetzbuchs lauten:

§ 1 Abs. 2 und 3. Eine mit Festungshaft bis zu fünf Jahren, mit Gefängnis oder mit Geldstrafe von mehr als einhundertfünfzig Reichsmark oder mit Geldstrafe schlechthin bedrohte Handlung ist ein Vergehen.

Eine mit Haft oder Geldstrafe bis zu einhundertfünfzig Reichsmark bedrohte Handlung ist eine Übertretung.

§ 27. Die Geldstrafe ist in Reichsmark festzusetzen. Sie beträgt

1. bei Verbrechen und Vergehen, soweit nicht höhere Beträge oder Geldstrafe in unbeschränkter Höhe angedroht sind oder werden, mindestens drei Reichsmark und höchstens zehntausend Reichsmark;
2. bei Übertretungen mindestens eine Reichsmark, soweit nicht ein höherer Mindestbetrag angedroht ist oder wird, und höchstens einhundertfünfzig Reichsmark.

---

[1]) RGBl. 1924 I S. 44 Änderung durch § 2 der 2. Verordnung zur Durchführung des Münzgesetzes vom 12. Dezember 1924 (RGBl. 1924 I, S. 775).

Die Vorschriften des Abs. 2 über Höchstbeträge gelten nicht, soweit die angedrohte Strafe in dem Mehrfachen, dem Einfachen oder dem Bruchteil eines bestimmten Betrags besteht. Ist dieser nicht auf Reichsmark gestellt, so ist er für die Festsetzung der Geldstrafe in Reichsmark umzurechnen.

§ 27a. Bei einem Verbrechen oder Vergehen, das auf Gewinnsucht beruht, kann die Geldstrafe auf einhunderttausend Reichsmark erhöht und auf eine solche Geldstrafe neben Freiheitsstrafe auch in denjenigen Fällen erkannt werden, in denen das Gesetz eine Geldstrafe nicht androht.

§ 27b. Ist für ein Vergehen oder eine Übertretung, für die an sich eine Geldstrafe überhaupt nicht oder nur neben Freiheitsstrafe zulässig ist, Freiheitsstrafe von weniger als drei Monaten verwirkt, so ist an Stelle der Freiheitsstrafe auf Geldstrafe (§§ 27, 27a) zu erkennen, wenn der Strafzweck durch eine Geldstrafe erreicht werden kann.

Die Vorschriften des Militärstrafgesetzbuchs bleiben unberührt.

§ 27c. Bei der Bemessung einer Geldstrafe sind die wirtschaftlichen Verhältnisse des Täters zu berücksichtigen.

Die Geldstrafe soll das Entgelt, das der Täter für die Tat empfangen, und den Gewinn, den er aus der Tat gezogen, übersteigen.

Reicht das gesetzliche Höchstmaß hierzu nicht aus, so darf es überschritten werden.

§ 28. Ist dem Verurteilten nach seinen wirtschaftlichen Verhältnissen nicht zuzumuten, daß er die Geldstrafe sofort zahlt, so hat ihm das Gericht eine Frist zu bewilligen oder ihm zu gestatten, die Strafe in bestimmten Teilbeträgen zu zahlen.

Das Gericht kann diese Vergünstigung auch nach dem Urteil bewilligen. Es kann seine Entschließungen nachträglich ändern. Leistet der Verurteilte die Teilzahlungen nicht rechtzeitig, oder bessern sich seine wirtschaftlichen Verhältnisse wesentlich, so kann das Gericht die Vergünstigung widerrufen.

Auf die nach Abs. 2 zu treffenden Entscheidungen findet § 494 der Strafprozeßordnung Anwendung.

§ 28a. Soweit die Geldstrafe nicht gezahlt wird, ist sie beizutreiben.

Der Versuch, die Geldstrafe beizutreiben, kann unterbleiben, wenn mit Sicherheit vorauszusehen ist, daß sie aus dem beweglichen Vermögen des Verurteilten nicht beigetrieben werden kann.

§ 28b. Die Vollstreckungsbehörde kann dem Verurteilten gestatten, eine uneinbringliche Geldstrafe durch freie Arbeit zu tilgen.

Das Nähere regelt die Reichsregierung mit Zustimmung des Reichsrats. Soweit dies nicht geschieht, sind die obersten Landesbehörden ermächtigt, das Nähere zu regeln.

§ 29. An die Stelle einer uneinbringlichen Geldstrafe tritt bei Verbrechen und Vergehen Gefängnis oder, wenn neben der Geldstrafe auf Zuchthaus erkannt wird, Zuchthaus, bei Übertretungen Haft. Auch bei Vergehen kann die Geldstrafe in Haft umgewandelt werden, wenn Geldstrafe allein oder an erster Stelle oder wahlweise neben Haft angedroht ist.

Die Dauer der Ersatzstrafe ist mindestens ein Tag und bei Gefängnis und Zuchthaus höchstens ein Jahr, bei Haft höchstens sechs Wochen. Ist neben der Geldstrafe wahlweise Freiheitsstrafe von geringerer Höhe angedroht, so darf die Ersatzstrafe deren Höchstmaß nicht übersteigen. Die Ersatzstrafe darf nur nach vollen Tagen bemessen werden.

Im übrigen richtet sich das Maß der Ersatzstrafe nach freiem Ermessen des Gerichts.

In den Fällen des § 27b ist Ersatzstrafe die verwirkte Freiheitsstrafe.

Der Verurteilte kann die Vollstreckung der Ersatzstrafe jederzeit dadurch abwenden, daß er den noch zu zahlenden Betrag der Geldstrafe entrichtet.

Kann die Geldstrafe ohne Verschulden des Verurteilten nicht eingebracht werden, so kann das Gericht anordnen, daß die Vollstreckung der Ersatzstrafe unterbleibt. § 494 der Strafprozeßordnung findet Anwendung.

§ 70 Abs. 1. Die Vollstreckung rechtskräftig erkannter Strafen verjährt, wenn

1. auf Tod oder auf lebenslängliches Zuchthaus oder auf lebenslängliche Festungshaft erkannt ist, in dreißig Jahren;
2. auf Zuchthaus oder Festungshaft von mehr als zehn Jahren erkannt ist, in zwanzig Jahren;
3. auf Zuchthaus bis zu zehn Jahren oder auf Festungshaft von fünf bis zu zehn Jahren oder Gefängnis von mehr als fünf Jahren erkannt ist, in fünfzehn Jahren;
4. auf Festungshaft oder Gefängnis von zwei bis zu fünf Jahren erkannt ist, in zehn Jahren;

5. auf Festungshaft oder Gefängnis bis zu zwei Jahren oder auf Geldstrafe von mehr als einhundertfünfzig Reichsmark erkannt ist, in fünf Jahren;
6. auf Haft oder auf Geldstrafe bis zu einhundertfünfzig Reichsmark erkannt ist, in zwei Jahren.

§ 78. Sind mehrere Geldstrafen verwirkt, so ist auf jede gesondert zu erkennen.

Das gleiche gilt von den Freiheitsstrafen, die an die Stelle uneinbringlicher Geldstrafen treten. Ihre Gesamtdauer darf zwei Jahre nicht übersteigen; die Gesamtdauer mehrerer zusammentreffender Haftstrafen darf drei Monate nicht übersteigen.

Artikel II.

Geldstrafen, die nicht bei Verbrechen, Vergehen oder Übertretungen angedroht sind oder werden, insbesondere Zwangsstrafen und Ordnungsstrafen, sind in Reichsmark festzusetzen.

Die Geldstrafe beträgt, soweit nicht höhere Beträge oder Geldstrafe in unbeschränkter Höhe angedroht sind oder werden, mindestens eine Reichsmark oder höchstens eintausend Reichsmark.

Die Vorschrift des Abs. 2 über Höchstbeträge gilt nicht, soweit die angedrohte Strafe in dem Mehrfachen, dem Einfachen oder dem Bruchteil eines bestimmten Betrags besteht. Ist dieser nicht auf Reichsmark gestellt, so ist er für die Festsetzung der Geldstrafe in Reichsmark umzurechnen.

Soweit an die Stelle einer uneinbringlichen Geldstrafe eine Ersatzfreiheitsstrafe zu treten hat, darf die Geldstrafe nur in Haft von höchstens sechs Wochen umgewandelt werden; ist neben der Geldstrafe wahlweise Freiheitsstrafe von weniger als sechs Wochen angedroht, so darf die Ersatzstrafe deren Höchstmaß nicht übersteigen. Die Ersatzstrafe darf nur nach vollen Tagen bemessen werden. Im übrigen richtet sich ihr Maß nach freiem Ermessen der Behörde, die sie festsetzt.

Artikel III.

Ist oder wird eine Behörde, ein Beamter, eine Körperschaft oder deren Vorstand ermächtigt, Geldstrafen (§ 27 des Strafgesetzbuchs, Artikel II dieser Verordnung) anzudrohen oder festzusetzen, so beträgt die zulässige Geldstrafe, soweit nicht eine Ermächtigung zur Androhung oder Festsetzung höherer Beträge oder von Geldstrafe in unbeschränkter Höhe besteht oder erteilt wird,

1. bei Geldstrafen der im § 27 des Strafgesetzbuchs bezeichneten Art für Vergehen mindestens drei Reichsmark und höchstens zehntausend Reichsmark, für Übertretungen mindestens eine Reichsmark und höchstens einhundertfünfzig Reichsmark;
2. bei Geldstrafen der im Artikel II bezeichneten Art mindestens eine Reichsmark und höchstens eintausend Reichsmark.

Die Vorschriften des Abs. 1 über Höchstbeträge gelten nicht, wenn die anzudrohende oder festzusetzende Strafe in dem Mehrfachen, dem Einfachen oder dem Bruchteil eines bestimmten Betrags besteht. Artikel II Abs. 3 Satz 2 gilt entsprechend.

Artikel IV.

Bei einer an den Verletzten zu zahlenden Buße beträgt der Mindestbetrag drei Reichsmark, der Höchstbetrag zehntausend Reichsmark.

Artikel V.

Der in Reichsmark festgesetzte Betrag einer Vermögensstrafe oder Buße ist in Reichswährung nach dem für den Tag der Zahlung oder Beitreibung maßgebenden Goldumrechnungssatz umzurechnen, den der Reichsminister der Finanzen auf Grund des § 2 Abs. 3 der Aufwertungsverordnung vom 11./18. Oktober 1923 (Reichsgesetzbl. I S. 939, 979) festgesetzt und fortlaufend veröffentlicht.

Die Zahlung kann auch in anderen als den gesetzlichen Zahlungsmitteln geleistet werden, soweit sie an den öffentlichen Kassen anzunehmen sind; den Umrechnungssatz bestimmt der Reichsminister der Finanzen. Maßgebend ist der für den Tag der Zahlung oder Beitreibung geltende Umrechnungssatz.

Vermögensstrafen im Sinne dieser Verordnung sind alle Geldstrafen (§ 27 des Strafgesetzbuchs, Artikel II, III dieser Verordnung) und solche Geldbeträge, die mit Rücksicht auf eine begangene strafbare Handlung eingezogen, für verfallen erklärt oder sonst auferlegt werden.

Artikel VI.

Bei Vermögensstrafen und Bußen gilt als Tag der Zahlung:

1. bei Zahlung durch Postscheck oder Postüberweisung der Tag, der sich aus dem Tagesstempel des Postscheckamts auf dem dem Zahlungsempfänger ausgehändigten Abschnitt ergibt;
2. bei sonstiger Übermittlung der Zahlung durch die Post der aus dem Tagesstempel der Aufgabepostanstalt ersichtliche Tag der Einzahlung oder Einlieferung.

Im übrigen gilt als Tag der Zahlung der Tag des Zahlungseingangs.

Artikel VII.

Vermögensstrafen (Artikel V Abs. 3) und Bußen, die vor dem 8. Dezember 1923 in Reichswährung festgesetzt worden und noch nicht gezahlt sind, werden von der Vollstreckungsbehörde in Reichsmark umgerechnet.

Die Umrechnung erfolgt in der Weise, daß zunächst der erkannte Betrag nach Maßgabe des Artikel IV des Gesetzes über Vermögensstrafen und Bußen vom 13. Oktober 1923 (Reichsgesetzbl. I S. 943) unter Zugrundelegung einer abgerundeten Reichsindexzahl von 1 000 Milliarden umgewertet und sodann der umgewertete Betrag auf der Grundlage eine Billion Reichsmark gleich eine Reichsmark in Reichsmark umgerechnet wird. Soweit eine Umwertung des erkannten Betrags nach Artikel IV des genannten Gesetzes nicht zu erfolgen hat, wird der erkannte Betrag auf dieser Grundlage unmittelbar in Reichsmark umgerechnet.

Der Betrag wird auf volle Reichsmark nach unten abgerundet. Vermögensstrafen und Bußen, die auch nach der Umrechnung weniger als eine Reichsmark betragen, werden niedergeschlagen.

Die Vorschriften der Abs. 1, 2 gelten entsprechend für Gerichtsgebühren bei Verurteilung zu einer Geldstrafe (§ 49 des Gerichtkostengesetzes vom 21. Dezember 1922, Reichsgesetzbl. 1923 I S. 12). Der Betrag wird auf volle fünfzig Reichspfennig nach unten abgerundet. Gebühren, die auch nach der Umrechnung weniger als fünfzig Reichspfennig betragen, werden niedergeschlagen.

Artikel VIII.

Die Vorschriften der Artikel I bis VII gelten für das gesamte Reichs- und Landesrecht.

Hinsichtlich der landesrechtlichen Geldstrafen, Ermächtigungen und Bußen kann durch das Landesrecht Abweichendes bestimmt werden.

Artikel IX.

Im § 27 Nr. 2 des Gerichtsverfassungsgesetzes sind die Worte: „von höchstens sechshundert Mark" gestrichen.

Artikel X.

In dem Gesetz über beschränkte Auskunft aus dem Strafregister und der Tilgung von Strafvermerken vom 9. April 1920 (Reichsgesetzbl. S. 507) sind gestrichen:

1. im § 2 Abs. 2 die Worte: „von höchstens fünfhundert Mark",
2. im § 6 Abs. 1 Nr. 1 die Worte: „bis zu fünftausend Mark",
3. im § 7 Abs. 1 Nr. 1 die Worte: „bis zu fünfhundert Mark".

Bei Geldstrafen, die schon vor dem 1. Mai 1923 in das Strafregister aufgenommen worden sind, berechnen sich die Fristen so, wie wenn das Gesetz vom 9. April 1920 in der Fassung des Abs. 1 schon zur Zeit der Aufnahme des Vermerks in das Register in Kraft gewesen wäre.

Artikel XI.

Die Zivilprozeßordnung ist geändert wie folgt:

1. Im § 888 Abs. 1 sind die Worte: „bis zum Gesamtbetrage von fünfzehnhundert Mark" gestrichen.

Als Satz 2 ist folgende Vorschrift hinzugefügt:

Das Höchstmaß der Geldstrafe ist unbeschränkt.

2. Im § 890 Abs. 1 sind die Worte: „bis zu fünfzehnhundert Mark" gestrichen. Als Satz 3 ist folgende Vorschrift hinzugefügt:

Das Höchstmaß der Geldstrafe ist unbeschränkt.

Artikel XII.

Die Rechtsanwaltsordnung ist dahin geändert, daß im § 6 Nr. 3, § 15 Nr. 1 und § 43 Abs. 3 Nr. 3 die Worte: „einhundertfünfzig Mark" jeweils durch die Worte: „fünfzig Reichsmark" ersetzt sind.

Die Vorschrift des Abs. 1 findet jedoch keine Anwendung auf eine ehrengerichtliche Bestrafung, die vor dem 8. Dezember 1923 ausgesprochen worden ist.

Artikel XIII.

Im § 26 Abs. 2 der Preistreibereiverordnung, § 6 Abs. 2 der Verordnung gegen verbotene Ausfuhr lebenswichtiger Gegenstände und § 30 Abs. 2 der Verordnung über Handelsbeschränkungen vom 13. Juli 1923 (Reichsgesetzbl. I S. 700, 705, 706) sind die Worte: „eine Million Mark" jeweils durch die Worte: „fünfhundert Reichsmark" ersetzt.

Artikel XIV.

Diese Verordnung tritt eine Woche nach der Verkündung in Kraft.

Außer den im Eingang der Verordnung genannten Gesetzen und der Verordnung vom 23. November 1923 sind aufgehoben:

1. die Vorschriften des Reichs- und Landesrechts, durch die für die Umwandlung einer uneinbringlichen Geldstrafe ein bestimmter Geldbetrag einem Tage Freiheitsstrafe gleichgesetzt wird;
2. die Festsetzungen von Mindestbeträgen und Höchstbeträgen der Geldstrafe bei Verbrechen und Vergehen sowie von Mindestbeträgen bei Übertretungen, soweit sie nicht im § 27 des Strafgesetzbuchs aufrechterhalten sind;
3. die Festsetzungen von Mindest- und Höchstbeträgen der Geldstrafen, die nicht bei Verbrechen, Vergehen und Übertretungen angedroht sind, insbesondere der Zwangsstrafen und Ordnungsstrafen, soweit sie nicht im Artikel II Abs. 3 dieser Verordnung aufrechterhalten sind;
4. die Festsetzungen von Mindestbeträgen und Höchstbeträgen der Geldstrafen, die eine Behörde, ein Beamter, eine Körperschaft oder deren Vorstand anzudrohen oder festzusetzen ermächtigt ist, soweit sie nicht im Artikel III Abs. 2 dieser Verordnung aufrechterhalten sind;
5. die Festsetzungen von Mindest- und Höchstbeträgen der an den Verletzten zu zahlenden Bußen.

Bei Übertretungen in reichs- und landesrechtlichen Vorschriften ist der bisherige Höchstbetrag der Geldstrafe durch den Betrag von einhundertfünfzig Reichsmark ersetzt.

Die durch Artikel I bis IV, VIII, XIII und Abs. 3 dieses Artikels bestimmten Strafrahmen gelten auch bei Taten, die vor dem Inkrafttreten dieser Verordnung begangen sind.

Sachregister.

(Die Zahlen verweisen auf die Seiten.)

A.

B.

S.

T.

U.

V.

W.

Z.

Gedruckt bei A. W. Hayn's Erben, Potsdam.

Juni 1927

Guttentagsche Sammlung
Deutscher Reichs- und Preußischer Gesetze

Textausgaben
mit Anmerkungen und Sachregister — Taschenformat — Gebunden

A. Reichsgesetze.

Band
1. **Verfassung des Deutschen Reichs** siehe Bd. 137.
2. **Strafgesetzbuch.** Von Fr. v. Liszt und E. Delaquis. 27. Auflage von E. Kohlrausch. — 1926. *Rm* 8,—
3. **Militärstrafgerichtsordnung.** Von A. Romen und E. Rissom. 2. Auflage. — 1918. *Rm* 5,—
4. **Handelsgesetzbuch** ohne Seerecht. Von Litthauer und Mosse. 17. Auflage. Von E. Heymann. Groß-Oktav. — 1926. *Rm* 14.—
5. **Wechselordnung.** Von J. Stranz und M. Stranz. 12. Auflage. — 1923. Mit Nachtrag, enthaltend **Wechselstempelgesetz und Scheckgesetz.** — 1926. *Rm* 3,50
6. **Reichsgewerbeordnung** nebst Ausführungsbestimmungen. Von Fr. Hiller und H. Luppe. 20. Auflage. — 1921. Mit Nachtrag, enthaltend alle Änderungen und Neuerungen bis Ende 1924. *Rm* 6,— Nachtrag einzeln *Rm* 1,50.
7. **Post- und Telegraphen-Gesetzgebung.** Von M. König. 6. Auflage. Vergriffen.
8. **Unterstützungswohnsitz** siehe **Fürsorgepflicht** von Sandré, Bd. 160.
9. Sammlung **kleinerer strafrechtlicher Reichsgesetze.** Von R. H. Kriegsmann. 3. Auflage. — 1910. *Rm* 4,—
10. **Reichsbeamtengesetz** siehe Bd. 82.
11. **Zivilprozeßordnung mit Gerichtsverfassungsgesetz.** Von R. Sydow. Fortgeführt von L. Busch und Krantz. 19. Auflage. Groß-Oktav. — 1926. *Rm* 25,—
12. **Strafprozeßordnung und Gerichtsverfassungsgesetz.** Von E. Kohlrausch. 21. Auflage. — 1927. *Rm* 7,50
13. **Konkursordnung und Anfechtungsgesetz.** Von R. Sydow. Fortgeführt von L. Busch und O. Krieg. 14. Auflage. — 1926 *Rm* 10,—

VI. 27. — 15 000.

Band

14. **Gerichtsverfassungsgesetz.** Von R. Sydow. Fortgeführt von L. Busch. 10. Auflage. 1925. *Rm* 6,—
15. **Das deutsche Gerichtskostengesetz.** Von R. Sydow. Fortgeführt von L. Busch und F. Koehler. 11. Auflage. In Bearbeitung.
16. **Rechtsanwaltsordnung.** Von R. Sydow. 5. Auflage von M. Jacobsohn. — 1907. Mit Nachtrag von 1910. Vergriffen.
17. **Gebührenordnung für Rechtsanwälte usw.** Von R. Sydow. Fortgeführt von L. Busch und O. Krieg. 13. Auflage. In Bearbeitung.
18. **Reichsstempelgesetz.** Von P. Loeck. Vergriffen. Wird durch Kapitalverkehrssteuergesetz ersetzt. Erläuterte Ausgabe in Bearbeitung.
19. **Die Seegesetzgebung.** Von W. E. Knitschky. 5. Auflage von O. Rudorff. — 1913. *Rm* 8,—
20. **Krankenversicherungsgesetz** siehe Bd. 107, 161.
21. **Die Konsulargesetzgebung.** Von Ph. Zorn. 8. Auflage von K. Zorn. — 1911. *Rm* 4,50
22. **Patentgesetz.** Von R. Lutter. 8. Auflage. — 1920. Mit Nachtrag 1927. Nachtrag apart *Rm* 0,80. *Rm* 4,—
23. **Gewerbe-Unfallversicherungsgesetz** siehe Bd. 107, 161 und 161a/b.
24. **Aktiengesellschaft und Kommanditgesellschaften auf Aktien.** Von H. Keyßner und H. Veit Simon. 7. Auflage. In Bearbeitung.
25. **Brausteuergesetz.** Siehe Reichsgesetz Bd. 54 II.
26. **Münz- und Notenbankwesen.** Von R. Koch. 7. Auflage von Reichsbankpräsident Schacht. — 1925. *Rm* 14,—
27. **Gesundheitswesen im Deutschen Reich.** Von E. Goesch und J. Karsten. — 1888. Vergriffen.
28. **Bau-Unfallversicherungsgesetz** siehe Bd. 108.
29. **Erwerbs- und Wirtschaftsgenossenschaften.** Von L. Parisius und H. Crüger. 18. Auflage. — 1925. *Rm* 4,—
30. **Invalidenversicherungsgesetz** siehe Bd. 109, 161 und 161 a.
31. **Gewerbegerichtsgesetz.** Von W. Cuno. Vergriffen. Siehe auch Bd. 112, 112 a und Arbeitsgerichte Bd. 168.
32. **Gesellschaften mit beschränkter Haftung.** Von L. Parisius und H. Crüger. 17. Auflage. — 1926. *Rm* 3,50
33. **Vereins- und Versammlungsrecht.** Von E. Ball. 2. Auflage von F. Friedenthal. — 1907. *Rm* 2,—
    Reichsvereinsgesetz vom 19. April 1908 siehe Bd. 88.
34. **Die Abzahlungsgeschäfte.** 3. Aufl. von E. Wilke. — 1910. *Rm* 1,20
35. **Die Reichs-Eisenbahngesetzgebung.** Von W. Coermann. — 1895. (Siehe auch Bd. 66.) *Rm* 2,—
36. **Privatrechtliche Verhältnisse der Binnenschiffahrt und Flößerei.** Von E. Löwe. 6. Auflage. — 1923. *Rm* 4,—

Band

37. **Unlauterer Wettbewerb.** Von A. Pinner. 7. Auflage von A. Elster. — 1921. *Rm* 1,40

38/39. **Bürgerliches Gesetzbuch nebst Einführungsgesetz.** Von A. Achilles. In Verbindung mit F. André, O. Meyer, O. Strecker, K. Unzner herausgegeben von M. Greiff. 12. Auflage. — 1926. *Rm* 24,—

40. Gesetz, betr. die **Pflichten der Kaufleute bei Aufbewahrung fremder Wertpapiere [Depotgesetz].** Von F. Lusensky. 3. Auflage. — 1916. Mit Nachtrag 1924. *Rm* 1,—

41. **Börsengesetz.** Von Th. Hemptenmacher. 3. Auflage von O. Meyer. — 1915. *Rm* 3,50

42. **Grundbuchordnung.** Von O. Fischer. 8. Auflage. — 1924. *Rm* 3,—

43. **Zwangsvollstreckung.** Von J. Krech und O. Fischer. 9. Auflage von O. Fischer. — 1922. *Rm* 3,50

44. **Auswanderungswesen.** Von F. Stoerk. — 1899. *Rm* 2,—

45. **Entmündigungsrecht.** Von P. Koll. — 1900. *Rm* 1,20

46. **Freiwillige Gerichtsbarkeit.** Von H. Jastrow. 6. Auflage von Herm. Günther. — 1921. *Rm* 4,50

47. **Deutsches Vormundschaftsrecht.** Von M. Schultzenstein und P. Köhne. 2. Auflage. — 1901. *Rm* 2,50

48. Gesetze, betr. den **Drogen-, Gift- und Farbenhandel** außerhalb der Apotheken. Von J. Broh. — 1899. *Rm* 1,20

49. **Deutsche Kolonialgesetzgebung.** Von Ph. Zorn. 2. Auflage von Sassen. — 1913. *Rm* 5,—

50. **Der Viehkauf [Viehgewährschaft].** Von H. Stölzle und H. Weiskopf. 6. Auflage. — 1926. *Rm* 15,—

51. **Hypothekenbankgesetz.** Von H. Göppert. 2. Auflage von Seidel. — 1911. Mit Nachtrag 1926. *Rm* 2,20

52. **Rechte der Besitzer von Schuldverschreibungen.** Von H. Göppert. 2. Auflage von E. Trendelenburg. — 1915. *Rm* 1,50

53. **Reichspreßgesetz.** Von A. Born. 3. Auflage. — 1924. *Rm* 4,—

54. Verkehr mit **Nahrungsmitteln, Genußmitteln und Gebrauchsgegenständen.** Von G. Lebbin. — 2. Auflage in 2 Bänden.
II.: **Getränkegesetze und Getränkesteuergesetze** (Wein, Bier, Branntwein, Mineralwasser). Unter Mitwirkung von Dr. Kniebe. *Rm* 10,—

55. **Beschlagnahme von Lohn- und Gehaltsforderungen.** Von G. Meyer. 5. Auflage. — 1914. Durch Nachträge ergänzt 1925. Nachträge allein *Rm* 0,70. *Rm* 2,30

56. **Bekämpfung gemeingefährlicher Krankheiten.** Von B. Burkhardt. — 1900. *Rm* 1,20

57. **See-Unfallversicherungsgesetz** siehe Bd. 108 und 161 a.

58. **Recht der unehelichen Kinder.** Von H. Jastrow. — 1901. Mit Nachtrag 1925. *Rm* 1,60

Band
59. **Beurkundung des Personenstandes und die Eheschließung.** Von F. Fidler. 2. Auflage. — 1912. *Rm* 2,30
60. **Das Urheberrecht an Werken der Literatur und der Tonkunst.** Von O. Lindemann. 4. Auflage. — 1921. *Rm* 1,80
61. **Verlagsrecht.** Von B. Marwitz. 3. Auflage. — 1922. *Rm* 1,60
62. **Private Versicherungsunternehmungen.** Von H. Könige. 3. Auflage von Könige und Petersen. — 1927. *Rm* 20,—
63. **Gesetzestafel des deutschen Reichsrechts.** Von H. Bruhns. 2. Auflage. — 1913. *Rm* 3,—
64. Gesetzsammlung, betr. den **Handel mit Drogen und Giften.** Von H. Sonnenfeld. 3. Auflage. — 1926. *Rm* 12,—
65. **Weingesetz.** Von G. Lebbin. 2. Auflage. — 1909. *Rm* 2,— (Siehe auch Reichsgesetz Bd. 54 II.)
66. **Die Eisenbahngesetzgebung.** Von W. Pietsch. 2. Auflage. — 1913. (Siehe auch Bd. 91.) Vergriffen.
67. **Militärstrafgesetzbuch.** Von A. Romen und E. Rissom. 3. Auflage. — 1918. *Rm* 5,—
68. **Fleischbeschaugesetz.** Von G. Lebbin und G. Baum. — 1903. Vergriffen.
69. Reichsgesetz über die **Naturalleistungen der bewaffneten Macht im Frieden.** Von W. v. Hippel. — 1903. *Rm* 1,—
70. **Das Reichshaftpflichtgesetz.** Von G. Eger. — 1903. Vergriffen. (Als Ersatz Kommentar von Seligsohn. — 1920. *Rm* 8,—, geb. *Rm* 9,50)
71. **Kinderarbeit in gewerblichen Betrieben.** Von H. Spangenberg. 2. Auflage. — 1904. *Rm* 1,20
72. **Unfallversicherungsgesetz** siehe Bd. 108 und 161 a.
73. **Entschädigung für unschuldig erlittene Verhaftung und Bestrafung.** Von A. Romen. — 1904. *Rm* 1,70
74. **Die Kaufmannsgerichte.** Von M. Apt. 3. Auflage. — 1904. (Siehe auch Bd. 112 und 112 a.) Vergriffen.
75. **Konsulargerichtsbarkeit.** Von A. F. Vorwerk. 2. Ausgabe, mit den Schutzgebietsgesetzen. — 1908. *Rm* 1,60
76. **Die Rechtshilfe im Verkehr mit den ordentlichen Gerichten.** Von A. Friedländer. — 1906. *Rm* 1,50
77. **Das Erbschaftssteuergesetz.** Von B. Henckel. 1920. *Rm* 5,— Neue Fassung von H. Schachian. 4. Auflage. — 1926. *Rm* 2,50.
78. **Zigarettensteuergesetz.** Von Cuno. Vergriffen.
79. **Die Militärpensionsgesetze.** Von A. Romen.
   a) I. Teil: **Offizierpensionsgesetz.** — 1907. *Rm* 2,—
   b) II. Teil: **Mannschaftsversorgungsgesetz.** Mit **Kapitalabfindungsgesetz.** — 1908. *Rm* 2,—

Militärversorgungsgesetze siehe auch Bd. 152 und 152 a.

Band

80. **Gerichtliche Registerführung.** Von O. Lindemann. — 1906. *Rm* 2,40
81. **Urheberrecht an Werken der bildenden Künste und der Photographie.** Von L. Fuld. 2. Auflage. — 1926. *Rm* 6,—
82. **Reichsbeamtengesetz.** Von A. Arndt. 3. Auflage. — 1923. Mit Nachtrag, enthaltend die Änderungen bis 1924. *Rm* 3,50
83. **Versicherungsvertrag.** Von P. Hager und E. Bruck. 5. Auflage. — 1926. *Rm* 14,—
84. **Sammlung kleinerer privatrechtlicher Reichsgesetze.** Von G. Müller. — 1903. *Rm* 5,50
85. **Scheckgesetz.** Neue Auflage in Bearbeitung. (Siehe auch Reichsgesetze Bd. 5 und 162.) Kommentar von Michaelis. *Rm* 16,—, geb. *Rm* 18,—
86. **Die Auslieferungsverträge des Deutschen Reiches.** Von A. Cohn. — 1908. *Rm* 4,—

87 a. **Das deutsche Warenzeichenrecht.** Von Freund und Magnus. 6., neubearbeitete Auflage von Jüngel und Magnus. Teil I: **Die internationalen Verträge.** — 1924. *Rm* 9,—

88. **Vereinsgesetz.** Von A. Romen. 5. Auflage. In Bearbeitung.
89. **Vogelschutzgesetz.** Von L. v. Boxberger. — 1909. *Rm* 1,—
90. Die Haager Abkommen über das **Internationale Privatrecht.** Von G. Bogeng. — 1908. *Rm* 2,—
91. **Eisenbahn-Verkehrsordnung.** Von E. Blume. 3. Auflage von Weirauch. — 1926. *Rm* 12,—
92. **Verkehr mit Kraftfahrzeugen.** Von R. Kirchner. 3. Auflage. — 1915. Mit Nachtrag, enthaltend alle Neuerungen bis Ende 1925. Nachtrag einzeln *Rm* 1,50. *Rm* 5,—
93. **Sicherung der Bauforderungen.** Von E. Harnier. 3. Auflage. — 1912. *Rm* 1,50
94. **Die Beamtenhaftpflichtgesetze des Reiches und der Länder.** Von H. Delius. 3. Auflage. — 1921. *Rm* 3,20
95. Die Berner Übereinkunft über **Internationales Urheberrecht.** Von H. Dungs. — 1910. *Rm* 1,—
96. **Branntweinsteuergesetz — Branntweinmonopolgesetz** siehe Bd. 54 II.
97. **Schutzgebietsgesetz.** Von J. Gerstmeyer. — 1910. *Rm* 2,50
98. **Sechs Haager Abkommen über Internationales Privatrecht.** Von H. Dungs. — 1910. *Rm* 1,50
99. **Die Abkommen der Haager Friedenskonferenz.** Vergriffen. Jetzt: Wehberg, **Völkerbundakte.** *Rm* 4,—. (Außerhalb der Sammlung.)
100. **Kaligesetz.** Von B. Boelkel. — 1910. *Rm* 2,40
101. **Zuwachssteuergesetz.** Von W. Cuno. Vergriffen.

Band

102. **Urheberrecht an Mustern und Modellen** und Schutz von **Gebrauchsmustern.** Von J. Neuberg. — 1911. *Rm* 2,40

103. **Reichs-Viehseuchengesetz.** Von W. v. Hippel. 2. Auflage. — 1912. *Rm* 4,—

104. **Versicherungsgesetz für Angestellte** siehe Seite 12.

105. **Das Geldwesen in den deutschen Schutzgebieten.** Von W. Hintze. — 1912. *Rm* 1,80

106—109. **Reichsversicherungsordnung.** Von F. Caspar und A. Spielhagen. 1913—1921. 4 Bände. Komplett. *Rm* 18,—
Reichsversicherungsordnung in neuester Fassung von K. Lippmann siehe Bd. 161 und 161 a/b.

110. **Wehrbeitragsgesetz.** Von A. Fernow. 2. Auflage. — 1913. *Rm* 1,60

111. **Reichs- und Staatsangehörigkeitsgesetz.** Von A. Romen. 2. Auflage. In Bearbeitung.

112. **Kaufmannsgerichtsgesetz.** Von H. Depène. — 1914. *Rm* 2,60

112 a. **Kaufmanns- und Gewerbegerichtsgesetz nebst Schlichtungsordnung.** (Ergänzungsband zu Bd. 112.) Von H. Depène. — 1924. *Rm* 3,50
Die Bde. 112 und 112 a enthalten zusammen den vollständigen Text des Gewerbegerichtsgesetzes.

113. **Postscheckgesetz.** Von J. Weiland. — 1914. Mit Nachtrag 1918. *Rm* 1,50

113 a. **Postscheckordnung.** Von J. Weiland. — 1914. Mit Nachtrag 1918. *Rm* 1,50

114. **Waffengebrauch und Festnahmerecht des Militärs.** Von A. Romen und C. Rissom. — 1914. *Rm* 1,80

115. **Das vertragliche Wettbewerbsverbot [Konkurrenzklausel].** Von G. Baum. — 1914. *Rm* 3,—

116. **Kriegs-Zivil- und Finanzgesetze.** 3. Auflage. — 1915. *Rm* 1,50

116a. Desgl. Zweite Folge: Jahr 1915. — 1916. *Rm* 1,20

117. **Darlehnskassengesetz.** — 1915. *Rm* 1,80

118. **Militärhinterbliebenengesetz.** Von Reh. — 1915. (Siehe auch Bd. 152, 152 a und 160.) *Rm* 2,20

119. **Kriegsleistungsgesetz.** Vergriffen.

120. **Telegraphenwegegesetz.** Von Wolf. — 1916. *Rm* 1,—

121. **Direkte Kriegssteuer.** Von A. Mrozek. — 1916. *Rm* 3,50

122. **Belagerungszustand.** Von H. Pürschel. — 1916. *Rm* 3,50

123. **Warenumsatzstempel.** (**Umsatzsteuer** siehe Bd. 132.)

124. **Todeserklärung Kriegsverschollener.** Von J. Partsch. — 1917. *Rm* 2,—

125. **Vaterländischer Hilfsdienst.** 3. Auflage. — 1917. *Rm* 1,—

Band
126. **Besitzsteuergesetz.** Von A. Mrozek. Vergriffen.
127. **Geschäftsaufsicht zur Abwendung des Konkurses.** Von G. Klien und Ernst Jaeger. — 1917. Durch Nachträge ergänzt. *Rm* 3,—
128. **Verhaftung und Aufenthaltsbeschränkung.** Von A. Romen. — 1917. *Rm* 1,20
129. **Zivilrechtkriegsgesetze.** Von Fischer. — 1918. *Rm* 1,50
130. **Ersatzlebensmittelverordnung.** — 1918. *Rm* 1,50
131 a. **Reichsfinanzgesetzgebung 1918.** Bd. I: **Getränkesteuern.** Von G. Mayer. — 1918. *Rm* 2,50
131 b. **Reichsfinanzgesetzgebung 1918.** Bd. II: **Einkommen, Umsatz** usw. Von G. Mayer. — 1919. *Rm* 1,50
132. **Umsatzsteuergesetz.** Von Otto Lindemann. 4. Auflage. — 1926. *Rm* 10,—
133. **Reichswuchergesetzgebung.** Von Ad. Lobe. — 1918. *Rm* 2,80
134. **Der Ostfrieden.** Von Karl Strupp. — 1918. *Rm* 3,—
135. **Erbbaurecht.** Von H. Günther. — 1919. *Rm* 2,—
136. **Militärversorgungsgesetz.** Von H. Günther. — 1919. *Rm* 2,30
137. **Reichsverfassung.** Von Arndt. 2. Auflage. — 1921. *Rm* 2,50
138 a. **Arbeiterschutz und Arbeitsrecht.** Von A. Günther. 2. Aufl. Teil I: **Arbeitszeitnotverordnung.** Von Günther und Schneider. Im Druck.
138 b. **Betriebsrätegesetz.** Von A. Günther. — 1920. Vergriffen.
139. **Grunderwerbsteuergesetz.** Von Otto Lindemann. 2. Auflage. — 1926. *Rm* 4,—
140. **Die Siedelungsgesetzgebung im Reich und in Preußen.** Von W. Holzapfel. — 1920. *Rm* 3,—
141. **Sozialisierungsgesetze.** Von Reier. — 1920. *Rm* 2,20
142. **Wirtschaftliche Demobilmachung.** Von Gg. Fischbach. — 1920. *Rm* 1,—
143. **Reichsabgabenordnung.** Von Nieberl. 2. Auflage. — 1927. *Rm* 12,—
144. **Versicherungsgesetz für Angestellte.** Siehe S. 12.
145. **Steuer- und Kapitalflucht.** Von E. H. Meyer. 2. Auflage. — 1921. *Rm* 1,60
146. **Tabaksteuergesetz.** Von Wündisch. — 1920. Mit Nachtrag 1925. *Rm* 4,—
147. **Filmzensur.** Von Szczesny. — 1920. *Rm* 1,50
148. **Reichsausgleichsgesetz.** Von Decke. — 1920. *Rm* 1,50
149. **Reichsnotopfergesetz.** Von Friedmann und Wrzeszinsky. — 1921. *Rm* 4,—
150. **Reichsschädengesetze.** Von Adolf Hohenstein und Wenzel Goldbaum. — 1922. *Rm* 4,—
151. **Einkommensteuer und Körperschaftsteuer.** Von Hollaender. — 1926. *Rm* 24,—

Band

152. **Wohlfahrtsgesetze.** Von Behrend und Stranz-Hurwitz. Teil I. — 1923. *Rm* 5,—

152 a. Desgl. Teil II. — 1925. *Rm* 9,—

Bd. 152 und 152 a zusammen bezogen *Rm* 12,—

153. **Zwangsanleihegesetz.** Von Simon und Beutner. — 1923. *Rm* 8,—

154. **Jugendwohlfahrtsgesetz und Jugendgerichtsgesetz.** Von Drewes und Sandré. — 1923. Mit Nachtrag, enthaltend die Ergänzungen bis April 1924. *Rm* 6,—

155. **Reichsknappschaftsgesetz.** Von Max Reuß und Fritz Hense. 2. Auflage. — 1926. Mit Nachtrag 1927. *Rm* 12,—

156. **Mietrecht und Wohnungsmangelgesetz.** Von Krieg. 3. Auflage. — 1925. Mit Nachtrag 1927. *Rm* 7,—

Nachtrag apart *Rm* 0,60

157. **Dritte Steuernotverordnung vom 14. Februar 1924** mit den Vorschriften über **Aufwertung.** 2. Auflage unter dem Titel: **Aufwertungsgesetze.** Von Michaelis. — 1925. *Rm* 16,—

158. **Strafprozeßordnung.** Alte u. neue Fass. synoptisch gegenübergestellt. Von Feisenberger. — 1925. Mit Nachtrag 1927. *Rm* 4,50

159. **Industriebelastungsgesetz.** Von Höpker. *Rm* 4,—

160. **Fürsorgepflicht.** Von Sandré. — 1925. *Rm* 6,—

161. **Reichsversicherungsordnung.** Von Lippmann. *Rm* 11,—

161 a. Desgl. **Ergänzungsband,** enthaltend die neue Fassung des **Unfallversicherungsgesetzes** sowie die Änderungen der übrigen Bücher der RVO. Von Lippmann. *Rm* 4,—

161 b. Desgl. **Zweiter Ergänzungsband,** enthaltend die im ersten Halbjahr 1926 ergangenen Änderungen der RVO. — 1926. *Rm* 0,80

162. **Handelsrechtl. Nebengesetze.** Von Schreiber. — 1926. *Rm* 14,—

163. **Notariatsrecht.** Von Szkolny. — 1925. *Rm* 8,50

164. **Aufwertung von Versicherungsansprüchen.** Teil I: **Lebensversicherungen.** Von Berliner und Pfaffenberger. — 1926. *Rm* 6,50

164 a. Desgl. Teil II: **Sach-** (Feuer-, Glas-, Wasser- usw.) **und Transportversicherung, Unfall- und Haftpflichtversicherung.** — 1926. *Rm* 3,50

165. **Handbuch der Erwerbslosenfürsorge.** Von Schmeißer. 2. Auflage. — 1926. Mit Nachtrag 1927. *Rm* 13,—

Nachtrag apart *Rm* 2,50

166. **Das deutsche Ausländerrecht.** Von Fraustädter und Kreutzberger. — 1927. *Rm* 9,—

167. **Verordnung gegen Mißbrauch wirtschaftlicher Machtstellungen** (Kartellgesetz). Von Staffel. — 1927. *Rm* 3,—

168. **Arbeitsgerichtsgesetz.** Von Depène. — 1927. *Rm* 3,60

B. Preußische Gesetze.

Band

1. **Die Verfassung des Freistaats Preußen.** Von A. Arndt. — 1921. *Rm* 2,—
   Ausführlicher Kommentar von Stier-Somlo. — 1921. *Rm* 5,—
2. **Preußische Beamtengesetzgebung.** Von K. Pfafferoth. 5. Auflage. — 1916. *Rm* 2,40
3. **Nottestamente.** Von E. Kurtz. — 1904. *Rm* 1,50
4. **Gebührenordnung für Notare.** Vom 28. Oktober 1922. Von Rausnitz. 6. Auflage. — 1925. *Rm* 7,—

5—9 vergriffen.

10. **Einkommensteuergesetz** siehe Reichsgesetze Bd. 151.
11. **Gewerbesteuergesetz.** Von A. Fernow. Vergriffen.
12. **Allgemeines Berggesetz.** Von Schlüter und Hense. 4. Auflage. In Vorbereitung.
13. **Ergänzungssteuergesetz.** Von A. Fernow. 5. Auflage. *Rm* 3,—
14. **Kommunalabgabengesetz.** Von F. Adickes. 6. Auflage von Falk. — 1922. *Rm* 3,50
15. **Die Kreisordnungen.** Von O. Kolisch. — 1894. Vergriffen.
16. **Konzessionierung gewerblicher Anlagen.** Von W. v. Rüdiger. 2. Auflage. — 1901. Vergriffen.
17. **Preußisches Gerichtskostengesetz.** Von P. Siméon. 8. Auflage. In Vorbereitung.
18. **Preußisches Stempelsteuergesetz.** Von P. Loeck und W. Seyffarth. 10. Auflage von Eiffler. In Bearbeitung.
19. **Jagdscheingesetz.** Von F. Kunze. 2. Auflage. — 1899. *Rm* 2,—
20. **Die preußischen Erbschaftssteuergesetze.** Von U. Hoffmann. — 1905. *Rm* 3,—
    (**Reichs**-Erbschaftssteuergesetz siehe S. 12.)
21. **Handelskammern.** Von F. Lusensky. 2. Auflage. — 1909. *Rm* 3,—
22. **Anstellung und Versorgung der Kommunalbeamten.** Von W. Ledermann. 2. Auflage von L. Brühl. — 1914. *Rm* 2,—
23. **Ausführungsgesetze zum Bürgerlichen Gesetzbuche.** Von P. Siméon. 3. Auflage. — 1914. *Rm* 2,20
24. **Die Hinterlegungsordnung [1879].** Von G. Bartels. 2. Auflage. — 1908. *Rm* 2,—
    Abänderungsgesetz vom 21. April 1913 siehe Bd. 53.

Band

25. **Preußische Kommunalbeamtengesetzgebung.** Von F. Kremski. — 1901. *Rm* 3,—
26. **Diensteinkommen der Lehrer und Lehrerinnen.** Von E. Cremer. — 1900. *Rm* 2,20
27. **Warenhaussteuer.** Von G. Strutz. — 1900. *Rm* 1,20
28. **Die Fürsorgeerziehung Minderjähriger.** Von P. F. Aschrott. 3. Auflage. — 1917. *Rm* 2,80
29. **Ärztliche Ehrengerichte, das Umlagerecht und die Kassen der Ärztekammern.** Von F. Fidler. — 1901. *Rm* 1,50
30. **Preußisches Staatsschuldbuch** und **Reichsschuldbuch.** Von J. Mücke. — 1902. *Rm* 2,—
31. **Die preußischen Gesindeordnungen.** Zwei Bände. Von St. Gerhard.
    31 a. Altpreußische Provinzen und Rheinland. 2. Auflage. — 1914. *Rm* 3,—
    31 b. Hannover, Schleswig-Holstein, Hessen-Nassau und Hohenzollern. — 1902. *Rm* 2,50
32. **Städteordnung.** Von W. Ledermann und L. Brühl. 2. Auflage. — 1913. *Rm* 6,—
33. **Rentenguts- und Anerbenrechtsgesetzgebung.** Von M. Peltasohn und B. Peltasohn. — 1903. Vergriffen.
34. Sammlung der wichtigsten **preußischen Strafgesetze.** Von Lindemann. 2. Auflage. — 1912. *Rm* 3,50
35. **Geschäftsordnung für Gerichtsvollzieher.** Von E. Exner. — 1904. *Rm* 3,—
36. **Polizeiverordnungen in Preußen.** Von O. Lindemann. 2. Auflage. — 1912. *Rm* 2,50
37. **Enteignung von Grundeigentum.** Von O. Meyer. 3. Auflage. — 1927. *Rm* 5,50
38. **Kreis- und Provinzialabgabengesetz.** Von F. Schmidt. — 1906. *Rm* 1,20
39. **Unterhaltung der öffentlichen Volksschulen.** Von A. Marcks. — 1906. *Rm* 1,80
40. **Verwaltungsstrafverfahren.** Von R. Katzenstein. — 1907. *Rm* 3,50
41. **Die preußischen Jagdpolizeigesetze.** Von F. Kunze und R. Kühnemann. 2. Auflage. — 1907. Vergriffen.
42. **Allgemeine Landesverwaltung** und **Zuständigkeit der Verwaltungs- und Verwaltungsgerichtsbehörden.** Von K. Friedrichs. 3. Auflage. — 1927. *Rm* 5,—

Band

43. **Verschuldungsgrenze** für land- und forstwirtschaftlich benutzte Grundstücke. Von R. L e w e c k. — 1908. *Rm* 2,40
44. **Quellenschutzgesetz.** Von L. V o e l k e l. — 1909. *Rm* 1,—
45. **Rechtsverhältnisse der Juden in Preußen.** Von M. K o l l e n s c h e r. — 1910. *Rm* 2,40
46. **Austritt aus der Landeskirche.** Von H. C a r o. — 1911. *Rm* 2,40
47. **Feuerbestattung.** Von W. L o h m a n n. — 1912. *Rm* 1,50
48. **Zweckverbandsgesetz für Groß-Berlin.** Von L. B r ü h l, K. G o r d a n und W. L e d e r m a n n. — 1912. *Rm* 4,—
49. **Gesetze gegen die Verunstaltung landschaftlich hervorragender Gegenden.** Von O. G o l d s c h m i d t. — 1912. *Rm* 2,40
50. **Gesetz, betr. die Anlegung und Veränderung von Straßen und Plätzen in Städten und ländlichen Ortschaften.** Von O. M e y e r. — 1913. *Rm* 3,—
51. **Das preußische Disziplinargesetz für die nichtrichterlichen Beamten.** Von E. v. D u l t z i g. — 1914. *Rm* 4,20
52. **Preußisches Wassergesetz.** Von G. W u l f f und F. H e r o l d. — 1913. *Rm* 4,50
53. **Hinterlegungsordnung** von 1913. Von H a g e m a n n. — 1914. *Rm* 2,20
54. **Anlegung von Sparkassenbeständen in Inhaberpapieren.** Von H. D ö h r i n g. — 1914. *Rm* 2,80
55. **Preußisches Wohnungsgesetz.** Von B. S c h m i t t m a n n. — 1918. *Rm* 2,60
56. **Das preußische Tumultschadengesetz.** Von B r u n o F r i e d l ä n d e r. — 1919. *Rm* 0,80
57. Gesetz über **Landeskulturbehörden.** Von W. H o l z a p f e l. — 1919. *Rm* 2,—
58. **Arbeitsnachweis.** Von P. W ö l b l i n g. — 1920. *Rm* 1,—
59. **Bildung der neuen Stadtgemeinde Berlin.** Von P. W ö l b l i n g 2. Auflage. — 1920. *Rm* 1,40
60. **Umlegungsordnung.** Von W. H o l z a p f e l. — 1921. *Rm* 1,80
61. **Preußische Verwaltungsgebührenordnung.** Von K. E i f f l e r. Mit Nachtrag. — 1925. *Rm* 6,—

C. Textausgaben

ohne Anmerkungen mit Sachregister.

Aufwertungsgesetze mit Einleitung. Von Michaelis. *Rm* 1,50

Bürgerliches Gesetzbuch. 14. Auflage. *Rm* 5,—

Erbschaftsteuergesetz. Neue Fassung von H. Schachian. 3. Auflage. *Rm* 2,50

Freiwillige Gerichtsbarkeit. — 1920. *Rm* 1,—

Handelsgesetzbuch mit **Seerecht.** 11. Auflage. — 1924. *Rm* 2,60

Konkursordnung. 2. Auflage. — 1915. Mit Nachtrag 1925. *Rm* 1,—

Reichsmietengesetz. — 1922. *Rm* 0,50

Reichssteuergesetze 1925 (Steuerüberleitungsgesetz mit Durchführungsbestimmungen — Einkommensteuer, Körperschaftsteuer, Reichsbewertungsgesetz, Vermögensteuer, Erbschaftsteuer). *Rm* 4,—

Strafgesetzbuch. — 1925. *Rm* 3,—

Strafprozeßordnung. 5. Auflage. — 1924. *Rm* 2,50

Verfassung des Freistaates Preußen. *Rm* 0,60

Versicherungsgesetz für Angestellte. — 1927. *Rm* 2,50

Wechselordnung. — 1908. *Rm* 0,50

Wehrbeitrag und **Besitzsteuer.** — 1913. *Rm* 1,50

Zivilprozeßordnung mit **Gerichtsverfassungsgesetz** und **Einführungsgesetzen.** — 1924. *Rm* 3,50

Zuwachssteuergesetz. — 1911. *Rm* 0,50

— **Ausführungsbestimmungen.** — 1911. *Rm* 0,40

Preuß. Ausführungsanweisung zur **Gewerbeordnung.** — 1904. *Rm* 1,—

---

de Gruytersche Sammlung Deutscher Gesetze.

Handkommentare.

Zivilprozeßordnung von Sydow-Busch-Krantz. 19. Auflage. — 1926. *Rm* 25,—

Strafprozeßordnung von Feisenberger. — 1926. Mit Nachtrag 1927. *Rm* 17,—

Aufwertungsrecht von Michaelis. — 1926. *Rm* 16,—

Schlagwort-Register.

R = Nummer der Sammlung Deutscher Reichsgesetze, P = Nummer der Sammlung Preußischer Gesetze, S. = Seite.

Otto Walter, Buchdruckerei, Berlin S 14

FSC
www.fsc.org
MIX
Papier | Fördert gute Waldnutzung
FSC® C083411

Kolibri 360 GmbH
Ferdinand-Jühlke-Straße 7
99095 Erfurt, Deutschland
produktsicherheit@kolibri360.de